新疆大学马克思主义理论学科建设与理论研究系列丛书

《资本论》
虚拟资本理论研究

靳永茂 / 著

社会科学文献出版社
SOCIAL SCIENCES ACADEMIC PRESS (CHINA)

"新疆大学马克思主义理论学科建设与理论研究系列丛书"
序言

建设一流学科需要高水平的人才队伍，也需要高水平的科研成果加以支撑。正如习近平总书记在新疆大学考察调研时强调："要突出优势特色，打造高水平师资队伍，提升科研创新能力，推动新疆大学'双一流'建设不断迈上新台阶。"

新疆大学马克思主义理论学科自进入一流学科建设行列以来，坚持以习近平新时代中国特色社会主义思想为指导，以国家重大需求为导向，坚持立德树人根本目标，对标一流学科建设要求，以铸牢中华民族共同体意识为核心，坚持"本色+特色"的原则，形成了鲜明的学科特色。新疆大学马克思主义理论学科瞄准党和国家重大战略需求，贯彻落实新时代党的治疆方略，在科学研究、人才培养、社会服务等方面取得了一系列标志性成果，学科建设有了显著成效和长足进步。但是，要实现习近平总书记的殷切希望和要求，真正建成高水平的一流学科，还需要做更大的努力和长期的奋斗。

为进一步落实习近平总书记重要指示精神，推动马克思主义理论学科高质量发展，促进马克思主义学院整体实力不断提升，使"双一流"建设不断迈上新台阶，新疆大学将在社会科学文献出版社出版展示新疆大学马克思主义理论学科建设成效和马克思主义理论研究成果的系列丛书。

"新疆大学马克思主义理论学科建设与理论研究系列丛书"的陆续出版，不仅会在宣介、推广近年来学科建设成果方面产生积极作用，而且必将在不断凝练学科方向，加强基础理论研究，力争将新疆大学马克思主义学院建设成为中国一流、有一定国际知名度的马克思主义学院方面发挥极大的促进作用。

（中国人民大学马克思主义学院教授，博士生导师，新疆大学特聘教授）

目　录
CONTENTS

导　论

　　马克思是系统全面论述虚拟资本理论的思想家。英国银行家威·利瑟姆（William Leatham）在《关于通货问题的书信》中论述"融通票据"时首次提出"虚拟资本"（fictitious capital）概念，认为虚拟资本是在借助"单纯流通手段""制造"新汇票以"代替"到期汇票的过程中创造出来的。也就是说，虚拟资本并非真实资本的代表，其能够通过"单纯"流通过程得以创造，并且在"货币过剩和便宜"时，"虚拟资本"的创造达到了"惊人的程度"。① 马克思对虚拟资本理论的论述一定程度上借鉴了利瑟姆关于虚拟资本的观点。同时，亚当·斯密（Adam Smith）"贷出取息的资财"② 及西斯蒙第（Sismondi）"想象的资本"③ 等思想观点都为马克思虚拟资本理论的阐释提供了思想前提或条件。④ 其中，西斯蒙第提出的"想象的资本"亦即"国家有息证券"，其所代表的"年收入"用以"偿还国债"的观点，就被马克思合理吸收。在古典经济学那里，虚拟资本之所以被称为"想象的资本"，在于同此量相等的资本在实际中已经不存在，更遑论其在经济运行中的增殖。而债权人"贷出"的"财富"定期内所获得的"资本"也并非由其本身实际作用所赋予，而是由"产业劳动"生产出来的"新的财富"按照"通行的资本和利息的比率"来偿付，具体通过"课税"方式完成。这种同"能产生债权人应得年利的那个资本相等"的资本，是人们依据一定"比率""设想"出来的，称为"想象的资本"。

---

① 〔英〕威·利瑟姆：《关于通货问题的书信》，1840，第43、44页。转引自马克思《资本论》第3卷，人民出版社，2004，第451页。

② 〔英〕亚当·斯密：《国富论》，程虹译，中国文联出版社，2016，第247~252页。

③ 〔瑞士〕西斯蒙第：《政治经济学新原理》第2卷，第229~230页。转引自马克思《资本论》第3卷，人民出版社，2004，第540页。

④ 俞志：《马克思虚拟资本理论及其当代价值研究》，福建师范大学博士学位论文，2011，第11~12页。

马克思虚拟资本理论①正是在对其之前思想家的相关理论扬弃的前提下，在结合时代发展现实的基础上，展开对资本发展形态的系统阐释的。本章着眼于行文阐释之前基础性事由的交代，透过对研究背景的分析，总结研究的意义所在，在进一步对国内外研究状况进行梳理的前提下，提出行文的研究特色及不足，并对其中涉及的易混核心概念展开辨析，同时，厘定行文演进的逻辑脉络，罗列理论展开的研究方法，从而为行文的顺畅阐述准备前提条件。

第一节 研究背景及意义

一 研究背景

（一）全球经济结构的转变

物质资料生产是人类存在及发展的首要条件，是其他社会实践的根本性基础。长期以来，物质生产或实体经济部门一直占据社会总生产规模的主导地位，其创造的产值是一国国民生产总值的支撑。20 世纪 70 年代以来，随着科技进步和技术发展，世界各国产业结构发生了升级转化，尤其是发达资本主义国家，第一、二产业在产业结构中的比重逐渐降低，第三产业的比重逐步提升，相应地，金融等非物质生产领域的资产价值远超物质生产领域的价值在国内生产总值中的占比，以金融、保险、旅游、服务、创意、中介等为代表的第三产业伴随时代发展渐次上升为经济社会发展的主导产业，整个社会主导型资本价值结构呈"倒金字塔式"的趋向发展，处于金字塔基底的物质生产部门在经济社会中的比重逐渐让渡于处于金字塔顶端的不断更新的金融部门。换句话说，虽然物质生产部门提供了非物质生产部门存在及发展的初始基础，但尤以金融为重点的非物质生产部门逐渐呈现摆脱前者的发展趋向。更为关键的是，伴随时代发展，实体经济

---

① 本书对虚拟资本理论的论述，在标题上凸显《资本论》文本，但在具体内容中往往以马克思虚拟资本理论的字眼展开论述，其有这样的考虑：《资本论》中较为系统地论述了马克思虚拟资本理论，该文本涵盖了马克思虚拟资本理论的思想精华及理论蕴涵；且本书整体的展开主要以《资本论》，尤其是第 3 卷为文本依据。这样表述在实质性上并不存在矛盾。

的衰落已经成为难以回避的经济现象。早在 100 多年前，马克思在虚拟资本理论中就科学分析和预见到在价值规律驱动及资本逻辑控制下，资本投机冲动和狂热会导致虚拟资本盲目发展甚至同机能资本相脱离的发展态势，可见，马克思虚拟资本理论科学揭示并预判了当前世界经济的基本发展走向。

（二）世界性金融危机的再生

马克思揭示了资本主义生产方式及其发展规律，揭露了在资本主义条件下危机存在的内生性。自 1825 年英国普遍性生产相对过剩的经济危机爆发至今，将近两个世纪的历史跨度，资本主义世界的危机就从未中断过，不同的是危机存在的形式，当前普遍存在的危机形式转换为金融危机形式。金融危机的发生及存在脉络具有历史性，它是资本主义固有的周期性经济危机的当代表现。而且金融领域为主导的危机形态在爆发规模、影响范围及破坏程度等方面，处于危机发生史上的空前地位。2008 年的美国以次贷危机为特征的那场波及全球的金融危机，其爆发规模大、影响范围广、愈合时间久，时至今日，世界经济发展仍旧带有那场危机留下的印记，诸多经济体仍旧未能完全从那场危机的阴影中摆脱。关键的是，在马克思主义视域中，危机根源在于资本主义社会根本制度，只要这一"病根"未能完全"清除"，无论采取何种预防及应对举措，危机始终"在场"，只是其存在的具体形式、具体原因及作用特点随时代而变。马克思虚拟资本理论对经济虚拟化发展趋向中的危机发生机制有较为系统的透析，其同马克思经济危机理论所揭示的危机根源，在指向上根本统一。更为重要的是，金融全球化的时代背景同我国全面深化改革、扩大对外开放的政策导向相交织，虽然两者能够相互成就，但我国经济发展在此进程中难免面临风险挑战，因而，从理论上认知风险和危机存在及运作的机制，对有效预防和积极应对风险挑战具有重要意义。

（三）国内对实体经济发展的注重

金融全球化发展进程中面临的问题及挑战，对社会主义中国，其中涉及对外开放格局和政策的有效把控，以及对虚拟资本（经济）与实体资本（经济）之间关系的有效处理。当代危机的关键特征体现为虚拟经济泡沫导致的发展危机，因此，该关系的有效处理就成为各国宏观经济健康运行中关键的"牛鼻子"。就我国而言，早在党的十六大报告中，就已经以最高规格的文献形式明确提出对这一关系的处理要求，强调要"正确处理实体经济和虚拟经济的关系"①。党的十八大以来的新时代方位中，党的领导集体对这一关系的重视度更加凸显，特别要求注重金融对实体经济的支持度，积极厘清金融稳定发展同实体经济有序运行的关系，着眼于金融服务于实体经济的发展本源。尤其是近些年来，以习近平同志为核心的党中央更加关注金融发展同实体经济的有机联系，多次提出要创新金融发展方式，改革金融发展体制机制，加大金融监管力度，推进普惠金融和绿色金融发展，有效防范金融风险和危机，坚决守住"不发生系统性金融风险"② 的底线，将金融发展重点始终置于为实体经济服务的轨道上。中国共产党对实体经济发展的注重，是对马克思唯物史观基本观点及根本原则的坚守和传承，对金融发展同实体经济关系的认知是马克思唯物辩证法精髓在经济发展战略领域的实践展现，同时，也是对马克思虚拟资本理论所揭示的经济发展规律的时代遵循。

（四）经典文本时代阐释的强化

理论的恒久在于对思想史的贡献和实践发展指导的启迪，经典文本之所以经典，不仅在于其历史意义，还在于其时代价值，文本的时代阐释是经典的历史存在的应有之义。经典文本之于现实发展，离不开"时代问题"的中间环节。众所周知，"经典文本"与"现实"分属不同"场域"或"视域"。③各自具有相应的存在发展规则，要置两者于同一"空间"进行对话，必然需要"中间物"的介入。时代发展提供了连接两大"场域"的"中间物"，即发展中呈现的"问题"或难题。正是时代发展问题的持续存在为经典文本时代价值重释提供条件和历史机遇，"诠释"只有通过"问题"才能够生成。④ 时代透过问题对经典文本提出要求，时代抛出命题，于经典文本的再释中解析命题，最终在"提问"同"理解"的双视域有机融合中实现问题

---

① 《十六大以来重要文献选编》上，中央文献出版社，2005，第17页。

② 习近平：《决胜全面建成小康社会 夺取新时代中国特色社会主义伟大胜利——在中国共产党第十九次全国代表大会上的报告》，人民出版社，2017，第34页。

③ 〔德〕伽达默尔：《诠释学I：真理与方法》，洪汉鼎译，商务印书馆，2010，第427~428页。

④ 〔美〕理查德·E. 帕尔默：《诠释学》，潘德荣译，商务印书馆，2012，第252页。

的解答，这一理解过程两大环节之间的"密切关系"构成解释进程中的"真正度向"。[①] 上述可知，经济虚拟化发展趋向日盛的当前，诸般挑战及危机成为世界经济发展中首要应对的"问题"，其存在规模大、影响范围广、连带效应强，为经典文本时代重释提供了重要历史契机，马克思虚拟资本理论对虚拟资本存在及运作机制的系统阐释、对虚拟经济发展趋向的科学预判、对经济虚拟化经济走向中经济关系处理的原则限定等，在经典文本的时代再述中成为回答时代之问的"有效答案"。这也是学界"走进马克思""回到《资本论》"等声音持续高涨的重要缘由。而对经典文本的解读，并非对文本意义的"先在设定"，也非"按图索骥"，正如学者指出的，"文本所蕴涵的思想不是在其字里行间的显性逻辑中呈线性自行布展开来的，它需要阅读主体通过自身的解读来历史性地获得"[②]。对马克思虚拟资本理论等经典文本的"走进"或"回到"，同样旨在透过对经典理论的进一步解读，在其同发展视域的结合中挖掘全新的时代价值。

二　研究意义

（一）理论意义

1. 探究并梳理经典文本内含的虚拟资本理论

虚拟资本理论在《资本论》中得以集中论述，透过经典文本，解析其蕴含的虚拟资本理论，就虚拟资本的生成进程、内涵特征、运行机制、经济效应、时代价值等层面展开系统梳理和阐释，能够进一步厘清该理论的逻辑发展理路，深化对其内涵及实质的深度认知，提升对该理论理解及掌握的深入性、全面性和系统性。同时，基于对理论的深入剖释，展现理论对经济发展趋向的解释力及预判力。

2. 定位并论证马克思虚拟资本理论的理论在场

虚拟资本的生成具有历史性，就此而言，该理论在《资本论》中的辐射内容涵盖货币、信用等因素，这些因素参与了虚拟资本的历史"出场"，对其的论述不仅能进一步明晰虚拟资本的生成过程，也是虚拟资本理论就

---

① 〔德〕伽达默尔：《诠释学Ⅰ：真理与方法》，洪汉鼎译，商务印书馆，2010，第529页。

② 张一兵：《回到马克思——经济学语境中的哲学话语》（第3版），江苏人民出版社，2014，第679页。

广义上的内在延伸。众所周知，信用等因素在虚拟资本生成及发展进程中发挥着重要作用，将其纳入虚拟资本理论的叙述范围顺理成章。这在进一步深化对货币信用理论内涵及历史意义认知的同时，更能促进对其在虚拟资本逻辑运行中效用的理解。本书在论述马克思虚拟资本理论的过程中，对后者之于马克思主义理论体系中的定位展开论述，加深对虚拟资本理论在资本主义基本矛盾的实质揭露及批判过程中作用的认知，强化对其在资本主义生产方式及运行规律的揭示进程中意义的理解，进一步明晰马克思虚拟资本理论的文本定位及理论方位，并且有助于深化对马克思主义理论体系的时代解读。

3. 辨析并强化马克思虚拟资本理论的指导价值

马克思虚拟资本理论是对资本主义生产方式及运行规律揭示的重要理论组成部分，经过100多年经济实践验证，其在对现实问题强有力的解释及推进中，不断凸显理论的时代"在场性"，实践问题及对理论的需求是对马克思理论"退场"论调的有效回应，虚拟资本理论的理论指导价值伴随时代发展愈发显现。对马克思虚拟资本理论科学内涵的梳理及论述，从理论上不断论证该思想对现实发展的指导性和价值性，为推进理论同现实的深度结合准备条件。同时，也为该理论在现实发展中不断获取自身丰富完善的资源奠定基础，进而助推理论内在蕴涵的充实及现实解释力的强化。

（二）实践意义

1. 深度厘清金融风险及危机存在和运作的内在机制

马克思虚拟资本理论从根本上揭示了金融危机存在及运作的内在机制，为金融全球化条件下有效防范和应对风险及危机提供理论支撑，该理论从本质上揭示出金融危机根源同经济危机根源的一致性，透过虚拟资本将产业资本同金融资本有机结合，深度厘清盘踞于当代"虚拟资本主义"[①] 发展进程中的危机的"来龙去脉"，为世界经济的稳定发展提供马克思主义的理论力量。

2. 有效推进金融全球化背景中虚拟经济和实体经济关系的协调发展

虚拟经济和实体经济关系已上升为经济社会发展的核心地位，对其关

---

① 中国战略思想库：《蜕变与抉择——虚拟资本主义时代与中国的复兴》，中国计划出版社，2015，第13页。

系处理的合理与否将直接影响整体经济发展的有序程度。马克思虚拟资本理论对虚拟资本同实体资本关系的论述及实质揭示，能够为当前虚拟经济同实体经济发展关系的有效处理提供重要借鉴。马克思虚拟资本理论对虚实资本发展关系的一般原则界定依然是当前处理虚拟经济与实体经济关系的根本指导。

3. 根本指引我国市场经济发展中金融化发展方向

在新时代背景下，我国加快了金融改革进程，不断提升金融安全在经济发展中的地位，逐步强化对金融安全的关注和重视。这在昭示金融发展及安全在我国经济发展中的重要性及关键性的同时，也提出把控好金融发展根本方向的硬性要求。马克思虚拟资本理论在金融发展根本方向上的指导地位为这一要求提供条件，有助于从整体上指引我国市场经济发展中金融改革及推进的方向。

第二节　国内外研究现状

一　国外研究现状

对马克思虚拟资本理论或虚拟资本的论述，就国外研究而言，行文主要从两个层面展开梳理。其一，国外马克思主义学者对马克思虚拟资本理论的再阐释及创新发展。此点本书将分别对苏联马克思主义学者卢森贝、奥地利马克思主义学者希法亭（Hiferding）对马克思虚拟资本的再阐释及继承发展展开叙述，同时梳理列宁在马克思虚拟资本理论语境中对金融资本的深度阐释。其二，西方经济学者对马克思虚拟资本理论或虚拟资本（或同虚拟资本相关）研究的论述。主要就学者在分析经济现象时对马克思虚拟资本理论的态度、探讨经济现象背后的金融或虚拟资本运行机制以及对虚拟资本客观存在的态度等方面的观点进行梳理。

（一）国外马克思主义学者对虚拟资本理论的阐释

多年以来，国外马克思主义学者对虚拟资本的论述建基于马克思虚拟资本理论，其中许多论述是对马克思虚拟资本理论的进一步阐释、发展、丰富及深化。

1. 置于马克思虚拟资本理论范围的内涵解读：卢森贝对虚拟资本概念的阐释

卢森贝是苏联马克思主义经济学家，其在 20 世纪 30 年代出版的著作《〈资本论〉注释》中对马克思《资本论》进行了系统详尽的介绍和阐释，其中对马克思虚拟资本概念就曾从广义和狭义两个层面展开过分析。卢森贝认为，马克思在对银行资本的绝大部分给予虚拟资本归类时，是从广泛意义层面入手的，其所言的马克思的广义虚拟资本，即无黄金担保的银行券，拥有者以此作为增加银行资本的重要方式，同时银行家也利用无任何真实贵重实物为担保的私人信用方式增加资本，以吸收利息形式的剩余价值。卢森贝认为马克思从狭义层面对虚拟资本的分类，主要体现在公债券、股票和债券形式上，公债券也即国债，以非生产的国家信用为支撑，而企业股票及债券同以信用为基础的股份资本密切关联。它们都建基于生息资本，只是在虚拟性的性质上存在差别。① 公债券相较股票及债券甚至难以同现实资本的运行相对应，因此是一种纯粹的虚拟资本。卢森贝进一步强调借贷资本同虚拟资本的关联，认为前者为后者存在提供条件，但就根本性质及资本运作形态等方面，两者存在很大差异，不能将虚拟资本与借贷资本等同。总之，卢森贝对马克思虚拟资本展开的分析，主要基于虚拟资本的"直接基础"进行探讨，也即呈现的是金本位制背景中虚拟资本的显现形态，这固然有时代因素，但就虚拟资本的发展趋向而言，由于受所处时代的限制，卢森贝在对马克思理论做出解释的同时，对虚拟资本内涵理解的思路不免局限，正如有学者所言："现实资本必须直接和黄金、贵重物品相挂钩，显然这是一种口径较窄的虚拟资本理解思路"②。

2. 基于马克思虚拟资本理论的理论创新：希法亭对虚拟资本认识的深化

潜心于研究 20 世纪初叶垄断资本主义大发展时期的奥地利学者希法亭，立足马克思虚拟资本理论的基础，持续推进对虚拟资本的研究。他透过对当时垄断资本主义经济现象的观察，指出虚拟资本的收益性、流动性及独

---

① 〔苏〕卢森贝：《〈资本论〉注释》第 3 卷，赵木斋、朱培兴译，三联书店，1963，第 296 页。
② 马晓强：《产业发展动力论：基于虚拟资本与产业互动的视角》，中国经济出版社，2008，第 40 页。

立性等特征，并借助对信用及股份公司的分析，发现并创造性揭示出"创业利润"① 概念，对创业利润将生产中带来利润的资本向虚拟的带来利息的资本转化这一实质进行阐释，认为这是对虚拟资本及其运作在经济生活中成为关键经济现象的突出体现。希法亭基于马克思虚拟资本及收入资本化理论，发展了马克思的理论，进而为完善马克思主义关于股份公司理论做出了贡献。希法亭所处的时代，虚拟资本在信用经济支撑下已逐渐占据经济活动的核心位置，以信用经济为基础的虚拟资本占据了经济活动的主导位置，尤其当逐渐转换为产业资本的银行资本被虚拟资本所有者掌控时，垄断条件下的银行资本同产业资本具备了深度融合的条件，"金融资本"② 便伴随产业垄断达到资本控制经济生活的"权力巅峰"。金融资本概念的系统提出，对金融资本的货币表现实质及其借贷资本和虚拟资本的表现形式的论述，有助于推进对虚拟资本的认知、发展及研究深化。但正如《金融资本》中译本前言中所总结的，就整体而言，希法亭的理论是"流通决定的体系"③，不能就本质层面揭示借贷资本的实质，其否认利息率下降的发展趋势，未能厘清利润率同利息率之间的关系。

　　3. 立足马克思虚拟资本理论语境的金融资本理论：列宁对金融资本理论的深度论述

　　列宁金融资本理论的一个重要渊源是马克思关于集中、垄断及信用理论④，信用是马克思虚拟资本理论的重要内容，是马克思虚拟资本理论生成的关键分析基础，这是我们能够就马克思虚拟资本理论语境来考察列宁金融资本理论的重要缘由所在。列宁金融资本理论主要体现在其于十月革命胜利前夕即 1916 年的著作《帝国主义是资本主义的最高阶段》中，其中对金融资本的历史生成、金融资本在资本主义发展的帝国主义阶段所起的核心作用以及金融资本的发展对帝国主义未来命运的重要决定作用等方面展开论述。列宁在希法亭对金融资本论述的基础上，补充完善了后者对金融资本的定义，其最重要的突破和贡献在于概括了垄断资本主义即帝国主义

---

① 〔德〕鲁道夫·希法亭：《金融资本》，福民等译，商务印书馆，1994，第 109 页。
② 〔德〕鲁道夫·希法亭：《金融资本》，福民等译，商务印书馆，1994，第 252 页。
③ 〔德〕鲁道夫·希法亭：《金融资本》，福民等译，商务印书馆，1994，第 9 页。
④ 朱炳元：《列宁金融资本论：理论来源、基本内涵与当代视野》，《毛泽东邓小平理论研究》2016 年第 8 期。

的五大基本经济特征，并由此对垄断资本主义形成过程中历史与逻辑相统一的方法作了科学阐述。列宁认为"生产的集中；从集中生长起来的垄断；银行和工业日益融合或者说长合在一起，——这就是金融资本产生的历史和这一概念的内容"①。虚拟资本在其逻辑作用下不断促进生产和资本集中，这是经济活动中垄断现象产生的重要助推力，而垄断的经济运作形态中金融资本的运作机制使后者越发具有虚拟性，大量货币资本的集中垄断为以"剪息票"资产阶级为生的和以金融资本为经济基础的垄断资本主义国家的生成提供条件，进而赋予帝国主义掠夺性、寄生性、腐朽性特征。列宁在对金融资本理论及帝国主义的论述中得出结论，认为金融资本是资本的最高形态和纯粹形态，借助金融资本扩张的帝国主义是资本主义的最高阶段，"是过渡的资本主义，或者更确切些说，是垂死的资本主义"②。

综上所述，马克思主义学者对虚拟资本的论述主要基于马克思主义的基本观点，并在结合现实经济发展的分析中，持续推进马克思虚拟资本理论的更新发展。众所周知，马克思虚拟资本理论为整体对资本主义生产方式及规律的揭示服务，其基本观点及立场始终贯穿于其内在组成理论内核中，马克思虚拟资本理论对资本主义整体的批判立场观点及态度是极其鲜明的。希法亭虽然在很大程度上推进了马克思虚拟资本理论的发展创新，但其对资本垄断理论的论述存在缺陷（列宁对此进行了详细深刻的批判），其中对金融资本支配中垄断引起腐败趋势的模糊态度，明显是对马克思主义基本观点及立场的背离。新时代的历史方位中，中国虚拟资本及虚拟经济的发展要坚定马克思虚拟资本的根本指导地位，在马克思主义的基本立场、方法及观点的指引下促使经济生活有序推进。

（二）西方学者对虚拟资本相关理论的论述

西方学者对虚拟资本的研究，着重于经济实践中探究虚拟资本的运作状态，将理论同实践的结合、对虚拟资本研究的新形式新内涵的探究作为主要考察对象。由于同马克思主义基本立场、观点及方法的差异，西方现代经济学在分析经济现象时较少使用"虚拟资本"概念，而是集中于对金

① 列宁：《帝国主义是资本主义的最高阶段》，人民出版社，2014，第44页。
② 列宁：《帝国主义是资本主义的最高阶段》，人民出版社，2014，第124页。

融市场、虚拟资本定价、虚实经济发展关系、虚拟经济发展效应等层面的研究探讨，注重金融理论同经济增长以及"金融资产的虚拟性问题"的研究。值得注意的是，虽然西方经济学者在论述"虚拟资本"时，多使用"金融资产"等概念，并且两者的确存在诸多联系，其所描述的经济现象也存在重合之处，但两者认知层次存在差别，"金融资产"着眼于经济发展的表层，侧重经济现象的存在形式层面，而"虚拟资本"注重经济发展的本质，着眼于经济现象的实质层面。① 换句话说，马克思的虚拟资本概念本质上是一个深层的经济关系概念；西方学者的金融资产概念是一个经济要素概念。

1. 认可或偏向马克思关于虚拟资本理论在经济发展中的分析路径

（1）罗伯特·古特曼（Robert Gutman）对虚拟资本的认知。美国经济学家罗伯特·古特曼将虚拟资本同"投机性交易"的含义紧密相连，在一些表述上同马克思对虚拟资本的论述基本一致。古特曼认为，作为一种资本形式，虚拟资本通过资本利息及抛售证券等投机性交易获得剩余价值、佣金、红利等金融收入。他认为虚拟资本内含一种权利（债权），凭借此权利能够同未来资金契约（证券）相交换，其具有相对独立性，在同生产资本不存在直接性交换的状态下，虚拟资本的价值完全游离于"收入资本化"过程之外，这是虚拟资本流动性的突出体现。同时，古特曼指出，马克思观点中虚拟资本的三大来源，即股票、公共债务证券及纯粹意义上的信用货币，在时代发展中的重要性更加凸显。信用货币同借贷资本及金融资本关联密切，因此成为虚拟资本发展进程中的重要形式。古特曼结合时代发展对虚拟资本的扩张缘由进行了分析，突出了信息及通信领域技术进步在虚拟资本扩张中扮演的关键角色。他同时指出了虚拟资本获利方式的投机性，认为衍生产品等虚拟资本本身特性伴随时代发展而凸显，促使虚拟资本的投机形式不断改变，逐渐独立于生产循环，并成为企业、金融机构或个人的收入来源；还认为虽然由于虚拟资本独立于产业资本的运作之外而在一定程度免受工业资本兴衰带来的影响或损失，但其独立性是相对的，而且虚拟资本的发展受主观因素影响较大，投资者如果对实体经济受挫反

---

① 俞志：《马克思虚拟资本理论及其当代价值研究》，福建师范大学博士学位论文，2011，第4页。

应过度，继而展开对安全的"群体性角逐"，很可能会导致资产规模性紧缩乃至虚拟资本的毁灭。[①]

（2）纳赛尔·萨博（Nasser Saber）对"投机资本"的剖释。纳赛尔对"投机资本"展开的论述，涵盖其概念、利润来源、生成过程、对经济的影响等方面，其尤其在对投机资本利润来源的论述上偏向马克思主义的基本观点。纳赛尔提出"投机资本"概念，并将其定位于套利及短期交易的资本。他认为，投机资本生成于金融资本的发展进程中，同黄金非货币化趋向相一致，布雷顿森林体系的瓦解及自由浮动汇率为投机资本提供"肥沃土壤"[②]，投机资本的利润源于对价值增殖结果的瓜分，是生产资本所创造剩余价值的一部分。纳赛尔从三个层面论述投机资本对经济发展的影响：一是投机资本的趋利性增加了对其监管的难度和经济的"波动性"，而且纳赛尔就理论同现实的结合，分析了投机资本监管的难度；二是投机资本的流动性及趋利性导致其发展趋向的全球化，借助"套利"手段连接国内外市场，而在投机资本全球套利活动中，"欠发达市场"往往深受投机资本导致的"系统风险"之害；三是投机资本套利活动的诱导性促使资本逃离实体产业部门，纷纷聚集于高利润套利活动中，加上市场对金融活动监管的放松及金融自由化的发展，投机资本逐渐向"整个社会"的各行业渗透，在损害实体经济发展的同时，进而对社会群体的投资心理产生影响，丝毫没有金融知识及风险防范意识的广大群体成为投机者兜售金融产品的主要对象。[③]

（3）弗朗索瓦·沙奈（Francois Chesnais）对"资本全球化"的探析。沙奈对虚拟资本或虚拟经济研究的重点置于对金融的运作机制的分析进程中，其主要对全球经济发展中金融现象的普遍化进行揭示。他认为，经济全球化是以金融为载体的资本运动，全球经济发展已经发生了结构性变化，立足于产业发展的资本积累逐渐让位于虚拟资本的积累。"资本全球化"的

① 〔法〕弗朗索瓦·沙奈等：《金融全球化》，齐建华、胡振良译，中央编译出版社，2001，第 66~73 页。

② 〔美〕纳赛尔·萨博：《投机资本——全球金融业中看不见的手》，齐寅峰、古志辉译，机械工业出版社，2002，第 124 页。

③ 〔美〕纳赛尔·萨博：《投机资本——全球金融业中看不见的手》，齐寅峰、古志辉译，机械工业出版社，2002，第 142~170 页。

"支柱"在"金融"领域体现①，"金融全球化"是"资本全球化"的关键表征。金融全球化使资本主义固有的"金融冲击"逐渐趋向全球扩展，而"不完善"的全球化金融体制机制导致金融全球化的"不平衡"，不仅在于这一发展趋势中全球获益的不均衡，更在于全球抵抗金融冲击能力的不均衡。同时，金融资本在"放宽金融管制"及"消除壁垒"的政策推动中逐渐挤占银行正常业务开展的空间，加剧银行发展的"脆弱化"，继而迫使银行进入"金融革新"的新市场，其资产的虚拟化趋向愈加明显，风险挑战愈加难以预估。总体而言，沙奈对金融全球化进程中金融体系脆弱性等相关问题的分析，同马克思对虚拟资本存在及扩张的消极影响的表述存在一致性。他认为金融资产根本依靠"创造实际价值和财富的领域"，但两者之间的"交易"规模逐渐缩小，金融市场中衍生产品规模不断扩大，"新兴金融市场"由于发展欠缺及经验不足，在发达金融市场金融政策的裹挟中骤增发展风险。沙奈以带有批判性意味的表述对金融全球化及其带来的危机进行总结："只有患有历史遗忘症，同时总爱屈从'不可避免'的变化，面对'市场专制'无所作为的人才会相信，以工业积累微弱、就业机会越来越少、越来越不稳定、社会和政治倒退为主要动力的制度可以被看作是'不可逆转'的。它实际上是一种披着某种历史合法性外衣的制度。"②沙奈对金融全球化中要素的分析"包含了马克思所说的虚拟资本大量生成而产生的总的影响"③，他借鉴马克思虚拟资本理论展开对虚拟资本本质及扩张缘由的分析，并指出《资本论》第3卷对虚拟资本的论述具有重要的理论指导意义。④

2. 借助多样概念阐释经济社会发展中的金融（虚拟化）现象

（1）彼得·德鲁克（Peter Drucker）对"符号经济"的解析。美国著名管理学者德鲁克对20世纪末世界经济的结构性变化进行分析，认为最重要的改变之一是资本运动在世界经济发展中的地位及作用的提升，已然

---

① 〔法〕弗朗索瓦·沙奈：《资本全球化》，齐建华译，中央编译出版社，2001，第27页。

② 〔法〕弗朗索瓦·沙奈等：《金融全球化》，齐建华、胡振良译，中央编译出版社，2001，第249~289页。

③ 〔法〕弗朗索瓦·沙奈等：《金融全球化》，齐建华、胡振良译，中央编译出版社，2001，第12页。

④ 〔法〕弗朗索瓦·沙奈等：《金融全球化》，齐建华、胡振良译，中央编译出版社，2001，第1页。

"成为世界经济的发动机和推动力"①。具体而言，体现为"符号经济"同"实体经济"的分离，进而呈现前者取代后者的经济趋势及现象。他所谓的"符号经济"是指资本运动、汇率及信用流通，而"实体经济"即产品同服务的流通。德鲁克认为，关于这种经济发展趋向的一个重要推进因素是主要国家在全球范围内回避或转嫁国内发展窘境，利用"符号经济"同"实体经济"发展的不协调，进而在全球范围吸收资本，充分借助全球经济发展的不稳定来"自肥"。德鲁克借助美国、日本等国利用国际符号经济同实体经济的脱离趋势意欲"自肥"却不尽如人意的案例发出警示，政府制定的世界经济政策只有促使符号经济同实体经济协调推进，才能取得成功。②德鲁克的"符号经济"同虚拟经济发展存在直接关联，就其具体表现，两者并无实质差异，"都表现为货币（纸币、电子货币）、股票、债券、金融衍生工具等的活动"③。虽然其没有直接论及"虚拟资本"，但符号经济发展中"资本"的大规模流动，无疑为资本的虚拟化存在形式作了最充分的注释，成为"符号经济"或"虚拟经济"发展中的关键环节。德鲁克对"符号经济"的分析，为"虚拟资本"的内涵分析及发展延展研究提供了致思理路。

（2）罗伯特·希勒（Robert Shiller）对股价"非理性繁荣"的阐述。当代行为金融学的主要创始人希勒，其"非理性繁荣"概念是针对 20 世纪末 21 世纪初美国股市持续高涨的经济现象提出的，他对此展开了包括经济、文化、心理、社会等各方面在内的系统性分析。他从囊括互联网、文化因素、心理预期等在内的 12 个最具影响力因素出发，深入剖析美国股市上涨的缘由，其中提到大众预期心理"放大机制"及反馈机制即反馈环（feedback loop）理论，并认为正是两种机制的相互作用促使股价抬升。希勒指出，过去股价的增长为投资者信心及期望注入强心剂，进一步促使投资者哄抬股价，继而吸引更多投资者，股价反馈机制同预期心理放大机制相互促进，这一循环将最初的"诱发因素"深度扩大。在其《非理性繁荣》一书中称此种反馈机制为"自然形成"的"蓬齐过程"（"庞氏过程"），认为其催生了股市的泡沫化，成为金融危机的前奏。希勒就此对大众投资的非理性

---

① 〔美〕彼得·德鲁克：《管理的前沿》，许斌译，上海译文出版社，1999，第 3 页。
② 〔美〕彼得·德鲁克：《管理的前沿》，许斌译，上海译文出版社，1999，第 27 页。
③ 徐璋勇：《虚拟资本积累与经济增长：理论分析及中国的实证研究》，中国经济出版社，2006，第 11 页。

行为进行了深入分析，并提出理性行动的解决举措，这也成为该著作受到各界普遍关注的重要原因。① 希勒借助大量现实材料展开对股市的分析，虽然没有从根本上阐释股票本质，也没有触及股票市场泡沫化持续存在的根本性问题②，但他在对股市投机所导致的非理性繁荣的阐释中较为全面地揭示了心理预期在资本定价中的关键性，并且伴随主观预期的变更，虚拟资本价格将呈现独立于实体经济的发展趋向，终将导致泡沫破裂。就此而言，希勒对股票"非理性繁荣"最终发展趋向的分析同马克思对虚拟资本发展走向的分析存在相似之处，股票作为初级形态虚拟资本的表现形式，在马克思对虚拟资本的分析中作为主要论述对象。希勒借助对股票"非理性繁荣"的探究，揭示金融市场的"非理性"特征，为股市的相关研究及发展提供深刻的理论指导。

（3）戴维·赫尔德（David Held）对"金融全球化"的阐发。当代英国学者赫尔德致力于对全球化发展趋向的研究，其观点独特，对金融全球化的态度异于其他学者。他不赞同将金融全球化（特别是个人全球融资增长）完全归于市场及技术的进步。当然，赫尔德并不否认技术进步在降低金融交易成本、促进各国市场连接中的重要性，但他更注重金融全球化中政府和国际机构的作用。即使如此，赫尔德也将国家对金融发展控制能力的减弱作为全球金融化的直接原因。另外，赫尔德指出，金融全球化进程中，虚拟资本全球流动、国际投资活动大肆盛行，发达资本主义国家放松了金融管制，进一步推进金融自由化及全球化进程，对于发展中国家而言，该进程更多意味着衰退而非发展。这些欠发达国家囿于国际金融资本的推动及发达国家施加的压力，被迫卷入全球金融化进程，其在控制金融流量及消除金融风险等方面越发无力，最终不得不放弃资本管控，任由发达国家凭借金融资本摆布。③ 赫尔德虽然没有对发展中国家在金融全球化进程中的应对举措展开深度分析，但其对金融全球化影响发展中国家长远发展等层面的阐释，为当今在推进金融资本发展进程中管控风险及防范危机提供

---

① 〔美〕罗伯特·J. 希勒：《非理性繁荣》，李心丹、陈莹、夏乐译，中国人民大学出版社，2008，第64~86页。
② 许红梅：《虚拟经济与经济危机》，厦门大学博士学位论文，2009，第36页。
③ 〔英〕戴维·赫尔德等：《全球大变革——全球化时代的政治、经济与文化》，杨雪冬等译，社会科学文献出版社，2001。

了思路及启示。

3. 针对虚拟资本的消极作用否定其历史存在

哈耶克（Hayek）对虚拟资本的否定。哈耶克并未对虚拟资本进行确切定义，其对虚拟资本的论述伴随着对经济危机的阐释，而且以一种消极否定的态度去论述虚拟资本，认为虚拟资本的存在致使资本市场扭曲发展，尤其是信用的过度扩张在市场扭曲过程中起着推波助澜的作用。他将信用货币的发展同虚拟资本的存在相关联，认识到信用在实体经济发展中的作用及信用货币的不平衡发展态势对经济危机发生的诱导效应。① 哈耶克从虚拟资本存在及发生作用的消极层面去理解虚拟资本，将市场对资本资源配置的扭曲甚至经济危机等经济发展中的负面效应，归因于虚拟资本的存在及作用，其对虚拟资本的认识缺乏辩证思维，没有厘清虚拟资本存在的历史必然性，更缺失对虚拟资本在经济社会发展中积极作用的认识。就某种程度而言，哈耶克在虚拟资本存在及发展上的态度具有非历史性。

另外，还有学者将虚拟资本同金融资本相结合展开对经济现象的论述。迈克尔·赫德森认为"虚拟化"已经上升为美国经济的主要特征，"泛金融部门"（金融、保险、房地产等）已经逐渐走向全世界工人及产业资本的对立面，其"吸走"收入并加诸债务。他同时对"新自由主义为金融垄断资本主义腐朽实质开脱"的观点展开批判，认为笼统统一"生成性收益"和"非生成性收益"目的在于对金融垄断资本主义"不劳而获"实质的掩饰，这在人类发展史上是一个"巨大倒退"。赫德森借助哈耶克的概念进一步指出，新自由主义对"通往奴役之路"的内涵认知，应该指向全球范围内金融垄断资本给工人造成的"沉重债务和失业"。② 还有学者在对金融危机的分析中触及虚拟资本，并进而在论及危机运行机制及应对举措时回归于马克思主义的基本观点。杰弗里·斯克兰斯基认为金融危机"暴露"了资本主义制度"潜在"的"不稳定性"及"残酷性"，出于"主流辩论"的"种种局限"，重新关注马克思主义成为形势发展的迫切选择。他指出，时代发展使"证券化"成为金融业发展的明显特征，这是"新型虚拟资本"的创新形

---

① Friedrich August von Hayek, *Profits*, *Interest and Investment*, London, UK: Routledge And Kegan Paul, Ltd., 1975.

② 〔美〕迈克尔·赫德森:《虚拟经济论: 金融资本与通往奴役之路——迈克尔·赫德森访谈》, 嵇飞译,《国外理论动态》2009 年第 1 期。

式，其加剧了"金融证券"同"实物资产"的割裂程度。同时，该学者揭示了西方国家工人养老基金投资"公司证券"的实质，虚拟资本增殖逐渐由产生于过去劳动向现在及未来劳动转变，因而提升了收益的不确定性及风险性。斯克兰斯基总结说："虚拟资本和金融掠夺构成了支撑整个资本主义经济的阶级结构的一对支柱。"[①] 美国学者洛仁·戈尔德纳在《虚拟资本与资本主义终结》一文中把资本主义的终结同虚拟资本的扩张发展紧密关联，认为自布雷顿森林体系解体以来，世界资本主义就被虚拟资本及金融化发展模式所支配，"美国虚拟资本爆炸性增长，迫使日本、德国也采取金融化模式，这给世界实体经济造成损害，也给劳动人民带来了灾难"[②]。该学者还进一步定义虚拟资本，认为"虚拟资本不仅是超过全部剩余价值的纸质所有权凭证（股票、债券、土地和不动产租金），而且是超过其自身价值的全部能够产生收入的资产的资本化'现值'，由现在重新生产它们的社会必要劳动时间决定"[③]。

综述之，西方经济学者立足现实展开对经济现象不同层面的论述，学者对虚拟资本的存在及作用持有不同观点。总体来看，西方经济学者直接论述虚拟资本的现象较为少见，对虚拟资本等问题的研究主要是透过"货币金融与经济发展的关系"[④] 这一理路展开的。多数学者从金融货币在经济增长中的运作等层面不同程度映射和分析虚拟资本这一客观资本存在，其中针对虚拟资本及虚拟经济发展的一些论述对当前发展具有启示价值。同时，西方学者对经济现象就根本意义上的探究，始终跳不出马克思主义理论揭示的范围，这在金融危机发生的关键节点更加凸显。这也是行文对马克思虚拟资本理论展开进一步梳理、分析及探讨的关键缘由。

二　国内研究现状

就国内研究而言，对马克思虚拟资本理论的论述更多结合其时代价值

---

① 〔美〕杰弗里·斯克兰斯基：《金融危机时代的马克思主义——为什么传统经济学不能解释经济大衰退》，安桂芹译，《当代世界与社会主义》2012 年第 6 期。

② 〔美〕洛仁·戈尔德纳：《虚拟资本与资本主义终结》，谷明淑、姜伟译，《国外理论动态》2008 年第 6 期。

③ 〔美〕洛仁·戈尔德纳：《虚拟资本与资本主义终结》，谷明淑、姜伟译，《国外理论动态》2008 年第 6 期。

④ 马艳、严金强、霍艳斌：《虚拟价值理论与应用》，上海财经大学出版社，2014，第 28 页。

及指导意义展开。尤其在金融化迅速发展的当前，国际经济及金融发展充满挑战、危机等风险时刻存在，运用马克思虚拟资本理论的一般原理指导当前虚拟经济的发展，逐渐成为学界共识。国内对该理论的研究主要集中于对其内在蕴涵的分析和阐述、对理论发展延伸的审视和明辨、对虚拟资本拜物教理论迷魅的揭露和祛蔽以及对其时代价值的探寻和昭示四个层面。

（一）分析和阐述马克思虚拟资本理论的内在蕴涵

国内学者从多方面入手展开对马克思虚拟资本理论内在蕴涵的阐释和梳理，围绕虚拟资本的概念、内涵、特性、运作规律、表现形态等方面明晰该理论的深刻意蕴。

1. 就文本视域定位马克思虚拟资本理论

文本是理论的重要承载，也是理论分析的关键环节。对马克思虚拟资本理论的分析，首先要从马克思恩格斯（以下简称"马恩"）卷帙浩繁的经典著作中定位该理论的文本体现，从对文本梳理及分析中研究理论要义及内涵。国内诸多学者将马克思虚拟资本理论的研究范本集中于《资本论》第3卷第五篇"利润分为利息和企业主收入。生息资本"，朱炳元、张兴亮不同于诸多学者的文本定位，或者说较之诸多学者对文本的梳理更为详尽和全面。他们用递进式文本分析方法梳理马恩经典文本，阐释其蕴含的虚拟资本理论或观点，分别从"点""面""体"等层面逐层展开对虚拟资本理论的分析，将"虚拟资本"概念作为分析"核心"，以"点""面""体"作为分析"方法"把握理论。其中，"点"的"方法"即对"典型章节"中"虚拟资本"概念的使用情况进行论述，"面"的"方法"即对《马克思恩格斯全集》中"虚拟资本"概念的出现频次及内涵进行论述，"体"的"方法"即对《资本论》中"虚拟资本"的集中论述部分（第3卷第五篇）从文本结构上展开分析。[①] 其所涉及的经典文本主要体现为《马克思恩格斯全集》和《资本论》。这一文本梳理及分析方法，为我们继续探究马克思虚拟资本理论提供了重要范式。

2. 从历史发展视野揭示虚拟资本存在的历史必然

历史发展视角分析资本的存在及发展是马克思主义的方法论传统，多

[①] 朱炳元、张兴亮：《基于马克思恩格斯共同文本的虚拟资本理论探源》，《马克思主义与现实》2013年第3期。

数学者延循马克思历史分析方法展开对虚拟资本的分析。他们认为，虚拟资本是资本发展到一定阶段的表现形态，其存在具有历史性。如朱炳元、陈冶风指出，资本的历史属性决定了其伴随历史推进具有不同表现形态及运作方式，"虚拟资本"的系统论述由马克思在对资本具体运作进程中展开，该形态是资本演进的"必然现象"，但资本形式的演进并没有改变其增殖本性，虚拟资本依旧是资本积累的工具。① 陈文通将虚拟资本存在及发展定位为资本职能"自我膨胀"及资本概念"自我延伸"的结果，并指出虚拟资本是资本主义经济关系的表征及经济关系"泛资本化"的产物，更是"资本主义生产方式内在矛盾"使然。② 值得注意的是，虚拟资本固然有其存在的历史必然性，却不能以此落入危机"难以避免"的历史决定论陷阱，任其充当经济生活中"泡沫化"必然存在的理由，只要置虚拟资本于适度的发展范围，就能够规避经济的泡沫化。③ 因此，在对待虚拟资本存在及发展的问题上，要坚持辩证唯物主义，看到马克思虚拟资本理论同当前虚拟资本存在发展之间的密切联系，在具体经济运行中既不能因噎废食抑制虚拟资本的发展，又要有效处理好虚拟资本同实体资本的发展关系。④

3. 就理论层面剖析"虚拟资本"的概念内涵

马克思对"虚拟资本"进行了较为系统深入的分析研究，但对其概念的具体定义并未给出，这成为学界研究马克思虚拟资本理论进程中绕不开的关键问题。对马克思虚拟资本概念内涵的认知，首先需要对其所展现出来的特性进行总体把握，以此作为对虚拟资本概念认知的基础，国内学者多在对虚拟资本存在及运行特征的描述中把握虚拟资本的概念内涵。成思危将虚拟资本同金融系统密切挂钩，认为虚拟资本涵盖金融系统中交易的各种产品，本质是一种可交易的金融资源，借助交易获得对实体资本的使用权。同时认为，虚拟资本虽然没有价值，且其表征的价格又不确定，但能够凭借交易取得货币利润。⑤ 作为对"虚拟资本"研究较早且研究最为深

① 朱炳元、陈冶风：《〈资本论〉中的虚拟资本理论研究》，《马克思主义与现实》2019 年第 1 期。
② 陈文通：《马克思的虚拟资本理论仍有重要的现实意义》，《经济纵横》2009 年第 12 期。
③ 范从来：《马克思的货币资本和现实资本理论与我国目前的信贷政策》，《当代经济研究》1999 年第 7 期。
④ 李恒光：《虚拟资本的内涵、运行规律及经济影响探析》，《理论与改革》1998 年第 1 期。
⑤ 成思危：《虚拟经济的基本理论及研究方法》，《管理评论》2009 年第 1 期。

入的学者，刘骏民同样指出虚拟资本本身的无价值性，其作为资产交易凭证，代表所有权的转移，具有流动性、独立性及投机性等特征。[①] 王爱俭强调虚拟资本运动的独立性，并揭示虚拟资本本身无价值却能够带来剩余价值的增殖性，虚拟资本的流动性在包括股票、债券及金融衍生品等在内的诸多权利凭证形态的流通中具体显现。[②] 同时，一些学者就虚拟资本生成条件层面展开对虚拟资本本质及特征内涵的论述。叶祥松、晏宗新论述了"信用"及"银行制度"在资本主义基本矛盾发展中的"历史地位"，并立足"生息资本"的"拜物教性质"对"虚拟资本"本质进行揭示。[③] 对虚拟资本本质的分析要抓住其"增殖"特性和"虚拟性"特点，并明晰虚拟资本的"现实资本"本源及其最终指向，其一旦脱离"现实资本"就会产生经济泡沫，成为诱发危机的关键因素，而其虚拟性体现在没有相应"实物资本"支撑却具有同后者一样的增殖能力上。[④] 虚拟资本的存在及发展具有双重效应，这一过程的关键点在于虚拟资本本身的独立性，也就是说，虚拟资本基于现实资本，却具有独立运动轨迹，其在适当范围内促进经济发展，一旦虚拟资本脱离现实资本，就会导致货币及信用危机。[⑤] 马克思虚拟资本理论为虚拟资本及其发展的探究提供了方法论指导，周虹在对马克思虚拟资本内涵、运行方式及独特发展规律进行论述后，结合虚拟资本的发展现实，对其进行新的界定，将虚拟资本作为"能够在金融市场上交易的各种未来收益索取权权益的货币表现"，并基于此探讨我国虚拟资本的发展前景及路径。[⑥] 徐茂魁、李宝翼立足马克思对虚拟资本形态的论述，认为股票、债券等公共证券和信用制度基础上的票据是虚拟资本内含的两种基本形态。[⑦] 徐璋勇就经济发展形式及趋向的变化，提出当前虚拟资本的发展已远超马克思时代，该资本形态是基于实体经济同实体经济逐渐分离，本身无价值却能够为持有者带来收入，自身存在相对独立运行规律的各种

---

① 刘骏民：《从虚拟资本到虚拟经济》，山东人民出版社，1998，第38~44页。
② 王爱俭：《虚拟经济与实体经济关系研究》，《现代财经》2003年第1期。
③ 叶祥松、晏宗新：《当代虚拟经济与实体经济的互动——基于国际产业转移的视角》，《中国社会科学》2012年第9期。
④ 许红梅、杨继国：《论马克思的虚拟资本理论及其现实意义》，《江汉论坛》2009年第9期。
⑤ 洪银兴：《信用经济、虚拟资本和扩大内需》，《经济学家》2002年第4期。
⑥ 周虹：《浅谈虚拟资本推动经济增长的效应》，《当代经济研究》2003年第8期。
⑦ 徐茂魁、李宝翼：《马克思虚拟资本理论的现代阐释》，《教学与研究》2006年第4期。

资本凭证。① 李恒光认为对虚拟资本内涵的界定应该涵盖其最一般最本质的特性及多样性表现形态，基于此，他将虚拟资本定义为"存在生息资本的条件下，能够获得确定的、有规则收入的某种权利或权利证书被当作资本看待，被虚拟为具有一定资本价值的资本"。② 概述之，学者们围绕虚拟资本展现的特征不断加深对虚拟资本内涵的探究和理解，虽然表述上存在差异，但对虚拟资本一般特性的认知存在较大交集。

总之，国内学者在对"虚拟资本"概念内涵的界定上，虽然并未形成较为一致的看法和见解，但总体而言，多数学者都认为虚拟资本独立于实体资本，具有历史性、虚拟性、流动性、增殖性，其本身没有价值，是一种资本所有权的表征，其形态展现为股票、债券、公债等有价证券，能够定期为持有者带来一定收入。③ 根据虚拟资本存在及发展的一般特性，伴随时代发展及虚拟资本内在蕴涵的不断显现，对其内涵的理解将逐渐清晰。

（二）　审视和明辨马克思虚拟资本理论的发展续篇

1. 虚拟资本的进一步虚拟化建基于马克思虚拟资本理论

鉴于时代局限，马克思并没有穷尽对资本形态进一步发展演进的研究。随着经济社会向前推进，最初的虚拟资本形态在信用工具大力助推中深度虚拟化，虚拟资本的表现形态不断多样化。谢永添认为，马克思时代的虚拟资本是"初始"形态，伴随时代发展，虚拟资本的样态逐渐多样，用马克思虚拟资本理论直接论述现代虚拟资本理论形态的具体发展已然不适，要在马克思虚拟资本理论的根本指引下将研究重点置于派生的虚拟性衍生物上，并在这一进程中推进虚拟资本理论的完善。也正鉴于此，他将"虚拟资本"看作"在信用制度下，由现实资本派生的并有自己相对独立之价值运动形式的金融资本及其衍生物"。④ 杨凤娟立足于马克思虚拟资本理论对现代虚拟经济发展的启示，同样认为虚拟资本在现代经济生活中的作用依旧

---

① 徐璋勇：《虚拟资本积累与经济增长：理论分析及中国的实证研究》，中国经济出版社，2006，第 8 页。
② 李恒光：《虚拟资本的内涵、运行规律及经济影响探析》，《理论与改革》1998 年第 1 期。
③ 徐光春主编《马克思主义大辞典》，崇文书局，2018，第 152 页。
④ 谢永添：《关于虚拟资本与虚拟经济研究的几个理论问题》，《经济科学》2003 年第 6 期。

明显，只是随着时代的变化以及金融工具的创新发展，虚拟资本形态在不断更新。[①] 20 世纪 70 年代之后，伴随世界经济发展结构的变化，虚拟资本进一步虚拟化的态势明显，其中，资产证券化就是虚拟资本深度虚拟化的重要表征，就马克思主义视阈，该发展趋向的本质即为"虚拟资本的进一步虚拟化"，作为主要融资工具，资产证券化也逐渐成为经济活动中危机产生的诱导因素，这同时对谨慎推进虚拟资本及资产证券化的发展提出要求。[②]

2. 就金融资本发展视角明晰马克思虚拟资本理论

"金融资本""虚拟资本"是理解资本主义发展进程的重要概念，对两者的辨析也是理顺马克思虚拟资本理论在对资本发展规律揭示中重要地位的核心问题。少数学者混淆两者区别，简单将两者等同，这种做法对合理理解两者内涵及发展无益。多数学者认为两者之间存在密切关联，但不能完全等同。

其一，"金融资本"的实体是"货币资本"。[③] 希法亭将"金融资本"作为"资本"的"全面的""彻底的"完成形式，当作资本表现形态的高级形式，体现为银行资本同产业资本的结合。因此，就希法亭对金融资本内涵的论述而言，"金融资本"并不完全等同于"虚拟资本"。同时，虽然对"金融资本"系统论述的理论家是希法亭，但早在马克思时代，金融资本就以马克思提及的"生息资本"同"虚拟资本"相结合的形态存在。[④] 其中，生息资本（借贷资本）是有着"工商业资本"形式的独特的"货币资本"。[⑤] 陈永正认为"金融资本"同"货币资本"的关系更紧密一些。一般而言，金融资本的独立运动是货币存量和流量的交换及配置，"金融资本的核心和主体始终是货币资本"，货币资本是正确理解国际金融垄断资本的前置因素。[⑥]

其二，"虚拟资本"区别于"货币资本"的关键点在于"资本价值的虚

---

① 杨凤娟：《马克思的虚拟资本理论与现代虚拟资本的特征》，《当代经济研究》2006 年第 5 期。

② 蒋岩桦、付华：《资产证券化的本质与风险——基于马克思主义经济危机视角的解读》，《当代经济研究》2017 年第 11 期。

③ 陈永正：《论当代国际金融垄断资本与虚拟资本》，《经济学家》1999 年第 6 期。

④ 白钢：《回到〈资本论〉：21 世纪的"政治经济学批判"》，人民出版社，2018，第 367 页。

⑤ 〔苏〕卢森贝：《〈资本论〉注释》第 3 卷，赵木斋、朱培兴译，三联书店，1963，第 214 页。

⑥ 陈永正：《论当代国际金融垄断资本与虚拟资本》，《经济学家》1999 年第 6 期。

拟性"①。"货币资本"同"虚拟资本"存在较大差异，同样不能将"虚拟资本"同"货币资本"混为一谈。张宗新、吕日认为，虚拟资本的"虚拟性"透过证券的"有息性"和"有价性"得以呈现，"有息性"即资本的虚拟性，"有价性"则是资本价值的虚拟性，"有价性"是区别"货币资本"同"虚拟资本"的根本参照。"虚拟资本"在股票等形态上展现，并通过资本化过程呈现为价格，但该价格始终不过是"一个幻想的资本按现有利息率计算可得的收益"的"货币幻想"②，相较虚拟资本价格的票据载体，货币资本本身就是以"货币"为载体依据生息资本运作机制存在的，货币在一般情况下作为独立价值形式，是对真实价值的货币表现，"这一点并不因信用的发展而相应变化"③，在信用紧缩或危机时期，货币还作为"唯一的支付手段"及"真正的价值"而存在。④ 因此，可以说，"货币资本由于其价值的真实性而体现出与虚拟资本的根本性不同"⑤。

　　其三，"金融资本"是"实体经济垄断"和"虚拟经济控制"的结合。⑥多数学者认为"金融资本"同"虚拟资本"在内涵上存在交织关系。比如，谢永添认为，应该将"虚拟资本"界定在"金融资本"的范围内，虚拟资本是金融资本发展进程中的产物，它必须是一种"金融产品"或"融资工具"，这是由历史发展演变逻辑所决定的。该学者认为，股份公司出现之前（或虚拟资本普遍存在之前），金融资本形态以实体为主，当股票等虚拟资本形态在产业资本融资或银行资本投资中扮演中介角色时，银行也逐渐股份化，成为虚拟资本占主导的金融机构。伴随虚拟资本在经济生活中作用的增大，金融资本中虚拟资本的比例逐渐上升。⑦ 又如，许红梅认为虚拟资本是金融资本的重要组成部分，是金融资本在经济社会中扩大控制力的重要手段，并且伴随时代发展，虚拟资本在金融资本中的比重持续提升。⑧ 朱

---

① 张宗新、吕日：《试析虚拟经济认识上的五个误区》，《中国人民大学学报》2001 年第 2 期。
② 马克思：《资本论》第 3 卷，人民出版社，2004，第 530 页。
③ 张宗新、吕日：《试析虚拟经济认识上的五个误区》，《中国人民大学学报》2001 年第 2 期。
④ 马克思：《资本论》第 3 卷，人民出版社，2004，第 584 页。
⑤ 张宗新、吕日：《试析虚拟经济认识上的五个误区》，《中国人民大学学报》2001 年第 2 期。
⑥ 宋朝龙：《虚拟资本，还是金融资本？——关于美国金融危机分析工具的辨析》，《国外理论动态》2012 年第 1 期。
⑦ 谢永添：《虚拟资本与资本市场——金融资本运行的理论与实证研究》，厦门大学博士学位论文，2004，第 21~22、27~28 页。
⑧ 许红梅：《虚拟经济与经济危机》，厦门大学博士学位论文，2009，第 58 页。

炳元将马恩"关于生产集中、垄断以及信用的理论"归于列宁金融资本理论的重要来源,他对列宁金融资本理论促进资本历史及资本寄生性、虚拟化特征的理解的表述,体现了列宁金融资本理论同马克思虚拟资本理论的内在贯通性。朱炳元认为,当代"金融资本"的性质更加"寄生化",内涵更加"虚拟化",金融资本的很大一部分实现了"自我循环",形成了"虚拟资本"。① 朱炳元指出,金融资本同虚拟资本在很大程度上存在一致性,金融是虚拟资本发展的"载体"和"平台",虚拟资本改变了资本积累方式,信用、资本集中及垄断等促生了金融资本,金融资本又推进资本持续虚拟化,这在当前发达资本主义国家经济发展趋向中得以论证,而金融领域的多样化资本形态的主体就是虚拟资本。② 由此可以得出,该学者虽然同样将金融资本区别于虚拟资本,但同时认同虚拟资本在金融资本发展中比重及作用的日渐凸显。再如,宋朝龙认为金融资本并非资本的虚拟方面,而是资本的一种内含"实体经济垄断"和"虚拟经济控制"两方面及其相互关系的高级形式。他指出,若将金融资本简单等同于虚拟资本,就难以理解金融资本主导的经济现实及金融资本运动导致的金融危机。③

另外,也有学者从不同角度展开对金融资本同虚拟资本关系的论述。比如,袁辉从希法亭关于金融资本的论述入手,回应了对希法亭关于金融资本论述的批判,认为基于马克思抽象资本概念把金融资本理解为虚拟资本同借贷资本的融合,"一方面符合希法亭关于金融资本表现形式的论述,另一方面可以借助马克思的分析,揭示信用主义与货币主义的基本矛盾,并阐明金融在当前资本积累过程中的双重作用"④。该学者同样认为金融资本的内涵较虚拟资本丰富,两者相互关联却不能等同。再如,康翟从虚拟资本积累视角,将马克思生息资本理论同当前资本主义"金融化"相联系,认为,"金融化"作为当代资本主义最为深刻的变化之一,凸显于"虚拟资

---

① 朱炳元:《列宁金融资本论:理论来源、基本内涵与当代视野》,《毛泽东邓小平理论研究》2016 年第 8 期。
② 朱炳元:《马克思主义虚拟资本理论与金融危机》,中央编译出版社,2014,第 114 页。
③ 宋朝龙:《虚拟资本,还是金融资本?——关于美国金融危机分析工具的辨析》,《国外理论动态》2012 年第 1 期。
④ 袁辉:《金融资本:从希法亭理论到经济金融化》,《当代经济研究》2014 年第 12 期。

本过度积累"进程中。① 该学者将"金融化"同"虚拟资本"相联系，再次印证金融化进程中虚拟资本的作用及地位。

3. 从虚拟经济发展的趋向回溯马克思虚拟资本理论

囿于时代发展，虚拟经济在马克思所处年代尚未占据经济发展的关键地位，马克思虚拟资本理论也较少直接涉及对虚拟经济的相关论述。不过，多数学者认为，马克思虚拟资本理论对虚拟经济内涵的界定及虚拟经济发展的有序具有重要意义。

（1）定位虚拟经济为虚拟资本发展延伸的结果。多数学者认为虚拟经济的存在是虚拟资本发展的结果，是《资本论》中虚拟资本概念的衍生。② 比如，刘骏民将虚拟经济看作一个过程，此过程涵盖"虚拟资本的运动"同"虚拟化的货币"的结合，是两者相互作用并相对独立于"实际经济"的"虚拟资本"价格决定过程与相对独立运行过程的结合。③ 又如，谢永添认为资本虚拟化促使虚拟资本成为经济活动的主导，而"虚拟资本"运行所形成的"经济总量"及"经济行为"，即为"虚拟经济"。④ 张宗新、吕日将对虚拟经济内涵的理解同对马克思虚拟资本内涵的分析密切联系，其立足马克思主义视角，认为虚拟资本是资本主义商品经济条件下信用制度与货币资本化的产物，而虚拟经济产生于资本的信用化，信用化进程推进了经济的虚拟化进程。⑤ 郗戈直接将当代虚拟经济的生成及发展归因于"包含信用关系的虚拟资本"的衍生及"信用经济"的发展。⑥ 高德步认为，论述虚拟经济也要关注其来源及本质，这同马克思对商品、货币及信用理论的论述密不可分，尤其是马克思虚拟资本理论，对研究虚拟经济具有重要的指导意义。⑦ 严明在对虚拟经济的论述中，结合马克思对虚拟资本的论述，将对虚拟资本的探讨作为对虚拟经济论述的必要前提，并将虚拟经济

① 康翟:《马克思的生息资本理论与当代资本主义金融化——基于虚拟资本积累视角的考察》，《哲学动态》2017 年第 2 期。

② 徐光春主编《马克思主义大辞典》，崇文书局，2018，第 152 页。

③ 刘骏民:《从虚拟资本到虚拟经济》，山东人民出版社，1998，第 272 页。

④ 谢永添:《关于虚拟资本与虚拟经济研究的几个理论问题》，《经济科学》2003 年第 6 期。

⑤ 张宗新、吕日:《试析虚拟经济认识上的五个误区》，《中国人民大学学报》2001 年第 2 期。

⑥ 郗戈:《〈资本论〉的哲学主线:资本逻辑及其扬弃》，《华中科技大学学报》（社会科学版）2017 年第 3 期。

⑦ 高德步:《虚拟经济的起源》，《南开经济研究》2002 年第 4 期。

产生及运行的直接动因归于虚拟资本的存在及运作，认为"最早的虚拟经济就是指虚拟资本相对独立于实体经济的交易循环活动"①。成思危对"虚拟经济"英译应该同马克思"虚拟资本"概念"一脉相承"②的论述，侧面体现了其对"虚拟经济"同马克思"虚拟资本"之间存在联系观点的认可，其在对姚国庆所著的《经济虚拟化下的金融危机》一书的序言中提出，虚拟经济的概念是由马克思虚拟资本概念衍生而来，同时他认为，马克思虚拟资本理论对当前虚拟经济的发展具有重要指导价值。③

另外，一些学者将虚拟经济的生成发展同马克思的经济发展理论相联系，认为马克思对经济发展规律的揭示及理论的阐释为当前虚拟经济的存在及发展准备了条件。比如，王璐将虚拟经济同马克思货币经济联系，认为前者是后者的当代延续，是从属于实体经济并逐步上升为社会总资本的一个相对独立的代表，进而促使整个经济"货币化"（虚拟化），商品经济的货币化以及"货币范畴"的扩大，加之"信用支撑"，部分经济主体就能够在独立于实体经济的条件下"凭空"创造出无须"产品"支撑的"价值符号"以实现"资本增殖"。④

（2）马克思虚拟资本理论为虚拟经济的存在及发展准备认知前提。马克思虚拟资本理论同虚拟经济的发展存在密切关联，很多学者就基本方法指导层面探究两者之间的渊源。叶祥松从马克思虚拟资本出发界定现代虚拟资本及虚拟经济的内涵，他强调，虽然当前虚拟资本的"内涵"和"外延"都在很大程度上"拓展"了，但马克思对虚拟资本理论的一般论述依旧是当前虚拟资本认知的"理论基础"，同时为正确"界定""现代虚拟经济及特征"提供了"方法论"前提。⑤ 多数学者明确提出，虽然马克思没有直接论及"虚拟经济"，但其"虚拟资本"理论对"虚拟经济"的存在及发展具有重要指导意义。比如，邹晓青指出，"虚拟经济"同"虚拟资本"关系密切，前者是后者内涵的"延伸"和"发展"，借用马克思对"虚拟资

---

① 严明：《虚拟经济》，新华出版社，2005，第6~10页。
② 成思危：《虚拟经济的基本理论及研究方法》，《管理评论》2009年第1期。
③ 姚国庆：《经济虚拟化下的金融危机》，南开大学出版社，2005，第1~2页。
④ 王璐：《从马克思的虚拟资本到虚拟经济——兼论虚拟经济的起源与本质》，《南京社会科学》2003年第9期。
⑤ 叶祥松：《从马克思的虚拟资本理论到现代虚拟经济》，《学术研究》2013年第6期。

本”论述的“思想方法”来界定虚拟经济无可厚非。因此，该学者认为由马克思对虚拟资本内在规定性的视角入手能够判定：“经济虚拟化的过程应该从资本价值虚拟化的程度和资本运动偏离生产过程的程度来考察。”① 黄瑞玲同样认为，《资本论》中虽没有论述虚拟经济问题，但马克思对虚拟资本的论述是“正确理解”虚拟经济的“钥匙”。② 何泽荣等强调，虚拟资本逐渐扩张的结果必然产生虚拟经济，这是对马克思虚拟资本理论进行研究的重要意义所在，而虚拟经济对实体经济规模的“超越”存在必然性，前者的“财富效应”幻觉对美国产生了“两大错误结果”，致使美国从个人“过度消费”到政府“债务累累”。③ 这在表现形式上就映现出“（马克思）虚拟资本理论—虚拟经济发展—经济运行危机或挑战”的逻辑走向，从而在很大程度上成为当前推进马克思虚拟资本理论研究深化的重要因素。还有一些学者对虚拟经济同虚拟资本之间存在的逻辑展开梳理。比如，冯中圣从逻辑运作理路层面分析虚拟资本同虚拟经济之间的关联，认为对“虚拟经济”内在本质的深入剖析，首要条件即是厘清“虚拟资本”的内涵所在。④ 又如，赵锦辉立足“双重思路”对马克思虚拟资本进行界定，在此基础上对现实虚拟经济的发展进行不同的结论启示，并认为，当前对虚拟经济相关问题存在争议的重要缘由，很大程度在于对马克思虚拟资本概念的理解差异。⑤ 他将对虚拟经济概念等的争议矛头直指马克思虚拟资本理解的本源问题。许红梅立足马克思虚拟资本理论梳理“虚拟资本”同“虚拟经济”间的发展逻辑，并在此基础上界定“虚拟经济”，认为“虚拟经济”是“以虚拟资本的运动为主体”的独立于实体经济且既无价值又不创造价值的经济形态，认为虚拟资本的不断扩大及膨胀必然导致经济虚拟化，从“历史”及“逻辑”的双重层面凸显虚拟资本在虚拟经济中的核心作用及地位。⑥ 马克

①　邹晓青：《对虚拟经济几个重要问题的探讨》，《贵州社会科学》2005 年第 5 期。
②　黄瑞玲：《正确处理好虚拟经济与实体经济的关系——基于马克思〈资本论〉的分析》，《南京社会科学》2003 年第 S1 期。
③　何泽荣、徐艳、傅瑜：《中美贸易失衡的经济理论分析——以马克思的经济理论为基础》，《财经科学》2009 年第 10 期。
④　冯中圣：《虚拟资本的内涵与外延——关于虚拟经济的思考之一》，《宏观经济管理》2004 年第 7 期。
⑤　赵锦辉：《马克思论述虚拟资本的双重思路及其对界定虚拟经济的启示》，《当代经济研究》2006 年第 10 期。
⑥　许红梅：《虚拟经济与经济危机》，厦门大学博士学位论文，2009，第 60~61 页。

思虚拟资本理论不仅在虚拟经济存在及发展层面凸显，在虚拟经济发展运行中对诸多问题的应对也需要该理论的指导。比如，王春娟认为，虚拟经济是同实体经济密切关联的历史现象，其存在对经济发展具有双重效应，要合理把控该效应，就需要运用马克思虚拟资本理论。正如该学者所强调的，在马克思虚拟资本理论指导下能够深度规范虚拟经济的发展，进而立足虚拟经济服务于实体经济的前提，有效防范金融风险，推进经济有序发展。①

另外，李宝翼对"虚拟经济"的来源展开梳理，认为其通过其他文献"无从考证"，而从马克思"虚拟资本"概念理解虚拟经济是国内一种较普遍的观点或思路。② 就该学者的观点，可以初步得出如下认识：其一，从马克思虚拟资本理论出发能够得出虚拟经济这一经济发展趋向；其二，国外学者较少使用"虚拟资本"概念并不能否定"虚拟资本"这一客观经济现象的存在，只是对该经济现象的描述由其他概念所代替或包含；其三，国内学者在论述虚拟经济时，除了延循马克思虚拟资本的分析理路外，尚存在其他多种分析方式。

（3）马克思虚拟资本理论中的"虚拟经济"意蕴。马克思虚拟资本理论并未直接提及"虚拟经济"，但有些学者在对马克思虚拟资本理论的内涵及延展的研究中挖掘出其中的"虚拟经济"意蕴。比如，崔祥龙认为，马克思在对虚拟资本理论进行阐述时，虽然未对"虚拟经济"概念进行界定，却客观上对虚拟经济现象进行了论述，并且认为马克思意指的虚拟经济可分为两类，即信用创造的虚拟经济和收入资本化呈现的虚拟经济。③ 很明显，该学者将马克思对虚拟资本不同层面的论述等同于对虚拟经济的论述。又如，刘璐、金素提出，要立足马克思"虚拟经济"对现代经济发展的启示，充分认识虚拟经济在当前世界经济发展中的重要位置，金融危机的发生及持续存在就基于虚拟经济的扩张进程，推动世界经济及我国虚拟经济的有序发展，需要借鉴马克思对"虚拟经济"内涵等的相关论述。④ 他们将

---

① 王春娟：《马克思的虚拟资本理论与虚拟经济》，《财经问题研究》2004 年第 11 期。
② 李宝翼：《虚拟经济和虚拟财富的内涵——与刘骏民等学者商榷》，《南开经济研究》2005 年第 2 期。
③ 崔祥龙：《起源、演变及实现：虚拟经济研究》，西南财经大学博士学位论文，2014，第 17 页。
④ 刘璐、金素：《从虚拟经济看当代国际金融危机》，《商业研究》2010 年第 10 期。

马克思虚拟资本理论同"虚拟经济"相挂钩，认为该理论蕴含"虚拟经济"思想。季小立同样认为《资本论》中存在对"虚拟经济""基本原理"的阐述，同时指出虚拟经济在次贷危机中的内生作用，并挖掘危机的"深层原因"，即"强势美元格局形成过度消费和虚拟资本膨胀间相互加强的循环。"① 总之，就学界普遍存在的观点而言，马克思在直接表述层面并未对"虚拟经济"概念展开论述，少数学者提及马克思"虚拟经济"字眼多从马克思"虚拟资本"理论的"虚拟经济"蕴涵推导、引申而来，这进一步论证了马克思虚拟资本理论同虚拟经济存在及发展的密切关系。

笔者认为，作为虚拟资本统治下的经济现象必然会呈现经济的虚拟性结果，不可能要求马克思必须采用当代人的术语。故此，虽然就"虚拟经济"的界定在学界仍存在诸多争议，尚未形成较为统一的见解，但针对虚拟经济的发展需要对虚拟资本理论展开回溯研究的这一观点，多数学者持赞同态度。因此，马克思虚拟资本理论对当前虚拟经济的发展具有重要的指导作用及价值，而深度挖掘马克思虚拟资本理论中蕴含的虚拟经济及其运行与发展的思想或启示依然是当前经济发展进程中的关键主题。

4. 金融同实体经济关系的论述触及马克思虚拟资本理论

金融全球化的时代发展趋向促使资本主义经济"金融化"不断推进。多数学者在对资本主义金融化发展的探析中涉及马克思虚拟资本理论的一般指导。朱东波、任力就马克思主义经济学的资本循环理论视角分析"金融资本运动的一般规律"，同时对金融化同实体经济发展的影响进行分析，认为"适度金融化"同"过度金融化"对经济发展造成的影响各异，而且"经济金融化"具有两面性：一方面充当"生产过剩危机"的缓解手段，另一方面成为"世界金融危机"产生的"直接原因"。② 因此，要加大金融监管，促进金融对实体经济发展作用的发挥。金融化发展进程中诸多问题的实质就是对虚拟经济同实体经济关系的处理，马克思虚拟资本理论对虚拟资本与实体资本关系处理的一般原则对金融化进程中虚拟经济与实体经济关系的处理具有根本指导意义。袁申国、刘兰凤同样在强调金融开放促使虚拟经济"产出增长率"显著提升的同时，论述其对实体经济产出增长率

---

① 季小立：《美国次贷危机的虚拟经济理论解读》，《经济纵横》2010年第1期。
② 朱东波、任力：《"金融化"的马克思主义经济学研究》，《经济学家》2017年第12期。

的影响，并就此提出，金融开放要加大对金融流动去向的监管力度，引导资金向实物部门流动，这也是应对经济发展"脱实向虚"趋向的关键举措。① 将金融发展限定在虚实经济协调有序发展的范围内，内含马克思虚拟资本理论对虚拟资本与实体资本关系的原则论述。周书俊、傅李琦就马克思资本积累理论梳理"金融—实体"经济危机理论的逻辑，指出金融危机这一外在缘由引发经济危机固然没错，但就其产生的真正根源而言，"金融市场"发展趋向的"过度自由"非但不是"金融危机"及相继的"实体经济危机"的根源，相反却在一定程度上"延迟"危机的发作。② 事实上，就历史发展而言，这也是对资本存在限度的一种不断突破，是对金融发展的历史必然及作用界限的潜在昭示，同马克思虚拟资本理论对虚拟资本历史存在及发展的论述相照应。

5. 金融危机根源的探寻指向马克思虚拟资本理论

全球金融危机对世界经济发展的威胁不断出现并持续存在，多数学者就金融危机发生原因、运行机制及应对举措展开研究分析，认为马克思虚拟资本理论在对金融危机发生机制的分析、预防及应对中依旧具有根本指导价值。首先，马克思虚拟资本理论对金融危机具有解释上的有效性。比如，许平祥指出，当前金融危机具有不同于以往危机的特质，根本原因在于"经济运行方式"的变化，进而致使虚拟经济同实体经济发展的不协调，当前两者关系已呈现为虚拟经济"引领"实体经济的发展态势，过去"三代金融危机理论"因难以有效解释危机而"陷入困境"，马克思虚拟资本理论立足对经济发展规律的揭示，能够对当前金融危机从本质上进行有力解释。③ 其次，将马克思虚拟资本理论直接运用于对金融危机存在及运作机制的揭示过程。比如，胡立法从马克思虚拟资本理论入手，对金融危机展开分析，认为"资本虚拟化""虚拟资本价格"背离"现实资本价值""金融投机""信用危机""金融资本"本性等的共同作用构成金融危

---

① 袁申国、刘兰凤：《金融开放与实体经济和虚拟经济产出非平衡增长》，《国际经贸探索》2019 年第 5 期。

② 周书俊、傅李琦：《马克思经济危机理论的当代意义——基于"金融—实体"经济危机理论的反思》，《理论学刊》2015 年第 12 期。

③ 许平祥：《经济虚拟化与传统金融危机理论的困境——基于美国金融危机的启示》，《东岳论丛》2011 年第 7 期。

机的关键环节。^① 易培强认为马克思虚拟资本理论对当前金融危机依旧具有很强的"解释力","金融资本"的"贪婪性"驱使"虚拟资本"过度扩张是金融危机的"最深刻根源",要汲取金融危机教训,正确处理虚拟经济及资本在发展中的作用。^② 再次,将马克思虚拟资本理论中揭示的虚拟资本的历史扩张作为金融危机的直接原因。比如,徐茂魁、陈丰、吴应宁就次贷危机发生根源进行探讨,从马克思虚拟资本理论出发,认为危机根源于实体经济,是实体经济中"生产与消费矛盾"所致,金融衍生品等虚拟资产的过度膨胀只是危机的表象。^③ 朱炳元将"虚拟资本"的无序发展及虚实经济的失衡作为危机的具体原因,认为全球金融危机的根本原因在于资本主义制度中的"基本矛盾",进而指出我国对中国特色社会主义的坚持是积极防范和有效应对金融危机的"根本保证"。^④ 李楠迪、任新立从马克思主义视域分析次贷危机,认为"单纯货币危机"是由"虚拟资本"的过度扩张导致的,在金融危机中,虚拟资本虽然起着基础作用,但归根结底在于"实物经济的内在失衡","虚拟资本"只是金融危机发生的"诱因",对金融危机根源的探寻应置于资本主义基本矛盾这一根本上来。^⑤ 同样,王岩就2008 年金融危机的具体原因展开"分层次"阐释,将"虚拟的有支付能力的需求""资本主义生存方式的基本矛盾""新自由主义"分别归为金融危机发生的诱因、根源和"助推器",他还提出,在市场经济中进行"必要的""调节、监督、管制"是资本主义制度下规避"紊乱"、稳定发展的基本保证。^⑥ 郭兴芳则从综合性视角探析危机缘由,认为"虚拟资本的过度投机与膨胀导致虚拟经济与实体经济严重脱离"是经济危机的根源之一,并指出,单纯从某一因素展开对危机的治理是"荒唐的""幼稚的""无效的",同时强调要对资本主义生产深层次的矛盾进行解决。^⑦ 王宇伟认

① 胡立法:《虚拟资本与美国金融危机:一个马克思主义经济学的视野》,《马克思主义与现实》2011 年第 2 期。
② 易培强:《马克思虚拟资本理论与国际金融危机》,《当代经济研究》2009 年第 1 期。
③ 徐茂魁、陈丰、吴应宁:《次贷危机根源之探讨——基于马克思虚拟资本理论》,《经济经纬》2009 年第 4 期。
④ 朱炳元:《马克思主义视野下的国际金融危机》,《马克思主义研究》2010 年第 2 期。
⑤ 李楠迪、任新立:《次贷危机的源与流:基于马克思视角的分析》,《经济学家》2010 年第 2 期。
⑥ 王岩:《马克思主义经济学视角下的国际金融危机原因剖析》,《经济学家》2009 年第 9 期。
⑦ 郭兴芳:《马克思经济危机根源解》,《华南师范大学学报》(社会科学版)2015 年第 4 期。

为《资本论》中论述的"虚拟经济"及"货币资本同现实资本"的关系对分析次贷危机具有重要指导作用。次贷危机根源于"生产过剩"（房地产市场），信用扩张及过度滥用、借贷资本过剩等则是直接原因，而危机中"实体经济"受波及同《资本论》中揭示的"生产相对过剩"在根本上存在一致性，我国发展要警惕这些因素。① 另外，也有学者将虚拟资本的扩张视为危机发生的深层因素来理解，比如，季小立认为美国次贷危机是虚拟经济发展的"内生产物"，而其"深层原因"则是"强势美元格局形成过度消费和虚拟资本膨胀间相互加强的循环"，进而导致"虚拟经济"过度脱离"实体经济"。② 姚国庆将投机作为金融危机的催化剂，并认为，投机机构借助期货及其衍生工具等虚拟资本，操纵高出其自身数十倍甚至数百倍的资金，这一资本杠杆的介入为经济风险乃至金融危机的发生准备了条件。③ 最后，将马克思虚拟资本理论对金融危机的分析落脚于我国社会主义经济发展现实。比如，杨承训以恩格斯晚年关于经济发展中金融同实体经济发展的"头足倒置"及金融危机为抓手，将落脚点置于社会主义市场经济的完善，指出要以资本主义缺失"神经器官"进而导致危机为戒，加强社会主义对任性资本发展主导的"神经器官"的管控。④ 朱炳元以马克思虚拟资本理论为分析工具，对金融危机展开剖析，分别阐释了马克思虚拟资本理论以及该理论视域中金融危机的发生机制及虚拟资本的当代体现，最后落脚于马克思虚拟资本理论对我国经济发展的根本指导。⑤

另外，还有学者在分析金融危机时，不同程度涉及对"虚拟资本"或"虚拟经济"的论述，其背后同马克思虚拟资本理论所揭示的经济发展规律相一致。比如，肖辉将金融危机归于"资本内在矛盾的激化"，认为借贷资本存在的矛盾，即对超额利润的无限追求同资本增殖能力限度之间的矛盾，该矛盾的激化促使虚拟资本"未来收益"消失，伴随虚拟资本的"抛售"，金融危机便一触即发。我国发展社会主义市场经济，就要处理好三对关系：

① 王宇伟：《从马克思的〈资本论〉看美国的次贷危机》，《当代经济研究》2009 年第 3 期。
② 季小立：《美国次贷危机的虚拟经济理论解读》，《经济纵横》2010 年第 1 期。
③ 姚国庆：《经济虚拟化下的金融危机》，南开大学出版社，2005，第 169~171 页。
④ 杨承训：《着力完善社会主义市场经济的"神经器官"——读恩格斯晚年关于"头足倒置"与金融危机的论述》，《马克思主义研究》2009 年第 5 期。
⑤ 朱炳元：《用马克思虚拟资本理论剖析资本主义金融危机》，《高校理论战线》2009 年第 8 期。

"虚拟经济和实体经济"的关系、"金融发展和金融创新"的关系以及"金融发展和金融开放"的关系。① 该学者将资本本身的自消性运用于虚拟资本的作用过程，对经济发展中处理好虚拟资本的发展关系提出要求。再如，鲁品越从"马克思劳动价值论"出发，论述在对剩余价值分割进程中生成偏离价值的"市场价格体系"，进而产生"二重效应"，其中以资本扩张"悖论"为"主线"的"资本逻辑"成为经济危机爆发的根源。同时，"实体经济"在"资产证券化"进程中催生了"虚拟经济体系"，"资本逻辑"便扩展至"虚拟经济领域"，伴随"垄断金融资本"对剩余价值的分割，资本扩张的风险也在不断转移和积累，这是金融危机的"深层根源"。② 该学者以资本扩张逻辑为抓手对危机展开分析，将资本在虚拟经济领域的扩张作为危机的重要根源。

综上所述，多数学者将金融危机同虚拟资本的运行相联系，认为虚拟资本的扩张是导致危机发生的重要因素。马克思是对虚拟资本理论系统论述的第一人，对金融危机运行机制及发生规律的揭示需要借助对马克思虚拟资本理论的认知和理解。

（三）揭露和祛蔽虚拟资本拜物教的理论迷魅

1. 金融危机视角考察资本存在及其作用的限度

一些学者立足马克思主义历史发展视域，辩证看待资本的历史存在及金融危机的周期发生，认为虚拟资本固然是资本历史性及资本主义生产关系发展的表征，但金融危机现实地论证了虚拟资本助推资本极限的客观事实。张严认为，资本主义从多次危机中脱身的根本原因，在于资本主义内在较完善的"自我调整机制"，而其核心正是"资本逻辑的弹性"，资本形态更替表面上对危机的缓解并不能掩盖其逐渐逼近资本逻辑的弹性极值的事实，依靠资本形变缓解危机的方式将为更深层危机埋下隐患，最终在资本逻辑弹性缺失"回旋余地"的同时，将资本主义推向其"历史极限"。③正如马恩揭示资本家应付危机的方式，"不过是资产阶级准备更全面更猛烈

---

① 肖辉：《美国金融危机根源的马克思主义再认识》，《当代经济研究》2009 年第 10 期。
② 鲁品越：《资本逻辑与金融风暴》，《马克思主义研究》2009 年第 10 期。
③ 张严：《从危机应对看资本逻辑的弹性及其限度》，《社会科学》2017 年第 10 期。

的危机的办法，不过是使防止危机的手段越来越少的办法"①。车玉玲、姚新立将虚拟资本定位为资本的时代形变，当前，"知识资本"同"虚拟资本"的"合流"成为资本积累疯狂推进的得力工具，是马克思视域中"虚拟资本的再虚拟"，这也成为危机升级的直接根源，金融危机的周期性存在就是明证，是"虚拟资本超出其限度的外在表现"。②

2. 拜物教语境剖析虚拟资本现实崇拜之谜

将虚拟资本的扩张及社会对其权力的盲目崇拜归置于马克思揭示的"拜物教"的时代延续，并就"拜物教"视域对"虚拟资本"的过度扩张展开批判，也是学界在虚拟资本研究中存在的一种声音，其偏向经济哲学的研究范式，对研究马克思虚拟资本理论具有重要启示。比如，谢永添从"异化"角度出发，揭示虚拟资本从属并服务于机能资本（实体资本）的实质，但其过度扩张却反向成为制约机能资本发展的障碍，这是虚拟资本的"异化"表现。他认为，"异化"在虚拟资本发展进程中得以充分体现，其逻辑发展走向基本呈现"商品拜物教"—"货币拜物教"—"虚拟财富拜物教"的运行理路，支撑经济生活的真正的物质生产被淡化。③ 单超也赞同虚拟资本"异化"的观点，认为资本增殖是资本主义生产的绝对规律，尤其是虚拟资本，已不满足在同实体经济关系中的"从属"和"配角"地位而逐步同实体经济相脱离，致使虚拟资本逐渐"异化"，从"服务"转向"主宰"生产资本。④ 张宗新、吕日将虚拟资本的价值虚拟性理解为"异化性"，指出虚拟资本的存在促使资本的价值独立运动更加彻底，同现实资本的一切联系消失，并逐渐同后者相对立，似乎资本虚拟化缺少现实资本的参与也能增殖。他们认为："虚拟经济的价值虚拟化过程，实际上就是虚拟资本价值的异化过程"。⑤ 杨娟将"虚拟资本拜物教"作为当代对"虚拟资本"财富效应盲目崇拜的一种"精神现象"，认为对其的批判是马克思主义政治经济学"拜物教"批判视域的当代延循，这一"精神现象"在当前虚

---

① 《马克思恩格斯文集》第 2 卷，人民出版社，2009，第 37 页。
② 车玉玲、姚新立：《资本的当代变形与金融危机之根源——虚拟资本的产生及其历史限度》，《学习与探索》2013 年第 4 期。
③ 谢永添：《虚拟资本与资本市场——金融资本运行的理论与实证研究》，厦门大学博士学位论文，2004，第 1 页。
④ 单超：《资本主义的虚拟经济与经济危机》，《黑龙江社会科学》2015 年第 4 期。
⑤ 张宗新、吕日：《试析虚拟经济认识上的五个误区》，《中国人民大学学报》2001 年第 2 期。

拟经济占据发展主导的时代背景中尤为凸显，要立足马克思主义对"拜物教"实质及根源的揭示，树立正确的财富观。① 鄢一龙等学者立足世界经济发展高度揭示虚拟资本的作用主导，认为当前世界经济已进入"虚拟资本主义"阶段，这是世界资本主义发展的新阶段，而该阶段的突出标志即虚拟资本在经济发展中的主导地位。在虚拟资本主导下，利润获取由市场经济中的自由竞争转向"赤裸裸的金融战争"，掀起了对财富疯狂掠夺的狂潮，学者们从辩证角度考察了虚拟资本统摄中金融的表现形态，指出虚拟资本条件下的金融发展兼具"天使"和"嗜血怪兽"双重属性，对金融扩张的迷恋及后果终究要在现实挑战中展现，金融的正常推进最终将回归价值实体本源。②

总之，学者对虚拟资本存在及发展就经济哲学的拜物教批判角度展开探讨相对较少，应该指出，从这一角度分析虚拟资本理论，同马克思对资本主义经济发展规律的揭示及资本主义生产方式的整体批判立场相一致，囊括于马克思辩证唯物主义的研究视阈及分析方法中，为进一步研究探析马克思虚拟资本理论的方位准备了条件和理论素材。

（四）探寻和昭示马克思虚拟资本理论的时代价值

1. 金融危机防范层面凸显马克思虚拟资本理论的指导意义

对当前金融风险的防范及金融危机的应对，多数学者赞同从马克思虚拟资本理论中探寻时代发展的根本指导。他们认为，马克思虚拟资本理论在当前经济发展中依旧具有深刻的时代解释力和实践指导性。首先，马克思虚拟资本理论没有过时，其对金融危机存在及运行机制具有根本解释力，是经济有序发展的根本理论指导。如韩步江提出，信用及虚拟资本对金融资本存在及危机发生具有预判作用，是马克思政治经济学的重要组成部分。③ 这为金融危机发生的马克思主义根源追寻提供了论据支撑。再如，杨静、朱炳元强调马克思虚拟资本理论对当前有效防范虚实资本、虚实经济不匹配导致的金融风险具有重要意义，该理论依然是防范及应对金融危

---

① 杨娟：《虚拟资本拜物教批判的时代意义及其进路——马克思主义政治经济学批判的当代追问》，《内蒙古社会科学》（汉文版）2019 年第 1 期。
② 鄢一龙等：《天下为公 中国社会主义与漫长的 21 世纪》，中国人民大学出版社，2018，第273～279 页。
③ 韩步江：《马克思创建政治经济学的三个维度论》，《上海经济研究》2017 年第 6 期。

机的"强大理论武器"。① 该理论对预防经济问题的出现提供指导，如陈朝阳将马克思虚拟资本理论作为分析泡沫经济产生、发展及防范的理论工具②，遵循马克思对虚拟资本存在及发展所揭示的一般原则，就能很大程度规避风险的产生。徐充、张志元也认为，经济全球化进程中，虚拟资本在推进经济发展的同时，又为经济带来负面效应，甚至会引发"金融危机"，时代发展提出了当前"重温"马克思虚拟资本理论的现实要求，并进一步坚定了该理论在我国经济发展中的指导地位。③ 其次，马克思虚拟资本理论对我国经济发展具有根本指导意义，要坚持该理论在我国经济发展中的根本性。陈文通就全球金融危机引出马克思虚拟资本理论，认为该理论对我国市场经济发展具有关键指导价值。④ 杨圣明、高文书在论述马克思虚拟资本理论及其双重作用的基础上，提出对我国虚拟资本发展的启示及建议。⑤李连根、范悦同样基于马克思虚拟资本理论，并立足虚拟资本的"内部矛盾"，对"虚拟资本发展"同"金融危机"的内在关联进行分析，得出该理论对危机及我国虚拟经济发展的意义。⑥ 郑千千、朱炳元针对 2008 年金融危机，认为马克思虚拟资本理论的出现同资本主义生存方式密不可分，是"经济关系泛资本化"的历史产物。虚拟资本理论在当前依旧具有"强大生命力"，并且该理论也"适用于"我国市场经济的发展进程，危机之后必然更加强化其在我国虚拟经济发展中的指导性。⑦ 最后，马克思虚拟资本理论相较西方金融理论具有对问题分析深度及解决效用上的优越性。比如，许红梅、杨继国指出，"虚拟资本理论深刻揭示了金融资产特有的虚拟性质"，相比西方金融理论，马克思虚拟资本理论的这一特质很有意义，马克思"深入剖析和论证了股票、债券等金融产品的虚拟性本质"，而西方这方面比较"薄弱"，传统西方经济理论就金融问题主要研究集中点在于"金融工具、金

---

① 杨静、朱炳元：《马克思虚拟资本理论对新常态下金融改革的现实意义》，《现代经济探讨》2015 年第 7 期。

② 陈朝阳：《论虚拟资本理论与泡沫经济》，《当代经济研究》1996 年第 2 期。

③ 徐充、张志元：《马克思虚拟资本理论的逻辑蕴涵与当代价值》，《学术论坛》2010 年第 5 期。

④ 陈文通：《马克思的虚拟资本理论仍有重要的现实意义》，《经济纵横》2009 年第 12 期。

⑤ 杨圣明、高文书：《论虚拟资本》，《中国社会科学院研究生院学报》2006 年第 1 期。

⑥ 李连根、范悦：《基于马克思虚拟资本理论视阈的国际金融危机与现实启示》，《湖南科技大学学报》（社会科学版）2013 年第 6 期。

⑦ 郑千千、朱炳元：《马克思虚拟资本理论及其现实意义》，《苏州大学学报》（哲学社会科学版）2010 年第 4 期。

融结构、金融市场和金融监管"等直观现实层面，如金融深化等理论。①

2. 虚拟经济同实体经济协调发展层面明晰马克思虚拟资本理论的时代价值

虚拟经济同实体经济的关系处理问题已成为当前经济发展的核心问题，对其把控的合理度直接关联经济社会的发展程度。多数学者认为马克思虚拟资本理论对虚拟资本与实体资本关系的一般表述是指导当前虚拟经济与实体经济发展的基本原则。首先，"脱实向虚"已成为当前经济的发展趋向，对该趋向的消极影响要有充分认识，并做好必要防范及应对准备。比如，何自力指出，后工业资本主义时代的"总体特征"就是"脱实向虚"，该趋向为经济发展带来负面效应，使当前经济呈现"停滞常态化"的趋向，我国应充分意识到这一趋势并做好应对准备。② 再如，王守义认为，经济"脱实向虚"是虚拟资本在过度扩张中逐步对产业资本循环过程的脱离，并在此基础上疯狂增殖中出现的经济趋向，而虚拟资本扩张诱导金融帝国主义的出现，进而加速经济金融化的发展走向，后者给经济发展带来风险，故此，我国要处理好金融同实体经济发展的关系。③ 其次，马克思虚拟资本理论对虚实经济协调发展仍旧具有重要指导意义。卢映西、陈乐毅指出我国虚拟经济的发展在促进经济增长的同时，经济"脱实向虚"的风险提升，要有效扭转"虚拟经济"过度发展导致的经济"脱实向虚"的局面，应该立足"马克思的虚拟资本理论"，进而去认知和考察虚实经济之间的发展关系，促进两者的协调有序发展。④ 逄锦聚、吕楠认为，虚拟资本理论生成于马克思对资本主义经济发展及经济运行规律的揭示过程，不过撇开社会根本制度的因素，该理论所揭示的关于虚实资本发展的一般理论同样"适用于"中国特色社会主义市场经济。⑤ 张前程立足马克思虚拟资本理论对虚拟经济同实体经济的关系展开实证分析，认为虚拟经济对实体经济存在"二重

---

① 许红梅、杨继国：《论马克思的虚拟资本理论及其现实意义》，《江汉论坛》2009年第9期。

② 何自力：《马克思经济危机理论对中国特色社会主义政治经济学的借鉴价值》，《政治经济学评论》2017年第3期。

③ 王守义：《经济金融化趋向及其对我国实体经济发展的启示——基于1973–2017年美国经济发展数据的分析》，《马克思主义研究》2018年第10期。

④ 卢映西、陈乐毅：《经济脱实向虚倾向的根源、表现和矫正措施》，《当代经济研究》2018年第10期。

⑤ 逄锦聚、吕楠：《热话题与冷思考——关于〈资本论〉及其当代价值的对话》，《当代世界与社会主义》2017年第3期。

效应"，即虚拟经济对实体经济促进作用的"相生性"与虚拟经济背离实体经济发展而抑制后者发展的"相克性"。他通过实证数据对该关系的演进及其作用转变的节点进行分析，形象地论述了虚拟经济同实体经济在发展中的动态运作态势，为经济新常态下理清虚拟经济同实体经济的关系提供启示。[1] 最后，立足马克思虚拟资本理论，注重实体经济发展，促进虚实经济协调发展。方敏认为，马克思虚拟资本理论对虚拟资本内涵的界定是"区别实体经济与虚拟经济的理论依据"，并强调，"供给侧结构性改革"在着力加强制造业等实体经济发展的同时，也要发展金融及房地产领域中属于实体经济的部分。[2]蒋永穆、张晓磊、周宇晗进一步指出虚拟经济同实体经济的关系已成为中国经济发展中的"重要内容"，提出虚实经济协调发展的具体举措，从虚拟经济发展的渐进性原则、金融人才的培育、金融监管的到位、实体经济的发展及国外虚拟经济发展经验的借鉴等方面提出虚拟经济同实体经济协调发展的对策建议。[3] 概述之，当前，虚拟资本已占据经济发展的重要位置，其过度扩张具有"牵一发而动全身"的联动效应，这对我国实体经济同虚拟经济的合理发展提出要求。因此，始终坚持马克思虚拟资本理论在虚拟经济与实体经济发展中的指导地位，是经济良性运作的基本要求。

3. 理论本身层面考究马克思虚拟资本理论的历史地位

马克思虚拟资本理论是马克思主义理论体系中的重要组成部分，也是马克思对资本主义生产机制展开批判及对其发展规律进行揭示的关键环节，具有重要的理论地位。雷起荃认为马克思通过对虚拟资本理论的研究，进一步确认了资本主义基本矛盾在其体系内的不可消除性，该学者认为马克思对虚拟资本理论的研究服从于对资本主义生产方式及规律进行揭示的目的，透过复杂多样的经济表象，探究资本主义生产中被颠倒的本质，明晰资本主义社会形态中现象同本质的内在矛盾，进而确证资本主义存在的"历史性"和"短暂性"，"这才是马克思研究虚拟资本的目的"。[4] 该学者

---

[1] 张前程：《虚拟经济对实体经济的非线性影响："相生"抑或"相克"》，《上海经济研究》2018 年第 7 期。

[2] 方敏：《政治经济学视角下的供给侧结构性改革》，《北京大学学报》（哲学社会科学版）2018 年第 1 期。

[3] 蒋永穆、张晓磊、周宇晗：《积极探索和构建中国特色社会主义的经济发展理论》，《政治经济学评论》2017 年第 2 期。

[4] 雷起荃：《虚拟资本、虚拟企业与虚拟国家之解读》，《经济学家》2001 年第 2 期。

确认和深化了对马克思虚拟资本理论在其整体理论体系中地位及作用的认识和理解。许红梅、杨继国同样指出，马克思虚拟资本理论并非"孤立"的理论，而是对资本主义生产方式揭示进程中的重要组成部分，在对资本主义运行规律的揭示及马克思主义理论体系中扮演着关键角色。[①] 孙伯良也指出，马克思虚拟资本理论是对资本主义生产关系及运作规律揭示的重要范畴，尤其是其辩证思维在虚拟资本历史存在及发展中得以体现，他认为沿用马克思虚拟资本理论的论述，在理论上可以充实完善马克思主义体系，在实践上能够指导现实发展。[②]

4. 金融发展层面挖掘马克思虚拟资本理论（金融理论）的发展价值

一些学者就马克思金融发展理论展开对我国经济发展的探析，没有明确对马克思虚拟资本理论同其金融理论作区分，其论述也同样触及马克思虚拟资本理论。鉴于马克思金融理论同其虚拟资本理论内涵的诸多交织，将两者在金融发展层面很大程度上通用也在情理之中。比如，张方波总结马克思金融发展理论，认为该理论是对金融运作过程中渐次展现的"货币化""货币资本化""虚拟资本化"的特征描述，同时内含金融向"更加复杂""高级"形式演绎的一种理论。依循此言，马克思虚拟资本理论自然内含于其金融理论。正像该学者所指出的，我国金融发展为"货币资本化""虚拟资本化"提供载体，而此两者在运作过程中的相互交织作用必然影响"收入分配格局"，要实现"金融发展"同"收入差距"之间的平衡，取决于虚拟资本的发展创新及对其的"线上监管"等举措的有效实施。[③] 具体而言，就是要求在金融发展中处理好虚拟资本发展同金融监管之间的关系。当前，金融发展的虚拟化趋向已愈发明显、金融风险及危机的挑战愈加严峻，金融安全作为国家安全的重要组成部分，势必需要加大监管维护力度。这同样需要坚守马克思虚拟资本理论的基本指导，处理好金融发展中的多重关系，尤其要理顺金融发展同金融监管之间的关系。

综上所述，马克思虚拟资本理论对当前经济实践仍具有较强的理论指导性及现实解释力，虽然伴随时代发展，虚拟资本形态及规模等方面远不

---

① 许红梅、杨继国：《论马克思的虚拟资本理论及其现实意义》，《江汉论坛》2009 年第 9 期。

② 孙伯良：《〈政治经济学〉应沿用马克思的虚拟资本理论》，《当代经济研究》1999 年第 4 期。

③ 张方波：《中国货币资本化、虚拟资本化与收入分配差距——基于马克思金融发展理论的分析范式》，《毛泽东邓小平理论研究》2015 年第 4 期。

同于马克思所处时代，但这并不能否定马克思虚拟资本理论的当代价值。正像马克思所言："如果事物的表现形式和事物的本质会直接合而为一，一切科学就都成为多余的了"。[①] 而且马克思对虚拟资本发展的深刻分析及科学论述，使我们"不可能也没有必要苛求马克思对更多的虚拟资本形式进行更为具体、更为深刻的预测性探究，因为这并不妨碍马克思对虚拟资本的本质及其最一般特征的揭示"[②]。当前对马克思虚拟资本理论展开分析研究，其关键意义就在于此。西方学者对金融发展的研究即使触及其虚拟性问题，并对经济发展现象的虚拟化现象展开了论述，但也多因缺乏对虚拟资本论述的宏大视域、理论基础及逻辑演绎而难以同马克思虚拟资本理论相提并论；国内学者对马克思虚拟资本理论的研究相对密集，而且研究侧重及成果也相对较多，不过，将马克思虚拟资本理论置于整体历史生成及推进的视域中展开论述，进一步强化该理论的时代阐释力、凸显该理论的时代指导地位等方面尚需持续推进。

第三节　概念、思路与方法

一　核心概念辨析及界定

本书核心概念为"虚拟资本"，但其是隶属于"资本"概念的"子概念"，要明晰虚拟资本的存在渊源，就有必要从"资本""元概念"入手展开解析，并且，"虚拟资本"也并非"资本"历史演变中的唯一形态。换句话说，同虚拟资本共存的还有资本的其他形态，虚拟资本只是其中较为凸显的形态而已。对资本及其演进形态（不同形态背后的社会关系是核心）的梳理，有助于清晰界定虚拟资本的存在方位、合理判定虚拟资本的发展走向。同时，虚拟资本在资本形态中的彰显，同资本"虚拟化"的发展趋向存在莫大干系，探究资本虚拟化普遍态势的本质及历史性，将促进对虚拟资本认识及理解的深化。另外，虚拟资本作为一种客观经济现象存在，在西方经济理论中普遍以"金融"等相关表述代替，马克思主义学者基于

---

① 马克思：《资本论》第 3 卷，人民出版社，2004，第 925 页。
② 马晓强：《产业发展动力论：基于虚拟资本与产业互动的视角》，中国经济出版社，2008，第 40 页。

虚拟资本理论也提出"金融资本"等概念，而且新时代方位中，我国应对金融全球化的发展走向，一再强调要注重金融同实体经济发展的关系，维护金融安全。虚拟资本同金融或金融资本等概念之间的联系如何，成为对虚拟资本理论论述中要阐释和明晰的必要问题。围绕以上问题展开概念之间的辨析界定。

（一）从"资本"到"虚拟资本"

资本是"一种以物为媒介的人和人之间的社会关系"①。资本理论是马克思毕生研究的核心领域，其经典著作《资本论》本身就是一部关于"资本"的论著。资本在广义层面涵盖范围较大，有资本主义之前的"商业资本""借贷资本"（主要展现为高利贷资本）等，同时还有社会主义条件下的资本。② 在马克思主义视域中，主要指资本主义生产关系下的资本，也即"决定现代社会的经济组织的资本形式"③。马克思在《资本论》首卷中详细论述了资本的历史形成，认为商品流通（发达形式）为资本生成准备了历史条件，货币的历史出场为资本形成提供了关键载体，是资本存在的"最初表现"。而催生或成全资本生成的核心环节或因素在于劳动能力商品，它在流通中得以购买，并在生产中"消费"或使用，不同的是，其使用过程同时也是新价值的创造过程，这一进程推进货币向资本转变，进而有效破解了剩余价值之谜。资本存在的流通公式"G—W—G′"突出其价值增殖特性，在资本主义生产关系中表征资本对劳动的剥削关系，是劳动对资本的从属由形式性逐渐上升为实质性的关系演进。马克思对资本理论的论述立足辩证视角，在对资本剥削关系的批判中，同时阐释了资本的"文明性"及进步性。马克思认为，资本的存在具有历史意义，其为生产力的发展提供重要动力，它的出场直接推动"社会生产过程"进入一个"新时代"。④马恩在《共产党宣言》中对资本的社会进步性给予客观肯定，认为"资产阶级在它的不到一百年的阶级统治中所创造的生产力，比过去一切世代创

---

①　马克思：《资本论》第1卷，人民出版社，2004，第877~878页。

②　徐光春主编《马克思主义大辞典》，崇文书局，2018，第121页。

③　马克思：《资本论》第1卷，人民出版社，2004，第191页。

④　马克思：《资本论》第1卷，人民出版社，2004，第198页。

造的全部生产力还要多，还要大"①。资本是"生产的"，但其存在也是历史性的，资本本身就是自身进一步发展的限制，就像马克思所揭示的，资本对社会生产力的关系会在"资本本身成了这种生产力本身发展的限制时"②消失。资本的这一发展进程内含风险性，是资本强烈的增殖欲望同社会化生产趋向的冲突，归根结底源于资本主义固有的内在矛盾。马克思资本理论为其对资本主义发展规律的揭示提供了理论支撑，从"两个必然"到"两个决不会"的论断，反映了马克思对资本主义生产方式和资本作用看法的变化。这在社会主义中国对资本主义的认识和资本作用的理解的思想解放进程中具有启迪作用，促使我们能够合理扬弃资本的剥削本质，积极利用资本作为带来剩余价值的价值在经济发展中的动力功能，为我国社会主义初级阶段生产力发展和社会主义市场经济运行服务。

"资本创新"是"资本逻辑"的关键表征。资本逻辑的核心在于逐利，伴随时代发展"场域"的不同，资本逻辑存在的具体"场景"也相应地发生改变。资本从产业形态逐渐向金融、知识文化等形态的发展演进，就是资本逻辑作用下资本"创新"进程的充分展现。③ 而"资本创新"的核心在于资本形态的演绎或创新。资本形态改变不仅是资本历史性存在的表达，也是资本逻辑根本作用中资本自我修复的客观显现。这同哈维的"时空修复"理论存在交集。哈维立足地理历史唯物主义视角，从空间扩展层面指出资本主义存在的"时空修复"机制，认为资本主义在发展中不断借助先进技术在全球范围内拓展利润空间，以此作为自身发展或逐利的有效策略。其之所以称"修复"，是将通过时间和空间层面的资本流动作为资本主义应对发展风险及危机的手段。即使就不同视角对资本自我修复进行考察，也不能离开资本作用的具体形态。哈维在对"新帝国主义"的论述中，金融资本的全球存在及运行发挥着不可替代的作用。值得注意的是，资本创新的历史性同资本逻辑作用中资本"修复"进程在发展视域中存在一致性。也就是说，资本形态历史演进的重要动力在于资本逻辑。这是立足于整体历史发展视阈，从资本扬弃层面来看资本创新的历史进程，但并不意味着

---

① 马克思、恩格斯：《共产党宣言》，人民出版社，2014，第32页。
② 《马克思恩格斯文集》第8卷，人民出版社，2009，第70页。
③ 任平：《资本创新逻辑的当代阐释》，《学习与探索》2013年第3期。

资本逻辑同历史发展规律的趋势相吻合，而是就整体历史推进过程的视角而言的，是从资本扬弃层面来看资本创新进程的历史性。资本主义发展初期，产业资本形态占据经济发展的主导位置，商品流通及交换以实物为支撑。伴随信息技术等要素的发展升级，资本利润率逐渐呈下降趋势，机能资本相比新投资领域（金融等）利润明显下降，资本在竞争规律及剩余价值规律作用中逐渐趋向金融等非物质生产部门，区别于实体资本的资本形态（虚拟资本）拉开了走向经济主导地位的序幕。资本创新或资本形态的历史演进，归根结底在于资本逻辑的推动，其持续发展演绎同整体历史进步并不违和，相反，资本形态的不断创新在资本逻辑作用下逐渐向资本界限逼近，间接成为历史发展进步、社会形态更替的推手。可以说，资本创新或资本形态的演进，同马克思对资本主义发展规律及资本发展规律的揭示呈现高度统一，资本在当前的发展趋向依旧没有超脱马克思所预判的范围。

　　"虚拟资本"是资本创新的形态表征。马克思资本理论对资本类型的论述可以从"资本一般""资本特殊""资本个别"三个层面加以考察，其中，"资本一般"是对资本一般增殖特性的概述，即资本是带来剩余价值的价值这一内在规定性，将资本增殖运动作为社会生产力发展的重要动力，不必然将其同特定社会形态相关联，这同前述资本的"广义"论述相似。"资本特殊"是针对不同社会制度中资本存在性质的概述，比如，资本主义条件下资本关系体现为资本对劳动的剥削，而社会主义条件下公有经济的资本存在状态在资本同劳动协调中实现，非公经济的资本也受社会主义生产关系的制约，这是资本在特定社会形态中的特定表现样态。"资本个别"即不同视角资本具体作用形态的概述，比如，资本流通层面存在货币资本、生产资本、商品资本，资本职能层面存在产业资本、商业资本、借贷资本等形态。其中，虚拟资本是马克思资本理论中"资本个别"类别，是资本就经济生活中存在状态的"真实性"与否层面的界定，属于资本创新的具体形态。所谓"虚拟"（fictitious），同"真实"相对应，虚拟资本即不真实的资本，在陈征教授对马克思虚拟资本的解说中存在两层含义[①]：其一，指代没有黄金保证金的银行券，其在现实中充当资本并非真实资本，而是虚

---

① 陈征：《〈资本论〉解说》第3卷，福建人民出版社，1985，第396页。

拟资本，它本身没有存在的"根基"；其二，指代持有现实资本的"纸制复本"，即有价证券（如股票、公司债券等）形式存在的，被持有人以此作为定期获取收益的资本存在形式。有价证券虽然是现实资本存在的"复本"，但其本身并没有价值，只是对现实资本未来剩余价值的一种索取权凭证，因此具有资本职能，称为虚拟资本。就该层意义，卢森贝在《〈资本论〉注释》中也提到，"信用凭证"，也即有价证券等形态，是虚拟资本的"物质承担者"，虚拟资本的存在就是将"信用"当作"资本"来作用。① 总之，虚拟资本相较于真实存在的资本，作为马克思所称的资本的"纸制复本"，并不是能够创造价值的"价值"，可以说是真实资本（借贷资本）在特定条件下的衍生物。该过程折射出虚拟资本存在的历史生成性，内含由资本（真实资本）向虚拟资本过渡的历史环节（详见正文首章节）。资本（借贷资本）的衍生形态——虚拟资本，伴随货币的虚拟化及现代信用的发展推进，拉开了资本虚拟化序幕，持续见证着资本虚拟化趋向中经济发展形态的演进。尤其当历史进入 20 世纪 70 年代以来，经济发展中的资本形态及经济形态逐渐转向，虚拟资本的持续发展推进了虚拟经济的持续扩张，资本主义社会逐步迈入"虚拟资本主义时代"或"全球金融资本主义"②。金融全球化的当前，这意味着发展中国家同样面临虚拟资本（虚拟经济）的发展选择，而选择的重点不在于是否参与金融全球化的发展进程，在于是积极主动参与还是被迫参与、在于以何种方式参与及何种程度上参与。中国发展特色社会主义市场经济，面对虚拟资本及虚拟经济的发展趋向，要积极融入世界历史发展大势，但要适度推进虚拟资本及虚拟经济的发展，适度开放金融市场，同时，要注重对虚拟资本及虚拟经济的有效监管，保证虚拟资本及虚拟经济在中国市场经济中健康有序发展。

概述之，通过对资本向虚拟资本的发展演进进程的简单梳理，可以得出以下认识：其一，资本形态的演进是资本历史性的客观体现；其二，资本逻辑是促使资本创新的根源；其三，资本创新是资本自我修复的重要方式；其四，资本创新同马克思所揭示的资本自消性相统一；其五，对虚拟

---

① 〔苏〕卢森贝：《〈资本论〉注释》第 3 卷，李延栋等译，三联书店，1963，第 267~268 页。

② 向松祚：《新资本论——全球金融资本主义的兴起、危机和救赎》，中信出版社，2015，第3 页。

资本形态的认知要具体分析，不能一概而论。

（二）"资本虚拟化"与"虚拟资本"

对这对概念的辨析同时蕴含相关联的几对相似概念，包括"'货币虚拟化'与'虚拟货币'"、"'经济虚拟化'与'虚拟经济'"等。其中辨析的着眼点及实质相一致，都是对"物的发展趋向"与"物的存在形态"的进一步明辨。多数学者在对此类概念的阐释中并没有就严格意义上进行划分，而是采取相互代替、彼此通用的方式。本书对虚拟资本的考察，重点涉及其生成过程，涵盖其生成的具体要素、环节及演进趋向等，对此类概念的深入探讨就显得必要。

众所周知，货币是资本生成中的关键元素，要对"资本虚拟化"与"虚拟资本"两者之间关系进一步梳理，有必要先对"货币虚拟化"与"虚拟货币"之间的逻辑理路进行分析。货币存在是商品价值形态历史演进的结果，其出场作为价值形态的最终表达，具有作为一般商品的使用价值与衡量其他商品价值的特殊社会价值或职能。但货币本身的职能使其逐渐同自身实物形态相分离，具有了虚拟性质。[1] 换句话说，纸币出现以前，一般等价物在金银等贵金属商品上的固定称为货币，但货币自身职能及流通中金属货币磨损的"自然倾向"，又促使"金的名称"同"金的实体"相分离。因此，金属货币对商品价值的衡量逐渐同后者"真正的等价物"相脱离，金属货币（含法定铸币）演变为其"法定含量"的"象征"，成为一种"金假象"。[2] 这为"价值符号"代替金属货币执行职能提供条件，而货币能够持续运作的可能性在于货币形态在流通中的持续转变。正如马克思所言："在货币不断转手的过程中，单有货币的象征存在就够了。货币的职能存在可以说吞掉了它的物质存在。"[3] 就现实的价值等价物而言，该进程凸显货币虚拟化的发展走向。故而，货币的历史出场引发的商品内部的使用价值和价值的外在的两极对立，开启了商品流通中价值等价物的符号化进程，也即货币虚拟化。而虚拟货币又是在货币趋向中基于货币职能生成

---

①　李红亮、杨奔：《论资本虚拟化下的财富分配与金融危机》，《统计与决策》2010 年第 24 期。
②　马克思：《资本论》第 1 卷，人民出版社，2004，第 148 页。
③　马克思：《资本论》第 1 卷，人民出版社，2004，第 152 页。

的具体形态，商业票据作为信用货币，就是货币支付职能中产生的虚拟货币，只是其同金属货币尚存在一定兑换比例，因此也称为初级形态的虚拟货币。① 概述之，虚拟货币是货币虚拟化的具体形态显现，同时，虚拟货币的持续演进态势将进一步推进货币虚拟化的发展。

虚拟资本的生成立足于货币虚拟化、信用及生息资本等经济现象或过程，直接体现为生息资本的衍生物。生息资本作为一种货币资本，在马克思时代体现为"产业资本家和商业资本家迫使货币资本家接受条件"②，其相较于产业资本是一种弱势存在。不过，资本形态的虚拟化演变具有历史性，伴随时代发展，"货币资本能够获得一种惊人的能力来重新证明自己在产业资本面前的自治"③，这种发展内含货币资本逐渐摆脱产业资本的独立化趋向，也即虚拟化趋向，该趋向的推进动因涵盖主客观方面的多个因素。在《资本论》中，马克思系统阐释了虚拟资本的生成过程，认为生息资本的运作方式（G-G′）使"确定的""有规则"的货币收入作为一定"资本"生出的利息，而不管该收入是否真正由资本或是否由现实资本生出。这种收入虚幻出一定资本，是一种资本泛化的过程，可以看作虚拟资本的初始存在机理。而虚拟资本的具体形态，在马克思语境中表现为股票、债券等初级形态，是资本虚拟化的结果或具体显现。毋庸置疑，资本虚拟化展现的是资本发展演进的一种趋向，体现为一种持续推进的历史过程，该过程同货币的虚拟化演进密不可分，随着经济社会发展进程的加快，资本的这一发展趋向更加明显。

资本虚拟化趋向可以从不同层面考察。其一，货币虚拟化为资本虚拟化提供条件。资本最初以实体资本在生产过程中发挥作用，伴随信用在经济生活中作用的彰显及实物货币基础在商品流通中的局限，虚拟货币的优势逐渐在商品流通中凸显。在发达商品经济条件下，虚拟货币及货币虚拟化成为资本虚拟化的前提，货币虚拟化同资本虚拟化在历史进程中相互推进。其二，货币虚拟化态势同资本本身性质相吻合，是资本增殖性同流动性相结合的适宜形态。资产阶级是资本的人格化表现，以追逐利润或超额

---

① 李强：《货币虚拟化、资本虚拟化及泡沫经济》，《商业研究》2010 年第 6 期。
② 马克思：《资本论》第 3 卷，人民出版社，2004，第 561 页。
③ 〔法〕沙奈等：《突破金融危机》，齐建华、胡振良译，中央编译出版社，2009，第 2 页。

利润作为经济行为的根本目的，至于资本具体增殖的"生产过程"，仅充当资本逐利所必需的"中间环节"，是为实现该根本目的而必须做的"倒霉事"，因此，资产阶级身患抛却生产过程的中间过程"赚钱"的"狂想病"由来已久。① 资本虚拟化的经济发展态势在资本主义条件下实现了主客观层面上的统一，资本虚拟化条件下资本形态的展现及作用趋向对实体资本的摆脱，就经济现象而言，虚拟资本的存在及发展实现了摆脱生产过程而逐利的"幻想"，并且表现为资本的"自行增殖"。总之，资本虚拟化是一种历史发展趋势，虚拟资本是该趋势下资本形态的具体演进，伴随资本虚拟化进程的深入推进，虚拟资本的形态将逐渐"升级"，出现股票等"初级虚拟资本"基础上的期货、期权等"高级虚拟资本"形态，并逐渐在经济发展中占据主导地位。

（三）"虚拟资本"与"金融资本"

当前，虚拟资本同金融资本存在很大交集，而且就世界经济发展态势而言，两者交集将逐渐增大，这主要在于虚拟资本在当前经济发展中作用的日趋凸显及金融资本虚拟化趋向的日渐明晰。针对这两个概念，多数学者持"密切关联但不能完全等同"的观点，也有学者混淆两者概念，在具体论述中存在混用现象。事实上，虚拟资本和金融资本虽然在现实经济活动中的联系愈加紧密，但在词源意义、内在蕴涵以及发展趋向等方面都存在差异。"虚拟"就本意而言，同"真实""现实"等概念相对立，是对真实事物的背离，是观念中凭想象的编造，具有"虚假性"和"虚幻性"。虚拟资本是基于"虚拟"含义对资本客观存在形态的表述，是对资本在实体形态基础上的演进趋向、运行状态、作用机制等状况的概述，就历史视域而言，其由生息资本运作机制中衍生而来。"金融"（financial）同货币运动相关联，是关于货币整体作用的经济活动，涵盖货币的"发行、流通、回笼"等运作环节，同时触及货币自身的借贷活动，简言之，金融就是涉及货币存在及作用的经济活动；金融资本最初指向运用于货币融通的资本，为市场融资提供服务并获取一定利息，伴随金融的虚拟化发展，金融资本同虚拟资本的交集越来越大，且金融系统为虚拟资本的作用发挥提供重要

---

① 马克思：《资本论》第 2 卷，人民出版社，2004，第 67~68 页。

载体，虚拟资本成为金融发展的得力工具。

　　金融资本概念及理论的系统阐释源于希法亭的《金融资本》。《金融资本》基于马克思主义基本理论，对资本主义社会最新发展状况展开深入系统的研究及阐述。希法亭生活的时代，虚拟资本已是经济社会中最为显著的现象，《金融资本》是基于马克思虚拟资本理论并结合现实经济发展的理论层面的时代延展及创新推进，其提出的新概念"创业利润"是对虚拟资本这一经济现象盛行的理论展现。创业利润是"由带来利润的资本向带来利息的资本形式转化而产生的利润的源泉"①，即"每个股份公司创建时由生产的带来利润的资本向虚拟的带来利息的资本的转化而产生"②，是希法亭论述金融资本生成进程中的重要概念。希法亭论述了金融资本形成的具体过程，以信用等工具在经济生活中的杠杆效应为出发点，将银行资本作为中介，把股票等虚拟资本的具体承载物作为推动力。创业利润的诱惑促使银行资本及银行职能大力推进更新，当银行兼顾向产业资本投资所需的货币资本的发行职能时，已经为银行资本同产业资本的结合准备了前提。银行对涵盖股票等虚拟资本形式的运行机制的掌控，是对产业资本控制的前奏。希法亭指出："产业对银行的依赖，是财产关系的结果。产业资本的一个不断增长的部分不属于使用它的产业资本家了。他们只有通过代表同他们相对立的所有者的银行，才能获得对资本的支配。另一方面，银行也不得不把它们资本的一个不断增长的部分固定在产业之中。因此，银行在越来越大的程度上变为产业资本家。我把通过这种途径实际转化为产业资本的银行资本，即货币形式的资本，称为金融资本。"③ 银行资本及银行职能的发展是金融资本生成的重要条件，其背后的关键动因是银行对创业利润的疯狂追求。就创业利润同虚拟资本关系的内在逻辑而言，虚拟资本是金融资本发展推进的重要动力；就历史发展理路而言，虚拟资本的系统提出及阐释基于传统金融资本（借贷资本的演化），进而成为金融资本发展中地位及作用逐渐凸显的资本形式。希法亭论述的金融资本，是将银行资本同产业资本相结合，作为攫取"创业利润"或资本增殖的主要工具，内含

---

① 〔德〕鲁道夫·希法亭：《金融资本》，福民等译，商务印书馆，1994，第109页。
② 〔德〕鲁道夫·希法亭：《金融资本》，福民等译，商务印书馆，1994，第116页。
③ 〔德〕鲁道夫·希法亭：《金融资本》，福民等译，商务印书馆，1994，第252页。

虚拟资本形态的银行资本占据金融资本发展进程的主导地位。同时，金融资本生成的"产业垄断"的时代条件决定了金融资本内含同产业资本关联的重要维度，这同金融资本在适度范围内的持续发展相辅相成。①

就希法亭的论述语境，金融资本同货币资本的联系更加紧密，金融资本的主体是货币资本，展现为"借贷资本"和"虚拟资本"的结合。② 也就是说，金融资本内含虚拟资本，但虚拟资本并非金融资本的全部蕴涵，金融资本中同样存在非虚拟资本，并在金融资本对经济活动的有效掌控中发挥着重要作用。比如金融资本内涵中的货币资本（借贷资本）部分，虽然并不直接参与生产过程，却在生产过程之外支配或控制生产过程中剩余价值的生产及配置。而虚拟资本迅猛的发展态势及经济结构的客观转向为金融资本同虚拟资本的区分披上迷幻外衣，其关键影响因素在于金融的虚拟化发展。就像学者所指出的："金融资本的长期资本的大部分实际上是转化为职能资本而进入现实的生产和流通过程，并且发挥着巨大作用，这正是金融资本取得垄断地位的根源所在。虚拟资本庞大的虚幻掩盖着长期资本，导致人们将视角放在虚拟经济的'虚拟性'上而忽视长期资本与实体经济的紧密关系。"③ 虚拟资本伴随时代发展将愈加凸显，相应地，其作为金融资本的重要组成部分，也将在后者不断扩张中充当有效手段。④

同时，金融资本⑤是金融化⑥发展趋向中的产物，同虚拟资本的发展进路交织。学界对"金融化"概念并没有统一的界定，有学者将金融化界定为"货币资本的自治"⑦，并将19世纪的生息资本看作当时的金融资本，其

---

① 袁辉：《金融资本：从希法亭理论到经济金融化》，《当代经济研究》2014年第12期。

② 陈永正：《论当代国际金融垄断资本与虚拟资本》，《经济学家》1999年第6期。

③ 张宗新、吕日：《试析虚拟经济认识上的五个误区》，《中国人民大学学报》2001年第2期。

④ 许红梅：《虚拟经济与经济危机》，厦门大学博士学位论文，2009，第58页。

⑤ 相比传统金融资本（借贷资本等），伴随经济金融化、虚拟化发展趋向呈现的金融资本形态，同虚拟资本的关系更加密切，且在运行方式等层面逐渐呈现同实体经济相脱离的态势。后文对虚拟资本理论时代赓续的论述中提及的"金融资本"，也主要基于该视阈。

⑥ 金融资本占据经济发展主导，也即资本主义金融化模式，资本积累主要通过金融领域对剩余价值进行再分配，就此而言，可以将"金融化"视为其利润主要通过金融途径而非贸易和商品生产获取的一种积累模式。参见 Greta R. Krippner, "The Financialization of the American Economy," *Socio-Economic Review*, 2005（3）。转引自蔡万焕《危机后资本主义金融化模式是否结束》，《当代经济研究》2011年第8期。

⑦ 武海宝：《论"货币资本的自治"——资本主义金融化的发展脉络探析》，《天津社会科学》2018年第6期。

突出特征在于"资本"的"独立",并同产业资本相对应,虽不参与却能够很大程度影响剩余价值的具体生产,在此意义上,资本自行增殖的虚幻观念逐渐生成。而"资本自治"深度发展的形式体现为同生产过程相脱离却依然能够获得剩余价值的虚拟资本。这同虚拟资本是生息资本的衍生物的历史进程相适应。金融化发展趋势同经济结构的转向存在一致或同步,而后者同虚拟资本、虚拟经济的发展推进密切相关。因此,金融化同经济虚拟化趋向在历史发展中的演进逻辑存在交集。而且金融化的发展趋向为虚拟资本在金融资本发展中比重的提升提供经济条件,进一步掩盖了金融资本内在的非虚拟资本部分。由此可知,金融资本和虚拟资本的发展扩张同金融化趋向相适应,伴随该趋向的持续推进,金融资本和虚拟资本也逐渐发展扩张,相对而言,虚拟资本在经济生活或金融资本发展中的占比将逐步提升。值得注意的是,金融资本中非虚拟资本对产业生产过程的根本掌控为企业垄断能力奠定基础,同时为投机利润的攫取准备条件,在经济合理发展的视域内,也提升了实体经济部门的生产能力,故此,在金融化发展趋向中,更不能忽视金融资本中"长期资本"的存在及作用。

二 研究思路

对《资本论》中的虚拟资本理论的研究,遵循研究的多重性,借助对马克思虚拟资本理论就生成过程的历史性、理论体系的完整性、本质内涵的批判性、时代延续的发展性、现实指向的价值性等层面的分析研究,通过"马克思虚拟资本理论生成—马克思虚拟资本理论内涵—马克思虚拟资本理论方位—马克思虚拟资本理论延续与虚拟经济—马克思虚拟资本理论视域中的金融危机—马克思虚拟资本理论与我国虚拟资本发展"的逻辑推演,明晰行文研究开展的具体演进理路。

(一) 追溯马克思虚拟资本理论的生成过程

理论归根结底根源并服务于实践,是实践理论化、抽象化的表达。而实践片段构成历史整体,是历史的现实性呈现。因此,理论本身存在现实性和历史性。马克思虚拟资本理论存在的历史性在其相互联系的不同因素生成及作用过程中得以展现。《资本论》以"商品"作为剖析资本主义生产关系及发展规律的"元素",将其作为"突破口",借助历史同逻辑相统一的研究方法渐次引出对货币、信用、资本等关键因素的论述。这些因素的存在及作用成为揭露资本主义生产方式的利刃，同时客观上伴随历史发展，充当了资本形态演进的工具，成为虚拟资本理论产生进程中的重要组成部分。其中，货币的出现很大程度拉开了价值表达虚拟化的序幕，货币虚拟化及货币资本化转向进程又需要借助信用中介来实现。在货币虚拟化、货币资本及信用的相互作用下，生息资本①逐渐呈现普遍化发展趋向，进而成为向虚拟资本过渡的关键环节。

（二）　梳理马克思虚拟资本理论的内在蕴涵

虚拟资本是资本形态的历史演变，是对资本在具体运行方式及表现样态上的更新，但其增殖本质并未改变，而且虚拟资本的积累运行方式更加利于资本增殖。在《资本论》中，马克思对虚拟资本存在的不同逻辑及样态展开了系统阐释，揭示了虚拟资本在具体运行中体现的性质及特征，除其特有的虚拟性及价格复归性等特性之外，增殖性及风险性体现为一种"升级版"的属性存在，是在原有规模上的持续扩大。在以"商品堆积"和"资本增殖"为基石构筑的资本主义大厦中，任何存在都能够或必然走向"物化"，资本作为一种抽象存在，本身是"物化"现象的"始作俑者"，自然也难以逃脱此命运，这也成为对虚拟资本价格机制探究的始源。马克思对虚拟资本理论的透析借助唯物辩证法实现该理论同整体理论在对资本主义发展规律揭示目的层面的统一，而虚拟资本在经济发展中的双重效应也在历史发展中实现统一，虚拟资本这一客观历史产物在发展中逐渐逼近资本作用限度，为社会整体发展进步准备物质基础。

（三）　判定马克思虚拟资本理论的理论方位

马克思虚拟资本理论集中展现在《资本论》第3卷第五篇中，就其内容编排上属于资本主义生产的总过程，涵盖生产、流通及分配环节②，具体

---

① 生息资本是古老的资本形式，它包括了前资本主义的高利贷资本，而在资本主义时代的生息资本，也称为借贷资本，是在遵循平均利润率规律的基础上运行的资本形态，可以说是非经济强制下的生息资本。后文若没有对该资本形态进行特别区分，皆指代资本主义条件下的生息资本，即借贷资本。

② 张熏华：《〈资本论〉脉络（第2版）》，复旦大学出版社，1999，第125页。

而言，是在剩余价值分割过程中，对生息资本论述的直接延展结果。就虚拟资本理论运作机制所揭示的实质而言，该理论是马克思对资本主义"政治经济学批判"的深层展现，其缘由在于时代发展及资本形态更替中，资本主义基本矛盾及内在实质逐渐呈现，"拜物教"的经济社会发展趋向更加普遍，资本对劳动的剥削更加隐蔽，资本主义经济理论对劳动价值论的颠倒更加明显。另外，马克思在对资本主义发展规律的科学揭示中实现对未来经济发展的合理预判及理想社会的图景构绘。其中，马克思在虚拟资本理论论述中对经济虚拟化发展趋向及危机后果等的科学前瞻，更加彰显马克思主义理论对未来经济社会发展的理论预判性。科学理论的时代价值挖掘需要时间中介，马克思虚拟资本理论是对资本形态在历史（时间）中的展现，借助该理论所揭示的资本发展规律离不开历史中实践的推进作用，这是时间在科学理论诞生中的作用。因此，伴随时代发展，马克思主义科学理论将更加展现其真理魅力，尤其在虚拟资本主义时代[1]，金融风险及危机挑战持续存在，马克思虚拟资本理论指导现实发展的迫切性更加显现，进而成为马克思主义时代有效性的突出体现。

（四）续论马克思虚拟资本理论与虚拟经济

开放性是马克思主义理论的显著特征，这是由理论的科学性和现实的发展性所决定的。马克思是对资本理论论述最为全面、最为系统的思想理论家，即使如此，他没有也不可能穷尽对资本具体发展形态及发展状况的论述。虚拟资本是资本在特定历史条件下形态演进的具体表征，马克思对虚拟资本的论述正是基于对现实经济发展的客观把握，现实发展的永恒性决定了资本发展及形态演进的时代性和历史性。马克思所处的时代是虚拟资本发展的起步阶段，其形态展现及机制运行初露端倪，实物资本在经济运行中依然处于主导地位，虚拟资本的扩展对经济社会的影响与当前不可同日而语。马克思虚拟资本理论伴随时代发展不断充实完善，在其之后，拉法格针对资本主义新经济现象提出了金融资本概念，希法亭立足马克思虚拟资本理论提出系统的金融资本理论，列宁置于马克思虚拟资本理论语

---

[1] 中国战略思想库：《蜕变与抉择——虚拟资本主义时代与中国的复兴》，中国计划出版社，2015，第13页。

境中进一步完善了希法亭的金融资本理论，为马克思主义金融理论的系统形成做出突出贡献。① 理论的生成根源于实践的发展，虚拟资本在经济生活中的持续扩展及作用凸显，推进虚拟经济客观经济发展形态的出现。该经济形态虽然并未直接在马克思虚拟资本理论论述中体现，但不可否认，该理论的存在是对虚拟经济发展走向的理论先兆。很大程度上可以说，马克思虚拟资本理论为虚拟经济的发展奠定了理论基础。

（五）凸显马克思虚拟资本理论在金融危机中的解释力

虚拟经济的发展动力源于虚拟资本，前者发展态势同后者运行状态相一致，在经济活动中，两者密切相连。虚拟资本的逐利本质决定了其扩张属性，从而为虚拟经济的运作状态奠定基调。虚拟经济持续扩张促进经济的虚拟化，这是一个过程体现。② 当虚拟经济持续膨胀，占据实体经济正常存在及作用的空间，甚至致使实体经济发展窒息，且银行等信用机构也处于信用失灵状态自身难保时，系统性金融危机便接踵而至。例如，震撼全球的 2008 年金融危机，其直接缘由就是虚拟资本主导下的虚拟经济的过度扩张，虚假经济繁荣背后的信用链一旦中断，系统性危机便一触即发。在金融危机面前，西方经济理论并未很好地展现出其解释或协调经济秩序应有的"担当"，相反，诞生于一个世纪之前的《资本论》却在欧洲市场抢售一空。这一客观现象足以反映至少两个问题：其一，西方经济理论在虚拟经济时代危机发生中的解释力有限；其二，马克思主义理论（虚拟资本理论）在当前金融危机中依然具有较强的现实指导力。马克思虚拟资本理论为虚拟资本主导下虚拟经济的运行机制提供理论分析工具，对金融危机发生的根源探究准备科学方法及手段，在当前危机防范及应对中更加显现出该理论的时代价值。

（六）坚定马克思虚拟资本理论在我国虚拟资本发展中的根本地位

"如何看待资本"在很长时间内是我国经济理论和经济发展中的焦点问

---

① 朱炳元：《列宁金融资本论：理论来源、基本内涵与当代视野》，《毛泽东邓小平理论研究》2016 年第 8 期。
② 高鑫：《虚拟经济视角下的金融危机研究》，人民出版社，2015，第 108 页。

题，改革开放政策的实施以及中国特色社会主义市场经济体制目标的设定，在某种程度上可以理解为开拓性地定位了"资本"在社会主义条件下的作用问题。对资本在社会主义市场经济发展中的理性定位，是马克思主义同中国具体发展现实有机结合的体现，是党对社会主义发展规律及执政规律深化的结晶。新时代发展虚拟资本，积极推进金融全球化发展，面临国内外巨大的发展风险及挑战，以习近平同志为核心的党中央特别注重对金融同实体经济关系的处理，始终强调金融发展底线意识，加速推进普惠金融及绿色金融的发展，始终坚持金融发展惠及全体人民的立场。众所周知，马克思主义理论置于我国发展的根本指导地位，当前，推进虚拟资本及虚拟经济发展，更要在坚持马克思虚拟资本理论的基础上，推进虚拟资本在社会主义市场经济发展中的合理适度运用，持续释放虚拟资本对经济发展转型的重要动力，加快构建完善社会信用体系，积极防范金融风险，有效化解金融危机，不断推进经济高质量发展。同时，要注重虚拟经济同实体经济这一根本关系的合理发展，使两者之间保持必要的发展张力。概述之，坚守马克思虚拟资本理论，不仅要积极发挥虚拟资本对社会主义经济发展的拉动作用，而且要充分展现社会主义制度的根本优势。

三　研究方法

（一）文本分析法

文本分析法借助对文本的阐释，旨在挖掘文本的时代价值。马克思主义经典文本蕴含经典作家的核心思想，其对人类社会发展规律的科学揭示促使文本思想实现了对时间限制的突破。本书的立论基础是从《资本论》等经典文本中梳理出马克思对于虚拟资本理论的论述，并在此基础上明晰虚拟资本生成、存在、运行、发展及影响等整体脉络，立足文本定位其理论方位，挖掘该理论对时代发展的意义和价值。文本分析法同时关联文献分析法，是文献分析法的聚焦与文献阐释的深化。借助对某方面文献资料的收集及分析，进而明晰所要研究对象的进展状况，筛选出代表性文本加以阐释和解读，继而引出自己对该研究的观点的研究方法。对马克思虚拟资本理论进行研究，必然同相关文献的翔实梳理密不可分，这是行文问题意识呈现的关键所在，更是研究得以合理进行的必要环节。

（二）　视域融合法

视域融合法是不同视域之间展开"对话"，以期在时代发展中挖掘历史文本新价值的分析研究方法。所谓"视域"，即"看视的区域"，"囊括"就"某个立足点"所能视的一切。① 在对《资本论》等文本分析及理解中，不仅存在理解者"视域"，即"前见结构"或"前判断"，也存在文本自身的"视域"。理解者所处历史环境及条件（新时代的历史方位）势必影响或制约其对文本的"有效"理解，以致存在理解限度，而马克思《资本论》等经典文本的存在则基于对 19 世纪机器大工业时代资本主义发展境况的"经验"描述，同理解者视域存在较大差异。要实现不同视域之间的有效融合或真正理解，应着眼于理解者视域同文本视域的双向互动，即彼此的视域融合。进而借助该方法实现对马克思虚拟资本理论的文本理论定位及时代价值重塑。视域融合法同历史分析法存在相似之处，内含运用联系发展观对客观事物及社会现象展开分析的历史向度。马克思虚拟资本理论本身的存在发展过程内含历史维度，运用该理论在对经济发展的虚拟化走向进行预判的进程中，也始终存在该分析方法的身影。

（三）　比较研究法

比较研究法是对各种文献的观点之间就某一层面相似或相异方面展开分析评判，进而对其发展规律进行总结的一种研究方法。对马克思虚拟资本理论的研究，不仅涉及国内外不同学者对此理论理解上的差异，更重要的是在应对金融危机的进程中，西方经济分析理论同马克思虚拟资本理论在效果上存在根本差异。通过比较研究法，最终在理论分析及实践发展中清晰凸显马克思虚拟资本理论在剖析经济虚拟化背景下金融危机存在及运行机制和规律的优越性，彰显马克思虚拟资本理论的时代价值。同时，透过比较研究的分析方法，明辨金融危机和之前经济危机在发生机制等方面的异同，进一步厘清资本逻辑的发展限度，强化对资本主义存在规律的认知，增强我国虚拟资本以及虚拟经济发展过程中对坚守马克思主义虚拟资本理论的信心。

---

① 〔德〕伽达默尔：《诠释学 I：真理与方法》，洪汉鼎译，商务印书馆，2010，第 427~428 页。

第一章 《资本论》虚拟资本理论的逻辑架构

《资本论》虚拟资本理论的逻辑架构在理论本身逻辑演进特性和伴随虚拟资本存在发展的理论的现实演进逻辑中体现，该理论的这两重逻辑之间存在紧密关系，理论本身的逻辑演进特性是对其现实演进逻辑的理论总结，而伴随虚拟资本存在发展的理论的现实演进逻辑又是对其总体逻辑演进特性的现实诠释。马克思在对研究方法与叙述方法的关系方面进行过精辟的论述，他指出："在形式上，叙述方法必须与研究方法不同。研究必须充分地占有材料，分析它的各种发展形式，探寻这些形式的内在联系。只有这项工作完成以后，现实的运动才能适当地叙述出来。这点一旦做到，材料的生命一旦观念地反映出来，呈现在我们面前的就好象是一个先验的结构了。"① 我们大胆地将该章节对《资本论》虚拟资本的逻辑架构同马克思所述的研究方法和叙述方法相照应，其中，首节对理论的逻辑演进特性的论述，是一种对理论存在发展的理论总结，可以看作基于对虚拟资本生成发展进程分析的一种叙述；而后三节对虚拟资本生成发展中不同因素及作用的论述，则可以看作是对理论生成发展的一种现实分析。具体而言，比如，理论本身逻辑演进的历史生成性，是对虚拟资本形态的生成发展特点的理论概括，该特性不仅是对包括货币、信用、生息资本等助推虚拟资本生成及虚拟资本理论产生的过程的表述，还体现在伴随时代进步及虚拟资本形态多样化发展，继而虚拟资本理论不断充实完善的历史进程中；该理论逻辑演进的内在关联性，是对助推虚拟资本理论生成及发展的各因素关系的论述，尤其是信用因素，其存在及作用贯穿虚拟资本理论存在发展过程的始终。同样，理论逻辑演进的现实指向性，不仅是对马克思所处时代现实

---

① 《马克思恩格斯全集》第 23 卷，人民出版社，1972，第 23~24 页。

经济发展状况的理论揭示，更重要的是，伴随虚拟资本及虚拟经济的发展，该理论在现实演进中愈发彰显其时代价值。再如，《资本论》虚拟资本理论是对虚拟资本存在发展状态及运行规律的理论总结，该理论生成以虚拟资本在经济生活中的出现及作用为关键标志，其现实逻辑在对虚拟资本生成进程的考察中清晰显现，也即该理论伴随资本形态的虚拟化而逐渐生成，并随着虚拟资本发展演进而丰富完善。立足《资本论》等经典文本，对虚拟资本的生成进程加以分析梳理，是理顺虚拟资本理论生成逻辑的重要维度，有助于深化对虚拟资本理论存在及发展的认知和理解。总之，该理论具有其自身逻辑演进特性，其在助推虚拟资本出场的诸多元素相互交织的作用中逐步展现并持续完善，其中，货币、信用、生息资本等因素在该进程中尤为凸显，对它们的论述几乎贯穿《资本论》三卷本始终，在对资本主义生产方式及运行规律的揭示中发挥着关键作用，同时扮演着促进虚拟资本形态演绎的核心角色。可以说，正是以上述元素为核心的资本主义经济发展进程推进了虚拟资本的生成，完成了对虚拟资本理论现实生成逻辑的构筑。其中，货币出场开启了经济运行的新篇章，促进商品矛盾的外在表达，继而为货币内在矛盾的呈现准备条件，并逐渐显露出经济过程中虚拟化现象的端倪。信用在货币内在矛盾激发中发挥着促进作用，同时，信用货币在流通中执行职能这一经济现象的出现推进了货币虚拟化进程。货币向资本的转化及作用同时为资本的虚拟化存在及运转准备前奏，生息资本普遍化最终成为促成虚拟资本出现的关键因素。概述之，马克思《资本论》虚拟资本理论是对 19 世纪资本主义经济现实的理论反映，其以生动鲜活的案例为依据，透过历史与逻辑相结合的分析方法，揭示虚拟资本存在及作用的规律，昭示出该理论强烈的现实指向性及持久的时代作用力。图1-1 对本章内容的逻辑架构进行了简要梳理。

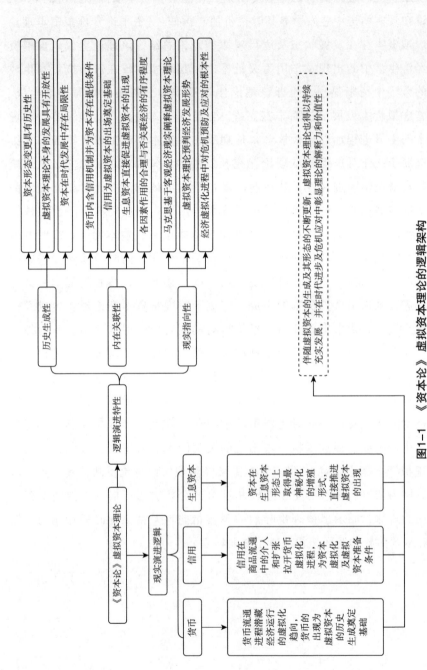

图1-1 《资本论》虚拟资本理论的逻辑架构

注：图中横向"逻辑演进特性"对应该章首节；纵向"现实演进逻辑"对应该章后三节；图中虚线框内容在之后的章节中体现。

第一节 虚拟资本理论的逻辑演进特性

理论的生成、存在及发展具有相应的演进轨迹及存在特性，就历史视域而言，"生成性"成为理论内在特性的关键表征，这是唯物史观在理论作用进程中的集中展现。虚拟资本理论的生成性在客观历史发展规律与现实经济发展需求的有机结合中得以体现，既是对历史及资本发展规律的严格遵循，又满足了经济实践对理论存在的迫切需求。

一 虚拟资本理论的历史生成性

虚拟资本理论生成性定位的核心参照集中体现于"虚拟资本"这一资本形态的历史存在上。虚拟资本是资本存在的时代形变，其产生的过程性、发展的阶段性及存在的历史性等决定着虚拟资本理论的生成性。首先，资本形态虚拟化态势的变更昭示出虚拟资本理论产生的过程性。资本在增殖扩张逻辑和经济发展规律的共同推进中逐渐发生形变，逐步以虚拟化形态占据经济发展的主导位置。具体而言，资本逻辑在资本主义生产关系中以"王道"身份发布指令，其在成就资本主义生产关系作为"普照的光"地位的同时，也在借助信用等因素或手段突破资本主义生产关系存在的界限，持续挑战经济发展客观规律的边线。资本形态更替很大程度上是对资本逻辑顺从和对经济发展规律适应相结合的体现。也可以说，资本形态演变是"普照的光"为确保其在更大范围、更大规模上持续发生作用而采取的得力手段。总之，资本形态的虚拟化转变，同时促进经济生产过程中原有资本观念向虚拟资本观念转换，继而为虚拟资本理论的诞生准备条件。马克思是对资本理论阐述最为系统和彻底的思想家，他揭示了资本生成、存在、发展及消亡规律，资本形态固然伴随经济实践持续演进，但就资本存在的一般性上，资本的虚拟形态依旧适用，包括马克思就历史发展视域对其命运的根本判定时至今日仍然显现着理论的说服力。就像学者指出的，资本形态的改变固然可以作为资本主义本身存在"自我更新""自我调节"的机制或体系，但"资本形态和特点的变化并不能改变其一般本性"。[①] 其次，

---

① 任平：《当代中国马克思主义研究》，北京师范大学出版社，2017，第216页。

经济持续发展态势下虚拟资本不断推进的趋向，显现着理论发展的阶段性及对理论与时俱进的时代要求。前述可推知，资本形态的演变表征着经济发展规律性同资本逐利目的性的融合，可以说资本形态变迁是对资本本性的一种适应或"妥协"，资本无限逐利的灵魂在客观经济规律支配下、经济合理发展范围内难以持续有效安放。一旦资本在一定经济发展形态中难以获利或获利较少，它将逐渐拓展或打破经济规律的承载范围或运行界限，其形态的改变或资本创新，就是该理念指引下的重要策略。从马克思在《资本论》中借用托·约·邓宁对资本的论述中便可形象生动地看到资本的本性及作用力，"资本害怕没有利润或利润太少，就像自然界害怕真空一样。一旦有适当的利润，资本就胆大起来。如果有 10% 的利润，它就保证到处被使用；有 20% 的利润，它就活跃起来；有 50% 的利润，它就铤而走险；为了 100% 的利润，它就敢践踏一切人间法律；有 300% 的利润，它就敢犯任何罪行，甚至冒绞首的危险。如果动乱和纷争能带来利润，它就会鼓励动乱和纷争。走私和贩卖奴隶就是证明。"① 不过，资本的虚拟化形态或许可以满足资本阶段性逐利的需求，但该形态下资本创新手段的陆续呈现将成为资本形态持续演进的有力论据。比如现代经济条件下虚拟资本形态借助高新技术手段实现自身的多样化、高级化、创新性等。虚拟资本的现实发展推进并完善虚拟资本理论的更新，归根结底，经济实践的强有力作用为资本逐利提供了广阔空间，进而赋予理论以不断变革的特征。最后，作为虚拟资本理论内在支撑要素的虚拟资本，其时代变更趋向或历史消亡走向凸显该理论存在的历史性。资本（无论形态如何更替）作为历史现象，其存在终究有限度。《资本论》在对资本主义生产方式及发展规律的揭示过程中，预判和揭示了资本历史存在的轨迹及规律，认为资本具有自我否定性，资本存在及作用虽然促进了生产力的大力发展，但辩证来看，资本在经济社会中垄断地位的不断确立，终将成为同"这种垄断一起并在这种垄断之下繁盛起来的生产方式的桎梏"②。正像马克思对资本存在的辩证论断所言："尽管按照资本自身的本性来说，它是狭隘的，但它力求全面地发展

---

① 托·约·邓宁：《工联和罢工》，伦敦版，1860，第 35、36 页。转引自马克思《资本论》第 1 卷，人民出版社，2004，第 871 页。

② 马克思：《资本论》第 1 卷，人民出版社，2004，第 874 页。

生产力……这种趋势是资本所具有的，但同时又是同资本这种狭隘的生产形式相矛盾的，因而把资本推向解体"。① 虚拟资本的形态变更在更大范围、更大规模层面推进经济社会的发展前进，为生产力的发展提供巨大动力，在很大程度上是对自身逐利本质的适应，但其为经济社会带来的虚假繁荣及经济泡沫，甚至经济危机，也同时成为向资本历史存在空间及界限持续压缩的强力注释，就此而言，虚拟资本的资本形态变换也未尝不是充当一种间接促进社会形态更替及历史进步的推手。

二 虚拟资本理论的内在关联性

虚拟资本理论是对虚拟资本存在及运作状态的理论表达，其生成性是虚拟资本生成性的同义呈现。虚拟资本的历史生成得益于诸多因素在经济活动中的介入及相互作用，其中最为重要的有货币、信用、生息资本等，而这些元素同时关联马克思的货币理论、信用理论、积累理论、危机理论等。可以说，虚拟资本理论同货币、信用及危机等理论紧密相关，彼此之间存在内在关联性。首先，货币出场为资本存在提供条件，同时很大程度开启了经济发展中"虚拟化"现象的进程。《资本论》开篇以"商品"元素作为揭示资本主义生产方式的切口，透过商品价值形态的演绎引申出对货币理论的论述。货币是商品价值形态演进的结果，更是资本出场的最初表现。资本的存在同商品货币的流通相关联，"它必须既在流通中又不在流通中产生"②，该过程顺利实现的关键环节在于劳动力商品化。劳动力以商品形式在资本主义生产关系中的存在同时是"商品拜物教"的展现形式之一，在该生产方式中，一切物品均可以商品形式出现，而对商品本身的追逐归根结底在于其背后的货币价值。劳动力商品的出现促使货币向资本转化，同时改变了商品流通结构，"为买而卖"（W-G-W）的商品流通形式逐渐被"为卖而买"（G-W-G）的形式所取代。资本逻辑占据经济社会发展的主导位置，价值增殖或利润攫取上升为经济活动的主要追求目标。另外，货币本身的历史出现及发展，在转移商品矛盾的同时，也逐渐激化货币自身的内在矛盾，使货币作为商品的自然价值同其衡量商品世界的社会

---

① 《马克思恩格斯全集》第46卷下册，人民出版社，1980，第34页。
② 马克思：《资本论》第1卷，人民出版社，2004，第193页。

价值发生矛盾，实物货币逐渐向符号货币发展，一定单位货币额能够衍生出高于其自身数倍的"符号货币"量，并在经济流通中扮演越来越重要的角色，货币在流通中逐渐走向虚拟化。其次，信用在资本主义生产关系中的普遍化，上升为经济发展、资本流通及形态变迁中的重要推进手段。现代信用建基于资本主义生产方式的确立及发展进程，它是资本主义发展中的重要工具，信用在大力推进商品流通、为生产力发展提供经济条件的同时，也在很大程度上推进了资本形态的变迁及虚拟资本的发展。作为经济运行中的组成部分，信用本身具有自身的发展演进逻辑，不过该逻辑演绎并非单纯存在和运作，而是同资本逻辑及历史发展逻辑紧密相交，信用对资本形态更替及虚拟资本形态多样化发展的作用正是在多重逻辑交织中实现的。马克思在《资本论》中对信用的论述，虽然侧重其经济维度，但并不意味着其信用内涵中伦理维度的缺失。事实上，信用的经济意义及伦理价值在经济发展中都是不可或缺的重要内容，这也是马克思经济理论内在贯穿的两条关键线索或维度。正像阿玛蒂亚·森所认为的，现代经济学出现严重贫困化的一大缘由就是经济学同伦理学隔阂的不断加深。他强调："经济学……可以通过更多、更明确地关注影响人类行为的伦理学思考而变得更有说服力。"[①] 尤其进入信用经济时代，信用甚至作为一种资本成为推进生产力发展的重要手段，对其经济及伦理上的兼顾成为经济参与者需要考察的必要环节。马克思运用辩证法对信用的双重性质进行了论述，认为其在促使经济制度向"赌博欺诈"转换的同时，间接成就了"转到一种新生产方式的过渡形式"[②]。这种助推历史进步的作用在促使虚拟资本持续扩张、经济社会发展失衡及危机过程中体现得最为充分。再次，借贷资本在经济生活中的广泛化，推进资本形态的快速演进。借贷资本是从产业资本中衍生出来的资本形式，其运行结构为 G—W—G′，本身不参与新价值的生产过程，以分割产业资本所生产的剩余价值为根本目的。借贷资本的普遍化促使资本所有权同使用权相分离，借贷资本彻底独立于产业资本，成为一种"自行增殖"的资本形态。借贷资本在经济中的发展逐渐改变了人们对资本增殖的认识，资本增殖的"永动机"观念深入人心，其也促使"资本

---

① 〔印〕阿玛蒂亚·森：《伦理学与经济学》，王宇、王文玉译，商务印书馆，2014，第15页。
② 马克思：《资本论》第3卷，人民出版社，2004，第500页。

拜物教"观念在借贷资本上得以彻底展现。这类似于货币在商品流通中的地位的改变,实物货币逐渐转向符号货币甚至虚拟货币,在一般情况下,经济运行效率同货币流通的便利化呈正相关,归根结底在于经济发展中"流动性"的增强,无论是实物货币还是一般资本存在,其是否真实发挥作用、是否真实存在等问题已经下降为流通中"不起眼"的环节(该种运行状态的基础保障条件为实物商品、货币或一般资本在流通中作用的正常发挥)。因此,在借贷资本迅速发展过程中,经济社会中每一确定利息或利润的取得,就会很自然地被看作某一借贷资本所生出的一部分,无论这一借贷资本是否真实存在,于是,虚拟出来的资本存在就成为经济现实。这得益于一种长期存在的现象进而衍生出的牢固观念。最后,各种因素的相互关系在经济发展中的合理处理与否成为经济社会能否有序运行的晴雨表。虚拟资本及其理论的生成及发展中,各种因素相互交织、密切关联,构织为一种系统性存在,在经济快速发展中具有"存亡与共"的属性。尤其在信用中介作用中,经济发展日益纳入逐渐扩张的信用网链,每一关键环节的异常变动都具有"牵一发而动全身"的效应,从当前金融危机中信用因素的首发诱导便可见一斑。因此,在虚拟资本生成及发展进程中,各因素作用的合理发挥是虚拟资本乃至整体经济社会健康发展的必要条件。总之,虚拟资本理论或虚拟资本生成中,各种要素内在关联及交织作用,成为助推虚拟资本出场的关键经济条件,但其相互关联的"乘数效应"同样成为危机发生时破坏力剧增的潜在隐患。

三 虚拟资本理论的现实指向性

理论源于实践又作用于实践,并在实践中得以验证和发展。马克思虚拟资本理论是立足资本主义经济发展现实,对资本形态演变实践及规律进行揭示的理论形态,不仅客观揭示了现实经济的发展状况,为剖析资本主义生产发展规律及资本运行规律提供理论支撑,而且为虚拟资本及虚拟经济的运行发展奠定理论基础。首先,马克思对虚拟资本理论的阐释基于资本主义发展现实,包括对诸如股票、票据、债券等虚拟资本初级展现形态的描述,都是对客观经济状态及表现的论述,揭示了经济发展现实及其背后的资本实质。比如马克思在论述信用在虚拟资本的创造中的作用时转引《曼彻斯特卫报》中的内容强调:"购买已经不是由供求来调节,而是成了一个陷于困境的商行进行金融活动的最重要的组成部分"①，马克思对这种"贸易上的欺诈"进行揭示，认为在"东印度贸易上"，"人们已经不再是因为购买了商品而签发汇票，而是为了能够签发可以贴现、可以换成现钱的汇票而购买商品"②。这是通过信用手段对虚拟资本进行创造，为了追求利润，营业商们无视过重的负债，借助对商品的无限购买得到能够"套利"的"票据"。因此，马克思指出："诱人的高额利润，使人们远远超出拥有的流动资金所许可的范围来进行过度的扩充活动"③。而当马克思对银行资本进行论述时，更是指出银行家资本"最大部分纯粹是虚拟的"④，他引用《通货论》中对当时英国存款状况的分析，认为在很大程度上，"英国全部存款的十分之九，除存在于银行家各自的账面上外，根本就不存在"⑤。概述之，马克思以当时资本发展最为发达的英国为典型展开对虚拟资本发展状况的论述，揭示了当时世界资本主义发展现状及其背后资本逻辑的支配实质。马恩经典作家始终立足现实发展前沿对理论进行完善，确保理论同实践发展的一致性及对实践发展的指导性。马克思逝世后，恩格斯根据资本主义经济社会发展现实，对最新出现的虚拟资本交易所，即证券交易所展开论述，并将其列入对虚拟资本理论的阐释过程，认为"交易所就成为资本主义生产本身的最突出的代表"⑥，并将资本主义国家对殖民地的疯狂开拓举动，也列为资产阶级为交易所利益而呈现的"纯粹""附属物"⑦。其次，马克思预判虚拟资本在扩张发展中，金融货币危机发生的风险将大大增强，马克思告诫，经济发展要处理好信用货币关系，厘清虚拟资本同实体资本的存在关系。马克思指出，经济中的"混乱""停滞"，"会使货币的那种随着资本的发展而同时出现的并以这些预定的价格关系为基础的支付手段职能发挥不了作用，会在许许多多点上破坏按一定期限支付债务的锁链，而在随着资本而同时发展起来的信用制度由此崩溃时，会更加严重起来，由此引起强烈的严重危机，突然的强制贬值，以及再生产过程的实

---

① 马克思：《资本论》第 3 卷，人民出版社，2004，第 461 页。
② 马克思：《资本论》第 3 卷，人民出版社，2004，第 461 页。
③ 马克思：《资本论》第 3 卷，人民出版社，2004，第 459 页。
④ 马克思：《资本论》第 3 卷，人民出版社，2004，第 532 页。
⑤ 马克思：《资本论》第 3 卷，人民出版社，2004，第 457 页。
⑥ 马克思：《资本论》第 3 卷，人民出版社，2004，第 1028 页。
⑦ 马克思：《资本论》第 3 卷，人民出版社，2004，第 1030 页。

际的停滞和混乱，从而引起再生产的实际的缩小"①。更为重要的是，政府在这种危机面前能做的有限。马克思认为："如果英国政府有力量把它亲自加在英国人民肩上的经济困难的重担卸去，我们就以为，我们将在伦敦金融市场上看到的现象——金融恐慌的产生和终结——会成为衡量英国贸易界行将经受的危机的强度的真正寒暑表，那就是最大的错误。政府在这种危机面前是无能为力的。"② 资产阶级政府在应对金融恐慌或危机时，其并不能就根本上采取有效举措规避危机的再生。相反，金融风险及危机对经济发展的持续威胁同时内含这种可能："相互联系和不可分离的因素彼此脱离，因此它们的统一要以暴力的方式实现，它们的相互联系要通过对它们彼此的独立性发生作用的暴力来实现"③。这种"暴力"方法对于矛盾的解决仅仅具有"暂时"的时效，经济活动中被破坏的"平衡"借助危机暴力也仅仅获得"瞬间恢复"之效。④ 虚拟资本作为资本的更新形式，在此资本形态下发生的以暂时缓解矛盾的"暴力"方式，程度、深度、影响度等将更加深远，对该形态下"暴力"手段强制运用的规避成为虚拟资本发展中的关键。最后，"虚拟资本主义时代"⑤，资本主义世界甚至全球爆发的系列金融危机，在昭示马克思虚拟资本理论现实价值持久性的同时，为虚拟资本乃至虚拟经济在时代中的发展推进提供根本指导。就该层意义而言，契合行文研究的主要出发点及最终落脚点。马克思虚拟资本理论之所以具有经久不衰的生命力，不仅在于其对资本主义生产方式存在规律的彻底揭示，更在于其科学真理具有穿透时空的说服力，只要社会形态发展仍在马克思经典作家所阐释的范围，其理论就始终有效，21 世纪以来世界性金融危机发生后，世界纷纷将目光重新投向马克思《资本论》所揭示的理论，就是科学真理在时空中持续发挥作用的有力脚注。但需要明确一点，对马克思虚拟资本理论现实意义的挖掘，并非仅仅停留于文本所言说的范围，而且这也非经典文本理论的本意所在，而是要立足经典文本所揭示的一般方法

---

① 《马克思恩格斯文集》第 7 卷，人民出版社，2009，第 283 页。
② 《马克思恩格斯全集》第 12 卷，人民出版社，1962，第 343 页。
③ 《马克思恩格斯文集》第 8 卷，人民出版社，2009，第 247 页。
④ 《马克思恩格斯文集》第 7 卷，人民出版社，2009，第 277 页。
⑤ 中国战略思想库：《蜕变与抉择——虚拟资本主义时代与中国的复兴》，中国计划出版社，2015，第 2 页。

论原理，理顺马克思对虚拟资本理论内在意蕴的阐释，掌握其所揭示的虚拟资本的发展规律，在此基础上着眼于现实经济发展，有机融合文本同现实的双重视域，促使文本理论的新价值在当代呈现。

第二节　商品价值形态的历史嬗变及货币的潜在虚拟化

资本主义生产方式中占据统治地位的财富以"庞大的商品堆积"[①] 形式呈现，其基本特征就是资本主义社会里的一切都变成了商品。对单个商品"元素"的分析，就成为对资本主义生产关系及发展规律揭示的开端或抓手。对商品元素的分析简单而抽象，但其对阐释资本主义生产关系及发展意义重大，为之后论述资本（包括虚拟资本）、利润、利息等复杂、具体的概念及范畴准备理论或经济基础。对商品元素的阐释，首先需要厘清其基本矛盾，也即从其二因素之间的矛盾入手，揭示出生产商品的劳动二重性之间的矛盾，进而找到这些矛盾的根源，即私人劳动和社会劳动的矛盾这一商品经济的基本矛盾及其在资本主义条件下的转化，这是关乎商品流通及价值实现的关键，也是推动资本主义生产关系不断演变并走向衰落的基本动力。而由商品的二因素的对立运动所必然导致的商品价值形态的历史演进，最终以货币形式实现历史蜕变，伴随商品矛盾的转移，货币自身内在矛盾也逐渐呈现。货币在自身职能发挥进程中潜藏经济运行中的"虚拟化"现象，进而为虚拟资本的历史生成奠定前提基础。正如学者认为，就历史发展而言，货币是虚拟资本存在的历史及逻辑起点，并指出在货币历史出现后，其虚拟性就逐渐得以延续。[②] 同时，货币同虚拟资本之间也是一个相互促进的关系，就像学者将虚拟资本作为货币伴随时代发展的"新规定"，认为"正是通过对货币生息资本和虚拟资本属性的研究，才揭示出货币在现代市场经济中发挥巨大作用，解释了现代市场经济中的新现象和新的运作机制"[③]。

---

① 马克思：《政治经济学批判》，1859，第 3 页。转引自马克思《资本论》第 1 卷，人民出版社，2004，第 47 页。

② 谢永添：《虚拟资本与资本市场——金融资本运行的理论与实证研究》，厦门大学博士学位论文，2004，第 9 页。

③ 赵准：《探究货币——马克思货币理论研究》，京华出版社，2000，第 107 页。

一 货币在商品价值体系中的历史出场

货币在流通中的出场是商品价值形态历史演进的结果。商品的价值体现为商品中抽象的"幽灵般的对象性"①，是商品中同一的"无差别"的劳动凝结。商品交换以使用价值的需求为出发点，以商品内在劳动量（价值）为根本参照展开，在商品价值形态的演进中将这一过程展现得淋漓尽致。而有别于商品使用价值的商品的"共同价值形式"——"货币形式"②，在这一价值形态推进中最终实现，"货币的魔术"或"货币的谜"在该"中介运动"③中也随之解开。马克思论述商品的货币价值形态从"简单的、个别的或偶然的价值形式"—"总和的或扩大的价值形式"—"一般价值形式"—"货币形式"四个阶段展开，详细描述了货币生成的历史过程，衡量商品价值的参照或标准由"x 量商品 A＝y 量商品 B，或 x 量商品 A 值 y 量商品 B"的"个别等价物"，经由"z 量商品 A＝u 量商品 B，或＝v 量商品 C，或＝w 量商品 D，或＝x 量商品 E，或＝其他"的"特殊等价物"和"u 量商品 B＝z 量商品 A，v 量商品 C＝z 量商品 A，w 量商品 D＝z 量商品 A，x 量商品 E＝z 量商品 A，其他＝z 量商品 A"的"一般等价物"，过渡至一般等价物固定在贵金属商品上的货币形式。④ 货币的历史出场是商品交换关系发展演进的关键表征，"是交换过程的必然产物"⑤，同时，货币存在具有现实必要，其"必要性来自通过作为社会必要劳动时间的产品的商品交换才知道自己规律的商品生产的社会的本质，来自生产者的社会联系被表现为规定他们参与生产和产品分配的份额的他们产品的价格"⑥。可以说，价值的一般等价物在贵金属形态上的固定，为商品交换及生产力发展提供了重要前提，是历史选择同现实需求的统一。

实物商品价值关系是货币的初始承载。⑦ 商品价值形态在货币上的体现

---

① 马克思：《资本论》第 1 卷，人民出版社，2004，第 51 页。
② 马克思：《资本论》第 1 卷，人民出版社，2004，第 62 页。
③ 马克思：《资本论》第 1 卷，人民出版社，2004，第 112 页。
④ 马克思：《资本论》第 1 卷，人民出版社，2004，第 62~87 页。
⑤ 马克思：《资本论》第 1 卷，人民出版社，2004，第 106 页。
⑥ 〔德〕鲁道夫·希法亭：《金融资本》，福民等译，商务印书馆，1994，第 14 页。
⑦ 靳永茂：《〈资本论〉语境中信用与货币的逻辑关系演进——兼论虚拟经济同实体经济动态发展的历史生成》，《内蒙古社会科学》2020 年第 2 期。

或固定，不仅是外在展现形式上历史性的变化，更重要的是其背后承载着商品流通中的社会关系，"金银作为货币代表一种社会生产关系，不过这种关系采取了一种具有奇特的社会属性的自然物的形式"①。在最初货币关系结构中，货币是实物商品价值关系的承载。具体而言，贵金属在商品世界的价值形态中独占一般等价物位置时便转为货币商品，从而由自然形式发展为社会价值形式，货币商品同时获得了同其他商品使用价值相异的特殊含义，取得支配社会权利的一般性质及商品交换中衡量价值的独占权，成为社会实物商品的价值体现物和承载物。货币的初始形态在金银等贵金属上得以展现，商品价值在以货币为中介的社会关系中呈现交换价值的形式，作为劳动产品，贵金属货币同其他商品相对立，"只是因为它早就作为商品与它们相对立"②。货币作为实物价值关系的承载，在质上展现着人与人的社会关系，在量上同一定实物商品价值量相适应。货币商品的实物承载在简单商品流通中体现得淋漓尽致，在此流通中，"货币不过是把已经在商品价格总额中观念地表现出来的金额实在地表现出来。因此，这两个数额相等是不言而喻的"③。只是，商品价值及货币价值都处于变化中，且商品和货币各具流通轨迹，不同于商品在流通中随交换完成而频繁进退，"货币作为流通手段却不断地留在流通领域"④。这决定了货币同商品在流通中等额存在的非现实性，同时，贵金属货币在流通中的磨损也使其"名不副实"，"金在实现商品的价格时不再是该商品的真正等价物"⑤，货币自身存在及职能运行推动贵金属货币趋向符号化。值得注意的是，货币的符号化趋向同货币流通的实物商品对应并不必然矛盾，而且前者的发展演变基于后者。也就是说，货币流通同实物价值相适应是商品流通及交换持续推进所应遵循的基本原则，至少在社会总体劳动量上应具备对货币自由流通的根本支撑。

同时，货币出场也开启了商品矛盾在形态上的演变进程，货币来到人间的使命本来是解决商品交换中使用价值和价值之间的矛盾，但同时加深

① 马克思：《资本论》第 1 卷，人民出版社，2004，第 101 页。
② 马克思：《资本论》第 1 卷，人民出版社，2004，第 87 页。
③ 马克思：《资本论》第 1 卷，人民出版社，2004，第 139 页。
④ 马克思：《资本论》第 1 卷，人民出版社，2004，第 139 页。
⑤ 马克思：《资本论》第 1 卷，人民出版社，2004，第 148 页。

了这一矛盾,即商品内部矛盾随之转化为商品世界一极与货币世界一极之间的外部矛盾。伴随货币形态变迁,商品矛盾也将在体现形式上不断更替。总之,贵金属货币是商品关系的初始承载样式,社会交换关系由商品实物作后盾,是保障货币及交换稳定运作的基础形态,货币的价值功能尺度在此阶段得以忠实展现。

二 货币内在矛盾在商品矛盾转移中的凸显①

货币出场为商品矛盾的转移提供条件。商品二因素矛盾的解决依赖于交换过程的顺利推进,使用价值和价值各得其所。商品二因素同劳动二重性相统一,具体劳动在商品的使用价值中呈现,抽象劳动则由商品价值来表达。商品生产者的劳动是社会劳动与私人劳动的对立统一,劳动的这一双重性在私有制商品经济中上升为矛盾体的对立面,该矛盾的解决程度直接决定商品交换过程的顺畅程度,也即决定商品矛盾的解决进程。私有制经济条件下,劳动的二重性形成的私有劳动与社会劳动之间的矛盾成为商品生产和交换中的基本矛盾,这一矛盾的发展演进在资本主义商品经济中转化为社会化生产同生产资料私人占有之间的矛盾,也即资本主义生产方式的基本矛盾。因此,可以说,对商品基本矛盾的解决很大程度成为资本主义商品生产及资本演进的重要推动力。货币价值形态的出场为商品矛盾的解决提供新途径,使使用价值与价值的矛盾在商品与货币相对立的进程中重新展现,将商品二因素矛盾外化:一方是代表使用价值的商品世界,另一方是代表价值的货币。也就是说,货币的历史呈现促使商品价值和使用价值的矛盾转换为货币与商品的矛盾,表现为"货币世界"同"商品世界"的对立。毋庸置疑,货币的出现能够有效缓和商品矛盾,尤其是缓和了商品交换的矛盾,但就商品矛盾本体存在层面,这仅仅是对矛盾的外在化或外在转移,由此又产生了新的矛盾,即商品矛盾在货币形态上的缓解必然在后者发展演变中再次转移,同时也为货币自身内在矛盾的发展演变埋下伏笔,这由商品货币流通中的规律所致。

货币职能发挥中呈现其内在发展矛盾。货币内在矛盾,也即"价值的

① 靳永茂:《〈资本论〉语境中信用与货币的逻辑关系演进——兼论虚拟经济同实体经济动态发展的历史生成》,《内蒙古社会科学》2020年第2期。

社会属性同个别使用价值的矛盾"[①]，归根结底源于商品矛盾。价值尺度职能的发挥要求货币在以其为中介的流通中真实展现实物价值，"它必须以其金体（或银体）出现，因而作为货币商品出现"[②]。价值尺度发挥着衡量其他一切商品价值的功能，是商品世界劳动产品社会性的一种特殊显现，是内含于商品中的价值外显，但价值尺度赋予一种具体且特定的劳动产品（贵金属）抽象价值的物质代表，使货币具有社会劳动财富的垄断权。"货币作为价值的独立化表现形式，其职能也是社会的，而它却被具体化在金银这种个别材料上，当它遇到尺度面对天体间距离的同类问题时，就要放弃金银这种个别材料去寻找更适合的材料或者更适合的执行货币职能的方法。"[③]这是抽象价值同具体使用价值之间的矛盾体现，也是具体货币衡量抽象价值的局限性的初始体现。另外，货币作为商品世界的完成形式，使人之间劳动的社会性质从物的关系转移至货币关系，"用物的形式掩盖了私人劳动的社会性质以及私人劳动者的社会关系，而不是把它们揭示出来"[④]。也就是说，货币作为衡量商品世界的价值尺度，同时塑造了社会对货币权力的盲目崇拜，进一步掩盖了劳动的社会性质，使商品拜物教向货币拜物教蔓延，逐渐偏离社会劳动的本质。正如马克思所言："一种商品成为货币，似乎不是因为其他商品都通过它来表现自己的价值，相反，似乎因为这种商品是货币，其他商品才都通过它来表现自己的价值。中介运动在它本身的结果中消失了，而且没有留下任何痕迹。"[⑤] 价值尺度促使社会对货币本身趋之若鹜，对其背后的生产劳动实质却愈发掩盖，这也促使交换价值代替使用价值逐渐成为社会追逐的主要目标。随着商品经济的进一步发展，具体货币形态的有限性同社会对货币追求的无限性出现矛盾，商品货币在流通中的局限性就此意义上也得以呈现。因此，货币内在矛盾为货币的进一步演进提供内在动力，货币逐步摆脱其依托在个别材料的使用价值上的局限成为其演进的必然趋势。

同时，货币的流通手段很大程度上扩展了商品交换在时空上的限度，

---

①　张云、刘骏民：《关于马克思货币金融理论的探析》，《南京社会科学》2008 年第 7 期。
②　马克思：《资本论》第 1 卷，人民出版社，2004，第 152 页。
③　张云、刘骏民：《关于马克思货币金融理论的探析》，《南京社会科学》2008 年第 7 期。
④　马克思：《资本论》第 1 卷，人民出版社，2004，第 93 页。
⑤　马克思：《资本论》第 1 卷，人民出版社，2004，第 112 页。

但买卖分离使货币同其价值的实物代表相分割，并为危机的潜在生成埋下隐患。单个商品交换在卖出商品同买回实物的往返活动完成后就达到本轮交换的休止点。买卖时空分离及交换的复杂性提升了价值的实现难度，商品形态向货币形态转换过程的不确定性为商品交换的继续推进蒙上阴影，商品购买与售卖的不同步性为社会虚假需求提供条件，进而使商品矛盾的解决过程变得扑朔迷离，当商品向货币的"惊险跳跃"失败，最终摔坏的就是商品占有者。① 时空分离促使商品买卖过程的独立化运行，而其最终受制于商品矛盾，当这一独立化运作态势破坏了商品同货币的形态转换，阻碍了流通过程的正常运作时，新流通工具介入以代替货币执行某些职能便水到渠成，甚至会通过强制手段介入以恢复流通过程的持续。正如马克思所说："当内部不独立（因为互相补充）的过程的外部独立化达到一定程度时，统一就要强制地通过危机显示出来。"② 不过，货币流通职能的发挥虽然可能招致暂时性的生产过剩，但就整体维度而言，价值实现在总量上依旧保持平衡，危机仅仅是可能性意义上的存在。只有当货币支付手段得以充分发挥时，危机才上升为现实和必然。正如马克思所言："货币作为支付手段的职能包含着一个直接的矛盾……这种矛盾在生产危机和商业危机中称为货币危机的那一时刻暴露得特别明显。这种货币危机只有在一个接一个的支付的锁链和抵消支付的人为制度获得充分发展的地方，才会发生。"③ 显然，这需要信用的充分发展这一必要条件。

总之，货币矛盾根源于商品矛盾，尽管商品矛盾"在商品形态变化的对立中取得了发展的运动形式"④，并且这种不断发展的新形式还将以货币形态的发展演进持续呈现，然其实质依旧没有也不会有根本改变。在一定社会形态发展视域中，根本矛盾具有内生性，其存在及作用具有持久性，伴随时代发展改变的是矛盾展开的具体形式以及在促使矛盾缓和的进程中陆续出现的具体工具或手段，这也就整体发展层面为信用作为矛盾缓和工具的出现定下基调。不仅如此，货币自身的演进过程内含信用向度，是助推货币虚拟化的关键因素。

---

① 马克思：《资本论》第 1 卷，人民出版社，2004，第 127 页。
② 马克思：《资本论》第 1 卷，人民出版社，2004，第 135 页。
③ 马克思：《资本论》第 1 卷，人民出版社，2004，第 161~162 页。
④ 《马克思恩格斯全集》第 23 卷，人民出版社，1972，第 133 页。

三 货币的内生信用向度及虚拟化趋向①

货币价值形态的演进过程内含信用机制的生成，这体现在对一般等价物权利的潜在信赖的关系中。在一般等价物形式中，价值通过商品价值等式右边的一般等价物商品表现出来，其深层内含交换的"契约关系"（信用关系），即"在相互信任的基础上就有条件地使用（或让渡）某种物品（或资源）所达成的契约关系和履行该契约的行为过程"②。具体而言，在商品交换中，持有麻布者想得到上衣，但持有上衣者并不想得到麻布，在这种情况下，一般等价物斧头就历史性地生成，麻布通过斧头的中介作用获得上衣，从而有效地摆脱了这一交换困境。在此过程中，麻布之所以最终让渡自身获得斧头，是赋予"斧头能够交换上衣"信任关系，相信其可以换得自己需要的商品。该过程虽然内含麻布让渡自身却无果的可能，但正是等价物在历史生成中的不断选择最终成就了斧头的一般等价物地位，直至一般等价物在贵金属商品上的固定，也即货币的出现。③ 可以说，货币生成进程内含信用机制，人与人之间的信用或契约关系早已悄然存在。马克思在论述商品交换时也指出："为了使这些物作为商品彼此发生关系，商品监护人必须作为有自己的意志体现在这些物中的人彼此发生关系，因此，一方只有符合另一方的意志，就是说每一方只有通过双方共同一致的意志行为，才能让渡自己的商品，占有别人的商品……这种具有契约形式的……法的关系，是一种反映着经济关系的意志关系。"④ 可以看出，信用在货币流通中的存在及有效作用并非单纯的外在强加。同时，信用对货币流通过程的介入在历史推动及现实需求下也呼之欲出。货币在流通中必然受到磨损，以致"金的名称和金的实体，名义含量和实际含量，开始了它们的分离过程"⑤。货币在流通中的循环运动轨迹使"商品的交换价值的独立表现只是转瞬即逝的要素……因此，在货币不断转手的过程中，单有货币的象

① 靳永茂：《〈资本论〉语境中信用与货币的逻辑关系演进——兼论虚拟经济同实体经济动态发展的历史生成》，《内蒙古社会科学》2020 年第 2 期。
② 王国刚：《马克思的货币理论及其实践价值》，《金融评论》2019 年第 1 期。
③ 王国刚：《马克思的货币理论及其实践价值》，《金融评论》2019 年第 1 期。
④ 马克思：《资本论》第 1 卷，人民出版社，2004，第 103 页。
⑤ 马克思：《资本论》第 1 卷，人民出版社，2004，第 148 页。

征存在就够了"①。可以说，货币的适度转变或形变是促进商品流通的必要举措，也是货币形态发展的历史要求。正如哈维所言："虽然商品货币或许提供了表现社会劳动的坚实物质基础，它们很快便遭灵活和易管理得多的货币形式取代。"②

货币在商品交换中的出场使交换变为流通，贵金属货币无论从质和量两方面都不能再适应经济货币化的要求的时候，就拉开了经济发展中"虚拟化"现象的幕布。上述可知，货币内在矛盾是商品矛盾在货币形式上的突出体现，并在具体商品流通中推进商品货币向观念形态转变。货币的观念形态发展同其对社会劳动价值抽象关系的反映是统一的，货币在发展中"由具体向抽象的发展"③正是货币本质的显露。货币灵魂最初附着在商品货币（贵金属货币）这一实体上，由具体实体表征抽象价值关系，并在不断流通中实现社会劳动同私人劳动的交换，继而推进商品矛盾的解决。但货币流动性的内在本质以及商品货币的流动局限性，注定货币超脱其最初实物外壳向抽象性观念形态演进的命运，而这一具体实现或推进路径，在货币自身职能作用中得以获取。其中，货币支付手段职能的存在及作用直接促使商品的买卖过程独立化，也就是说，商品交换摆脱了物物交换在时空中的限制，使先买后支付或先支付后取货的商品流通形式成为可能，突破了商品交换中因资金不足而延误生产的约束。货币支付职能基于其流通职能，是在货币流通的基本职能基础上演化或出现的职能，在买卖分离这一商品流通中，执行流通手段的货币并非商品货币，而是货币的观念存在，也即观念货币或信用货币（票据等）。这也是信用在货币体系中的显性体现，是对经济运行规律的反映，因为"每个独立的个人要得到货币，就必须放弃实物资源，反之，他也可以交出货币而得到实物资源。因此，如果他能发现一种更低廉的提供交换媒介的方法，他就能获益。这种显而易见的，同时又是在历史上已经产生出来的方法，就是将信用因素引入货币体系"④。而观念

---

① 马克思：《资本论》第 1 卷，人民出版社，2004，第 151~152 页。
② 〔美〕大卫·哈维：《资本社会的 17 个矛盾》，许瑞宋译，中信出版社，2017，第 19 页。
③ 赵准：《探究货币——马克思货币理论研究》，京华出版社，2000，第 30 页。
④ 〔美〕米尔顿·弗里德曼：《货币稳定方案》，上海人民出版社，1991，第 79 页。转引自谢永添《虚拟资本与资本市场——金融资本运行的理论与实证研究》，厦门大学博士学位论文，2004，第 65 页。

货币或充当信用凭证的票据在流通中代替货币执行部分职能时，信用货币便随之诞生，它"是直接从货币作为支付手段的职能中产生的"，伴随商品交易规模及信用发展事业的扩大，信用货币作为代替货币执行职能的形式在流通中逐渐普遍化，"金银铸币则主要被挤到小额贸易的领域中去"①。概述之，货币的存在本质潜藏其在展现形态中"虚拟化"的发展趋向，但货币虚拟化的演进需要信用元素在货币体系中的介入及作用。

总之，"流通过程的自然倾向是要把铸币的金存在转化为金假象"②，货币流通中衍生出其自身的"符号化身"（铸币、信用货币等），虽然货币最初的象征物同实物劳动之间存在密切的兑换关系，但这已然昭示或启动了货币符号化的趋向或进程。因此，"货币的职能存在可以说吞掉了它的物质存在"③，"从货币观念的发展来看，这一过程是从重量标准到货币单位的过渡，体现了货币从古典形态经过理性化向现代形态的转向"④。货币形态的演进及信用在流通中的介入是历史发展同货币演进的统一，这也为货币及信用关系的发展演进提供了历史契机。马恩经典作家立足历史逻辑和辩证逻辑，在强调货币形态更替对流通过程促进的同时，也揭示了流通手段的局限，"货币支付手段所构建的信用关系，一开始就内含打破生产和消费之间均衡的不稳定基因"⑤。这提出了货币及信用关系适度性发展的要求，也为货币及其虚拟化形态演进中出现的危机等可能性后果做了预设，并成为经济发展中动态性发展关系的张力核心所在。

第三节　信用的时代更替及对虚拟资本的基础作用

贵金属货币在商品流通中的局限性促使信用作为流通中介历史出场，

---

① 马克思：《资本论》第 1 卷，人民出版社，2004，第 164 页。
② 马克思：《资本论》第 1 卷，人民出版社，2004，第 148 页。
③ 马克思：《资本论》第 1 卷，人民出版社，2004，第 152 页。
④ See Wray, L. R. *Understanding Modern Money-the Key to Full Employment and Price Stability*, Cheltenham, UK: Edward Elgar Publishing, 1998, pp. 47 - 52，转引自冯小茫《理性祛魅——货币的发展与演变》，《文史哲》2017 年第 3 期。
⑤ 杨慧玲：《金融不稳定性的逻辑：一个马克思主义的阐释》，《当代经济研究》2018 年第 1 期。

马克思指出，信用"随同资本主义的生产而形成起来"①，作为商品流通及资本集中的重要工具，服从于历史逻辑同资本逻辑的交织作用。信用对生产方式改善及更新具有关键意义，其具有的双重效应在历史层面达到统一。作为一种偿付关系，信用在商品流通中的介入及扩张拉开了货币虚拟化进程，同时为资本虚拟化奠定基础。可以说，信用自身扩张发展同货币虚拟化的发展趋向及程度相一致，表现为同一事物的不同方面。

一 信用向现代信用的过渡

马克思以辩证唯物主义方法从多角度展开对信用生成过程的分析。就历史发展层面，信用是商品货币关系推进的必然结果；就现实需求角度，资本主义生产的阶段性推进迫切依赖信用工具；就信用形式的历史适应视域，信用的古老生息资本形式已难以适应时代要求。

首先，商品货币关系的历史演进。商品存在具有历史性，其生产建基于社会分工及私有制等条件的满足上。随着商品生产及交换规模的扩大，直接性商品交往形式已很难适应商品交换需求，进而提供商品价值形态向一般等价物固定的动力，也为信用出场奠定关键基础。但在商品货币关系普遍存在之前，经济交往中偶然性借贷行为并不足以充当信用的典型来源。马克思认为，在商品货币关系普遍存在的阶段，经济活动复杂，借贷关系交织，"从事再生产的资本家互相提供的信用"②，也即"生产者和商人的这种互相预付形成信用的真正基础"③。这是一个历史演进过程，其推进的关键在于货币运动。其一，货币作为商品价值形态演变的最高形式，促进了商品内在矛盾的解决。商品二因素矛盾始终是其价值形态发展的主要动力，直至货币出现，经济活动中"需求的双重巧合"难题才得以破解。货币的价值尺度及流通手段职能使其成为缓解商品交换矛盾的重要工具，货币作为商品的价值属性也为其顺畅流通奠基。其二，货币支付手段职能突破了商品交换的时空限制，商品二因素的实现呈现独立化。商人让渡使用价值，却不必然同时索回价值，价值的货币预付也使其同使用价值的即时获得存

---

① 马克思：《资本论》第 1 卷，人民出版社，2004，第 722 页。
② 马克思：《资本论》第 3 卷，人民出版社，2004，第 542 页。
③ 马克思：《资本论》第 3 卷，人民出版社，2004，第 450 页。

在时空差。随着商品货币关系发展，这种买卖不同步现象成为经济生活常态。马克思指出："就这类通过出售而在形式上让渡使用价值和在实际上向买者转让使用价值在时间上互相分开的商品来说，买者的货币通常执行支付手段的职能。"① 商品交换关系在卖者对使用价值的让渡同买者对价值的货币支付中实现构筑，也即卖者拥有了对买者货币支付的债权，而买者承担对卖者的支付债务。经济活动中债权债务关系的形成，成为信用出现的关键标志。其三，货币流通手段职能直接推动货币价值表达的符号化、虚拟化，促进信用货币出现。商品交换规模化及经济关系复杂化的发展趋向加快货币流通，作为中介执行流通职能的货币不必要"货真价实"，符号化货币产生，但其流通需要诸如国家信用等条件的保障。信用货币是货币虚拟化的表现形式，但因货币拥有支付及流通等职能而促使信用货币产生并代行其部分职能。概述之，商品货币关系的发展演绎，催生了借贷关系，并历史性地塑造了以票据为代表的信用货币，以此作为信用关系的重要依托。因此，信用是商品货币关系发展的必然产物。

其次，资本主义生产的阶段性推进。唯物史观认为，资本主义是人类历史发展的特定阶段。资本本质及其强势逻辑对经济社会发展的主导为资本主义生产关系的阶段性存在定下基调。资本的存在及发展具有自我否定性，其"不可遏止地追求的普遍性，在资本本身的性质上遇到了限制，这些限制在资本发展到一定阶段时，会使人们认识到资本本身就是这种趋势的最大限制，因而驱使人们利用资本本身来消灭资本"②。虽然马克思辩证考察资本，认为"尽管按照资本自身的本性来说，它是狭隘的，但它力求全面地发展生产力……这种趋势是资本所具有的，但同时又是同资本这种狭隘的生产形式相矛盾的，因而把资本推向解体……资本不过是一个过渡点"③。资本主义生产方式的过渡性为现代信用的出现总体定位：信用是资本主义维持其阶段性生产的工具。如前所述，商品货币关系推动信用生成，但前者成熟条件的具备得益于资本主义生产方式的确立。资本主义条件下，商品交换关系的大规模发展促进商品货币流通加快，同时，资本再生产范

---

① 马克思：《资本论》第 1 卷，人民出版社，2004，第 202 页。
② 《马克思恩格斯全集》第 30 卷，人民出版社，1995，第 390~391 页。
③ 《马克思恩格斯全集》第 46 卷下册，人民出版社，1980，第 34 页。

围及规模的扩大对个体有限资本提出严峻挑战，生产的顺畅开展迫切需要社会有效资本的注入。信用及时促使再生产摆脱对资本需求的现实困境，很大程度上缓解了资本主义的生产矛盾。总之，现代信用的呈现具有必然性，但也是维护资本主义生产、推动资本主义发展的有效工具和阶段性动力。

再次，古老生息资本的历史扬弃。信用产生也是对古老生息资本（高利贷资本）扬弃的结果。高利贷信用具备债权债务关系的基本元素，但其本身具有历史存在及发展的致命缺陷。高利贷资本在其社会生产中"使这种生产方式陷入贫困的境地……同时使这种悲惨的状态永久化"①。而且高利贷利息占有全部剩余价值，其存在是对已有生产方式的剥削，"像寄生虫那样紧紧地吸附在它身上，使它虚弱不堪……并迫使再生产在每况愈下的条件下进行"②。正如马克思指出："高利贷资本有资本的剥削方式，但没有资本的生产方式。"③ 现代信用的产生正是基于对高利贷资本垄断的反对和抨击，是在试图摆脱旧式生息资本的苛刻盘剥和货币经营的垄断统治背景下出现的。"让生息资本从属于产业资本"的最初呼声在反高利贷斗争中为资本主义生产方式的出场创造条件，现代信用在这种背景中诞生。这间接受益于高利贷自身对生产方式的"革命作用"，"它会破坏和瓦解这样一些所有制形式"④。就此而言，"信用制度是作为对高利贷的反作用而发展起来的"⑤，并伴随借贷资本，共同从属于资本主义生产方式。

最后，商业信用向银行信用的转变。伴随经济发展的规模化，商业信用逐渐难以满足经济生活的持续运作，商业信用中维持的经济关系随着流通规模扩大及现实发展需要，产生了向银行信用转换的需求。无论就信用提供对象的扩大还是支撑信用的资本来源的增多，适应性更强的银行信用都成为时代发展的迫切需求，并在货币经营业务拓展的基础上应运而生。货币经营业随着资本主义商品经济的规模化发展，逐渐囊括了对生息资本或货币资本的管理，并且作为经营者的特殊职能进行发展。货币的借入与贷出业务逐渐成为货币经营的主要范畴。因此，"货币经营业就逐渐发展成

① 马克思：《资本论》第 3 卷，人民出版社，2004，第 674 页。
② 马克思：《资本论》第 3 卷，人民出版社，2004，第 674~675 页。
③ 马克思：《资本论》第 3 卷，人民出版社，2004，第 676 页。
④ 马克思：《资本论》第 3 卷，人民出版社，2004，第 675 页。
⑤ 马克思：《资本论》第 3 卷，人民出版社，2004，第 678 页。

为银行业，货币经营资本就发展成为银行资本，货币资本的借贷就发展成为银行信用"①。总之，趋同于信用起源，银行信用也应现实再生产需求而生。因此，资本条件下的信用，本质上是一种对生产困境的暂时应对，是潜在性产销失调矛盾的暂时转移。尽管如此，随着信用发展，虚拟资本多样化发展样态也逐渐呈现，从而为再生产提供动力。

二　信用的杠杆作用及对虚拟货币完成的基础性②

信用的杠杆效应体现在对生产力发展的促进和对生产关系变迁的基础奠定两方面。一方面，信用促进生产力大力发展。其一，信用打破生产对现实资本的束缚，促进资本在不同时空的自由转移，为利润率的平均化提供动力支持，进而促进生产发展。正如马克思所言："信用制度的必然形成，以便对利润率的平均化或这个平均化运动起中介作用，整个资本主义生产就是建立在这个运动的基础上的。"③ 其二，信用极大节省了流通费用。信用不仅减少了货币自身生产及流通费用，同时促进了流通和商品形态的转化，由于资金短缺而迫使生产停滞的现象逐渐减少，再生产的顺利开展得以保障。同时，信用对资本主义生产关系的发展演进具有促进作用，其拓展了后者在历史演进中的存在空间，延伸了资本主义的历史存在。另一方面，信用是商品货币关系的一种承载方式，其现代形式在资本社会关系下得以充分体现，作为资本逻辑支配下的有效元素，充当资本社会关系不断延续和演进的得力工具。信用借助股份公司等形式推进资本主义生产关系不断变迁，在很大范围内，信用的发展程度及规模成为资本社会关系调节及演进的指示器。首先，信用促进资本社会化，使个人同资本的关系向社会同资本的关系转化。"个别资本不可能建立的企业出现了"，曾隶属于政府的企业也趋于"变成了社会的企业"。④ "这是作为私人财产的资本在资本主义生产方式本身范围内的扬弃"⑤。其次，生息资本的发展推进资本所

①　陈征：《〈资本论〉解说》第 3 卷，福建人民出版社，1985，第 393 页。
②　靳永茂：《〈资本论〉语境中信用与货币的逻辑关系演进——兼论虚拟经济同实体经济动态发展的历史生成》，《内蒙古社会科学》2020 年第 2 期。
③　马克思：《资本论》第 3 卷，人民出版社，2004，第 493 页。
④　马克思：《资本论》第 3 卷，人民出版社，2004，第 494 页。
⑤　马克思：《资本论》第 3 卷，人民出版社，2004，第 495 页。

有者同生产经营者的关系演变。信用促进生息资本充分发展，直接参与生产过程已非资本获利的必要条件，资本所有者逐渐向纯粹的货币资本家演化，经济生产过程中实际执行职能的资本家成为资本的单纯管理人，资本所有者同劳动者的关系完全对立，劳动者同生产资料所有权及剩余价值所有权彻底分离。此"极度发展"的结果，成为"直接社会财产"和"社会职能"生产关系变迁的"过渡点"，"合作工厂"在信用制度推动下的出现就很大程度上揭示了"一种新的生产方式怎样会自然而然地从一种生产方式中发展并形成起来"①。信用对资本生产关系调整及促进作用同社会化生产的历史发展趋向及规律相适应，其在广度及深度上极大拓展了资本主义生产关系。

同时，信用的拓展效应也存在限度，限度突破将促使信用通过强制手段开拓生存空间，甚至推进资本主义生产关系的变迁。借助信用工具是预防或规避危机的一种方式，信用在流通中的出现能够缓解流通中的商品矛盾，甚至在信用扩张中，矛盾的应对过程依旧有信用的身影。但正如信用拓展效应的另一面所展示的图景：少数资本家获得对社会资本和劳动疯狂占有和攫取及利用的权利，"而信用使这少数人越来越具有纯粹冒险家的性质"②，借助借贷资本对食利阶层生产的推进，这些人拿社会赋予的权利剥削社会，"用剥削他人劳动的办法来发财致富"③，并将社会财产向股票等虚拟资本或产业进行赌博投机。就历史发展视域，这一过程昭示生产方式的发展态势及最终走向。总之，信用对资本生产力的推进为生产方式的变迁准备物质条件，其扩张对资本主义生产关系的冲击直接促进了生产方式存在空间的历史拓展，就此而言，信用"二重性质"④对生产关系作用空间的拓展在历史层面完成统一。

信用制度推进社会生产方式的演进，同时作用于货币虚拟化的推进过程。信用作用中货币的虚拟化演进是多重逻辑发展推进的过程，其中发挥主导作用的莫过于历史逻辑同资本逻辑的交织，在社会发展的一般进程中，这两重逻辑的作用存在很大程度上的同向性，推进货币形态的历史演绎。

---

① 马克思：《资本论》第 3 卷，人民出版社，2004，第 499 页。
② 马克思：《资本论》第 3 卷，人民出版社，2004，第 498 页。
③ 马克思：《资本论》第 3 卷，人民出版社，2004，第 500 页。
④ 马克思：《资本论》第 3 卷，人民出版社，2004，第 500 页。

商品货币"实际价值"同"名义价值"的脱离成为货币虚拟化进程的开始，也为信用货币代替商品货币行使职能准备条件，票据等信用货币是货币虚拟化的初级表现形态。马克思认为，信用票据作为一种支付凭证，是信用双方的支付约定和信用关系承载，是产业资本家之间卖出与支付过程相分离的一种产物，作为"信用制度的基础"，以汇票为代表的票据，"是一种有一定支付期限的债券，是一种延期支付的证书。"① 在双方协议或信用关系持续期间，票据在经过债权人背书后，作为支付手段进行流通，以此催生信用货币。信用货币"以票据流通为基础"②。它的出现，代替现金货币执行职能，成为经济生活中的一种流通手段和支付手段。在金本位制下，信用货币以其所能兑换的黄金数量为基础，但以汇票为代表的信用货币在流通中的结算额只占其总额的一小部分，这就使得汇票所代表的金银数量远大于现实中金银的储备数量，也即少量的金银可以衍生出比其本身多数倍的货币（信用货币）。总之，信用货币代替现金货币在流通中执行职能时，信用货币代表的现金数量和现实中贵金属的储备数量是不一致的，通常前者要远大于后者，从而产生了虚拟货币。

资本主义大工业推进商品贸易快速扩张，私人信用或商品信用难以有效支撑经济发展，银行信用逐渐取代商品信用成为经济发展中主导的信用形式。信用的发展程度同货币形态的更替程度一般而言是相一致的，银行信用背景下，银行券成为商品货币的替代物，执行货币职能。这一进程并非一蹴而就，同历史的发展演进节奏相似，呈现一种螺旋式推进轨迹，"银行券"作为一种不可替代的"过渡形式"，"一种非正式流通的货币，其数量严格受金、银数量的约束，或者说最初的银行券是由100%金属做准备的，在这种银行券的背后是以十足的金属作为担保的"③。因此，最初的信用货币具备同金属货币或实体价值相兑换的特征，其同商品货币的关联性比较明显。

随着商品贸易及世界交换规模的扩大，由国家信用支撑的银行券逐渐演变为纸币，其"供给完全由政府决定……这样的货币被称为法定货币"④。

---

① 马克思：《资本论》第 3 卷，人民出版社，2004，第 542 页。
② 马克思：《资本论》第 3 卷，人民出版社，2004，第 451 页。
③ 徐爱田、白钦先：《金融虚拟性研究》，中国金融出版社，2008，第 114 页。
④ 〔美〕乔治·考夫曼：《现代金融体系：货币、市场和金融机构》，陈平译，经济科学出版社，2001，第 15 页。

当然，纸币初始同黄金存在固定比价，但各国政府对外急剧支出，黄金储备相对减少，货币兑换逐渐受限，影响资本主义国家扩展进程，因此，各资本主义国家逐渐舍弃金本位制，开启不兑现的纸币流通时代。第二次世界大战后，美国代替英国成为新型世界霸主，在其倡导并积极推进中构建的国际货币体系框架内，以布雷顿森林体系的建立为标志，开启了"美元—黄金本位"的货币汇兑模式，将美元同黄金捆绑，形成美元与黄金的"双挂钩"机制，即世界其他货币同美元挂钩，美元同黄金挂钩的汇兑体系。此举进一步拓展了世界贸易，为美元的国际化及其世界货币地位的奠定准备了机遇，不过这一货币体系的存在需要满足两个条件："一是美国国际收支保持平衡；二是美国拥有绝对的黄金储备优势"①。但该体系并不能保证这两大前提的持续存在，"特里芬难题"②的困境成为该体系最终瓦解的决定性因素。20世纪70年代，布雷顿森林体系在美元危机及货币流通混乱的背景中宣告解体，美元同黄金解绑，货币成为纯粹价值符号，这同时意味着以黄金为基础、受实物产品限制的世界货币体系时代的终结，标志着货币的彻底虚拟化。货币完全虚拟化，促使纸币的发行依托于国家信用，货币挣脱了实体产品的束缚，进入信用货币体系阶段。虽然没有了实物产品的硬性约束，但并不意味着货币可以随意发放。按道理，纸币发行的限制依然应该遵循马克思所论述的货币流通规律，由市场上商品流通的需求而定，其"发行限于它象征地代表的金（或银）的实际流通的数量"③。无限制地发放货币，"如果今天一切流通渠道中的纸币已达到这些渠道所能吸收货币的饱和程度，那么明天这些渠道就会因商品流通的波动而发生泛滥。一切限度都消失了"④，届时，通货膨胀、货币贬值及"信用扫地"现象将接踵而至。尤其在金融全球化时代，虚拟货币及虚拟资本的扩张，货币的

---

① 中国战略思想库：《蜕变与抉择——虚拟资本主义时代与中国的复兴》，中国计划出版社，2015，第12页。

② 美国经济学家罗伯特·特里芬在1960年《黄金与美元危机——自由兑换的未来》一书中提出，虽然"双挂钩"使美元具有了国际核心货币的地位，同时也使美元在世界各国贸易发展中作为主要结算及储备货币而流出本国在海外积累，这对美国会造成贸易逆差；另外，作为国家核心货币，美元首先要保持其币值的稳定性及坚挺性，而这是以贸易顺差为必要前提的。因此，这两方面相互矛盾，成为悖论，这一内在矛盾称为"特里芬难题"（Triffin Dilemma）。

③ 马克思：《资本论》第1卷，人民出版社，2004，第150页。

④ 马克思：《资本论》第1卷，人民出版社，2004，第150页。

超额投放同通货膨胀之间相关联的敏感度下降，这同货币或资本向虚拟经济领域的集中密切相关，商品货币时代的货币流通规律在当前甚至难以对现实货币量的需求进行有效判定。也就是说，信用助推下货币资本的扩张限度在虚拟资本运行中被延伸，而虚拟资本扩张的无限性必然为货币及信用危机的出现埋下伏笔。进入 20 世纪 90 年代，伴随网络技术的发展及计算机的大规模普及，"电子货币"逐渐成为主要流通手段，其主要借助电子"存款"及"清算"系统取代传统方式，实现对资金交易业务的办理，很大程度上节约了纸币成本，推动货币流通进入无纸化时代，极大便利了商品交换并提升了流通效率，是货币形态发展演进中的一次革命性变革。电子货币时代，货币虚拟化特征更加凸显，不仅货币背后的实物支撑同货币相脱离，甚至象征性的符号形态（纸币等）的使用或流通比例也在相当程度上下降。虽然如此，贯穿于货币形态变更中的信用元素并未改变，其依旧是维持电子货币通畅的基础因素，说到底，电子货币的本质依然是信用货币。当前，电子货币已广泛运用于社会生活，电脑转账以及微信、支付宝等手机支付也在日常生活中成为普遍现象，货币无纸化同时推进了人们生活的大变革。

信用在促进货币虚拟化进程中助推资本虚拟化。信用货币是信用关系的重要承载，同时是货币虚拟化的展现形式，当虚拟货币参与价值增殖时又催生了虚拟资本。可以说，货币虚拟化及虚拟资本存在及作用的初始基础是信用，后者同前两者的关系紧密相连。一方面，信用在商品流通中的生成发展昭示货币虚拟化趋向，信用货币是虚拟货币出场的重要条件；另一方面，虚拟货币的出现为虚拟资本的生成准备货币条件。后者的生成得益于信用，但同时是对生息资本作用的延展。生息资本建基于信用，表征产业资本家同货币资本家之间的债权债务关系。其运作轨迹在"双重支出""双重回流"中得以展现，基本运作公式为"G-G′"，即资本在一定期限带回一定量利息。该形式带来这样的结果，即"每一个确定的和有规则的货币收入都表现为一个资本的利息，而不论这种收入是不是由一个资本生出"[①]。这就凭空"创造"出了一个会"下蛋"的虚幻资本额。立足生息资本的运行，马克思将"收入资本化"看作虚拟资本的实质，同时将收益资

---

① 马克思：《资本论》第 3 卷，人民出版社，2004，第 526 页。

本化而虚构出的资本称为虚拟资本，是信用基础上特定时代下资本的演变形态。总之，信用基于流通中的货币基础，作用于货币虚拟化及虚拟资本的生成过程，对商品流通及资本生产力的发展具有特殊意义。

三　资本逻辑中信用扩张同货币形态演进的一致性[①]

现代信用制度伴随资本逻辑出场，其作用受制于后者的统摄，成为资本逻辑中扩张逐利的工具。伴随信用扩张，物质生产过程逐渐淡出资本逐利者视野，货币资本流通也逐渐远离商品实物支撑，信用的货币基础呈隐匿状态，货币发展逻辑让位于信用扩张逻辑。可以说，"货币借助信用而生，伴随信用而发展，最终为信用（信用货币）所代替"[②]，正如卢森贝所言："信用对货币流通发生巨大的影响，以致造成一种错觉，仿佛信用能够排挤货币。"[③]

（一）信用在资本逻辑中的无限冲动

马克思视域中的信用即现代信用，是伴随资本主义生产方式生成及发展的一种经济关系，其运作服从于资本逻辑，甚至可以说，信用的发展演进及体系构建是在资本逻辑主导下逐渐完成的。众所周知，资本逻辑的主导使生产过程及构成要素都沦为资本的增殖工具，该生产关系下，劳动过程及实物商品也仅在充当交换价值载体时才有意义。资本化是资本主义社会的特性，包括资本家也异变为"人格化的资本"[④]，只是作为资本承担者在生产中执行职能。信用也在资本逻辑支配下，逐渐沦为资本逐利工具。同时，信用作用在资本形态变迁中充分体现，资本虚拟化及虚拟资本的发展在信用扩张中推波助澜。信用在资本无限冲动中持续扩张，其形态发展逐渐多样化。虽然借助多样性信用工具客观上促进了生产力发展，拓展了生产空间，但资本的贪婪性决定了信用无限扩张的趋向。借助信用工具的多样化创新，资本家罔顾社会生产的真实状态，在无限织就的信用链中肆

---

①　靳永茂：《〈资本论〉语境中信用与货币的逻辑关系演进——兼论虚拟经济同实体经济动态发展的历史生成》，《内蒙古社会科学》2020年第2期。

②　高鑫：《虚拟经济视角下的金融危机研究》，人民出版社，2015，第55页。

③　〔苏〕卢森贝：《〈资本论〉注释》第3卷，李延栋等译，三联书店，1963，第222页。

④　《马克思恩格斯文集》第5卷，人民出版社，2009，第683页。

无忌惮地攫取利润。主体乐观预期及盲目投资信心促使信贷机构大开方便之门，信贷规模超越现实积累水平致使资产价格水平提升及利率降低，投机的狂热推动虚拟资本价格持续飙升，信用扩张中社会资本积聚在催生经济泡沫的同时，加剧了社会分化。虽然信用链也被作为资本避险的一种方式，但将社会发展作为资本逐利赌注的疯狂举动，必然埋下危机祸根。信用发展在资本逻辑中逐渐偏离货币基础，劳动生产过程的最大价值存在成为资本规避的"倒霉事"被遮蔽，信用的存在及作用使跳过生产过程直接攫取利润在表面上成为可能。事实上，信用过度扩张在摆脱其货币基础，并违背经济发展规律的同时，危机端倪已然呈现，正如马克思所言："信用的最大限度，等于产业资本的最充分的运用，也就是等于产业资本的再生产能力不顾消费界限而达到极度紧张。"① "随着信用制度的发展，资本主义生产不断地企图突破这个金属的限制，突破财富及其运动的这个物质的同时又是幻想的限制，但又不断地碰到这个限制。"② 因此，信用无限扩张冲动基于资本本质，但扩张的无序性终究触碰其存在边界。

（二）信用扩张与其货币基础隐匿的相向发展

信用关系最初由货币基础作后盾，货币基础同实物商品相照应，信用发展不能中断甚至过度偏离同其货币基础的关系。立足马克思历史视域，信用演进是建立在货币基础上并在货币支撑中的动态过程。货币最初以贵金属形态面世，继而在商品流通尤其是在货币向资本转换过程中逐渐形变，包括铸币、信用货币、纸币等形态演变都在很大程度上掩盖和遮蔽了货币的原初实质，将货币最初对实物商品及实物关系承载的实质逐渐隐藏在以信用为中介的多样货币的演进形态中。这同时也成为促使货币拜物教、资本拜物教以及资本独立化运动幻象等现象呈现的重要因素。货币的虚拟化演进同时反作用于信用的扩张趋向，促使信用扩张逻辑逐渐凌驾于社会生产规律之上，信用链条的无限延长将整个社会的商品流通划定在信用所及范围，对其货币基础的无视及对劳动过程的罔顾逐渐升级，直至信用超出其货币基础的承受极点。如前所述，货币同社会实物劳动就一般意义上相

---

① 马克思:《资本论》第 3 卷，人民出版社，2004，第 546 页。
② 《马克思恩格斯全集》第 25 卷，人民出版社，1974，第 650 页。

对应，信用与其货币基础的关系同实物商品相联系。换句话说，信用不能脱离其货币基础，归根结底在于不能脱离实际生产。然而，信用发展趋势同社会生产过程的背离在历史发展同资本逻辑的交织交锋中动态呈现，是信用对其货币基础动态适应过程的反复。在信用无限扩张趋向中，货币不再具有物质属性，其创造过程也同价值再无直接联系，货币价值尺度的基本属性也很难直接体现，实物货币在流通中逐渐式微，在商品交换中的作用随之隐匿，代之以流通更为便捷的虚拟货币。实物货币的隐匿同信用推动下虚拟资本的扩张分不开，信用形态的升级及虚拟资本形态的多样性都在这种相互作用中实现，包括信用工具的创新性及经济发展的虚拟化趋势等。在马恩经典作家视域中，信用与其货币基础关系的演变伴随信用体系的高度完善及经济发展的深度泡沫化，尤其当资本形态转移至金融资本的当前阶段，货币资本纷纷逃离实体产业，蜂拥至房地产、银行等非实体领域，信用机制的推波助澜促使泡沫经济形成，市场虚假繁荣及盲目消费的背后是庞大信用链的支撑，其同实体产业脱钩的"无根"特征为危机发生埋下隐患。换句话说，商品交换及流通的根本支撑由虚幻的信用体系担承，当信用链某一环节中断，基于该支撑体搭建的"摩天大厦"就有崩塌的高风险。这是信用在资本逻辑下摆脱其货币基础的趋向中必然呈现的经济现象。总之，虚拟资本的恣意扩张必将突破信用存在及作用限度，打破或终止货币的隐匿状态。货币隐匿的限度就是信用作用的限度，后者作用失灵是对前者的极端背离，也是前者规律的潜在制约。货币或实物生产为信用发展设置了限度，为信用发展的合理性提供了参考，货币在信用作用中的隐匿是货币流通规律的潜在展现，但就信用作用的限度而言，经济发展中表征实物商品关系的货币对信用的基础性支撑作用依旧没有也不能消失。信用作用限度的打破同时意味着实物货币隐匿状态的中断，货币流通规律也将通过强制方式发挥作用，而这一过程需要付出发展代价。

（三）信用界限突破的消极效应

信用界限突破是对其货币基础界限跨越的同义表达，"庞大的支付手段所构建的债权债务关系被抻拉超过极限——信用支付力支撑的交换能力已经不可能在信用到期时被完全创造出来，不能转变为真正的社会需求，生产严重过剩"①。货币危机伴随信用危机接踵而至。马克思虽然揭示出货币危机的必然性，对货币发展偏离现实生产的趋向及引发的结果进行了阐释，认为"一旦劳动的社会性质表现为商品的货币存在，从而表现为一个处于现实生产之外的东西，货币危机……就是不可避免的"②。但同时补充了信用在场的效果，提出"只要一个银行的信用没有动摇，这个银行在这样的情况下通过增加信用货币就会缓和恐慌，但通过收缩信用货币就会加剧恐慌"③。也就是说，劳动价值的货币体现是历史演进中对商品矛盾缓解的有效方案，但不可避免使现实劳动同货币发展相分离，进而使货币危机无可避免，直至信用在流通中显现。而信用对货币矛盾的缓冲效应始终以信用货币的持续运作为条件，即不能在货币危机时"收缩信用货币"。遗憾的是，货币资本化为信用界限的必然突破定下基调，信用失灵难以规避，多样化信用货币沦为抛售物，市场纷纷追逐现实货币，"危机一旦爆发，问题就只在于支付手段了"④。尽管信用货币的作用举足轻重，诚如马克思所言："信用货币的贬值……会动摇一切现有的关系"⑤。但信用关系在经济生活中的普遍化及广泛性，加大了其在资本控制下抽离实物基础的砝码，信用发展对货币基础的偏离使其本身通过对食利阶级及阶层的疯狂制造架空了自身的立足之基，其"给予这个寄生者阶级一种神话般的权力，使他们不仅能周期地消灭一部分产业资本家，而且能用一种非常危险的方法来干涉现实生产——而这伙匪帮既不懂生产，又同生产没有关系"⑥。信用及货币危机在所难免，成为信用界限突破并集中展现的消极效应。总之，信用界限的突破同时是流通过程中断的预兆，危机在该形势下可能一触即发，给经济社会发展带来严重威胁，直至信用货币关系发展的客观规律重新配置信用同货币在经济发展中的位置。显然，宣扬拥有理性特质的资本主义生产市场终究在资本逻辑支配下朝非理性的轨道越走越远。

---

① 杨慧玲：《金融不稳定性的逻辑：一个马克思主义的阐释》，《当代经济研究》2018 年第 1 期。
② 马克思：《资本论》第 3 卷，人民出版社，2004，第 585 页。
③ 马克思：《资本论》第 3 卷，人民出版社，2004，第 585 页。
④ 马克思：《资本论》第 3 卷，人民出版社，2004，第 598 页。
⑤ 马克思：《资本论》第 3 卷，人民出版社，2004，第 584 页。
⑥ 马克思：《资本论》第 3 卷，人民出版社，2004，第 618 页。

第四节 货币资本化及资本虚拟化的历程推进

货币在商品流通中的出现，为资本的产生准备条件。马克思说："货币是资本的最初的表现形式。"[1] 无论如何，资本的存在最终总是在货币形式上显现。在流通过程中，商品货币的流通公式为"W-G-W"，商品转换为货币，继而用货币购买所需商品，也就是"为买而卖"，追求的是使用价值，是简单商品流通形式，该阶段中的"G"是作为货币存在的。将该公式中的货币或商品易位，就得到具有相异特征的不同公式"G-W-G"，即"为卖而买"，是为追求"价值增殖"而展开的货币流通，该阶段中的"G"上升为资本存在，是"作为资本的货币"的存在阶段。该过程中不同位置的货币，在量上是相异的，后者总是大于前者，这是资本存在及运行的主要征兆或特征。货币成为资本，资本内涵的货币就"生了儿子"，并且在资本流通循环中，"儿子"同"父亲"也便合二为一，成为新的"父亲"，就此而言，可以说，资本"由于有了儿子而生了父亲"。[2] 这是资本的基本内涵，同时该内涵成为资本形态演绎的根本动力，为其向借贷资本的转变，继而向虚拟资本的演进设置铺垫。

一 货币流通转向资本流通

货币转向资本是资本主义生产关系的历史生成过程。资本的实质较为抽象，在马克思视域中，体现为一种社会关系。马克思认同韦克菲尔德对资本的发现，即"资本……是一种以物为中介的人和人之间的社会关系"[3]。同时，资本蕴含价值增殖。促使一种较为抽象的东西在经济活动中显现具体功能，必须借助具象物质为其承载，这体现为资本的生成过程，也即商品流通过程。在马克思那里，"商品流通是资本的起点"[4]，而该流通过程产生了价值的最终承载体（货币），作为商品世界中价值独立性存在的集合体，货币的存在统一了商品流通的价值衡量标准，但就价值本身而言，其

---

① 《马克思恩格斯全集》第 21 卷，人民出版社，2003，第 385 页。
② 马克思：《资本论》第 1 卷，人民出版社，2004，第 181 页。
③ 马克思：《资本论》第 1 卷，人民出版社，2004，第 877~878 页。
④ 马克思：《资本论》第 1 卷，人民出版社，2004，第 171 页。

既在货币这一价值承载体上得以呈现,同时内含于具体商品中。也就是说,货币与商品是价值的不同表现形态,在价值增殖层面,两者的存在意义是一致的。问题的关键在于,资本的生成离不开商品流通,要促使价值增殖,归根结底还需要商品形式的介入。正如马克思指出的:"货币不采取商品形式,就不能成为资本。"① 可以说,商品在很大程度上是货币转化为资本的关键中介,没有商品关系就没有劳动力商品的存在,继而不可能出现货币向资本转化的历史现象;而没有包含剩余价值的商品流通,也就没有货币增殖的结果。这一对商品的"中介"环节的定位,同资本主义生产中仅仅专注资本增殖而将过程生产仅视为手段的追求相一致,这为虚拟资本作用条件下,资本增殖总是试图跳过商品生产及交换的中间环节的演进趋势定下基调。虽然就根本意义而言,无论商品的存在状态在作为单纯手段的定位中如何不堪,其都是"把货币变成更多的货币的奇妙手段"②。

劳动力商品化是货币转向资本的必要条件。劳动力作为劳动者(特指资本主义条件下处于社会底层的工人阶级)成为商品,是破解表面上平等交换的价值规律同价值增殖规律之间相悖的关键,其核心在于劳动力商品的使用价值。作为资本流通总公式中间环节的"W"中的一部分(可变资本 c),劳动力商品在购买阶段("G-W")及售卖阶段("W-G"),都不存在违背商品交换规律的现象,但货币"羽化"为资本只能在流通过程中实现,同时又必须不在流通中实现,问题的关键出现在购买阶段"W"中劳动力商品在具体生产过程中的使用上,即劳动力商品使用价值的实现同时成为新价值创造的源泉,劳动力具有这种"独特属性"。因此,劳动力商品化解开了价值增殖之谜,成为资本追逐利润及利润持久性存在的重中之重,也就是说,剩余价值的源泉是生产过程中劳动力使用价值的实现,源自劳动者劳动力的现实付出,无论资本形态如何演变,其都是利润产生的根本之源。当然,劳动力商品化的实现,为资本的任性扩张提供了最适当的空间,进而开启了人类社会迅速发展的新文明时代。

货币转向资本为资本主义生产关系"普照的光"的生成奠定基础。马克思是对资本理论论述最为系统彻底的思想家,其对资本生产、存在及发

---

① 马克思:《资本论》第 1 卷,人民出版社,2004,第 180 页。
② 马克思:《资本论》第 1 卷,人民出版社,2004,第 180 页。

展规律进行了揭示，并在此基础上揭露了资本主义生产方式及其产生的社会的存在运作规律。资本生成及发展进程中，马克思透过辩证视角客观分析资本在场的作用及弊端。马克思在《资本论》中指出，资本的生成首要基于劳动力商品的出现，认为这一条件的达成已然是一部"世界史"，资本的出场同时宣告了社会生产进程的一个"新时代"的诞生。① 资本主义大工业背景下，通过资本大规模的积累过程，资本主义生产力大幅度提升。同时，作为"普照的光"，资本主义生产方式的影响力遍布世界范围的每一个角落，并改变着东西方文明的发展进程及演进格局，为人类文明的发展进步提供动力。在资本作用中，资产阶级按照其要求创造了一个属于自己的时代和王国，置身于该资本王国，一切物质都具有了资本性质，甚至资产阶级也化身为人格化的资本。如前所述，资本是在货币形态中的一种价值增殖，当货币在信用作用中逐渐脱离其实物形态或商品支撑，成为一种观念性的存在时，在此基础上生成或运行的资本，相应地也失去了对实物价值的依附，成为一种没有依托的资本形式。众所周知，资本具有流动性，其运行是一个无限的过程，这是资本之所以存在的内在特性。同时，一般而言，资本流动的速度及程度同利润提升的幅度呈正相关，也就是说，资本在摆脱实物约束的条件下的运动，在一定程度上更加能够促进社会生产力的发展及经济体规模的扩大，为社会的大规模繁荣准备条件。当然，马克思运用辩证方法对资本存在进行分析和判辨，内含"对现存事物的肯定的理解中同时包含对现存事物的否定的理解"②，这也是马克思对资本存在及发展规律进行揭示，进而对资本主义生产方式及规律揭示的原本之义。资本主义生产中，"普照的光"同"泛资本化"是一致的，这是资本逻辑批判的根由，当经济社会发展中，一切事物的存在都奔向一个"非理性"目标时，对于自诩理性发展的社会经济体而言，确实是一种莫大的讽刺。这同时也成为资本主义发展以及资本形态演进中危机始终存在及发生的另一种潜在诠释。

二 产业资本衍生生息资本

产业资本也称机能资本，是物质资料生产领域的生产性实体资本，是

---

① 马克思：《资本论》第 1 卷，人民出版社，2004，第 198 页。
② 马克思：《资本论》第 1 卷，人民出版社，2004，第 22 页。

资本主义生产方式存在及发展中资本的基础形态。马克思认为，资本在流通及生产阶段的总的循环进程中呈现的货币资本、商品资本及生产资本形式，都囊括于产业资本的范畴内。在《资本论》语境中，产业资本涵盖（特别是在起初）依照资本主义生产方式经营的生产部门中运作的任何资本形式。① 后来才有了由资本分工导致的独立投资领域的出现和资本职能的社会分解。但就每一个单个资本来讲，总是必须遵循货币资本、生产资本、商品资本这样一个循环周期的规律。如此便可得知，产业资本在资本主义生产中的地位及作用十分重要，在该生产方式中发挥着基础性的作用。资本在产业资本的存在形态上，不仅有为剩余价值或剩余产品生产准备物质前提的货币资本，有创造剩余价值或剩余产品的生产资本，还有为实现剩余价值或剩余产品提供条件的商品资本。在产业资本的三重具体资本形态各自作用的积极发挥中，资本主义生产持续快速推进，不同资本形态在时间上的继起及空间上的共存成为保障资本主义生产过程有序运行的关键条件。产业资本形态作为资本积累及价值增殖的基础形态，在资本主义大工业时期是促进生产力发展及社会财富增加的主要资本形态。不仅如此，产业资本清晰地昭示着资本主义的生产关系，从根本上决定着该社会形态下生产关系的性质，特别是在生产资本职能的发挥进程中，充分展现着资本同劳动、资产阶级同工人阶级之间的矛盾对立关系。可以说，资本主义生产关系在产业资本中的生产资本阶段得以集中而强烈地体现。

货币资本流通形式是对资本主义生产目的的显性标识。上述可知，货币资本是资本总循环中生产进程的初始阶段，其运作及循环形式为"G…G′"，可以看出，该阶段起始点同"复归点"都指向货币，这同资本本性趋于一致，是对资本主义生产循环过程根本追求的一种显性昭示。通俗而言，该流通过程清楚地表明了资本主义生产的"赚钱动机"。既然如此，资产阶级对货币资本流通过程之间的资本运行（主要是生产过程）的漠视或竭力规避似乎就成为"理性"之举，资产阶级自然将生产过程看作为"赚钱"而"不可缺少"的"中间环节"及"倒霉事"。不仅如此，马克思指出："一切资本主义生产方式的国家，都周期地患一种狂想病，企图不用生产过

---

① 马克思：《资本论》第2卷，人民出版社，2004，第63页。

程作中介而赚到钱"。① 事实证明，资产阶级这种"狂想病"不仅"周期性"发作，而且在资本主义社会形态存在的历史阶段中将持久存在。更为关键的是，在很大程度上，这种"狂想病"将伴随资本形态的逐渐改变在现实中得以回应。我们可以说，资本形态的演进同历史发展的客观规律密不可分，但从资产阶级主观意愿层面，资本形态的更替，何尝不是资产阶级"费尽心机"将这一"狂想"寄托于资本身上的一种结果。而该"狂想病"完全爆发的重要一步在生息资本从产业资本的分离中显现出来。

产业资本的基础形态衍生出生息资本形态。伴随商品流通及资本积累规模的扩大，资本主义生产力迅速发展，参与生产过程以攫取利润已经不是资产阶级获利的唯一必要途径，同时，随着技术进步导致的资本有机构成的不断提高，固定资本比重持续提升，不仅使资本利润率呈现相对甚至绝对下降趋势，而且还占据较大资本，进而成为限制更多资本在流通中发挥作用的重要因素，因此，从产业资本投资中"抽身"成为多数资本家的迫切需求。另外，产业资本中货币资本逐渐从最初资本总循环系统中分离，货币资本家逐渐独立化，货币资本拥有者在整合社会资本资源，向缺少投资资本的资本家提供货币资本，并在剩余产品出售后获取总体剩余价值中的一部分利润作为利息。关键的是，信用因素在资本流通及积累中的介入推进了股份公司的发展，资本的利用及积累逐渐走向社会化，资本所有者不需要直接参与生产过程，仅仅通过购买股份公司发行的股票，就能够拥有一定时期从公司盈利中获取股息的权利。资本所有者同资本使用者逐渐分离。生息资本从产业资本中的分离及独立，虽然就整体资本主义生产过程而言，仍然属于剩余价值生产总过程的一部分，但就不同资本形态的发展及运作，生息资本将资本的剥削本质更加显露无遗，是一种"赤裸裸"的"不劳而获"。伴随生息资本独立化趋向的普遍化发展，生息资本家逐渐演化为食利者阶级，发达资本主义国家也渐次化身为食利国，将攫取剩余价值的魔爪伸向全球，而发展中国家自然成为食利国公然掠夺的对象。

三 生息资本催生虚拟资本

资本在生息资本形态中取得最神秘化的形式。生息资本，是指资本所

---

① 马克思：《资本论》第 2 卷，人民出版社，2004，第 67~68 页。

有者为获取收益而暂时出让给他人使用的货币资本。虽然衍生自产业资本，但生息资本存在及运作方式全然不同于前者。在生息资本形式上，货币资本同时具有了另一重使用价值，"即作为资本来执行职能的使用价值"①，其使用价值的具体展开就是对利润（利息）的回流，借贷资本是"作为这样一种价值，这种价值具有创造剩余价值、创造利润的使用价值"②。作为一种以"贷放"形式同资本使用者发生关系的资本形态，生息资本运作及回流呈现"双重性"：借贷资本经过生产过程带回的利润，不仅流回职能资本家手中，同时还要流向货币资本家手中，这是职能资本家在市场利息率基础上为借贷货币的使用而必须付出的"代价"（利息）。借贷资本流通作为一种有条件的偿付运动，就其外在表现形式（G—G′）而言，发生在资本生产过程的始末两端，资本主义生产开始前，职能资本家从货币资本家手中借贷货币资本，当借贷资本参与具体劳动过程，进而创造出剩余价值后，以利润形式流回到职能资本家以及借贷资本家手中。对贷出的货币资本和该资本在一定时期后产生的利息一并回收，是生息资本存在及运作的全部形式。因此，对于借贷资本来讲，其运动"发生在资本现实运动的前面和后面，同这个现实运动本身无关"③，"中间发生的一切都消失了"④。货币资本家同职能资本家似乎成为这一资本流通中的唯一关系，剩余价值的分配（利润同利息的分配）矛盾上升为经济活动中的首要矛盾，表征资产阶级（货币资本家及职能资本家阶级）与雇佣劳动阶级之间剥削关系的资本运行在借贷资本形态上再难看出，"在利息的形式上，这种与雇佣劳动的对立却消失了"⑤，这就造成一种错觉和颠倒。生产过程中的劳动关系逐渐式微，剩余价值的真正源泉被彻底掩盖，货币资本似乎是价值增殖的源泉，成为一种"自动增殖"的"神秘的""富有自我创造力"的"物神"。⑥ 在借贷资本的表现形态中，"资本的物神形态和资本物神的观念已经完成"，"神秘化"的资本在该形态中显露无遗。更为重要的是，不仅资本在此形态

① 马克思：《资本论》第 3 卷，人民出版社，2004，第 378 页。
② 马克思：《资本论》第 3 卷，人民出版社，2004，第 384 页。
③ 马克思：《资本论》第 3 卷，人民出版社，2004，第 389 页。
④ 马克思：《资本论》第 3 卷，人民出版社，2004，第 391 页。
⑤ 马克思：《资本论》第 3 卷，人民出版社，2004，第 425 页。
⑥ 马克思：《资本论》第 3 卷，人民出版社，2004，第 441 页。

下获得了一种"自动增殖"的神秘化属性，借贷资本生出的结果（利息）也在逐渐为其自身的独立存在争取机会和"权利"，正如马克思所指出的，"资本主义生产过程的结果也离开过程本身而取得了独立的存在"①。

生息资本是虚拟资本出场的前奏。生息资本形式使资本增殖外在展现为资本自身创造的产物，虽然利息归根结底源于生产过程中活劳动的创造，但生息资本的存在及运作方式促使这样一种观念随之诞生：借贷资本的生息属性同生息资本密切联系在一起，无论是否存在生产过程。② 同时，生息资本同利息外在性的直接关系，在持续发展过程中又逐渐衍生出一种新观念，一种"纯粹幻想的观念"，利息就表面而言，作为借贷资本（实质为劳动）的直接产物，逐渐向独立化方向发展。就如同马克思所提到的，借贷资本的这种运行方式最终将招致任何确定的、有规则的货币收入都体现为某一资本生出的利息，而该收入是否由这一资本产生则无关紧要。③ 举例来讲，设定年利息率为7%，现有700镑的货币金额作为借贷资本放出，货币资本家一年就能够收回49镑作为利息，将该过程在一定范围内固定化，那么，每一笔49镑的货币收入都可以认定为700镑货币资本一年的收益，而不论这700镑原始资本是否真实存在。这就在生息资本基础上衍生出一种新型资本形式，即虚拟资本。这是马克思时代对虚拟资本论述的初始源起，其展现形态相较当前虚拟资本发展及表现而言多为诸如股票、债券等初级形态。但将虚拟资本的"来龙"梳理清楚，明晰虚拟资本存在及运行的基本规律，对其"去脉"的整体把控将发挥重要的指导作用。正如马克思所指出的："一个社会即使探索到了本身运动的自然规律……它还是既不能跳过也不能用法令取消自然的发展阶段。但是它能缩短和减轻分娩的痛苦。"④

---

① 马克思：《资本论》第3卷，人民出版社，2004，第442页。
② 马克思：《资本论》第3卷，人民出版社，2004，第428页。
③ 马克思：《资本论》第3卷，人民出版社，2004，第526页。
④ 马克思：《资本论》第1卷，人民出版社，2004，第9~10页。

第二章 《资本论》 虚拟资本理论的
内在蕴涵

　　《资本论》虚拟资本理论内含虚拟资本的存在形态、表现特性、蕴含特质、运行机制、客观效应等方面的内容。马克思在《资本论》第 3 卷中较为系统全面地分析论述了虚拟资本理论，将虚拟资本内在生成及表现形态在股票、国债等有价证券形态及期票、汇票等信用票据形态两层面展开。马克思对虚拟资本的论述，层层递进，作为资本形态的时代表达，虚拟资本在保持资本增殖本性及风险属性的同时，还具有虚拟性及价格复归性等特性。这些特征在虚拟资本自身发展机制中呈现无遗，其价格机制是资本作为"特殊商品"这一经济现象所赋予的，同生息资本"价格规定"息息相关，其由货币到货币（"G—G′"）的运行机制简单却抽象，掩盖了资本增殖的真正源泉，这同时构成了虚拟资本积累机制的核心环节。众所周知，虚拟资本的增殖性是对资本本性的传承，相较传统资本形态，虚拟资本具有增殖层面上的特殊性。虚拟资本的增殖更具隐蔽性、扩张性，相应地，其增殖的风险性也就更大，这在进一步呼应马克思对资本自我否定性的历史发展趋向的同时，也照应马克思辩证唯物主义根本方法论在分析虚拟资本存在及发展过程中其效应二重性的具体体现。虚拟资本对资本主义生产的二重性，即对经济发展的关键动力作用的正效应和为经济有序运行带来风险及危机的负效应，在整体历史的发展视域中实现统一。

第一节　虚拟资本的内在逻辑阐释及形态表达

　　马克思在《资本论》中集中阐释了虚拟资本理论，对其生成、发展、运作的逻辑及形态展开了较为系统全面的论述。从前述对其生成理路的分析中可以得知，货币虚拟化、信用及生息资本等对虚拟资本生成的影响因素在后者发展中发挥着重要作用，尤其是信用元素，贯穿于虚拟资本其他生成元素存在及作用的始终。围绕虚拟资本的生成元素，结合《资本论》第3卷第五篇对虚拟资本的集中阐释，可以发现，马克思对虚拟资本生成的内在阐释逻辑在资本主义发展推进中于两条线索上展开，并在各自线索的梳理中分析了虚拟资本的具体形态。

一 内在生成逻辑之一："资本化"虚拟资本及其有价证券形态

资本的神秘性在由产业资本分离出借贷资本的进程中逐渐得以揭露，资本增殖的"自动性"观念在借贷资本独立化及普遍化趋向中深入人心，资本在借贷资本形态上取得富有创造性的属性。正是基于借贷资本的运行特性，经济活动中"有规则的""确定性的"货币收入都可以看作一个"资本"根据平均利息率计算而得出的收益。马克思认同将该过程称为"收入资本化"的提法，他提出："人们把每一个有规则的会反复取得的收入按平均利息率来计算，把它算作是按这个利息率贷出的一个资本会提供的收益"[1]，而这个含有"凭空而出"内涵的"资本"，称为虚拟资本。这就是收入"资本化"逻辑线索中生成的"虚拟资本"。马克思在《资本论》中清晰形象地阐释了这一过程。他举例说，在年收入为100镑，利息率为5%的情况下，通过收入的资本化演算，就有2000（100/5%）镑货币资本"凭空而生"，这一资本额能够当作每年获得100镑法定所有权证书资格的资本价值。这2000镑货币资本并非真正现实存在及作用的资本，而是资本化过程中"虚构"出来的资本。对于所有权证书的购买者而言，一定时期的100镑收入相当于其所投资本按5%的利息率获取的利息。[2] 在虚拟资本形态中，"资本是一个自行增殖的自动机的观念就牢固地树立起来了"[3]。

收入资本化逻辑线索中，虚拟资本存在的主要特征同其生成过程紧密关联。其一，虚拟资本的存在及运行同产业资本等实体资本相对应，归根结底基于产业资本。前述可知，收入资本化建基于或承接于借贷资本的运作形态及演进过程，是在该过程中逐渐演化而来的，包括虚拟资本自行增

---

[1] 马克思：《资本论》第3卷，人民出版社，2004，第528~529页。

[2] 马克思：《资本论》第3卷，人民出版社，2004，第529页。

[3] 马克思：《资本论》第3卷，人民出版社，2004，第528页。

殖的属性也是在借贷资本形态上的增强和升级。而借贷资本是货币资本在资本总循环中脱离的结果，换句话说，产业资本是借贷资本生成及存在的根基。就这层意义上，我们可以说，借贷资本是连接实体资本同虚拟资本的桥梁或纽带，也是理顺实体资本同虚拟资本关系的关键参照点。相对于产业资本等实体资本在生产过程中的存在及作用而言，虚拟资本则以现实资本的纸制复本形态面世，其是虚幻的、非真实的存在，更遑论在生产中发挥作用。虚拟资本虽然某种程度上也能够反映现实再生产过程的发展动态，但"作为纸制复本，这些证券只是幻想的，它们的价值额的涨落，和它们有权代表的现实资本的价值变动完全无关，尽管它们可以作为商品来买卖，因而可以作为资本价值来流通"①。虚拟资本在形式上虽然同实体资本相对立，但仍具有资本职能上的完备性，能够实现价值增殖，持有象征虚拟资本的"纸制复本"，就可以定期获得收入，而对于这些持有者而言，这本身就是一种资本投资。其二，虚拟资本在经济活动中的具体体现由有价证券等形态来承载。有价证券是一种债权证书，它是对持有者从投资中获得定期收入以及买卖（转让）证券的权利关系的表征，本身不存在价值，却有价格，能够在市场（交易所）中转手买卖。有价证券是虚拟资本存在的主要形态之一，其在马克思生活的时代以股票、债券等形式展现。

债券和股票作为有价证券，是资本所有权证书，虽然其本身不存在任何价值，但能够凭债权证书定期取得一定收益。马克思以国债为例，对虚拟资本的债券形态进行了阐释。国债是以国家信用为基础的对借入资本的一种债务关系，投资者或债权人凭借债务凭证定期从国家税收中取得一定量利息。"这种资本，即把国家付款看成是自己的幼仔（利息）的资本，是幻想的虚拟的资本。"② 其一，投资国债的货币额不再存在；其二，这种对于投资者而言被称为"资本"的货币额并非真正以资本的身份支出。因为在投资中只有将货币资金按照资本进行作用，该货币额才能最终转化或带来价值增殖额。换句话说，国家以国家信用为支撑发放债券以积聚社会资金，本身并非为资本的职能化运行而服务，也即所筹资金并不是作为资本投入使用，相反，该资金已经由国家用于非生产性活动，诸如国内消费、

---

① 马克思：《资本论》第 3 卷，人民出版社，2004，第 541 页。
② 马克思：《资本论》第 3 卷，人民出版社，2004，第 527 页。

国际支付等，货币资金在现实中已然不复存在。虽然对于债权人而言，购买国债是一种资本投资，能够定期取得收益，类似于从生息资本中获取利息（同生息资本不同的是，国债投资者不能收回本金），而且投资者还可以在交易市场转让或买卖国债券，从而回收投资本金。但正如马克思所揭示的："不管这种交易反复进行多少次，国债的资本仍然是纯粹的虚拟资本；一旦债券不能卖出，这个资本的假象就会消失。"①

股票是持票人一定时期取得股息的凭证，也只是一种价值的"纸制复本"，是"对这个资本（购买股票的资本——引者注）所实现的剩余价值的一个相应部分的所有权证书"②。相较国债，股票虽然同为虚拟资本的有价证券表现形态，但两者存在诸多差异。首先，投资股票的资金，无论是对于投资者还是投资对象，都是作为资本存在并发挥作用的。购买股票的货币资本就外在形式上似乎具有"双重性"，即"作为所有权证书即股票的资本价值"和"作为在这些企业中实际已经投入或将要投入的资本"③，但马克思指出，该资本只能存在于后一种形式作为现实资本进行运作，股票仅仅代表获取该资本在现实中产出剩余价值的一部分的凭据或证书。股票作为虚拟资本展现形态集中体现在其转卖过程中的股票价格（市场价格）上。同国债一样，股票也可以作为一种商品在市场上转卖，这一过程没有改变股票的性质，却使股票作为一种独立的价值运动在经济活动中呈现。同时还为股票资本的"双重性"加深了一种"假象"，似乎股票在转卖过程中兼具了对剩余价值索取权利及拥有现实资本增殖职能的双重性，而后者作为一种"假象"存在，正是昭示股票作为虚拟资本形态的关键，因为股票作为商品在转卖过程中，其市场价格受多种因素影响，尤其是企业利润率和市场利息率，这在为股票市场价格的不稳定性定下基调的同时，也为其价格的虚拟性准备条件。我们知道，投资股票的资金作为企业中现实资本进行运作，但只要该资本所带来的利息超过它所代表的资本存入银行的利息，即企业提供的利润率高于市场利息率，股票就可以超过企业中现实资本量（名义价值）进行转卖，而其市场价格是资本化的收益，是依照当时市场利

① 马克思：《资本论》第3卷，人民出版社，2004，第527页。
② 马克思：《资本论》第3卷，人民出版社，2004，第529页。
③ 马克思：《资本论》第3卷，人民出版社，2004，第529页。

息率演算而来的"幻想的资本"。比如,股票的投资额及名义价值为1000镑,企业为其提供的利润率(10%)高于市场利息率(5%),那么,该股票在市场转卖的价格就表现为同样资本额的企业收益(1000×10% = 100)依照5%的利息率资本化(100/5%)而得来的价值额,即2000镑。此时的股票已经是2000镑虚拟资本的代表,其并非由现实资本收入所决定,而是对未来收益的一种预期,因此,该转卖过程具有投机性质。其次,股票的股息收益相较国债虽然不稳定,且风险较大,但这同其收益在一般意义上呈正相关。所谓"股市有风险,投资需谨慎",股票市场具有高风险性,而且伴随虚拟资本高利润的诱惑,加之股市中主观因素影响较强,股票交易越来越具有"赌博"性质,成为掠夺资本财产的重要方式。同时,股票的市场价格同利息率的反比关系及同股息(利润率)的正比关系,使股票在一般经济运行中(信用失灵、货币市场紧迫等危机状况除外)的发行及出让界限限定在企业利润率上,也就是说,利息率的最高界限是利润率,在其他条件不变、企业为股东提供的利润率高于市场利息率时,虚拟资本将被大量创造出来。立足于利润率同利息率的关系层面,为经济运行中"创业利润"[1] 的生产和存在奠定基础。

二 内在生成逻辑之二:"派生化"虚拟资本及其信用票据形态

马克思对虚拟资本生成展开阐释的另一种内在逻辑线索体现在金融货币系统的"派生化"过程中,这种逻辑中虚拟资本的生成同信用作用紧密相关,主要展现在以信用制度为基础的各种信用票据上。通过这种方式制造虚拟资本,正如马克思揭示的,在信用制度下,所有东西都在成倍增加,最终成为"幻想的怪物"[2]。学者借助存款准备金率案例将这一派生性过程形象地展现出来:当5000镑货币资本存入银行,在10%的法定准备率条件下,经过银行系统的货币创造过程,银行的存款总额将变为50000镑,而相较最初存入的5000镑,多出的45000镑即为最初货币资本基础上的派生资

---

① 创业利润是虚拟资本运作过程中产生的利润,源于希法亭《金融资本》著作中的论述,是基于马克思虚拟资本理论及时代发展而衍生出的概念。具体来讲,就是股票票面价值按照利润率取得的收入进行利息率基础上的资本化而得到的资本量(股票的市场价格)同票面价值的差额。后文在论述希法亭的金融资本时还会提及论述。

② 马克思:《资本论》第3卷,人民出版社,2004,第535页。

本，即虚拟资本。[①] 而这些多出的货币额将借助信用票据（汇票等）以及有价证券（股票、国债券等）形式存在。马克思认为，伴随信用制度及生息资本的发展，所有资本似乎都具有了"魔力"，能够衍生出比其自身多数倍的资本。他在对东印度贸易的论述上可以看出这一资本衍生及贸易"欺诈"过程（见图2-1）：伦敦的A委托B向曼彻斯特的C购买货物，将其运给东印度的D。B向C购取货物，C向B签发定期支付的汇票；继而，A从B手中获取货物（凭据），B向A签发汇票，使自己得以补偿；接着，D从A手中拿到提货单，A以汇票签发补偿自己前一轮的损失。[②]

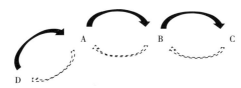

图2-1 东印度贸易中资本衍生及贸易"欺诈"过程
注：黑色箭头指代货物流通方向；浅色箭头指代汇票签发关系。

在这一交易进程中，C向B、B向A、A向D总共开出了3张汇票，但相对应的货物是固定的，这就意味着单靠汇票流通及其贴现制度等信用工具，就能够凭空创造出大量非真实资本。正如马克思所揭示的："有各种方式使同一资本，甚至同一债权在各种不同的人手里以各种不同的形式出现。"[③] 也正因此，对商品的需求及购买发生错乱，"购买已经不是由供求来调节"，人们仅"为了能够签发可以贴现、可以换成现钱的汇票而购买商品"[④]，以此借助能够贴现的汇票获得新的更多的贷款，用于补偿其投机所损或继续投机。因此，人们往往在一张汇票到期之前，通过签发另一张汇票来代替前一张，并在流通中继续发挥职能，依靠这种制造流通手段的方法，不断创造出虚拟资本。总之，虚拟资本生成的该内在逻辑线索主要借助信用制度，在金融系统的支撑下透过货币运行及创造进程得以显现，其

① 赵锦辉：《马克思论述虚拟资本的双重思路及其对界定虚拟经济的启示》，《当代经济研究》2006年第10期。
② 马克思：《资本论》第3卷，人民出版社，2004，第461页。
③ 马克思：《资本论》第3卷，人民出版社，2004，第533页。
④ 马克思：《资本论》第3卷，人民出版社，2004，第461页。

主要的表现形态为信用票据。

信用票据主要在商业汇票和银行汇票等票据形态上体现。众所周知，货币在发挥其支付手段职能中促生了信用货币，进而在商品生产者同商品经营者之间构织了一种债权债务关系，为信用制度在商品流通中的持续发展及扩张奠定基础。这一信用关系的现代建立，使行使衡量商品价值的货币的社会权力由实物货币向信用货币转换，商品交换的主要目标也从货币身上偏移，转向能够定期支付的信用凭证（信用货币）。信用货币在到期之前，能够代替货币行使包括支付、流通等职能，从而成为"真正的商业货币"，在流通中经过债权人背书实现数次流转，在流通过程中制造虚拟资本。对此，马克思指出："商品不是为取得货币而卖，而是为取得定期支付的凭证而卖。"① 这种"支付凭证"统称为"票据"，其流通形成银行汇票等信用货币的基础，商业票据通过银行的贴现为银行券及银行票据的流通准备条件。前述可知，银行信用取代商业信用是商品流通的迫切要求，也是信用发展的必然结果，这也促使银行票据取代商业票据成为经济发展中的主导性票据。银行发行的银行券本身也是一种汇票，是"银行家签发的、持票人随时可以兑现的、由银行家用来代替私人汇票的一种汇票"②。银行券一般而言由国家信用作后盾，是一种法定或合法的支付手段，在交换中具有较强的流通性，它的发行以黄金准备金为基础，超出准备金基础的银行券就称为虚拟资本。当然，在不兑现的纸币乃至货币完全虚拟化后，纸币将代替银行券成为主要流通工具。作为信用货币，银行券等银行汇票较商业汇票在流通中受限较少，且更容易贴现，因此成为广受投资者偏爱的一种信用票据。同时，一个重要原因还体现在银行票据对虚拟资本的创造上，基于银行票据在流通中的优势，一张银行票据往往在贴现前会转手多次，相当于一张票据在流通中能够繁衍出比其自身多数倍甚至数十倍的资本额。另外，对于最终贴现的银行而言，相当于取得了"造币的特权"。③也就是说，银行凭借一定资本额银行汇票的流通转让，在一定市场利息率的基础上，就能够通过票据的生息持续制造货币资本，其起点是借助银行

① 马克思：《资本论》第 3 卷，人民出版社，2004，第 450 页。
② 马克思：《资本论》第 3 卷，人民出版社，2004，第 454 页。
③ 徐茂魁、李宝翼：《马克思虚拟资本理论的现代阐释》，《教学与研究》2006 年第 4 期。

汇票及信用的"想象的贷款"。总之，在以整个金融体系为依托、以信用票据为表现形态的虚拟资本生成逻辑中，银行家资本的最大部分纯粹以虚拟状态存在，即使是存款（排除准备金），"只不过是银行家账上的结存款项，但它们从来不是作为现金保存在那里"①。正如马克思引用亚当·斯密在《通货论》中对存款的论述："无可争辩的事实是，今天你在 A 那里存入的1000 镑，明天又会被付出，在 B 那里存入。后天又由 B 付出，在 C 那里存入，依此类推，以至无穷。这样，同一个 1000 镑货币可以通过一系列的转手，倍增为一个绝对无法确定的存款总额。"②

综上所述，马克思对虚拟资本生成的两种内在逻辑线索的分析，成为虚拟资本表现形态差异的决定性因素，也为学界对虚拟经济内涵及外延论述的纷争埋下伏笔。③ 因此，考察虚拟资本或虚拟经济不能单纯从某一条线索入手，要综合不同线索、不同视角具体考究虚拟资本或虚拟经济的表现形态及内涵。比如，单从"资本化"逻辑出发考察虚拟资本形态，"派生性"逻辑下的"银行贷款"就不能列入虚拟资本范畴，而只能按照货币资本的转化形式来归类，也即生息资本；再如，有价证券既隶属于"资本化"逻辑中虚拟资本的表现形态，同时也能够充当信用工具，进而同"派生性"逻辑线索相契合，但正像将其在两种逻辑内归拢时存在前提分析条件，对其作为虚拟资本的具体分析也需要透过具体的视角。伴随经济社会的不断发展，在马克思对虚拟资本生成的两条内在逻辑线索之外，依然存在就具体生成及展现形态层面的内涵和外延的扩展，这更加需要依据虚拟资本的具体发展状况进行探究。

第二节　虚拟资本的特征阐发

虚拟资本作为资本形态的时代形变，是资本逻辑发展演变的必然结果，就整体发展而言，其存在是历史进步的表征，该资本形态在经济社会中的

① 马克思：《资本论》第 3 卷，人民出版社，2004，第 533~534 页。
② 〔英〕亚当·斯密：《通货论》，第 62、63 页。转引自马克思《资本论》第 3 卷，人民出版社，2004，第 535 页。
③ 赵锦辉：《马克思论述虚拟资本的双重思路及其对界定虚拟经济的启示》，《当代经济研究》2006 年第 10 期。

运作，将持续推动社会生产方式向前发展。虚拟资本对社会发展进步及形态更替的作用从其具有的特征中得以清晰显现。作为一种资本的"创新"形态，虚拟资本本身固有增殖性与风险性，且彼此之间存在紧密关联；同时，虚拟性成为虚拟资本特性的突出表征，基于此特性，虚拟资本得以在形态上同一般资本相区分；虚拟资本在上述特征作用下，其价格呈现高度不确定性，但在经济运行规律的根本制约下，通过不同手段能够实现价格的回归，也即虚拟资本的价格复归性。虚拟资本的不同特征彼此之间存在紧密关联，其共同作用为虚拟资本内涵的发展及外延的扩展准备条件。

一 虚拟资本的虚拟性

虚拟性是虚拟资本存在及作用的显著特性，该特征最主要在资本价值的虚拟性上凸显。从马克思对虚拟资本生成的第一条内在逻辑线索的分析中得知，"虚拟"同"真实""实体"相对应，虚拟资本同实体资本（产业资本）相反相成，虚拟资本本身不存在价值，但在其具体展现形态上，不仅存在价格，还能够实现价值增殖。同时，虚拟资本自身的虚拟性程度同其偏离实体资本的程度相关联，当虚拟资本完全失去实体资本支撑，同后者彻底脱离时，其虚拟性程度至深。[1] 需要注意的是，虚拟资本并非主观想象的或就具体形式上的资本样态，就像前述所指出的，虚拟资本是一种具有历史生成性的资本的时代形变，是一种资本的客观存在，因此，资本的"虚拟性"同对人们纯粹精神世界或心理活动描述的"虚幻性"存在区别。马克思在《资本论》中对虚拟资本展开分析时，将"虚拟"同"虚幻""想象"等相统一，其指代的是股票等作为资本存在状态的虚幻性或幻想性，而非虚拟资本具体存在形态的想象性或虚幻性。[2] 同时，依靠股票、债券等具体形态能够在一定时期获取一定量利润，也就是说，凭借有价证券能够促使价值增殖，从而赋予股票等具体形态以资本的属性。也正基于此，这些资本流通中的具体形态才区别于参与经济社会生产进程的实体资本，被称为虚拟资本。

---

① 孙妍：《马克思虚拟资本理论研究》，知识产权出版社，2014，第49页。
② 俞志：《马克思虚拟资本理论及其当代价值研究》，福建师范大学博士学位论文，2011，第35页。

　　马克思在《资本论》中基于对虚拟资本生成的两条内在逻辑线索，就虚拟资本的具体呈现形态论述其虚拟性。其一，有价证券在运行中的虚拟性。虚拟资本的虚拟性在其价值上得以充分体现，众所周知，资本（实体资本）是能够带来价值的价值，而虚拟资本本身没有价值，单从资本的一般内涵上讲，并不具有资本的属性。但虚拟资本有价格，在流通中也的确能够获得利息、实现增殖，这又具备资本的根本属性。因此，可以说，虚拟资本是不存在价值的资本，就资本价值层面而言，体现为资本价值的虚拟性；但虚拟资本同一般资本（实体资本）相关联，能够在流通中增殖，是实体资本的"虚拟化"表现，即资本的虚拟性，这归根结底在于资本价值的虚拟性。有价证券作为虚拟资本的表现形态，其价格是"一个幻想的资本按现有利息率计算可得的收益"[1]，该价格由利润率及利息率决定，同时，市场预期、对有价证券如股票的需求等也成为有价证券市场价格的影响因素。就根本而言，有价证券的价格由企业收益派生而来，这是架构虚拟资本同产业资本的"桥梁"[2]，但一般来讲，有价证券的价格同实际资本价值并不存在必然的因果关系，也即有价证券的市场价格提升或降低，对现实中资本价值的变动没有必然影响。另外，有价证券虽然源于现实资本，但具有独立于实际资本的运行轨迹，能够在流通中自由转让或买卖，从而获取其最初资本价值的补偿。同时，作为"现实资本"的"纸制复本"，有价证券是现实资本增殖中一部分剩余价值的支取凭证。也正是有价证券在这两方面的体现，马克思在《资本论》中才指出，其独立运动加深了这样的"假象"："好像除了它们能够有权索取的资本或权益之外，它们还形成现实资本"[3]。其二，信用票据在运行中的虚拟性。信用票据，亦可称为信用货币，以商业票据流通为基础，是产生于货币支付手段职能中的一种货币形式，主要以银行券、汇票等形式存在。[4] 信用票据同商品货币紧密相连，当信用货币失去黄金准备时，其在流通中增殖就演化为虚拟资本，这在银行券的流通中能够清晰显现。马克思揭示，银行家资本以债权、国债

---

① 马克思：《资本论》第3卷，人民出版社，2004，第530页。
② 孙妍：《马克思虚拟资本理论研究》，知识产权出版社，2014，第55页。
③ 马克思：《资本论》第3卷，人民出版社，2004，第529页。
④ 戴相龙、黄达：《中华金融词库》，中国金融出版社，1998，第54页。转引自孙妍《马克思虚拟资本理论研究》，知识产权出版社，2014，第50页。

券及股票等形式来表现，因此，其最大部分资本具有虚拟性。即使银行存款，也相当于存款者对银行的贷款，并不存在于银行家手中：一方面，银行会将存款作为货币资本贷放出去，并将该存款者的存入货款在银行账簿上体现，存款将作为资本在流通中执行职能；另一方面，即使存款人之间相互提供的贷款，在借助彼此存款支票相互平衡及抵消时，也并没有现实货币资本的运作，而是作为"账面项目"运行，无论存款银行固定与否，这一货币资本的流通仅在支付差额上存在区别，根本性质上并无差异。① 无论如何，正如马克思所指出的，针对存款在"转账业务"上的运作状况，只是通过"银行家彼此之间通过结算的办法，来互相偿付他们对这种已经不存在的存款的支取凭证"②。

二 虚拟资本的风险性

风险性是虚拟资本投资的基本特性，其是投资者预期收益同实际收益之间关系的一种表征。一般而言，当实际收益低于预期收益时，虚拟资本的投资风险就产生了。事实上，虚拟资本的存在及运行本身就内含风险性，也就是说，虚拟资本投资的预期收益同实际收益之间的差异是内生的、确定的，只是在两者量化的比较层面显现出较大的不确定性，从而赋予虚拟资本风险性特征。

从虚拟资本生成的内在逻辑线索中可知，股票、债券（企业债券）等有价证券是现实资本的符号代表，其资本存在只代表现实生产进程中的实体资本，而有价证券作为对现实资本带来的剩余价值的一部分的分配凭证，它的分配量及比例自然由剩余价值所转化的利润所决定，这又取决于企业生产效益及利润率，进而在现实资本层面增加了虚拟资本"增殖"的"不确定性"。另外，出于现实资本增殖阶段的不确定性，有价证券一定时期所能获得的收益也难以确定，加上有价证券的市场价格同时受市场利息率等因素的影响，这更加加大了虚拟资本价格的波动性及不确定性。也正是虚拟资本价格的决定因素中涵盖的不确定性因素较多，才使在市场流通中对资本收入充满了预期，夹杂了更多主观性判断，进而加大虚拟资

---

① 马克思：《资本论》第3卷，人民出版社，2004，第533页。
② 马克思：《资本论》第3卷，人民出版社，2004，第534页。

本的风险性。值得注意的是，虚拟资本价格的波动性及主观心理预期在有价证券流通中的催化作用，在赋予虚拟资本流通过程投机性的同时，也为虚拟资本风险性的增强准备了条件，投资者主观预期越乐观，投资的积极性就越高，也就意味着泡沫经济的概率越大、虚拟资本的风险越强。并且，在信用大幅度扩张的条件下，资本逐渐社会化，投资者所用资本越发具有社会性，手握他人货币财产投资虚拟资本，其冒险的代价并不由自身背负，因此也进一步助长了投资的非理性，增大了投资的风险。正如马克思揭示的："进行投机的批发商人是拿社会的财产，而不是拿自己的财产来进行冒险的。"① 股票等虚拟资本形态的"运动和转移就纯粹变成了交易所赌博的结果"②。

虚拟资本在现实中潜在的风险性，即有价证券在现实经济活动中的贬值，主要有几种情形。首先，微观经济主体经营不善、入不敷出，难以偿还发行的有价证券。证券持有者，也即证券投资者，难以获取虚拟资本的定期收益，同时，由于有价证券存在的"源头"（经营主体的现实资本）已不复存在，纵然有价证券具有独立于现实资本的运行属性，然其本身失去了存在的根本支撑，也难以在市场中转手以弥补投资损失。虚拟资本存在的该种现实风险源于经营主体营业状况的不确定性，同之前所述的现实资本在产生剩余价值层面的不确定性是一致的。其次，宏观经济运行中出于纸币发行过多等原因造成通货膨胀，市场发行的有价证券面临贬值风险。此种情形下，不仅流通货币存在贬值风险，有价证券的实际收益率也要在名义利率基础上扣除通胀率，导致有价证券在流通中大幅贬值，进而抬升了市场利息率，人们纷纷转手有价证券，使虚拟资本运行的风险骤增。此时，政府部门一般通过对货币的"保值补贴"来实现债权收益的暂时均衡。③ 该种风险源于宏观经济运行中的复杂性及不确定性，提升了虚拟资本表现形态市场价格的波动性及风险性。最后，市场投资主体在乐观心理预期的鼓动下，借助过度滥用的信用工具，加大债券的投资（投机）力度，从而成为诱导危机发生的重要因素，进而致使证券成为抛售对象，货币在

---

① 马克思：《资本论》第3卷，人民出版社，2004，第498页。
② 马克思：《资本论》第3卷，人民出版社，2004，第498页。
③ 孙妍：《马克思虚拟资本理论研究》，知识产权出版社，2014，第53页。

危机中强制回归。正如希勒所提到的："当看到过去的价格上涨，个人投资者会进行数学计算以调整自己的信心和期望。"① 在"羊群效应"的作用中，投资（投机）者对未来价格的预期继续攀升，这进一步加大投资的盲目性及虚拟资本运行的风险性，"造成大量的资产定价偏差，众多同一方向的定价预期与均衡价格的偏离产生套利限制"②。马克思在论述信用扩张时曾警示："在再生产过程的全部联系都是以信用为基础的生产制度中，只要信用突然停止，只有现金支付才有效，危机显然就会发生，对支付手段（具有实物支撑的货币——引者注）的激烈追求必然会出现。"③ 该阶段信用基础上的"支付手段"已然失灵，曾经繁衍数倍于资本本体的债券等虚拟资本形态纷纷沦为市场"弃儿"，呈现虚拟资本的大量过剩，正像马克思对国债的论述一般，只要国债难以卖出，虚拟资本存在的这种"假象"就会消失。④ 虚拟资本风险性在此种情况下的现实性主要源于投资主体对股票等有价证券乐观的心理预期，并在此支撑下出现投资的非理性，"一旦运作者得到他们认为不好的消息，他们往往'反应过度'，同时，他们会因此而采取相同的行为，群体性地角逐安全，很可能会通过资产的大量紧缩而导致虚拟资本的毁灭"⑤，该种投资的不确定性提升了虚拟资本存在的风险性。

三 虚拟资本的寄生性⑥

"寄生"即"一种生物生活于另一种生物的体内或体表，并从后者吸取营养以维持生活的现象"⑦，其原本是一种生物学概念，在资本主义生产方式中被引申为资本对食利者阶级及食利国家的作用结果。在虚拟资本生成的第二条内在逻辑线索中，"派生性"的虚拟资本形态，诸如信用票据等，其具体作用形式同生息资本相似，都是在原有资本本体上的一种价值衍生。

① 〔美〕罗伯特·J. 希勒:《非理性繁荣》，李心丹、陈莹、夏乐译，中国人民大学出版社，2008，第86页。
② 孙妍:《马克思虚拟资本理论研究》，知识产权出版社，2014，第72页。
③ 马克思:《资本论》第3卷，人民出版社，2004，第555页。
④ 马克思:《资本论》第3卷，人民出版社，2004，第527页。
⑤ 〔法〕弗朗索瓦·沙奈等:《金融全球化》，齐建华、胡振良译，人民出版社，2001，第73页。
⑥ 朱炳元:《马克思主义虚拟资本理论与金融危机》，中央编译出版社，2014，第64页。
⑦ 辞海编辑委员会、夏征农编《辞海》，上海辞书出版社，1989，第1154页。转引自朱炳元《马克思主义虚拟资本理论与金融危机》，中央编译出版社，2014，第64页。

从虚拟资本生成、演进及运行结果等方面可以较为清晰地认知其寄生性。

首先，缺少货币准备的信用票据在流通中的增殖同生息资本一致，是"资本—资本"（G-G′）的运行模式。这一自资本总流通公式（G-W-G′）演进而来的借贷资本运行公式，在形式上就展现着资产阶级在推进资本流通中对中间环节的根本态度，无视生产过程，将价值增殖完全看作纯粹"物的产物"，生产中的社会关系均被掩埋。无怪乎马克思深刻揭示："在生息资本上，资本关系取得了它的最表面和最富有拜物教性质的形式。"① 在该形式中，资本被赋予一种"自行增殖"的"神秘"性质，资本"物神"成为资产阶级对这一增殖进程"最合理"的解释。这同时成为资产阶级推进资产增殖过程中最为得意的创作，而且虚拟资本神秘的"复利"功能更让资产阶级疯狂着迷。殊不知，这种资本"物神"的"狂想"，本质上源于生产过程中的社会生产，离不开对劳动力使用过程的寄托和依赖。资本的增殖属性同"梨树"的"结梨"属性固然相似，但正如"梨树"真正实现"结梨"结果需要付诸劳动，并建立在多种因素相适宜的基础上一样，资本最终实现价值增殖同样需要囊括生产过程在内的诸因素的合理配合，否则，"梨树"现实性上不必然结果实，资本也不必然实现增殖。

其次，伴随虚拟资本增殖进程的"便利性"及规模的扩大化，货币（信用票据）资本家逐渐演化为食利阶级，资产阶级发达国家逐渐演进为食利国家。如果说在产业资本条件下，产业资本家"参与""生产过程"，充当资本运作的管理者、监督者，"付出"非直接生产劳动的"劳动"，那么，虚拟资本运行背景下，伴随生息资本从产业资本的分离及独立化，货币资本家直接成为"坐享其成"的"金主"，完全以"食利"为生，就生产劳动及社会生产力发展而言成为"多余的人"。马克思对该生产方式进行批判："它再生产出了一种新的金融贵族，一种新的寄生虫，——发起人、创业人和徒有其名的董事。"② 将虚拟资本流通及作用的范围拓展，从某一国、某一地域扩延至全球（事实上，这也是历史发展的现实体现，具体为经济全球化进程），食利者阶级将逐渐在世界范围吞噬利益，尽享"不劳而获"的全球发展"果实"，逐渐演变为食利国家。正如列宁所说，资本输出"更

---

① 马克思：《资本论》第 3 卷，人民出版社，2004，第 440 页。
② 马克思：《资本论》第 3 卷，人民出版社，2004，第 497 页。

加使食利者阶层完完全全脱离了生产，给那种靠剥削几个海外国家和殖民地的劳动为生的整个国家打上了寄生性的烙印"[1]。

最后，虚拟资本的寄生性是对"资本物神"之谜的一种间接揭穿，虚拟资本的增殖并非真正意义上的"无中生有"，资本增殖风险及危机的出现将中断虚拟资本的寄生进程，打破"物神"传奇。资本"自行增殖"观念深入人心，似乎不存在前提条件，这是"物神"观念及"作用"的神奇效果。但虚拟资本本身存续对生产过程中剩余价值存在的寄托暴露了其"物神"假象，并且当"万能的"信用工具失灵，有价证券及信用票据难以继续流通，资本"自行增殖"的神话将彻底被打破。正如马克思批判庸俗经济学家掩盖并倒置剩余价值生产的实质等观点的"荒谬"性时指出，"假如大部分的资本家愿意把他们的资本转化为货币资本，那么，结果就会是货币资本大大贬值和利息率惊人下降；许多人马上就会不可能靠利息来生活，因而会被迫再变为产业资本家"[2]。食利阶级"不劳而食"的权利并非资本物神的凭空赋予，其根基依旧扎在生产过程中。

总之，寄生性是虚拟资本生成及发展演进的重要属性，对其的认知能够更加深入理解和把握资本主义发展进程中生产方式的表现形态及演进历程。

四 虚拟资本的价格复归性

虚拟资本价格复归性的内涵主要体现为一种跌宕起伏的周期性的价格波动运动，如同商品价格在经过一番波动之后同其价值相均衡的运动进程相似，虚拟资本价格在突破实体资本决定的自然价格之后，也将在客观规律作用下实现价格下降，逐渐趋近其自然价格。需要注意的是，这一运动过程并非一蹴而就，而是伴随虚拟资本同实体资本关系发展的循环演进呈现周期性。说到底，虚拟资本价格的复归性是虚拟资本同实体资本发展演进关系的重要反映。

前述得知，虚拟资本价格的影响因子较复杂，客观现实资本发展效益及主观心理预期等都将成为决定其价格水平的重要因素。虚拟资本的市场价格也相应随其有权索取的收益多少及"可靠程度"发生变化，在经济发

---

[1] 列宁：《帝国主义是资本主义的最高阶段》，人民出版社，2014，第98页。
[2] 马克思：《资本论》第3卷，人民出版社，2004，第424页。

展的强盛时期，有价证券等支取凭证能够获得较高收益，在利息率一定的前提下，其市场价格相应看涨，将高于虚拟资本本身的自然价格；相反，当经济发展不景气，经济泡沫破裂，资本现实收益剧烈萎缩，虚拟资本的市场价格将急剧下滑，有价证券等虚拟资本形态纷纷成为转手对象，其价格暴跌，远低于自然价格。届时，前一阶段炒起的价格泡沫将破裂，虚拟资本价格在经历多重波折或暴涨暴跌的两重极端之后逐渐实现自然价格的回归。拿股票来举例，对股票的投资，内含投资者同企业（资本需求者）的供需关系，投资者期望通过持股从企业获益中获取利息，而企业为了扩大生产需要社会融资。一般而言，经济持续稳定发展的阶段，投资者对股票投资信心高涨，对其价格提升的乐观预期致使大量资本涌入虚拟资本市场，供求关系的变化使股票价格持续攀升，这为泡沫经济的形成奠定基础。当股票价格上扬至实体资本难以掌控及支撑的价格"临界点"时，也就是说，实体资本已然难以有效维持经济的发展，企业利润将持续下降，股票收益锐减，成为投资（投机）者手中"烫手的山芋"，这时，对股票的供需关系颠倒，股票价格骤降，投资者信心严重受挫。而"一旦风暴过去，只要这种证券代表的不是一个破产的或欺诈性质的企业，它们就会回升到它们以前的水平"[1]，复归于股票的自然价格。当然，在股票价格涨落的进程中，投资者主观心理预期发挥着重要的诱导作用。不否认理性投资者在促进虚拟资本价格水平均衡中的客观作用，他们抓住价格不合理的投资（投机）"机遇"，通过买入便宜资产并售出昂贵资产来获利，该过程"客观上能推进价格回到合理的水平"，但在盲目的主观乐观心理预期基础上从众效应作用中的非理性投资，会对理性投资产生迷惑功效，以致投资者做出非常规判断及操作，即使再"不可思议"，"完全理性的投资者也会相信发生的一切"[2]。

虚拟资本价格复归的途径往往在危机的强制性手段上得以呈现。马克思提到，虚拟资本价格"在危机中的贬值，会作为货币财产集中的一个有力的手段来发生作用"[3]。换句话说，虚拟资本价格的暴跌，为货币作为流

---

① 马克思：《资本论》第3卷，人民出版社，2004，第530~531页。
② 〔美〕哈西特：《泡沫学——关于股票市场的新学说》，席瑞雪译，中信出版社，2003，第71页。
③ 马克思：《资本论》第3卷，人民出版社，2004，第531页。

通"硬通货"的回归提供条件。具体而言，虚拟资本是信用基础上的资本形变，而信用的持续作用也不断促进虚拟资本形态的多样化发展，可以说，信用同虚拟资本相互作用、彼此促进。虚拟资本价格的暴涨，以致经济泡沫等现象的出现，都同信用扩张及滥用关联紧密。当虚拟资本价格的上扬突破实体资本的支持，从而超脱基础经济要素，信用在经济中的作用也就随之消失，信用失灵乃至信用危机首先反作用于银行等金融机构，使后者抵押资产在利率上升、资产价格暴跌的趋势下大幅缩水，信用货币及虚拟资本的多种流通形态相继低价抛售，银行周转资金难以为继，大量呆账坏账渐次产生，银行等信用机构陷入停摆，经济虚假繁荣的表象被识破，经济泡沫在流通危机中逐渐破裂。流通中货币资金的缺乏，既迟滞了流通过程以致大量商品积压，又使再生产缺失资本支撑而陷入停顿。总之，信用危机首先引起银行危机，继而产生商业危机、生产危机，直至产生社会经济危机。信用扩张促使价值在多重支付手段诱导中被"创造"，以至于价值难以在相应价值的货币购买力中实现，供给严重脱离社会有效需求，社会信用链的正常运作在债权债务关系的烂尾中遭到严重破坏，这为"现金为王"时代的复归准备条件。货币基础的复归同虚拟资本价格向自然价格的复归是同一过程的不同方面，因此，危机成为价格回归的关键强制手段。

总之，虚拟资本价格复归性体现为价格阶段性波动同整体性趋向均衡的统一性运动过程，如同商品价格围绕其价值上下波动是商品流通规律一样，价格复归性也是经济规律的潜在展现，规律强制为自己开辟道路，"就像房屋倒在人的头上时重力定律强制地为自己开辟道路一样"[①]。同时，虚拟资本这一属性的决定性因素体现在虚拟资本与实体资本的发展关系中，因为这一关系在复杂经济运行中的波动性强，而且其协调运行状态在资本主义生产方式下往往需要借助强制手段来实现，所以，这在很大程度上决定了虚拟资本价格复归过程的周期性。

第三节　虚拟资本的机制梳理

资本的存在及运作涵盖生成、积累、分配等系统机制，作为资本发展

---

① 马克思：《资本论》第1卷，人民出版社，2004，第92页。

演进的一种形态体现，虚拟资本的运行同样有其独特的作用机制。该节主要从虚拟资本的积累机制及价格机制入手，在结合马克思《资本论》对货币资本积累同现实资本积累关系的论述中，积极探讨虚拟资本存在及运行的内涵。其中，虚拟资本积累机制主要对虚拟资本积累的基本性问题，诸如积累如何产生及何以实现等问题展开论述，虽然马克思对虚拟资本积累问题的论述"有所欠缺"①，但我们可以参考其对资本积累的相关分析理路展开探究；虚拟资本的价格机制就整体而言，内含于或服务于其积累机制，主要从虚拟资本市场价格存在状态及对虚拟资本积累的影响等方面展开论述，鉴于同虚拟资本积累机制论述侧重面的差异，在此分开阐释。

一 虚拟资本的积累机制

马克思认为，"积累就是资本以不断扩大的规模进行的再生产"②，在论述资本积累时，马克思将其作为扩大再生产的关键环节，对资本积累的内涵、运作机制及发展趋向等层面进行了系统全面的阐释。马克思指出，资本积累就是剩余价值的资本化过程，"必须把一部分剩余产品转化为资本"③，这是由资本主义条件下剩余价值规律和竞争规律的内外双重作用决定的，这一资本积累过程无休止地推进，必然促进资本生产的集中，而生产集中的最终结果必然导致垄断产生。马克思在对资本积累过程的论述中揭示出积累的一般规律，认为资本积累将导致社会两极分化严重，并伴随劳动人口的相对过剩，这是"积累或资本主义基础上的财富发展的必然产物"，同时，该积累过程在资本主义生产中对劳动力需求及进一步剥削的"蓄水池"作用，又使其"成为资本主义积累的杠杆""资本主义生产方式存在的一个条件"。④

虚拟资本虽然是资本发展形态的历史呈现，但在资本主义条件下，其运作依然不能背离和超脱剩余价值规律，而且在市场经济条件下，竞争规律对虚拟资本的运行同样发挥着作用。同时，无论资本形态如何更替，其增殖本性难以改变，剩余价值的根本源泉也无法脱离生产过程中活劳动的

---

① 徐璋勇：《虚拟资本积累与经济增长：理论分析及中国的实证研究》，中国经济出版社，2006，第 64 页。
② 马克思：《资本论》第 1 卷，人民出版社，2004，第 671 页。
③ 马克思：《资本论》第 1 卷，人民出版社，2004，第 670 页。
④ 马克思：《资本论》第 1 卷，人民出版社，2004，第 728 页。

创造。当然，具体问题要具体分析，虚拟资本积累固然同资本积累存在诸多相似处（见表 2-1），但同样具有其独特的表现。比如，虚拟资本增殖过程不直接甚至不涉及生产过程、虚拟资本价值增殖方式更加灵活多样、虚拟资本积累规模更大等（见表 2-2）。

表 2-1 资本积累与虚拟资本积累的相似点

比较类别	资本	虚拟资本
积累原理	两者都含有收入资本化的过程	
规律遵循	两者同样在剩余价值规律及竞争规律双重作用中运行	
价值追寻	两者都以追求价值增殖为唯一目的	
积累结果	两者都促进资本在数量上的扩张	
利润来源	两者利润的根本来源皆为生产过程中的活劳动	
根本矛盾	两者内在的根本性矛盾依然是资本主义生产相对过剩的矛盾	

表 2-2 资本积累与虚拟资本积累的异同点

比较类别	资本	虚拟资本
积累原理	收入（剩余价值的一部分）资本化	预期收入的资本化
具体路径	必须在生产过程中实现	直接体现为资本自行增殖
增殖程度	固定资本占比逐渐增大，资本流动性趋小，增殖程度相对较小	资本流动性增大，虚拟资本形态多样，增殖渠道丰富，增殖程度大
运行风险	在各部类补偿严重失衡时，导致积累中断，危机发生的风险提升	当虚拟资本积累过度、脱离同实体资本协调互动的状态时，虚拟资本积累风险出现
经济影响	资本积累促进资本数量增加，资本逐渐走向集中，在经济生活中出现垄断现象	伴随虚拟资本出现，在信用作用下，虚拟资本形态逐渐多样，在金融全球化条件下，金融创新速度加快，虚拟资本推进下的虚拟经济逐渐成为经济发展的主导形式

按照马克思对虚拟资本的论述，虚拟资本主要在有价证券及信用票据等基础形态上呈现，其中，有价证券形态又是虚拟资本的主要形态，而且，即使在信用票据的流通中，也存在有价证券的参与，诸如银行资本的最大部分往往以债权（汇票）、国债券（代表过去的资本）和股票（对未来收益

的支取凭证）等形态构成，并且无论依据哪条线索，有价证券都内含于虚拟资本的论述范畴。因此，此处对虚拟资本积累的论述，主要集中于从其有价证券形态的展现层面进行。虚拟资本的积累原理是对预期或未来收益的一种资本化过程，其存在及运行的根本动因是在剩余价值规律及竞争规律基础之上对利润或超额利润的追求，而在具体分析该进程并促使这一进程持续推进时，首要任务就是要构筑以虚拟资本形态为中介的供求关系。也就是说，虚拟资本积累的具体动因在供求双方对利润追求相一致的前提下，借助有价证券这一虚拟资本形态的中介实现，在外在表现上展现为企业等对虚拟资本形态的供给及投资者对有价证券的需求。

企业借助虚拟资本形态能够迅速实现资本集中，提升经济效益，推动生产力的规模性发展。资本主义大工业极大推进了资本主义生产力的发展，企业最初融资的"内源性"途径（侧重于企业自身资本周转及积累）已难以有效适应资本主义的生产进程，开拓"外源性"融资渠道已成为企业存续的关键。伴随生产中信用工具作用的扩展，股份制企业的存在及发展逐渐演变为生产经营的一种普遍模式，企业纷纷发行股票及债券广泛地向社会融资，"生产规模惊人地扩大了，个别资本不可能建立的企业出现了"①。股份公司的普遍存在及发展促进了资本积累规模的扩大，对资本主义生产方式产生了重大影响。马克思指出："假如必须等待积累使某些单个资本增长到能够修建铁路的程度，那么恐怕直到今天世界上还没有铁路。但是，集中通过股份公司转瞬之间就把这件事完成了。"② 马克思虽然强调资本"集中"对积累的作用，但同时也内含对"股份公司"这一具体资本集中途径的肯定。虚拟资本积累过程中股份公司的发展，也促使"作为私人财产的资本在资本主义生产方式本身范围内"得以扬弃，取得了社会资本形式的股份资本，逐渐同私人资本相对立，并逐渐推进了资本所有者同职能资本家的分离。③ "资本所有者"在股份制发展中演变为"单纯的""货币资本家"，这也为成就资产阶级逃避生产并"坐享其成"的"美梦"提供条件。当然，企业债券也是经营者开拓"外源"融资渠道的主要手段，其同

① 马克思：《资本论》第3卷，人民出版社，2004，第494页。
② 马克思：《资本论》第1卷，人民出版社，2004，第724页。
③ 马克思：《资本论》第3卷，人民出版社，2004，第494~495页。

股票的合理配置组合成为企业推进资本积累的关键。另外，企业经营者在追求盈利的同时，也要极力规避可能性的经营风险，尽可能采取有效举措防范、分散风险，这本身也是资本增殖的内在应有之义。比如，股票在集中社会资本的同时，具有承担、分散经营风险的功能或性质，发行股票依据"同股同权、责任有限、风险共担、利益分享"的基本原则，在企业盈利时，收益共享，风险出现后，责任同担。尽管在资本主义条件下，经营企业的资本家在虚拟资本积累及盈利时，更加拥有了加大对劳动者压榨的资本和理由（资本的贪婪性决定了其对利润无限追逐的必然性），而在经营风险或危机发生时，却尽可能将损失转嫁给劳动者，因此，"共享"和"同担"这种理论上恰适的状态在现实中较难实现，但经营发行股票本身却真实具备利益共享、责任同担的性质，是企业经营者规避及分散风险的重要手段。

国债券作为虚拟资本形态在市场中的发行，在满足投资者逐利需求之外，是国家从整体考虑，承担发展任务、发挥基本职能的一种方式。也就是说，国债券的发行就虚拟资本积累层面而言，并非直接追求价值的增殖或利润的增长，而是对财政在公共事业上支出的一种补偿。众所周知，市场经济具有自发性、盲目性及滞后性等消极效应，而且在市场竞争规律的根本约束中，很难有资本主动青睐于运行周期长、直接回报少的基本公共设施建设领域的投资，而这些领域在经济发展及社会运行中的存在及作用又必不可少，这也正是市场作用下政府积极存在的空间，也是政府对市场调节缺陷的弥补。伴随经济持续发展及人们生活需求的日趋提高，社会对公共基础设施及基本公共服务的需求和要求也逐渐提升，这提升了国家财政的公共支出幅度，同时也促进了国债券的发行，以此支持财政支出、弥补财政赤字。也就是说，通过国债券的发放实现虚拟资本的积累，虽然在"供给方"并非直接源于对增殖的追求，但同样具有客观必然性，也是推进虚拟资本积累的重要动因。当然，要确保国债券的运作方式能够持续作用，就需要虚拟资本的"需求方"对其拥有足够的投资信心，因为作为"纯粹"虚拟资本的国债，"一旦债券不能卖出，这个资本的假象就会消失"①。

虚拟资本形态的"需求方"也具有复杂多样的身份，他们有政府，有

① 马克思：《资本论》第3卷，人民出版社，2004，第527页。

公司企业，有各类基金会，更有普通大众，虽然这些潜在的"投资者"的根本目的或主要追求在于资本增殖或资金增加，但正如学者所认为的，政府及公司企业的投资目的更加明确或"相对单纯"①，而普通大众对虚拟资本的投资，却出于多样性"动机"，并且普通大众对虚拟资本的投资动机还要充分考虑投资对象的风险性、收益性、流动性等因素以及自身投资的具体需求。首先，投资对象的运行特征成为投资者选择的重要参考指标。一般而言，回报高、风险小、收益快的投资对象是投资者最为钟情的选项，但整体来看，投资市场中，回报率同风险率基本相适宜。换句话说，投资的回报越大，其风险也就越高。诸如，投资国债的风险相对最小，因为有国家税收及信用作保障，能够定期持续获取收益，其投资的安全系数最高，也是投资者较为中意的一种虚拟资本形态。当然，也有对市场投资风险偏好的投资者，他们追逐高回报，因此就必然要承受高风险，虚拟资本形态中的股票及金融衍生产品（马克思时代尚非虚拟资本的主要形态）就属于这类投资对象，具有较大的投资风险性，投资成功便能够获取高额回报，相反则要承担惨重代价。其次，投资者（普通大众）自身投资的多样性、具体化的动机和目的也成为投资虚拟资本的一种推动力。该种条件下，投资动机具有复杂性、多样性等特征，而这些动机最初都指向资本或货币的增长。比如，类似于参与生产过程的资本尚不足以支撑继续扩大再生产而必须要增殖的情形一样，投资者拥有的货币量若难以满足其消费需求，将货币放入银行等机构以求数量增长也是合理选择；再如，投资者单纯为了货币增殖而进行投资，选择国债及股票等都是可行方案，具体操作又要经过新一轮的对各投资对象的筛选过程；又如，选择信用方式的投资，也即银行储蓄，是普通大众对未来确定或不确定事由提前做好防备或保障的一种常见方式，可以看作是一种对未来不确定性的积极的预防性投资。

伴随时代发展，虚拟资本逐渐成为经济发展中资本的主导形式，尤其在虚拟资本推进中虚拟经济快速发展的当前，虚拟资本的积累更加上升为经济发展中核心的积累方式。同时，虚拟资本的发展及金融创新趋向的推

---

① 徐璋勇：《虚拟资本积累与经济增长：理论分析及中国的实证研究》，中国经济出版社，2006，第71页。

进促使虚拟资本形态多样化呈现，更加拓展了虚拟资本积累的渠道，随着金融全球化进程的深入推进，世界范围内的闲散资金纷纷投入虚拟资本的积累进程，进一步加大了虚拟资本扩张的势头。许多资本主义国家在金融自由化政策的引诱下，逐渐放松金融监管，为虚拟资本积累提供了相对宽松的政策及运行环境。这些都成为影响虚拟资本积累的重要因素。

总而言之，虚拟资本积累离不开在"供给"端与"需求"端展开的持续性运作过程，这一进程的持续推进及积累效果固然受包括世界经济发展形势及金融政策等宏观层面诸多因素的影响，但微观层面对虚拟资本积累能否持续展开及是否有效运行的关键还依赖于虚拟资本的价格环节。

二　虚拟资本的价格机制

众所周知，虚拟资本没有价值，它是现实资本的"纸制复本"，是一种代表对现实资本所产生剩余价值的一部分权益的支取凭证。现实资本在生产过程中实现价值增殖，该剩余价值按照市场股息率或利息率分别计算虚拟资本投资中现实资本的获益额，并按照资本积累率准备下一轮的虚拟资本积累。而投资者（主要是股票投资者）拥有有价证券，后者作为一种收益获取的权利证书，在经济生活中具有进行"再投资"（售卖）的市场价格。这就"加深了这样一种假象，好像除了它们能够有权索取的资本或权益之外，它们还形成现实资本"，即有价证券"已经成为商品"，其价格有"独特的运动和决定方法"，同它们投资的"名义价值具有不同的决定方法"。[①] 该市场价格由投资于现实生产中的资本所带来的收益数量同当时市场利息率的比值决定，也即马克思提到的"收入资本化"过程，这也正是虚拟资本存在的重要线路。因此，可以说，虚拟资本在股票等有价证券上的体现本身涵盖虚拟资本的价格决定因素。有价证券按照市场价格出售所得收入，又能够依据比例继续下一轮证券投资。问题的关键在于，虚拟资本的供给同需求之间在量上的均衡，比如，虚拟资本供给小于需求，则有价证券（股票）在投资时必然高于其名义价值，出现"溢价"现象。而且在投资者对有价证券进行"售卖"时，由预期收入同利息率的比值决定的

---

① 马克思：《资本论》第 3 卷，人民出版社，2004，第 529~530 页。

虚拟资本价格也仅仅是在较为理想的状态中呈现的价格形式[①]，在具体经济活动中，该价格会受到多重因素的影响，进而同理想价格或理论价格相偏离。因此，对虚拟资本积累进程中存在的疑惑，还需要透过对影响虚拟资本市场价格因素的分析得以解答。

首先，货币供求对虚拟资本价格的影响。同样作为能够在市场中流通的手段或工具，虚拟资本同货币之间存在密切关联，很大程度上可以说，货币的虚拟化演进同资本的虚拟化态势存在因果联系。将货币同虚拟资本直接联系起来的诱因同市场利息率相关，上述可知，市场利息率是决定虚拟资本价格的关键因素，而前者同货币的供求状况直接关联：当市场上货币供给过多时，利息率将下降，假设股票等虚拟资本形态的预期收入一定，那么，虚拟资本价格将提升；反之，虚拟资本价格将下降。正如马克思提出的，在市场上货币紧缩时，虚拟资本的价格将"双重跌落"："第一，是因为利息率提高，第二，是因为这种有价证券大量投入市场，以便实现为货币"[②]。同时，马克思还提出，有价证券所代表的现实资本增殖"因再生产过程的扰乱而受到影响"时，这种贬值还会进一步加剧。值得注意的是，有价证券的贬值，间接推进了货币财产的集中，为虚拟资本的进一步积累准备货币条件。

其次，供求双方信息不对称对虚拟资本价格的影响。借用当代信息经济学理论来分析，信息不对称（asymmetric information）在金融市场交易中表现突出，主要是指"交易的一方对另一方缺乏充分的了解，并影响其在交易中做出正确的决策"[③]。一般而言，信息不对称会带来金融交易中的"道德风险"（moral hazard），并由此进一步导致"逆向选择"（adverse selection）行为。就有价证券交易来讲，投资者对股票或债券等有价证券的投资，相当于为企业经营者提供的一种资本"借贷"（股权转移中回收成本是同借贷资本最明显的区别）。相对于投资者，企业经营者在信息掌控上处于优势，这不仅为投资者在投资时尽可能多地搜集被投资企业相关信息提出要求，同

① 徐璋勇：《虚拟资本积累与经济增长：理论分析及中国的实证研究》，中国经济出版社，2006，第76页。
② 马克思：《资本论》第3卷，人民出版社，2004，第530页。
③ 〔美〕弗雷德里克·S. 米什金：《货币金融学（第11版）》，郑艳文、荆国勇译，中国人民大学出版社，2016，第143页。

时也为企业经营者在客观上欺诈投资者提供便利。也就是说，由于存在"理性无知"选择和对高昂信息成本的规避，交易中债权人（股权人）一般不能积极主动耗费一定成本去搜集企业经营方"融资"的相关状况，比如掌握融资用途、项目风险、收益状况等同投资者权益息息相关的信息，投资者很难规避信息不对称导致的交易风险。同时，不能否认市场上存在企业经营者故意隐瞒其经营状况的可能性，以致经营状况不佳的企业在投资者的"平均信用水平"投资标准或倾向下顺利融资，另外，经营状况良好且信用优质的企业却在"劣币驱逐良币"的氛围中不愿融资。这样不仅影响虚拟资本的积累，还会产生"逆向选择"，即最可能制造"融资"（借贷）风险的经营者，往往在市场中表现得最为积极，也最容易获得资本。这也致使投资者（虚拟资本需求者）减少对企业经营者有价证券的投资，即使市场上存在风险小、信用高的企业经营者。同时，某些经营者使用欺诈手段进行"融资"，融资后并不能依照其承诺的经营规划合理如实展开，反而将资本运用于风险较高的不利于投资者获益的活动，加大了对投资者资本"偿还"的难度。比如马克思就揭示说，投机盛行的重要因素就是信用条件下，"很大一部分社会资本为社会资本的非所有者所使用"①，他们并不会真正对借贷负责，这在进一步导致"道德风险"加深的同时，也挤占了信用质量高于平均水平的"优质企业"融资的空间。当投资者收益难以正常回收，"双重风险"在市场上持续久存，有价证券一再贬值并纷纷抛售，即使虚拟资本具有在"风暴"过去后的价格复归性，但因为这些证券代表的可能是"一个破产的或欺诈性质的企业"②，投资者在这些企业债券上投资的资本将在"毫无价值的企业上的白白浪费"③，投资者手中的有价证券也再不可能回到之前的水平，甚至在投资者手中沦为"一张废纸"。因此，信息不对称会引发有价证券等虚拟资本价格偏离其"理论价格"，"逆向选择"迫使真正的投资者望而却步，投机诈骗充斥失序的证券市场，近乎疯狂的赌博性质的资本市场成为冒险家的乐园和诈骗者的天堂，严重削弱虚拟资本的投资力度，极大影响虚拟资本积累的持续。

---

① 马克思:《资本论》第3卷，人民出版社，2004，第500页。
② 马克思:《资本论》第3卷，人民出版社，2004，第530页。
③ 马克思:《资本论》第3卷，人民出版社，2004，第531页。

最后，投机行为对虚拟资本价格的影响。"投资"和"投机"虽然在理论上存在较为明显的区分，比如，就各自的期限而言，投资是较为理性的战略行为，较投机期限长，"投机恰恰是由通过从事套利交易短期交易的资本来定义的"；① 而就各自利益侧重而言，投资明显趋向于长期利益，而投机则侧重短时间虚拟资本价格涨落之间的差价；相应地，就风险而言，投资本身存在对风险的分散功能，而投机则注重收益大风险高的经济活动，正如马克思所言："最初的交易越是依赖对商品价格涨落的投机，回流就越没有保证"②。虽然如此，但在具体经济运行中，两者却很难分清或分离，马克思引用吉尔巴特的话："一切便利营业的事情，都会便利投机。营业和投机在很多情况下紧密地结合在一起，很难说营业在哪一点终止，投机从哪一点开始。"③ "资本便宜会助长投机，就像牛肉和啤酒便宜会鼓励人们贪食嗜酒一样。"④ 在具体现实中，投资行为也能够因长期难以获得"股息"或"红利"而等待时机抛售证券，同样，投机行为也可以因虚拟资本价格跌落难以抽身而转向长期投资。因此，投资同投机存在密切联系。

借助当代经济学理论来分析，在虚拟资本的有价证券形态的交易中，其价格并非由现实收入而是由"预期收入"决定，因此具有投机性质，存在于这一进程中的投机行为被希勒称为"反馈环理论"⑤，也即"从众效应"。简而言之，就是在虚拟资本投资中，有价证券初始价格的上涨成为之后更高价格水平出现的直接诱因。最初的价格上扬背后或许是"偶然因素"，但被投资者的"过度自信"诱导，持续提升证券价格，提高市场投机交易额。"即使人们都理智地相信股价是不可预测的，过度自信有时还是会让人认为，他们自己知道市场在什么时候会发生变动。"⑥ 又因为众人一致性的投资偏向对有价证券的市场价格影响较大，为获取更多利益或尽可能

① 〔美〕纳赛尔·萨博：《投机资本——全球金融业中看不见的手》，齐寅峰等译，机械工业出版社，2002，第87页。

② 马克思：《资本论》第3卷，人民出版社，2004，第544页。

③ 马克思：《资本论》第3卷，人民出版社，2004，第458页。

④ 马克思：《资本论》第3卷，人民出版社，2004，第457页。

⑤ 〔美〕罗伯特·J.希勒：《非理性繁荣》，李心丹、陈莹、夏乐译，中国人民大学出版社，2008，第76页。

⑥ 〔美〕罗伯特·J.希勒：《非理性繁荣》，李心丹、陈莹、夏乐译，中国人民大学出版社，2008，第165页。

规避风险，就促使投资者对有价证券的偏向或抛售行为具有从众性，买进卖出在步调上基本统一。而投资者（投机者）在"反馈环理论"及乐观主义的鼓动下，将有价证券的市场价格推向高涨，甚至远远脱离其自然价格。当这一价格持续增长，出现"投机性泡沫"①，并在投资者对有价证券需求下降，或其对投资证券的预期由乐观向悲观转向时，这一价格上涨"泡沫"也将逐渐破灭，虚拟资本价格将持续下降，直至跌破冰点后价格回复。

值得注意的是，虚拟资本的价格决定机制已经呈现不同于劳动价值论的特点，虚拟资本价格同其实际价值或理论价格并不相适应，而是更加偏向于观念层面的投机性的价值创造。正如学者所认识到的，虚拟资本价值问题的研究推进理论界的发展，不同于传统以劳动或效应为核心的"观念"价值形态在虚拟资本及虚拟经济发展中出现。②

三　虚拟资本积累同现实资本积累的关系

马克思在《资本论》中论述了"货币资本"同"现实资本"的关系，其中，"货币资本"指作为生息资本形态上的货币资本，在资本主义社会，也即作为借贷资本的货币资本，而"现实资本"指产业资本中的生产资本及商品资本。众所周知，借贷资本主要由银行家经营，其积累进程也体现为银行家资本的积累。马克思指出，银行家资本的最大部分是以汇票、国债券、股票等虚拟资本形态作为主要构成形式存在的，因此，该部分资本纯粹是虚拟资本。从这里能够看出借贷资本同银行资本的密切联系。正如我们之前所提到的，借贷资本为虚拟资本的生成奠定基础，是后者存在的关键，可以说，"虚拟资本是借贷资本造成的假象"③。两者在经济活动中虽然不等同，比如产业资本家或商人通过银行贴现或申请贷款，其所期望得到的是货币，而非能够流通的有价证券，"借贷资本是成为信用对象的货币形式的资本，虚拟资本则无非是把信用用作资本。银行家把广大群众给予他的信用用做资本；而广大群众则反而以为银行家既创造货币，又创造货

① 〔美〕罗伯特·J.希勒：《非理性繁荣》，李心丹、陈莹、夏乐译，中国人民大学出版社，2008，第76页。

② 谢永添：《虚拟资本与资本市场——金融资本运行的理论与实证研究》，厦门大学博士学位论文，2004，第8页。

③ 袁辉：《金融资本：从希法亭理论到经济金融化》，《当代经济研究》2014年第12期。

币资本"①。但借贷资本同虚拟资本之间存在"相互转化"的机理，借贷资本能够以虚拟资本形态体现出来，诸如股票、国债券等成为借贷资本生息的"投资领域"，货币资本在转化为借贷者手中的现实资本后，对于货币所有者而言，享有货币产生收益的索取权，而这种"货币索取权"②的积累，同虚拟资本的积累如出一辙。马克思也提道："货币资本的积累，大部分不外是对生产的这种索取权的积累，是这种索取权的市场价格即幻想的资本价值的积累。"③因此，"随着可供支配的货币资本的发展，有息证券、国债券、股票等等的总量也发展了"④。同样，虚拟资本的积累也在很大程度上意味着货币资本数量的增大，作为"资本积累特殊形式的货币积累本身……构成所谓的货币市场和货币资本的绝大部分"⑤。

借贷资本的独立化运动促使其转向虚拟资本投资领域。借贷资本积累最初作为现实资本积累的结果而呈现，前者为后者生产的展开提供货币条件，后者在价值增殖后的剩余部分重新以借贷资本形式展现。借贷资本积累同现实资本积累的这种直接联系状态的存在，在经济发展中需要建基于一定的假设条件上，否则，借贷资本的积累同现实资本积累的直接联系将在前者的独立运动中逐渐淡化，并在缺乏新投资领域的经济发展形势下，转向虚拟资本领域。首先，借贷资本的最初出让或贷出都体现为现实资本积累的结果，也即借贷资本源于产业资本产出价值的一部分，除此之外不存在其他货币资本来源。现实而言，银行的借贷资本来源广泛，并不仅仅限于产业资本积累的结果，比如银行中准备金或结算中获取的货币等，都会作为借贷资本在银行家手中发挥作用。其次，生产经营者自有资本不足以支撑企业运转，必须向货币资本家借贷，并且企业生产经营所需资本中都能看到借贷资本的身影。就经济社会发展整体而言，这一条件在大工业生产以来，尤其是信用制度及金融体系快速发展以来，已经普遍成为现实经济发展的存在前提。也就是说，经济快速发展、资本高速流通的时代背

---

① 〔苏〕卢森贝：《〈资本论〉注释》第3卷，三联书店，1963，第268页。
② 袁辉：《金融化条件下的金融资本积累及其后果》，《贵州师范大学学报》（社会科学版）2011年第4期。
③ 马克思：《资本论》第3卷，人民出版社，2004，第531页。
④ 《马克思恩格斯文集》第7卷，人民出版社，2009，第578页。
⑤ 《马克思恩格斯全集》第49卷，人民出版社，1982，第506~507页。

景下，单纯使用自有资本已很难满足生产需求，自有资本同借贷资本的结合成为经营发展的主要模式。但就具体经济活动而言，不能排除企业经营中某一阶段自有资本足以支撑企业运营而不使用借贷资本的情况。这时，借贷资本的积累同现实资本的积累也不存在直接关系。最后，现实资本积累过程要维持生产中各环节较为固定的存在及运行状态，避免出现导致资本流出并在借贷资本形式上积累的情形发生。事实上，这种条件假设不仅难以满足，而且有悖经济发展逻辑。经济效益提升亦即利润最大化原则是资本运行的基本要求，其在促使生产要素价格降低的同时，必然又使预付资本中的部分资本游离并转化为借贷资本。再如，固定资本的折旧在没有达到更新条件以及利润中为积累准备的资本额尚不足以满足生产扩大的最低资本限度时，这些"闲置"资本都将暂时转为借贷资本。甚至在危机迫使现实资本积累停滞、产业资本萎缩、利息率下降等情形下，借贷资本量的过剩也非现实资本积累的结果，正相反，是现实资本收缩（主要体现在危机过后产业周期开端的萧条阶段）的表现。因此，客观经济发展趋向及存在状态决定了现实资本积累同借贷资本积累直接性关系持续存在的假定条件必然被推翻，简言之，借贷资本独立化运动的发展态势存在客观必然性。这同时也成为鼓动借贷资本积累过度化的重要推力，尤其"当借贷资本的积累由于缺少新的投资领域而与虚拟资本相互交织"时，过度积累将成为虚拟资本扩张对经济发展产生消极效应的直接诱导因素。更为重要的是，银行家手中的借贷资本能够在多样技术操作中实现积累，同虚拟资本内在生成逻辑的第二条线索存在共通之处。在银行业务的扩大及交织中，同一货币能够实现多次流通，进行多次借贷，并创造多次利润，派生出较其自身数量多数倍的价值额。正如马克思所指出，在信用制度的强力支持下，任何东西都能够增加数倍，以致变为"纯粹幻想的怪物"。① 概述之，在信用制度支撑下，银行借贷资本的运作形态必然向虚拟资本积累形态转化。

虚拟资本积累同现实资本积累相分离是经济发展趋势及常态。有价证券是虚拟资本存在的主要形态，作为现实资本的"纸制复本"，是现实资本的代表，凭借该证券能够获得对现实资本增殖中的部分剩余价值分割的权

---

① 马克思：《资本论》第 3 卷，人民出版社，2004，第 535 页。

利。虽然有价证券自行增殖的属性使其脱离了现实生产过程，其价格的涨落也同现实资本的价值变动完全无关，并且在该形态中实现了从资本直接到资本的增殖理想。但即使如此，也不能否定虚拟资本积累同现实劳动过程的联系，马克思指出："当这些证券的积累表示铁路、矿山、汽船等等的积累时，它们也表示现实再生产过程的扩大，就像动产征税单的扩大表示这种动产的增加一样"①。不过，伴随证券化技术的发展及金融衍生产品的多样化创新，在有价证券等初级虚拟资本形态的基础上又演化出高级虚拟资本形态，它们同生产资本及生产过程的联系已完全消失，真正成为"无中生有"的资本形态，甚至体现为一种承诺、一种权利，其价格更加依赖于投资者对经济形势的预判，这同马克思对虚拟资本发展本质及趋向的预判及揭示相照应，虚拟资本形态价格变动及交易，"就其本质来说，越来越成为赌博的结果"②。虚拟资本及其积累作为一种"想象的货币财产"，将伴随时代发展成为个人或金融部门的资产中占比很高的财富组成部分。虚拟资本同实体资本不同的存在及运动方式，以及虚拟资本价格决定因素的多样性，都促使两者积累过程呈现差异及背离。

虚拟资本积累同现实资本积累关系的体现或维系需要借助强制手段。虚拟资本积累不顾现实资本存在及运行状况，一味通过提升资本的"流动性"实现资本增殖目的，这种过度的"流动性"固然有不断发展完善的信用制度及金融体系的支撑，却也存在高风险隐患。马克思对此警示：资本过度的流动性对信用同其货币基础的有序关系将造成冲击，会破坏"对作为商品内在精神的货币价值的信仰，对生产方式及其预定秩序的信仰，对只是作为自行增殖的资本的人格化的各个生产当事人的信仰"③。虚拟资本存在及发展的关键支撑在于信用制度的发展，就实质而言，虚拟资本积累终究只是信用基础上债权债务复杂关系的循环交织，是对产业资本领域剩余价值的分割，是在利益分配上对生产及生产关系的调整，在现实意义上并没有也不能创造或增加价值。需要注意的是，虚拟资本及其积累过程，始终难以根本脱离实体资本基础的制约，即使存在发达的信用及金融体系

① 马克思：《资本论》第3卷，人民出版社，2004，第540~541页。
② 马克思：《资本论》第3卷，人民出版社，2004，第541页。
③ 《马克思恩格斯文集》第7卷，人民出版社，2009，第670页。

为虚拟资本积累疯狂"开路",虚拟资本形态上实现并开启了国民经济学家理想中的资本"复利增长"模式,他们幻想依靠此模式实现因"债务积累致富"[①],但现实历史发展经验告诉我们,并不存在其"生产能力能够长期支撑以复利速度增长的生息债务"[②]的社会,这种虚拟资本积累下的"投机性泡沫"将在其自身风险积累及扩散中破裂并消散。信用失灵将导致虚拟资本价格巨幅滑落,届时该积累过程将很难自行"善后",不得不通过外在客观力量的强制介入以恢复正常经济秩序。运用强制性手段将虚拟资本同实体资本之间的"距离"进行重新"丈量",使其再次保持在彼此"感应"得到的范围内。

第四节　虚拟资本的内在特质

事物的存在及运行都有其自身必然为之的发展逻辑,资本(包括虚拟资本)同样存在固有的逻辑,即资本逻辑。马克思在《资本论》中对资本理论阐释的根本抓手就是资本逻辑,通过对资本逻辑的揭示及批判,进而揭露掩盖在资本主义生产表象下的内在实质及其运行的内在机理与发展趋势。马克思运用辩证思维展开对该过程的阐释,不仅对经济社会生产各方面的积极变化进行了充分肯定,更重要的是,对该逻辑依循下资本主义生产的剥削方式展开了深刻剖判。虚拟资本的内在特质立足于其自身发展逻辑,就资本增殖而言,虚拟资本的存在及发展是在全新形态上为资本增殖创造更加有效手段的过程。而立足金融发展视角,虚拟资本又可以看作是一种"金融创新",是"资本通过创新金融工具和路径找到了摆脱国家监管,是资本再次成为自由获利而不顾结果的存在物"[③]。在资本作用限度层面,虚拟资本为经济有序运行带来的巨大风险使其不断触及或刷新资本运行界限的"底线"。无论如何,虚拟资本依旧没有脱离资本逻辑的框架,是在该框架架构的范围内对其功能及限度进一步呈现的资本存在形态。较之资本的一般形态,资本在虚拟形态上展示着其内在独有特质,实现了对资

---

① 马克思:《资本论》第3卷,人民出版社,2004,第446页。
② 〔美〕迈克尔·赫德森:《从马克思到高盛:虚拟资本的幻想和产业的金融化(上)》,曹浩瀚译,《国外理论动态》2010年第11期。
③ 任平:《当代中国马克思主义研究》,北京师范大学出版社,2017,第222页。

本增殖目的的"传承"、资本增殖手段及程度的"升级"以及对资本存在限度的"探底"。

一 虚拟资本对资本逻辑的"传承"

虚拟资本的存在及作用是对资本逻辑内在实质的"忠实""传承"。该点主要在虚拟资本对资本增殖本性的完全延循层面呈现。资本最初在中世纪的拉丁语中指称"牛或其他家畜的头",其价值内涵不仅包括"从资产（家畜）中获取物质资源",还涵盖"提取它们产生附加值的潜能"。① 当资本上升为经济学的研究对象时，其并不代表某种具体物，而是一种抽象概念，正如同资本最初内在潜能的蕴含，经济学中的资本同样具有"衍生新的生产过程"的潜能，它需要借助具体物来呈现，"必须被赋予一种固定的、可见的形式"②。就像马克思总结韦克菲尔德对资本的"发现"："资本不是一种物，而是一种以物为中介的人和人之间的社会关系。"③ 它具有社会性、历史性，是一种体现在具体物表象上的社会历史关系，这也正是"黑人"在特定社会关系中才能成为"奴隶"的原因。资本在一定社会关系中的出现及发展也是一种生产过程，体现为"一种内在的过程，这一过程隐藏在一种正规的、复杂的所有权体制中"④。就西方资本主义发展进程而言，资本在一定生产关系中的立足及"称霸"源起于"原始积累"，该过程伴随着"血"与"火"，充斥着"野蛮"与"贪婪"，散发着"血腥"与"铜臭"，以"羊吃人"景状呈现的反映资本原始积累残酷性的"圈地运动"，以赤裸裸进行贩卖人口（黑奴）交易的殖民掠夺，诸如此类的种种"苦难"，凝聚成一部资本原始积累史。难怪马克思这样描述资本的历史出场："资本来到世间，从头到脚，每个毛孔都滴着血和肮脏的东西。"⑤ 资本以一种并不光彩的形象面世，归根结底源自其骨子里为争夺利益的扩张性。也就是说，资本的扩张置于利益追逐的名目下，其本性虽"胆怯"，但在"适当的利润"面前，它就"胆大起来"，如果利益足够多、增殖足够大，

---

① 〔秘鲁〕赫尔南多·所托：《资本的秘密》，于海生译，华夏出版社，2017，第29页。
② 〔秘鲁〕赫尔南多·所托：《资本的秘密》，于海生译，华夏出版社，2017，第30~31页。
③ 马克思：《资本论》第1卷，人民出版社，2004，第877~878页。
④ 〔秘鲁〕赫尔南多·所托：《资本的秘密》，于海生译，华夏出版社，2017，第34页。
⑤ 马克思：《资本论》第1卷，人民出版社，2004，第871页。

资本就"敢犯任何罪行","甚至冒绞首的危险"。① 资本的这种扩张本性为资本主义社会的整体发展趋向定下了基调。资本逻辑的作用客观上具有两重性。资本同先进技术的结合也推进了现代社会及现代文明的到来,资本主义生产方式在资本逻辑支配中成为一种"普照的光",一种"特殊的以太",其辐射范围囊括社会发展的方方面面以及世界各地区各民族,它使世界范围内的各领域发展置于其逻辑和秩序的控制及支配下,"它按照自己的面貌为自己创造出一个世界"②。在资本依循其发展逻辑构建或作用的辐射空间里,存在诸多为其增殖让路的"不寻常"现象,而这些"不寻常"在资本逻辑中又具有"寻常性"或普遍性,其中最突出的表现莫过于"异化"或"颠倒"现象。马克思在《1844年经济学哲学手稿》中揭示出资本主义生产中存在的四种异化现象,将人同自然界、生产过程、产品及类之间的异化情形进行了详细论述,并强调这是资本逻辑中生产推进的必然,一切在资本逻辑的统御及主宰中运行。

资本是社会关系在具体物上得以表征的抽象概念,社会关系同时也成为虚拟资本以非真实资本(非现实资本)形态出现的一种合理支撑。因为虚拟资本首先也是一种社会关系的抽象表达,更重要的是,该资本形态下对利润的疯狂追求程度较现实资本有过之而无不及。不过,要清楚的是,虚拟资本固然在资本的抽象性上展现得更为彻底,但其历史存在及持久发展依旧需要立足现实资本存在及发展的基础,这一点对虚拟资本本身的发展至关重要。虚拟资本的存在是现实资本为追求更好的发展和增殖而衍生出来的新形态,并非是虚拟资本的存在及发展为现实资本存在及发展准备前提或提供保障。不过,资本为逐利而肆意扩张的本性决定了在其逻辑支配范围内,任何存在物都沦为其附属物,上述的情形自然不会例外。就如同货币出场后反过来对商品的统御情形一样,"似乎不是因为其他商品都通过它来表现自己的价值,相反,似乎因为这种商品是货币,其他商品才都通过它来表现自己的价值"③。虚拟资本在资本扩张秩序的主导下,颠倒发展逻辑,掩盖事物本质,甚至上演用"劳动力本身"作为"生息资本"以

---

① 托·约·邓宁:《工联和罢工》,伦敦版,1860,第35、36页。转引自马克思《资本论》第1卷,人民出版社,2004,第871页。

② 马克思、恩格斯:《共产党宣言》,人民出版社,2014,第32页。

③ 马克思:《资本论》第1卷,人民出版社,2004,第112页。

解释"劳动力的生产性质"的"子生父"的闹剧，马克思说，"生息资本一般是一切颠倒错乱形式之母"①，建基于其上的虚拟资本承袭了这一颠倒特征。同时，虚拟资本借助信用制度，将这一颠倒情形掩饰为"正常化"现象，"连债务积累也能表现为资本积累这一事实，清楚地表明那种在信用制度中发生的颠倒现象已经达到完成的地步"②。这种资本逻辑主宰中"正常现象"的"反常性"，除非强制性方式或手段的介入，否则，将在经济发展及逐利过程中持续呈现。同时，在新一轮虚拟资本笼罩世界经济发展的背景中，虚拟资本借助多种手段将全球发展裹挟进其逻辑及秩序中，虚拟资本为全球发展制定规则的积累进程更是采用现代性的"野蛮"方式，为攫取更多利润进行金融投机，开展"金融战争"，使用金融手段对广大发展中国家展开财富掠夺，依然坐拥全球发展暴利，把虚拟资本的扩张态势蔓延至世界的角角落落，将资本逻辑运用于社会方方面面。虚拟资本凌驾于现实资本及其他任何存在物之上的运行轨迹，也使资本逻辑对发展逻辑的颠倒现象持续存在。虚拟资本成为时代发展中资本逐利的全新形态，它依照自身发展需求为自己塑造了一副崭新的面孔。

二 虚拟资本对资本逻辑的"升级"

虚拟资本的存在及作用是对资本逻辑运行功能的全新"升级"。所谓"升级"，主要体现在同一事物不同发展阶段性能及特点上的一种比较，是相对于该事物之前阶段的一种全新状态。资本形态在虚拟资本表现上，同之前状态具有很大差异，但在根本性上是一致的，其他方面，尤其是增殖层面，实现了在原有形态基础上的"升级"。前述已知，虚拟资本追逐利润的扩张本性如故，其存在及运行依旧"忠实"遵循资本逻辑。只是资本逻辑在该资本形态上的具体增殖表现不同，增殖途径、增殖手段及作用范围等方面凸显虚拟资本较之前资本逻辑运作的提升。

首先，虚拟资本形态上的价值增殖实现了资产阶级不通过生产过程的"纯粹性"逐利"幻想"。我们知道，资本总公式体现为"G－W－G′"，其中，首尾两端的货币资本在量上并不相等，后者（G′）是在实现增殖的商

---

① 马克思：《资本论》第3卷，人民出版社，2004，第528页。
② 马克思：《资本论》第3卷，人民出版社，2004，第540页。

品资本出售之后实现的货币资本，内含新增加的价值，这种增殖需要经过中间环节，也即生产资本的现实增殖过程。因此，这一生产过程在表现形式上似乎成为资产阶级快速实现价值增殖的"阻碍"，尤其当资本投资于基础设施建设等周转周期慢、循环时间长的领域，同资本追寻的高流动性相悖。可以说，尽可能缩短生产周期，甚至跨越生产过程，直接实现价值增殖，就成为资本家孜孜以求的目标和理想。也正如马克思所揭示生产过程对资本家逐利的"不可或缺"性，在资产阶级视野中，该过程仅仅是价值增殖的必要过程。否则，生产过程对于资本家根本无关宏旨。但资本在虚拟形态上的出现及发展使资本家在这一增殖"幻想"上看到了"曙光"，尤其是信用工具的持续介入，不但使价值增殖"摆脱"了现实生产过程，而且这种增殖方式逐渐成为主导资本家逐利的模式，资本家乐此不疲，持续推动并逐步扩大虚拟资本的积累规模。如果说在之前家族式企业的资本家尚且参与生产过程，扮演监管者等角色，付出为剥削劳动者的"劳动"，那么，现在在虚拟资本积累模式中，资本家彻底变成了"不劳而获"的阶级。

其次，虚拟资本发展中多样化的形态表现为资本积累提供丰富的增殖手段。马克思所处的时代，虚拟资本尚处于发展的初级阶段，在积累中的主要形态也表现为有价证券及信用票据等基础形态，虽然较先前增殖模式（生产资本的现实增殖）具有积累层面上的优越性，但在虚拟资本模式中依旧处于发展的起步阶段。伴随信用扩张及金融创新趋向的持续推进，虚拟资本积累模式中的层级结构也逐渐得以构筑，有价证券等初级形态基础上的高级形态逐步出现并占据虚拟资本积累的主导位置。比如，期权、期货等金融衍生工具，建立于有价证券等基础性虚拟资本形态之上，其虚拟性愈发"虚拟"，在交易中不仅无须有价证券等虚拟资本的现实承载物，甚至连交易内容为何以及交易内容是否存在都成为无足轻重的事情，投资者可以仅仅就某一指数的涨落进行赌博。诸如此类虚拟资本的再虚拟化，也称虚拟资本的高级形式，已经直接脱离了同生产过程的关系，并能够在虚拟交易中获取巨额利润，这种增殖模式为资本家提供了一个疯狂敛财的机会，并为其塑造了一个高度繁荣的"泡沫"王国，因为这些交易在现实中不存在相应的对应物，就像悬置于半空的"楼阁"，有诱人的表象及引人入胜的魅力，唯独欠缺的是维持其持久存续的根基。

最后，虚拟资本形态上的资本发展为资本逻辑的存在及运行开拓了新的作用空间。马克思在对资本本性的描述中就洞悉了其高度流动性及扩张性的内在本质，并认为，"创造世界市场的趋势已经直接包含在资本的概念本身中。任何界限都表现为必须克服的限制。首先，要使生产本身的每一个要素都从属于交换，要消灭直接的、不进入交换的使用价值的生产，也就是说，要用以资本为基础的生产来代替以前的、从资本的观点来看是原始的生产方式"①。资本在虚拟资本形态上的呈现，依然延循资本自身存在及发展的根本逻辑，将虚拟资本积累模式向全球扩展，利用货币等金融工具不费吹灰之力来"收割"他国财富，并不断叫嚣指责他国金融市场的开放程度及运行状态。虽然"在国外市场方面，资本通过国际竞争来强行传播自己的生产方式"②，但在国际政治经济秩序不均衡的全球发展背景下，这种"国际竞争"的公平性在多大程度上具有价值已经是一种心照不宣的事情了。虚拟资本通过多样金融手段及衍生工具对国际社会展开新一轮资本"侵犯"，固然能够促进资本的国际流通，提升国际资本的市场竞争力，一定程度上达到优化资源的目的。但这种利益配置格局严重不均衡，其更重要的意义偏向于虚拟资本发展及积累的主导国，也即发达资本主义国家。马恩经典作家曾说："对外贸易和世界市场既是资本主义生产的前提，又是它的结果。"③ 金融全球化中虚拟资本的世界扩张为资本在更大范围内攫取利润开拓空间，同时也成为资本延缓其内在发展矛盾的一种重要策略。换句话说，虚拟资本在全球市场的扩张，是继资本扩张之后资本主义生产方式传播及资本主义内在矛盾转移的再版，区别在于，虚拟资本扩张较之资本（虚拟资本之前的资本形态）扩张，规模更大、效果更明显、影响更深远，其背后呈现或转移的矛盾更尖锐、转移的迫切性更强烈，这同时意味着，向资本存在及作用的界限更迫近。

三 虚拟资本对资本逻辑的"探底"

虚拟资本的存在及作用是对资本逻辑限度的再次"探底"。"探底"是经济学中的专有名词，特指对股价最低点的寻找过程，而在探底成功之后，

① 《马克思恩格斯全集》第46卷上册，人民出版社，1979，第391页。
② 《马克思恩格斯全集》第46卷下册，人民出版社，1980，第247页。
③ 《马克思恩格斯全集》第35卷，人民出版社，2013，第226页。

股价便逐渐回升。这一"探底"过程可以看作对股价下跌幅度或限度的探寻，是股价翻升、经济回暖同经济危机两重经济状态的一个临界点。我们可以将"探底"引申为对某一事物存在限度或作用临界点的一种探求过程，突破此限度或临界点，事物的正常存在状态将遭到破坏，其作用也将难以有效发挥，是事物濒临危机的一个预警点，保持事物在此限度内存在的张力性，是事物持续发展的关键。对资本逻辑的"探底"就是对资本存在界限的一种探寻过程，或者说是对资本存在限度的再次超越。毋庸置疑，资本本性的释放过程本身能够看作一种超越过程，其追逐利益展现的是"力图超越自己界限的一种无限制的和无止境的欲望"①。但在马克思主义视域中，资本存在及作用有其存在的局限性，即资本固有的自消性或否定性，注定资本的"超越"过程难以持续实现其逐利欲望。马克思强调："资本在具有无限度地提高生产力趋势的同时，又在怎样程度上使主要生产力，即人本身片面化，受到限制等等，整个说来，资本在怎样程度上具有限制生产力的趋势。"② 由资本逻辑统御经济发展主导地位的资本主义生产方式，在对生产力的推进过程中能够很明晰地感受到其"普照的光"所散发的荣耀，但同样是资本逻辑统御中的生产方式，"包含着生产力自由发展的界限——在危机中，特别是在作为危机的基本现象的生产过剩中暴露出来的界限"③。马恩经典作家预判了资本逻辑作用在矛盾激化及危机循环中必然消逝的命运，届时，"……很大一部分资本被消灭，这样就以暴力方式使资本回复到它能够充分利用自己的生产力而不致自杀的水平。但是，这些定期发生的灾难会导致灾难以更大的规模重复发生，而最终将导致用暴力推翻资本"④，并向世人作出"两个决不会"的剖判，而资本主义在周期性危机发生中的持续存在及其自身内在调节机制作用的不断发挥，也在用事实映照马恩当年的论断。因此，资本逻辑存在的限度只能在资本持续作用并逐渐自我限制进程中去探寻。

虚拟资本是资本形态演变中的一个阶段，就资本发展进程而言，可以将资本虚拟化阶段看作资本逻辑限度的探寻。资本形态演进受客观经济发

---

① 《马克思恩格斯全集》第 30 卷，人民出版社，1995，第 297 页。
② 《马克思恩格斯全集》第 46 卷上册，人民出版社，1979，第 410 页。
③ 马克思：《剩余价值理论》第 2 册，人民出版社，1975，第 603 页。
④ 《马克思恩格斯全集》第 46 卷下册，人民出版社，1980，第 269 页。

展规律的支配，是历史生成性的体现，同时，资本形态的虚拟化也扮演着转移资本主义生产矛盾、缓解发展危机的重要角色，就像学者所说的，"虚拟资本是对现实资本发展中所遇到矛盾的客观解决方式"①。就此而言，虚拟资本的存在及作用必然对经济社会发展及生产力进步具有促进作用。如果撇开虚拟资本在发展中的积极作用，单就资本逻辑的存续而言，虚拟资本的出现及作用是资本逻辑延续其存在的重要方式，是立足马克思对资本存在限度或发展趋向这一根本预判的基础上，针对资本现实发展状况的一次"探底"，是对资本主义生产方式柔韧性或耐力的一次磨损。因为从历史的整体发展视阈考察，资本的发展趋向存在悖论，即其越发展，也就越受限，越逼近自身的存在限度。资本在对其作用范围内的一切事物造成异化的同时，也逐渐使自身异化，资本对利润的疯狂追求迫使其持续扩张，不仅通过缩短劳动时间来尽可能攫取利润，而且借助空间扩张使资本全球化，在地域拓展层面获取利润。讽刺的是，资本为追逐利润而疯狂扩张的举动却是在"争分夺秒"地奔向自身存在及作用的终点。在虚拟资本统御经济发展的背景下，信用制度及信用体系高度发展，虚拟资本在信用支撑下创造出多样化逐利工具，并将整个发展过程囊括于由金融工具织就的巨大信用链内，多样性的金融工具在持续更新的技术支持下固然具有对风险及危机的分散及预防功能，但信用发展逻辑对资本逻辑的依附决定了信用自身发展的异化。资本逻辑中信用大肆扩张、过度滥用，一旦信用失灵甚至危机发生，这一为规避风险造就的链条，因其牵连广泛、利益交织、环环相扣，必将诱发系统性金融风险，虚拟资本积累过程中断，其现实支撑在资本逻辑中早已"空心化"，凭借虚拟资本自身已然不能恢复失常的经济秩序，只能通过危机的强制手段来调节。"危机对经济体系进行了不合理的合理化，凶狠地在资本主义社会的经济景观中一路碾了过去。"②危机发生后，资本主义经济秩序逐渐得以恢复，它是"资本主义生产模式中的'不合理性的理性主义者'"③，但危机之后的经济秩序依旧由资本逻辑主导，新一轮"虚拟资本积累—积累过度—经济失序—危机发生—经济秩序强制性恢

① 马晓强：《产业发展动力论——基于虚拟资本与产业资本互动的视角》，中国经济出版社，2008，第49页。
② 〔英〕大卫·哈维：《资本的限度》，张寅译，中信出版社，2017，第475页。
③ David Harvey, *The Urbanization of Capital*, Oxford, UK: Basil Blackwell Ltd., 1985, p. 12.

复——虚拟资本积累"的经济运动又将周期循环，并且虚拟资本同先进技术的持久"联姻"，必将促使这种循环积累程度及深度提升。任凭资产阶级采取何种办法维持或纵容资本逻辑的任性，也只是其为"更全面""更猛烈"危机的爆发提供的办法，而且成为不断逼近资本预防手段临界点的办法。① "只要资本主义的发展脚步……与社会生活世界的逻辑相冲突，一切稳定措施都只不过是临时的。"② 虚拟资本积累进程在经济中的发展循环，正逐渐向资本逻辑的存在限度逼近，是对资本逻辑作用的逐步探底过程。未来人类社会的发展样态，无论是对资本逻辑的"瓦解"或是"驯服"，都必然是对"资本文明"的"超越"。③

总而言之，针对资本在虚拟化形态上对资本逻辑"传承""升级""探底"的内在特性的分析，是对资本存在历史性的一种具体展开过程。虚拟资本在本质上延循资本增殖的一般性，这是其存在的基本性质；在具体增殖方式及增殖程度上，虚拟资本更加适应时代对资本增殖的发展要求，具有多样性增殖手段及巨幅增殖水平；虚拟资本增殖能力作为资本主义对生产方式根本矛盾的缓解之法，具有调节生产力同生产关系矛盾的作用，一定程度上能够缓和阶段性生产矛盾，但诚如马恩经典作家所说，资本的内在自消性或自我否定性从根基上决定了其历史发展走向和命运，借助形态变更以实现对内在矛盾的延缓或消除，最终只能使其愈发触及自身的存在底线，进而使该底线愈加失去"弹性"或张力。如同一张不断向满处拉伸的弓，当弓的耐力磨损殆尽，拉伸空间消失不在，拉伸力度哪怕丁点增加，都将成为促使弦断弓折的"最后一根稻草"，失去回旋余地。

第五节　虚拟资本的双重效应

唯物辩证法是马克思分析和阐述资本理论，并在此基础上揭示资本主义生产方式的内在矛盾及矛盾演变过程，昭示资本主义存在发展规律的根本方法。正如马克思所言："辩证法在对现存事物的肯定的理解中同时包含

---

① 马克思、恩格斯：《共产党宣言》，人民出版社，2014，第 34 页。
② 〔德〕沃尔夫冈·施特雷克：《购买时间——资本主义民主国家如何拖延危机》，常晅译，社会科学文献出版社，2015，第 11 页。
③ 王庆丰：《资本的界限——现代社会的合理性边界》，《求是学刊》2016 年第 1 期。

对现存事物的否定的理解，即对现存事物的必然灭亡的理解；辩证法对每一种既成的形式都是从不断的运动中，因而也是从它的暂时性方面去理解；辩证法不崇拜任何东西，按其本质来说，它是批判的和革命的。"① 借助科学的辩证法，马克思不仅完成了对黑格尔辩证法（具有神秘性）的超越，进而通过唯物史观实现了对资本主义乃至人类社会发展规律的科学揭示。在对资本理论的分析中，马克思充分肯定了资本主导的生产方式为生产力的发展所起的重要促进作用，并在对资本存在的肯定中对其展开合理批判。同样，对虚拟资本理论的阐释，马克思也立足于资本逻辑批判的总体基调，客观论述虚拟资本存在的历史性及其对资本主义经济发展的促进作用。依循经典作家对资本理论的整体论述，虚拟资本对经济发展的正向和负向效应在历史发展中达到统一。

一 虚拟资本对经济发展的正向效应

如前所述，虚拟资本的出场具有客观必然性，是经济发展同历史推进的结晶。就一般意义而言，虚拟资本的存在及运行依然在资本逻辑的支配范围内，以实现价值增殖为唯一目的，不过该目的在客观经济活动中具有两层内涵或功能：其一是依循逐利本性，推进资本集中，为经济发展提供必要的资金支持；其二是有效缓解资本发展中存在的矛盾，规避经济推进中潜在的风险。其具体功能主要体现在以下方面。

首先，虚拟资本的存在能够有效推进资本集中，准备经济发展的资金条件。资本追求高流动性，这是资本持续增殖的前提条件，虚拟资本本身具备的高流动性及高回报率等特性，直接提升闲置资本对其投资的吸引力。同时，虚拟资本的融资方式多样，不仅存在诸如股票、债券等有价证券投资的直接性融资方式，还有银行等信用中介机构通过信贷方式进行的间接性融资。不仅如此，虚拟资本融资的成本在不断更新的技术支撑及不断完善的金融体系维护中持续降低，有效"避免了传统融资中介烦琐的手续和不必要的人为障碍"②，这在缩短经济发展过程中资金周转时间、加快资本

---

① 马克思：《资本论》第1卷，人民出版社，2004，第22页。
② 马晓强：《产业发展动力论——基于虚拟资本与产业资本互动的视角》，中国经济出版社，2008，第78页。

周转速度的同时，进一步提升了经济发展效率。可以说，虚拟资本已经成为经济发展中的重要环节和有力补充。马恩经典作家也指出："公债不过是增加税收和满足资产阶级掌握政权所造成的新需要的一种新方式"①，在谈到法国的动产信用公司②时，他们强调了股份公司对资本主义发展的意义，并辩证性地指出"工业的发展基础应当是有价证券买卖，或者更确切些说，一切工业活动只应当是证券投机活动的借口"，该股份公司借助股票行市差价等方式实现"增加自己的业务"和"减少自己的风险"的目的，更重要的是，该公司有政府的大力支持，拥有大量资本及贷款，这为其股票发行上市并"赚到贴水"提供便利，同时也为工业企业投资准备了一定资本条件，动产信用公司也通过此种方式实现对"用于工业企业投资的相当一部分借贷资本"的监督。③ 马恩侧重强调有价证券等虚拟资本投资对工业等实体经济发展的促进作用，肯定了虚拟资本充分汇集闲置资本并将其配置于生产中资本缺乏者使用的过程，该过程既实现了闲置资金投资的欲求，也满足了经济发展及规模扩大对更多资本的需求。

其次，虚拟资本运行能够强化竞争意识，促进资源优化配置。虚拟资本以追求价值高增殖为目的，在市场机制下，竞争规律在资源有效配置过程中发挥着关键作用。我们知道，虚拟资本融资的手段虽然多样，但投资者所遵循的投资原则是"收益高"且"风险小"，其对多样投资工具的判断依据则主要看企业的经营状况，如果企业经营业绩好、收益高且风险相对较低，而且具有持久发展潜力，投资者就会将资金投向该企业发行的有价证券上，相反，投资者非但不投资，反而将之前所投资本通过转让债权等方式实现资本回收。市场经济条件下投资者的趋利性是资本投资进程中的主要参照因素，也正是这一投资模式的激励或反馈，为企业经营管理及运营效益的提升提供关键动力，使企业在将自身绩效提升的同时，提高整体

----

① 马克思、恩格斯：《马克思恩格斯文集》第 10 卷，人民出版社，2009，第 46 页。

② 动产信用公司（Crédit Mobilier），其主要以充当信贷中介及参加工业等企业为创立目的，以有价证券的投机买卖为收入的主要来源。该过程主要在"双倍虚拟资本"创造的过程中体现：一方面，动产信用公司以本公司股票发行得来的资金收买其他公司股票，并将其持有的其他企业的有价证券作为自身股票发行的担保；另一方面，其他企业的股票以各自财产价值为担保。以此，同一实际财产便衍生出"双倍""虚拟资本"。参见许庆朴等编选《马克思主义原著选读》，高等教育出版社，1999，第 133 页。

③ 《马克思恩格斯全集》第 12 卷，人民出版社，2001，第 36 页。

社会资本的使用效率。这也是市场经济中增强企业经营及信用信息公开披露力度的重要性的体现，信息的准确性、时效性成为市场竞争机制有效发挥导向作用的前提基础，因为只有在投资者将投资企业的绩效状况及信用情况等相关信息掌握清楚后，才可能在最优原则的基础上选择对绩优股或朝阳产业的投资，后者取得集资优势，伴随资金的持续流入，其他包括人力资本等资源也陆续跟进，而经营状况不佳的企业则在市场良性竞争中逐渐衰落，并通过由虚拟资本提供的多重融资工具（如股权转移等）被优质企业收购或兼并，重组后的企业进而在生产中竞争优势愈发明显，投资者也就顺理成章地在企业获得的高利润中取得属于自身的部分收益。否则，虚拟资本投资中就可能出现竞争的"恶性循环"，高风险债券（垃圾债券）等将充斥市场，虚拟资本对资源的优化配置功能将逆向作用，成为市场运行风险提升的重要隐患。

最后，虚拟资本在经济活动中的多样化投资，能够规避潜在风险。虚拟资本在资本形态上的演变本身就蕴含对经济发展中矛盾及危机的缓解或规避之义，而且虚拟资本发展的独立性还能够"在一定程度上免遭工业资本的兴衰带来的损失"①。更重要的是，伴随虚拟资本的发展及金融创新的驱动，为规避或转移金融风险的融资手段及体系不断丰富完善，为虚拟资本的风险性提供了关键缓冲条件，这也成为金融衍生工具存在及运行的重要原因。金融衍生工具借助信用手段不断实现其在投资者之间的转移，在先进技术支持下将虚拟资本的高风险分散给不同投资者，从而实现风险的集体承担，降低风险的强度，降低虚拟资本存在及运行的风险程度。正如学者所揭示的："金融衍生品作为金融领域中的一种新兴工具，对于生产和流通的直接作用表现在避险和促进资本在不同国家和地区间的流动。生产和流通企业通过利用金融衍生品市场避险保值，既推动了商品的生产和交换，又扩大了金融资产的份额。"② 虚拟资本之所以存在，根由在于其能够在更大程度上实现增殖，这一过程的首要前提便是实现"资产保值"，可以说，虚拟资本及其多样化融资工具，蕴含对风险的规避功能，就如同"操

---

① 〔法〕弗朗索瓦·沙奈等：《金融全球化》，齐建华、胡振良译，人民出版社，2001，第72页。
② 杨迈军：《金融衍生品市场的监管》，中国物价出版社，2001，第1~2页。转引自马晓强《产业发展动力论——基于虚拟资本与产业资本互动的视角》，中国经济出版社，2008，第77页。

作层面上的套期保值（hedge），不仅促成现货交易，又能够降低风险，既促进了产业经济发展又不至于产生很大风险"①。

当然，突破区域界限是资本逐利本性的必然要求，尤其在金融全球化的背景下，"金融已经不能适应过于狭小和不足的民族国家的框架。它要打破边界，迫使各个国家屈服"②，借助高度发达的技术实现的金融创新，以及信用高度发达基础上金融体系的完善，虚拟资本具备了在全球范围内流动的重要条件。世界范围金融资本的流动规模已大大超过实际经济发展中所需的金融货币流通量，全球经济一体化进程逐渐趋向虚拟经济的一体化。同时，虚拟资本的趋利本质又会在世界范围内寻找投资的合适机遇和领域，经过"资本由低回报率地区流向高回报率地区的过程"③，进而推动更大空间内资源配置的优化及经济效益的提升。

二　虚拟资本对经济发展的负向效应

虚拟资本产生于实体资本，是应实体资本的发展需求而演变的资本形态，在虚拟资本同实体资本保持合理发展关系的前提下，两者相互促进、共同发展。但虚拟资本发展的相对独立性决定了其同实体资本关系合理性存在的限度，也就是说，两者发展的适宜性状态必然被打破。尤其是虚拟资本价格机制运行的独立性，直接成为其同实体资本相分离的诱因。两者合理发展关系的破坏将导致经济资源配置的失衡，虚拟资本过度发展下经济泡沫及泡沫经济的出现，甚至诱发更严重的金融危机。

具体而言，虚拟资本价格的不确定性及高度波动性为资本投机提供契机，当虚拟资本积累速度过快、积累规模过大时，虚拟资本量将迅速膨胀，投资（投机）者从虚拟资本中所获得的利润远高于投资实体资本，在市场机制作用下，趋利性原则促使投资者偏向虚拟资本领域投资，当一定时期市场上资本量固定时，相对于虚拟资本投资量的扩张，实体经济发展领域的资本量将相应收缩，甚至实体经济领域会因资本缺乏而难以有效生产，

---

① 马晓强：《产业发展动力论——基于虚拟资本与产业资本互动的视角》，中国经济出版社，2008，第77页。

② 〔法〕米歇尔·阿尔贝尔：《资本主义反对资本主义》，杨祖功、杨齐、海鹰译，社会科学文献出版社，1999，第166页。

③ 孙妍：《马克思虚拟资本理论研究》，知识产权出版社，2014，第90页。

资金使用率的骤降意味着现实财富创造的下降，进而影响整体经济的发展状况。同时，由于虚拟资本领域的高收益率，社会资本将过度青睐虚拟资本领域，一时间市场上货币资金供需失衡，导致市场利率提升，这进一步提升了实体经济经营的成本，甚至连实体经济领域的经营者都存在投资虚拟资本的冲动，经营实体经济的主体纷纷转向金融领域，资源明显向虚拟资本领域倾斜，产业资源的失衡及配置的失序对实体经济领域的可持续发展造成致命冲击。马恩经典作家对法国社会借助虚拟资本展现的投机之风进行揭示，指出"任何政治生活都受到压抑，但代替它的是什么呢？投机之风。伟大的法兰西民族不能让自己沉眠不醒，毫无作为。代替政治生活的是投机的狂热、追求利润的欲望，对有价证券买卖的迷恋。每个地方，甚至在我们的小城市，甚至在我们的乡村，人们都害了牟取暴利狂（这种例子不胜枚举），暴利是无需忙碌奔波、不要花费力气并且往往是用卑鄙的手段取得的"①。

另外，虚拟资本价格的持续高涨引起市场的虚假繁荣，在快速积累过程中催生经济泡沫。一般而言，经济泡沫并非经济发展中的反常现象，相反，适度的经济泡沫甚至是推动经济持续发展的有效举措，尤其是在虚拟资本作用的经济形势下，适当的经济泡沫现象还是一种正常现象。但虚拟资本价格的过度上涨及虚拟资本积累规模的过度扩张，将经济泡沫制造得越来越多，吹得越来越大，短期投机套利行为越发普遍，加上虚拟资本价格机制中存在的"羊群效应"，投资者对虚拟资本价格上涨的预期充满乐观，会持续动用高额资金跟投，将虚拟资本价格推向越来越高的阶段，当虚拟资本的扩张已远超实体经济能够支撑的范围时，虚拟资本存在的高额风险将在现实经济发展中逐渐被放大，最终演化为制约经济有序存在及发展的泡沫经济。虚拟资本的过度扩张增大了其存在规模，提升了其价格量，却难以有效"收场"。虚拟资本价格的扩张趋势不可能持久，当投资者纷纷撤资时，经济泡沫将逐渐破裂，虚拟资本价格也将借助非常手段复归其正常水平，而这一复归过程并非"愉悦"：有价证券纷纷贬值，银行抵押物等资产大幅缩水，金融机构借贷资本难以偿还，虚拟资本纷纷沦为市场抛售物。

---

① 《马克思恩格斯全集》第12卷，人民出版社，1962，第35页。

归根结底，虚拟资本负向效应的关键源于其同实体资本关系的失衡，马克思早已揭示："几乎现代每一次商业危机都同游资和固定起来的资本之间应有的比例关系遭到破坏有关"①。考察历次金融危机，其直接性诱导因素同虚拟资本（经济）与实体资本（经济）关系的失衡密切相关，危机的强制性手段正是促使这一对关系回复到其正常范围内的"纠偏反应"② 或"倒逼机制"的表现。但尽管如此，虚拟资本主导下经济发展的趋向在当前愈发凸显，而虚拟资本较之实体资本的独立性依旧"我行我素"，经济结构原本的"金字塔"模式逐渐倒置，"金融资本主义将头和脚、主人和仆人的关系完全颠倒过来。货币金融体系、资本市场、金融资产（虚拟经济）从脚变成头，从仆人变成主人；实体经济则从头变成脚，从主人变为仆人"③。因此，在资本主义根本制度的视域中，虚拟资本存在及扩张导致其同实体资本的分离是必然的，通过危机等强制手段实现该关系的复归也是必然的。

三　虚拟资本双重效应的历史统一性

虚拟资本对经济发展的正负效应在历史发展中实现统一，其根本缘由指向资本存在的内在本性。众所周知，资本的存在具有扩张性，目的指向具有逐利性，这一客观过程固然对经济社会发展具有"非常革命的作用"④，但资本逻辑作为一种客观存在逻辑，钟情于资本增殖，也正是其追求的单一，缺失对社会其他发展层面的兼顾，成为同历史发展逻辑、信用货币存在逻辑以及人的发展逻辑等相冲突的重要原因，而且资本逻辑会为了其增殖不惜或无视其他发展逻辑的正常运行。就此而言，资本本身的存在及作用具有反规律性，这也是其内在否定性的关键表现。当然，这并非否定资本存在的客观积极性，毕竟资本的出现是经济发展规律的展现，而只是说，资本（包括虚拟资本等资本形态）及其支撑中的生产关系，仅仅是"社会发展的一种历史形式，尽管这种历史形式是和构成整个这一发展基础的那

① 《马克思恩格斯全集》第12卷，人民出版社，1962，第37页。
② 孙妍：《马克思虚拟资本理论研究》，知识产权出版社，2014，第96页。
③ 向松祚：《新资本论——全球金融资本主义的兴起、危机和救赎》，中信出版社，2015，第43页。
④ 马克思、恩格斯：《共产党宣言》，人民出版社，2014，第30页。

一部分人口的利益相矛盾的"①。可见，在历史发展逻辑及人的发展逻辑等层面，资本的文明面是非常局限的。伴随资本逐利程度的下降（其中部分存在"生产率递减规律"的影响，然非全部或主要因素），资本千方百计、想方设法"寻觅"或"补救"其逐利时机，具有高回报率特征的虚拟资本形态的快速发展就充分暴露了资本本性，并且面对虚拟资本形态上逐利的不确定性或高风险性，多样性的金融创新工具作为对其逐利风险的分散手段便顺势而生，"所有交易商都试图自我保护，新的期货市场和期权市场应运而生也就不足为奇了"②。但虚拟资本的多样性风险管理或分散手段在资本扩张本性的作用下，竟然演变为矛盾及风险积累的主要途径。当资本在生产中的扩张再次受限，也即资本逻辑的扩张触碰到了经济发展规律的底线，届时经济秩序的恢复将由规律作用强制实现。在资本逻辑统御中，这一周期性循环模式将持续上演。不过，正如资本主义生产方式并非永恒性生产方式一样，资本逻辑对经济社会的主导也非永久性发挥作用，其具体演进或变更途径在一次次"资本过度扩张—经济严重失序—危机强制恢复"的循环升级中不断磨损特定生产方式的生命力，一次次对资本逻辑存在限度进行"探底"，直至其"反弹"空间逐步缩小，延伸张力渐次萎缩。施特雷克强调从整体历史发展视域入手分析资本主义存在及危机的重要性，他认为："如果选择了一个范围足够大的时间框架，那么就可以把当下危机的发展看成一个进化的过程，一个对危机的辩证过程。如果回顾过去，并且放置到一个相对更长的发展次序中来看的话，短期内被认为是危机终结——当然同时也可以看作是驳斥了当前版本的危机理论——其实不过是深层次的引发一轮又一轮危机的冲突和整合缺失在表现形式上的变迁"③。因此，就历史发展视域而言，资本（包括虚拟资本等形态）在经济发展进程中，不仅在生产力发展上为人类文明进步提供了必要的物质基础，推动社会形态逐步向高级演进，而且该发展进程也在资本自我局限中逐步将危机形态及程度推向高级，同时也将危机对社会变更的影响程度进一步提升，

---

① 《马克思恩格斯全集》第26卷第3册，人民出版社，1974，第287页。

② 〔法〕米歇尔·阿尔贝尔：《资本主义反对资本主义》，杨祖功、杨齐、海鹰译，社会科学文献出版社，1999，第163页。

③ 〔德〕沃尔夫冈·施特雷克：《购买时间——资本主义民主国家如何拖延危机》，常晅译，社会科学文献出版社，2015，第10~11页。

不断逼近资本逻辑统御的临界点。可以说，虚拟资本双重效应的统一性在历史变更中体现得最为透彻，成为变更社会形态的统一力量。在虚拟资本形态的发展演进及危机冲击中，马克思曾经的预判更加明晰，资本主义生产方式，"正在衰老，越来越过时了"①。

---

① 《马克思恩格斯全集》第 25 卷，人民出版社，1974，第 292 页。

第三章　《资本论》虚拟资本理论的
理论方位

　　马克思虚拟资本理论并非孤立存在，其在马克思主义理论体系中占据重要位置，具有关键的理论方位。虚拟资本理论是马克思主义理论体系的重要组成部分，在马克思主义理论体系对资本主义生产的外在内容表达及内在规律揭示上都扮演着重要角色，该理论丰富完善了马克思关于资本理论的论述，深化了对资本主义生产方式的认识，强化了对资本主义发展规律的揭示。同时，马克思主义理论对资本主义生产方式的辩证批判性在虚拟资本理论的分析表述中得以延续，将马克思对资本主义生产过程中"拜物观念"的批判从"商品""资本"向"虚拟资本"过渡，并深刻剖判了虚拟资本盲目扩张对劳动价值论颠倒的异化现象。马克思对资本主义政治经济学的整体批判的另一层内在之义在于重建或重置，具体而言，即在对资本主义经济现象批判过程中，勾勒理想社会经济发展的合理图景，凸显对资本主义经济发展趋向的科学前瞻性，这一科学预设在对资本主义经济发展的虚拟化趋向及资本过度扩张下金融危机存在的合理预判中得以验证。毋庸置疑，马克思主义在历史发展中不断被证明其科学真理性及时代价值性，其中，就文本视角分析，虚拟资本理论在当代对经济发展强有力的解释力和指导性进一步凸显马克思主义科学真理在时代发展中的永恒性及生命力。该部分在行文阐述中发挥着承上启下的作用，承接上文对虚拟资本理论生成及意蕴的内容论述，进一步强调虚拟资本理论是马克思对资本主义生产过程及规律揭示过程中的重要环节，同时阐释虚拟资本理论对马克思主义理论前瞻性的凸显，开启后文虚拟资本理论的时代延续及对在金融危机中根本指引等内容的论述。

第一节　虚拟资本理论展现马克思资本理论的
新的规定性

虚拟资本理论是马克思资本理论的重要组成部分，透过该理论审视虚拟资本在借贷资本基础上对马克思资本理论的新说明[①]，并论述虚拟资本对资本新内涵的规定在资本主义生产关系实质的掩盖过程中的完成作用（新变化），更好地展现出资本虚拟化形态上对资本主义生产关系的剖析深度。概述之，虚拟资本理论对马克思资本理论的新说明或新规定在有力地揭示虚拟资本运作规律的同时，清晰地表征着其对推进资本主义生产内在规律揭示的重要作用，充分显现出其在整个资本主义生产发展周期中的关键地位。

一　虚拟资本深化资本的商品化

商品作为"资本主义生产方式占统治地位的社会的财富"[②]形式，也是"资本主义生产方式内在矛盾的胚芽"[③]，成为马克思在《资本论》中展开对资本主义社会运行规律及人类社会发展规律揭示进程的开篇论述元素。而作为商品二因素之一的使用价值，在资本主义条件下也逐渐超出其一般范畴的性质，被赋予了资本主义生产关系的特定性质和内涵[④]，其在生产中的地位（生产目的）随之由交换价值取代，"使用价值通过交换价值而成为使用价值，交换价值以使用价值作为自己的媒介"[⑤]，也就是说，在资本主义的生产体系中，商品的使用价值由直接生产目的逐渐沦为剩余价值生产的中介，而"为直接的使用价值，为生产者本人的需要而进行的生产，已经完全废止"[⑥]。以物的依赖关系为基础的社会形态中，"庞大的商品堆积"成为最显眼的表象，普遍存在的交换关系在商品形态上得以表达，这也是商品形式"奥秘"

---

① 〔苏〕卢森贝：《〈资本论〉注释》第3卷，李延栋等译，生活·读书·新知三联书店，1963，第214页。

② 马克思：《资本论》第1卷，人民出版社，2004，第47页。

③ 张薰华：《〈资本论〉脉络（第2版）》，复旦大学出版社，1999，第5页。

④ 孙峰：《"商品化"：资本主义的经济表象和生产方式——〈资本论〉"商品化"理论探析》，《理论月刊》2010年第2期。

⑤ 《马克思恩格斯全集》第46卷上册，人民出版社，1979，第225页。

⑥ 《马克思恩格斯全集》第25卷，人民出版社，1974，第650页。

的核心所在。置于该种社会形态下,"商品化"趋向成为社会发展的一根主线,同时成为马克思对资本主义生产关系分析的重要着眼点。马恩经典作家指出,资本主义条件下的生产,并"不在于生产商品,而在于,成为商品是它的产品的占统治地位的、决定的性质"①,也即一切存在的商品化。

在《资本论》中,马克思对劳动力、货币及资本的商品化展开论述。资本存在的前提就是劳动力的商品化,将劳动力或劳动能力作为一种商品在市场上自由买卖的经济现象或过程。劳动力作为一种特殊商品,其使用价值"具有成为价值源泉的独特属性"②,这也正是资本存在及增殖的秘密。随着资本主义生产的发展,"商品化"趋向在流通及交换过程中的货币媒介上得以凸显,主要表现为生息资本的商品化,这同时成为该资本形态的独特性质。这是资本形态发展演进过程中存在的客观经济现象。具体而言,资本最初在产业资本形态上表现得最为普遍,而货币资本、生产资本及商品资本又构成产业资本循环过程的三种资本形态或职能,随着生产力的发展及资本形态的演进,基于商品资本形态从产业资本中的独立,商业资本出现,同时,货币资本从产业资本中的分离促使生息资本(借贷资本)诞生。借贷资本不同于商品资本或货币资本,后者在流通中并不是作为"资本"成为商品的,也就是说,商品资本或货币资本虽然是一种资本形态,但这是就其同"资本总运动的联系"③ 而言的,其中,货币资本充当资本主义生产的"先导",而商品资本作为剩余价值实现的最后环节,两者在具体流通中仅仅是作为商品(货币)执行职能,"不是作为资本变成商品的"④。借贷资本则不同,其从一开始进入流通过程,就作为资本出场,并非一种货币或商品,也正是就这层意义上,马克思指出,"资本作为资本,变成了商品"⑤。借贷资本作为一种货币商品由货币资本家贷放给职能资本家,作为一种特殊商品,货币资本具有独特的使用价值,即职能资本家通过对其的使用能够带来平均利润。资本商品在流通中的运动在"G-G-W-G′-G′"的公式中以"贷放形式"体现,该商品形态的流通表征着这样的过程:借

① 《马克思恩格斯全集》第25卷,人民出版社,1974,第994页。
② 马克思:《资本论》第1卷,人民出版社,2004,第195页。
③ 马克思:《资本论》第3卷,人民出版社,2004,第383页。
④ 马克思:《资本论》第3卷,人民出版社,2004,第382页。
⑤ 马克思:《资本论》第3卷,人民出版社,2004,第378页。

贷资本家将该商品的使用权让渡给职能资本家，后者将资本运用于生产过程，通过对资本商品的使用创造出平均利润，职能资本家将平均利润以利息形式存在的部分同资本商品一并偿还给借贷资本家。也就是说，资本商品是以"贷放"出让使用权，其在流通中的所有权并未发生改变，而使用权出让的依据是资本商品使用过程中对平均利润或剩余价值的制造，资本商品贷放到期后将会"连本带利""偿还"给借贷资本家。另外，资本商品作为一种特殊商品，也应该具有商品的价格属性，其价格具体表现在利息上，这是职能资本家为获得资本商品的使用价值而支付给借贷资本家的价格，即资本商品的价格表现为该商品的使用价值。这同"商品价格是其价值的货币表现"的共识产生矛盾。马克思对此强调："如果我们把利息叫作货币资本的价格，那就是价格的不合理的形式"①。该"不合理"现象"从一开始就是完全不合理的"，不仅在于这里提及的利息成为资本商品价格的表现形式，更在于资本商品这一客观存在现象。因为资本商品是特殊商品，其作为商品本身存在"不合理"，"不论从简单商品的观点看，还是从资本的观点看，也都是不合理的"②。但即使如此，资本商品的客观存在及利息的"不合理"形式依旧体现为资本主义生产发展的结果，表征着资本内在的新说明。

借贷资本为虚拟资本的产生准备条件，同时，在生息资本商品化基础上，"'商品'将取得最后和最高的外在表现形态——虚拟资本。虚拟资本是现实资本高度'商品化'的产物，即资本的使用价值超出资本主义发展初期的意义——为获取剩余价值用于生产，而是离开生产过程借助一系列中介，直接服务于剩余价值的攫取"③。虚拟资本不同于生息资本，却是基于后者的一种资本演变形态，就之前论述可知，作为借贷资本的生息资本是资本形态向虚拟化演进的"桥梁"，是资本向虚拟资本过渡的准备阶段。借贷资本形态上资本商品化趋向在虚拟资本形态中进一步发展延伸。虚拟资本就资本在具体经济活动中的作用而言同真实资本相对立，该形态上资本的商品化现象较生息资本的商品化最明显的不同，体现为其使用价值和价格在经济发展中的表现。虚拟资本的使用价值毋庸置疑体现为价值增殖，

---

① 马克思：《资本论》第 3 卷，人民出版社，2004，第 396 页。
② 陈征：《〈资本论〉解说》第 3 卷，福建人民出版社，1985，第 339 页。
③ 孙峰：《"商品化"：资本主义的经济表象和生产方式——〈资本论〉"商品化"理论探析》，《理论月刊》2010 年第 2 期。

但其具体使用过程却没有资本对生产过程的参与，而是通过发达的信用工具及在先进技术支撑下的多样化金融手段，"跳过"生产过程实现对剩余价值或利润的攫取。同时，虚拟资本商品化中，资本商品的价格，也即虚拟资本的价格同样存在"不合理"，虚拟资本本身不存在价值，价格同价值之间的相互关系更无从谈起。需要注意的是，尽管虚拟资本商品化中，价格同样取决于虚拟资本的使用价值，也即其获取剩余价值的效能或能力，但同借贷资本中资本商品价格由竞争决定存在不同（决定借贷资本价格的利息率由市场竞争决定），虚拟资本的价格同其未来预期收益密切相连，而虚拟资本的预期收益具有多重影响因素，其价格运行的复杂性及波动性，使虚拟资本形态中资本商品的价格有"独特的运动和决定方法"[1]。虚拟资本形态上资本的商品化，已经将资本主义商品化发展推向深处，甚至同现实生产完全分离的观念性存在、关系性存在（如权利）都可以直接获取剩余价值。可以说，伴随虚拟资本的持续发展，资本商品化趋向将逐渐深化，这是资本主义生产方式所根本决定的客观进程。

二 银行资本推动资本的社会化

银行资本发端于货币经营资本。货币经营资本基于货币经营业业务的拓展及独立化。货币经营业最初是对同货币流通相关的"各种纯粹技术性"活动的操作，诸如货币汇兑业务、货币保管业务、现金支付结算业务等，伴随资本主义生产及商品流通的发展，货币经营业包括其经营业务的拓展、货币存量的扩张在内的各方面逐渐规模化发展，这也促使货币经营业自身业务走向专门化。正如马克思所指出的："当它们（货币经营——引者注）独立起来，成为一种特殊资本的职能，而这种资本把它们并且只把它们当作自己特有的活动来完成的时候，就把这种资本转化为货币经营资本了。"[2]货币经营资本同产业资本及商品资本紧密关联，在其同发达的信用制度相结合之前，是产业资本的组成部分，同时也体现为商业资本的一部分，这就决定了货币经营资本在具体经济活动中对一般货币资本和执行职能货币资本的兼顾。当货币经营资本在资本主义流通中不断发展，并同发达的信

---

① 马克思：《资本论》第3卷，人民出版社，2004，第529~530页。
② 马克思：《资本论》第3卷，人民出版社，2004，第351页。

用制度相联系，其逐渐从产业资本中分离，演进为专门从事货币借贷业务的借贷资本，不再直接参与资本的生产过程。拥有并为职能资本家提供货币资本，同时以定期获取资本利息为生的资本家，也称为借贷资本家。随着借贷资本发展速度的加快及经济活动中对借贷资本数量规模等要求的提升，在货币经营业基础上出现的货币经营中介——银行，逐渐成为从事货币资本经营及货币借贷业务的最集中、规模最大的集资场所，银行经营的包括货币资本在内的资本统称为银行资本。其中，借贷资本是银行资本的重要内核所在，也是银行利润的关键来源，其"实际上不过是生产资本的货币形式"，就此而言，银行资本同产业资本（包括商品资本、货币资本等）都存在较大差别，后者的资本量及规模大小由"生产过程和流通过程的客观条件决定"，前者则更多侧重形式上的运作或"计算"而存在。① 这也是银行资本绝大部分内含于虚拟资本范畴的重要原因。

银行资本的绝大部分属于虚拟资本范畴。在马克思虚拟资本理论中，银行资本的构成主要从两个层面去体现：一是就银行资本的物质构成层面，主要是现金（含银行券）和有价证券；二是就银行资本的来源层面，主要是借入资本和自有资本。但银行资本的物质组成部分"决不因为这些不同要素是代表银行家自有的资本，还是代表存款即别人所有的资本，而会发生什么变化"②。因此，对银行资本构成的物质成分考察就成为重点。首先，银行存款作为货币或其提取凭证并非经常性存在于银行家之手，相反，作为资本运作的中介场，银行仅是货币集结的中转站和分配地，"存款本身起着双重作用。一方面……它们会作为生息资本贷放出去，因而不会留在银行的保险柜里，而只是作为存款人提供的贷款记在银行的账簿上。另一方面，在存款人相互间提供的贷款由他们的存款支票互相平衡和互相抵消时，它们只是作为账面项目起作用"③。其次，就银行有价证券的具体运作而言，其本身是一种信用货币的体现，存在货币虚拟化倾向及在此趋向中的具体作用，它虽以实体资本为基础，但自身具有独特运作方式。在马克思所处时代主要以银行券、国债及股票为常见形态。即使内含于银行资本，并不

① 〔德〕鲁道夫·希法亭：《金融资本》，福民等译，商务印书馆，1994，第 187~188 页。
② 马克思：《资本论》第 3 卷，人民出版社，2004，第 526 页。
③ 马克思：《资本论》第 3 卷，人民出版社，2004，第 533 页。

在实际业务中执行职能并发挥作用，而是标识银行货币贮藏平均量的货币准备金，也并非全部以真实货币存在，涵盖"自身没有任何价值的证券"①，只是对货币进行支取的凭证。在银行资本形态上，显现着马克思对虚拟资本生成的两条内在逻辑线索，上述的股票、债券等有价证券是收入资本化发展线路的展现，而银行汇票等信用票据具备流通职能，能够在流通中反复使用，同一债权可以在不同对象之间借助不同方法运行，从而在流通中制造出比其最初表征的资本额多数倍的虚拟资本。因此，"银行家资本的最大部分纯粹是虚拟的"②，其运行过程通过商品的不断交换、信用的不断索取与供给以及虚拟资本的不同表现形态来显现。

银行资本的发展促进资本的社会化转向。银行资本就来源层面而言，主要区分为自有资本和借入资本，尤其是借入资本，成为银行资本来源的主要组成。借入资本，即社会货币资本对银行的存款。对社会资本的主体（包括国家、资本家阶级、社会大众等主体）而言，借入资本相当于社会主体对银行机构的贷款或者投资，以定期取得利息为补偿条件；而对银行机构来说，社会存款并不会留存在银行保险柜中，而是以相似的过程贷放出去，定期收取贷款利息，并将利息的一部分补偿社会资本的存入或"投资"。同时，借入资本还充当不同存款人在银行账户进行彼此的货币流通业务，诸如转账、支付结算等的中介，该业务的办理过程最终同存款业务的办理相似，只在银行登记账簿上体现，货币支付结算及存款等环节都以象征（虚拟）性形式存在。借入货币作为银行资本的主要组成部分，反映着资本的社会化发展趋向，这一进程固然同资本主义社会生产力的发展及社会关系的调整有关，但银行业务在同非银行金融机构的竞争及利润引诱中不断拓展，具有了希法亭所说的发行股票及资本投机的职能，这在对社会资本大规模吸引中进一步促进资本的社会化。首先，单个资本数量及规模都存在局限，难以达到有效生产所需要资本额的最低限度，而且闲置资本不仅不能为持有者生出利益，就整体生产过程而言，资本滞留更是一种资源浪费，这是社会闲置资本转向借贷资本的重要缘由。其次，借贷资本最为集中、规模最大且功能最齐全的机构当属银行等货币经营中介，其在全

---

① 马克思：《资本论》第3卷，人民出版社，2004，第532页。
② 马克思：《资本论》第3卷，人民出版社，2004，第532页。

社会范围内发挥对货币资本的调度及配置功能，具有将社会分散的闲置资本集中起来，并向最需要资本的产业部门或机构调配，进而实现资源的优化配置，促进社会生产规模持续扩大的效用。最后，伴随银行业务的深度拓展，银行在虚拟资本的积累及流通中扮演愈益重要的角色，其将在社会中发行股票同投资企业股票的虚拟资本投资及积累活动有机结合，并且银行在投资虚拟资本进程中的优势较企业更为明显，"银行比产业企业更易于实行较稳定的股息政策，因为行情波动对银行利润的影响，不像对产业利润那样强烈和片面"①，这就为私人货币资本偏向银行投资奠定基础。银行资本在虚拟资本积累中进一步促进资本的社会化，在这一投资中显现出希法亭提到的"虚拟资本的双重化"② 过程（见图3-1）：社会资本向银行虚拟资本投资（主要体现为银行股票等形态），所投资本作为银行资产而积淀，当社会资本的积淀达到对产业资本的投资规模时，银行资本又向产业资本投资（产业股票），对银行而言，该投资是虚拟资本投资，而所投资本在产业资本上的集中，成为生产过程中剩余价值产生的关键前提（生产资料和劳动力的购买）。图3-1的浅色箭头是这一虚拟资本投资或积累过程的直观体现，黑色箭头则是对资本来源及投资补偿过程的描述，其中产业资本在生产过程中的增殖，成为双重投资补偿过程的最终源泉。同时，该图能够直观清晰地看到银行资本在资本社会化及社会投资补偿进程中中介地位的至关重要性。

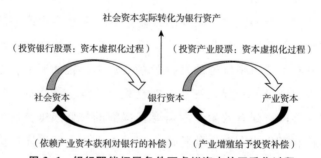

图3-1　银行职能拓展条件下虚拟资本的双重化过程

注：浅色箭头指代资本投资及虚拟化过程；黑色箭头指代资本需求、来源及补偿过程。

① 〔德〕鲁道夫·希法亭：《金融资本》，福民等译，商务印书馆，1994，第193页。
② 〔德〕鲁道夫·希法亭：《金融资本》，福民等译，商务印书馆，1994，第192页。

三 总利润"质的区别"[①] 强化资本的独立化

总利润"量的分割"向"质的区别"转变。在资本主义生产中，利润是剩余价值来源被掩盖的表达和"转化形式"，是剩余价值在"作为全部预付资本的这样一种观念上的产物"。[②] 也即，利润的内核是剩余价值，不以其表现形式而发生改变。依循对利润的此种理解，借贷资本形态中，货币资本家向职能资本家提供借贷资本，并从总利润中获取的以利息形式存在的收益，其实质是剩余价值，源于资本主义生产中的劳动创造。同利息相对应的是企业主收入，这是职能资本家将借贷资本投入生产而获取的总利润扣除利息的收益。两者在总利润的范畴内都是对由生产中活劳动所创造的新价值的不同表达，利息同企业主收入的分割体现为总利润的量的分割。然而，这一体现在量上对同质剩余价值的分割，在借贷资本的具体运行中，却逐渐演变为不同质的分割，利息和企业主收入分别具有了不同质的解释。首先，利息成为借贷资本本身的产物。利息是货币资本家凭借对借贷资本的所有权名义获取的收益，相对于职能资本家，借贷资本家并不参与生产过程"G-W-G′"，在一定阶段内只同职能资本家存在直接借贷关系，该关系在贷出"G-G"和偿还"G′-G′"两个阶段得以表现。而且，在利息同企业主收入的分割中，借贷资本家同职能资本家存在直接对立关系，因为总利润量是一定的，利息和企业主收入在量上必然存在此消彼长现象。一般而言（排除总利润同平均利润的偏离情况），在平均利润率为定量时，企业主收入的多少就取决于利息率的高低，利息率在一定范围内（0~平均利润率）越高，利息越高，则企业主收入越低，反之亦然；同样，假定利息率为定量，企业主收入的多寡就取决于平均利润率的高低，后者越高则前者越多，反之亦然。因此，就经济运行表象而言，货币资本家凭借对借贷资本的所有权同时拥有取得利息的权利，并在此过程中同职能资本家发生关系，除此之外并无其他经济过程的参与，更难有同剩余价值发生关系的迹象或机会，这就形成借贷资本生出利息的自然观念。其次，企业主收入化身资本家"劳动"工资的象征。在家族式资本主义时代，职能资本家将借

---

① 马克思：《资本论》第3卷，人民出版社，2004，第408页。
② 马克思：《资本论》第3卷，人民出版社，2004，第43~44页。

贷资本投入生产，并在生产中参与监督或管理工人劳动的"劳动"，在生产过程结束时，其取得的收益被看作资本家在此过程中监督或管理"劳动"的工资。这就将资本家的"劳动"同劳动者的劳动混为一谈，并将企业主收入看作资本家在生产中的"劳动"所得。当然，相较于远离生产过程的借贷资本家，职能资本家的确参与了生产过程，在一定历史时期（因为企业经理人的出现将逐步取代产业资本家的管理地位）也确实"付出"了"劳动"，但需要注意的是，职能资本家这一"劳动者"，"不过是作为资本家的劳动者，即作为对他人劳动的剥削者的劳动者"①，企业主收入的程度同样不取决于这样的"劳动"，而取决于这样的"劳动"对工人劳动的剥削程度。② 马克思在对此进行论述时，还区分了监督和"指挥"劳动的"二重性"，以上提到的"劳动"是基于生产者同生产资料相对立的生产方式中的"劳动"，该"劳动"充满剥削性；而另一种劳动，即"指挥"劳动，则具有生产性，它基于生产的社会结合过程，是在社会协作的劳动过程中通过统一指挥展开的"生产劳动"，同前一种"劳动"具有根本性质上的区别。总之，利息和企业主收入对总利润的在形式上的分割，造成了两者在质上的区分及对立，但"人们忘记了，二者不过是剩余价值的不同部分，并且它的分割丝毫不能改变剩余价值的性质、它的起源和它的存在条件"③。

总利润"质的区别"对资本独立化趋向的强化。利息和企业主收入的分割，是资本家阶级在借贷资本同职能资本之间的分化中客观产生的，并在借贷资本必然产生利息观念的"固定化""独立化"的事实中推进利润质的分割。因为总利润的分割同产业资本的运动本身并无关系，也即同产业资本家是否进行资本借入或使用借贷资本无关，所以，使用自有资本的产业资本家同样也要取得利息和企业主收入，其对货币资本（自有资本）的拥有是其取得利息的凭证，将自有资本投入生产则成为获取企业主收入的依据。可以说，货币资本作为借贷资本同产业资本的分离，并在经济中的独立存在，为总利润质的分割准备铺垫，并为利息成为资本所有权收益的

---

① 马克思：《资本论》第 3 卷，人民出版社，2004，第 435 页。
② 陈征：《〈资本论〉解说》第 3 卷，福建人民出版社，1985，第 374 页。
③ 马克思：《资本论》第 3 卷，人民出版社，2004，第 427 页。

形式表现奠定基础，从而赋予资本以独立化展现的特征。也就是说，借贷资本需求成为利息产生的"充分条件"，参与生产过程的资本获取剩余价值作为利息产生的必要条件在该形态下似乎不再适应，无论借贷资本是否真正参与生产过程，也无论参与生产过程的货币资本是不是借贷资本，在资本主义生产条件下，其都具有了下"金蛋"的"特异功能"。而资本增殖的独立化趋向在资本形态的演进中不断深化，很大程度上可以说，借贷资本开启了资本独立化的发展趋向，资本形态的虚拟化将这一趋向不断深化推进，而且资本的独立化本身存在"虚拟""幻想"等非真实蕴涵。虚拟资本的存在及积累建基于资本发展的独立化，是在资本"自行增殖"的前提预设下发挥作用的。股票等有价证券的虚拟资本初级形态能够获益便是基于虚拟资本的这一支取凭证，其所有权的转让所获利益同样是对虚拟资本"独立增殖"功能的默认；伴随虚拟资本形态的多样化发展及金融衍生工具的丰富性创新，虚拟资本逐渐发展至高级形态，甚至不需要类似于股票等的具象表现形态就能够获取利润。资本独立化发展形势在虚拟资本形态中被推向深处，并被提升到新的高度。事实上，资本的独立化，就是资本脱离生产过程实现增殖的发展过程及趋向，就根本意义上讲，资本自身难以真正实现完全的独立化，因为就马克思劳动价值论视域，"无中生有"的价值增殖本身就是天方夜谭，剩余价值的获取根源始终源于生产过程中活劳动的新价值创造，而生息资本乃至虚拟资本，只是在此基础上就具体表现形式赋予资本独立化的样态而已。不过，资本的这一独立化趋向，将资本主义生产关系推向"最充分的歪曲"① 境地，也成为马恩经典作家对资本主义生产关系实质进行揭示并展开批判的关键指向。

第二节　虚拟资本理论突出马克思主义
理论的辩证批判性

辩证法就本质而言，是"批判的和革命的"②，马克思辩证性地对资本

① 〔苏〕卢森贝：《〈资本论〉注释》第 3 卷，李延栋等译，生活·读书·新知三联书店，1963，第 241 页。
② 马克思：《资本论》第 1 卷，人民出版社，2004，第 22 页。

主义生产方式进行批判，是马克思主义理论革命性的突出体现。马恩经典作家立足经济发展现实，运用科学分析方法深刻揭示出资本主义发展的根本规律，对资本主义条件下资产阶级同无产阶级利益的根本对立及资本同劳动关系的不断转化做出剖判。伴随资本主义生产力的发展，资本矛盾在其形变中能够得以缓解，却难以有效消除；资本主义生产关系的实质可以透过资本形态变迁不断掩盖和颠倒，却不能根本移除；资本主义生产方式中矛盾的表现形式能够不断更新，其实质却无法更改。马克思虚拟资本理论在对虚拟资本的阐释中，揭露了虚拟资本条件下外在表象背后对资本主义生产关系实质掩盖的现象，深刻批判了资本虚拟化发展中资本拜物教对生产关系彻底颠倒的现实。该理论对资本主义发展的批判是马克思主义对拜物教揭露及批判的时代表现。

一 虚拟资本理论揭露虚拟资本的拜物教幻象

拜物教批判是马克思主义政治经济学批判的关键维度。马克思对资本主义生产关系颠倒现象的批判在拜物教批判逻辑中较为充分地得以展现。作为特定社会形态中客观存在的现象，拜物教历经商品拜物教、货币拜物教、资本拜物教等形式。拜物教是人与人社会关系的物化，当然，这种过程同"劳动的社会规定"所要求的外在物的体现密不可分。就像马克思在论述商品拜物教时提出，"人类劳动的等同性"正是在"劳动产品的等同的价值对象性"的物（商品）上获得具象形式，相应地，抽象的劳动价值也在劳动产品的价值量上得以展现。最重要的是，劳动者的社会生产关系同样也在这一进程中体现为产品的社会关系。[①] 这也揭示了拜物教存在的秘密，即物将人的社会关系归于存在于人之外的物自身天然固有的社会关系，将物的关系赋予社会属性，"把社会关系作为物的内在规定归之于物，从而使物神秘化"[②]，并将其置于人的关系之上。同时，作为对资本主义私有制生产条件下客观存在现象的社会意识反映，拜物教观念在资产阶级经济学家那里产生"错认"[③]，将生产中的"物质要素"同"社会形式"相混淆，

---

① 马克思：《资本论》第1卷，人民出版社，2004，第89页。
② 《马克思恩格斯全集》第46卷下册，人民出版社，1980，第202页。
③ 刘召峰：《马克思拜物教批判的三重指向与历史性自觉》，《马克思主义研究》2019年第4期。

在人的社会关系同物的外在表达上张冠李戴，甚至抛去前提、无视限度将物的社会存在拔高。比如，马克思主义经典作家在对资本拜物教的分析中就揭露："生产资料和生活资料，作为直接生产者的财产，不是资本。它们只有在同时还充当剥削和统治工人的手段的条件下，才成为资本。但是，在政治经济学家的头脑中，它们的这个资本主义灵魂和它们的物质实体如此紧密地结合在一起，以致在任何情况下，甚至当它们正好是资本的对立面的时候，他也把它们称为资本。"① 资产阶级理论家对拜物教现象的错认，在事物特殊性同一般性、具体性同抽象性的认知分析问题上发生混淆，也使其出现将"价值（交换价值）"作为"物的属性"，"财富（使用价值）"当成"人的属性"的颠倒认知。② 因此，拜物教在社会存在同社会意识双重意义上存在，并且物的拜物教性质同其拜物教观念在特定生产关系中存在相互交织作用，共同将资本主义生产关系的颠倒程度推向深处。马克思在对拜物教客观存在的揭示中，持续批判着这种颠倒现象及"错认"观念。

虚拟资本拜物教③是拜物教的时代延续。伴随资本主义生产关系的发展，资本形态逐渐向虚拟化方向演进，"拜物教不仅没有被消灭，相反却更加彻底"④。拜物教形态也表现为虚拟资本拜物教，这是继商品拜物教、货币拜物教、资本拜物教之后拜物教的新形态，是资本拜物教在虚拟化形态中的深度体现，在拜物教的根本性上同之前形态存在"同构性"。正如学者强调："将商品的本质归结为商品体的自然的物质存在和物质规定，产生了商品拜物教；将货币的本质归结为金银的自然的物质存在和物质规定，产生了货币拜物教；而将资本的本质归结为商品体和金银的自然的物质存在和物质规定，则产生了资本拜物教。"⑤ 不同的是，在资本对社会生产方式宰制的条件下，拜物教的疯狂程度更加深入。马恩经典作家指出："在论述商品和货币时，我们已经指出了一种神秘性质，它把在生产中由财富的各种物质要素充当承担者的社会关系，变成这些物本身的属性（商品），并且

---

① 《马克思恩格斯文集》第 5 卷，人民出版社，2009，第 878 页。
② 《马克思恩格斯文集》第 5 卷，人民出版社，2009，第 101 页。
③ 杨娟：《虚拟资本拜物教批判的时代意义及其进路——马克思主义政治经济学批判的当代追问》，《内蒙古社会科学》（汉文版）2019 年第 1 期。
④ 任平：《资本创新逻辑的当代阐释》，《学习与探索》2013 年第 3 期。
⑤ 王峰明：《马克思劳动价值论与当代社会发展》，社会科学文献出版社，2008，第 137~138 页。

更直截了当地把生产关系本身变成物（货币）。一切已经有商品生产和货币流通的社会形式，都有这种颠倒。但是，在资本主义生产方式下和在构成其占统治地位的范畴，构成其起决定作用的生产关系的资本那里，这种着了魔的颠倒的世界就会更厉害得多地发展起来。"① 而在对物的拜物教性质的"错认"的观念作用下，社会展开对物的痴迷和疯狂追逐。资本在货币基础上能够生出更多财富，而在虚拟资本形态中，仅仅凭借对部分剩余价值的支取凭证，就能够实现高额利润回流。虽然利润掩盖着社会生产中的劳资关系，但这同依据虚拟资本的表现形态获取利润并没有直接关系。社会之所以普遍存在对虚拟资本追逐的根源也不在于此，相反，虚拟资本形态这一社会关系的承载物却反客为主，化身为自行增殖的"永动机"，颠倒人同物的关系，将社会规定性赋予自身。在资本向生息资本转化时，马克思就已经揭露出资本拜物教的发展深度，指出在该资本形态上，"资本关系取得了它的最表面和最富有拜物教性质的形式"②，货币资本成为自动增殖的"物神"，其具备的性质能够代替其功能的具体发挥及职能的具体执行，"一切资本向带来虚拟资本形式的生息资本的表面转化，完全抹杀了对联系的任何认识"③，并赋予自身社会规定性的属性。借贷资本基础上的资本形态的推进，也即虚拟资本形态，更加显现出其在拜物教程度上的登峰造极。马克思所处时代，虚拟资本尚未上升为经济社会发展的主导，其拜物教的魅影尚且对有价证券等初级虚拟资本形态如影随形、青睐有加，就像希法亭所描述的，在虚拟资本运行中，"财产不再表现为某种一定的社会关系，而是成为似乎同某种活动完全无关的收益凭证。财产脱离开任何对生产、对使用价值的关系。任何财产的价值似乎都是由收益的价值决定的，是一种纯粹量的关系"④。随着虚拟资本形态的发展，拜物教观念更加深入人心，借助先进技术手段推进金融创新及虚拟资本的多样化，成为虚拟资本拜物教推动下的重要表现，期货、期权等虚拟资本初级形态基础上的高级形态，实现了凭借单纯的金融工具或手段就能实现价值增殖的"疯狂"幻想，这同时将虚拟资本的"神秘性"逐渐推向顶峰。总之，虚拟资本拜物教实质

① 《马克思恩格斯文集》第 7 卷，人民出版社，2009，第 936 页。
② 马克思：《资本论》第 3 卷，人民出版社，2004，第 440 页。
③ 〔德〕鲁道夫·希法亭：《金融资本》，福民等译，商务印书馆，1994，第 158 页。
④ 〔德〕鲁道夫·希法亭：《金融资本》，福民等译，商务印书馆，1994，第 158 页。

上是对社会关系的颠倒，将生产中人的关系赋予生产之外的虚拟资本表征物甚至某种没有现实对应物的权利、观念等，这种现象的现实表现体现为社会对虚拟资本的疯狂追逐，并透过虚拟资本表象攫取其背后不同地域劳动者所创造的剩余价值。马克思对资本主义条件下过度迷恋虚拟资本的现象进行过深刻批判，其中在对资产阶级经济学者意图借助资本"复利"实现一国永恒发展的"荒诞无稽的幻想"的揭示中，深刻批判了其拜物教观念已经远超"炼金术士的幻想"。①

总之，对虚拟资本拜物教的批判，立足于拜物教客观存在现象同其基础上生成的"错认"的拜物教观念，以及两者在相互作用中将拜物教现象不断向前推进、发展深化，致使经济社会中生产关系深度颠倒。马克思对拜物教的实质展开深刻揭示并进行了尖锐批判，不过，除非"逃到其他的生产形式中去"，否则虚拟资本发展中客观存在的拜物教现象及其"全部神秘性"将始终存在。② 对拜物教实质揭示及批判的重要意义在于"缩短"和"减轻"新生产方式"分娩的痛苦"③，为历史进步提供发展借鉴。

二 虚拟资本理论批判虚拟资本扩张对劳动价值论的否定

劳动价值论是马克思经济理论的基石。该理论奠定了马克思剩余价值理论的基础，在马恩经典作家对资本主义发展规律及人类社会发展规律的揭示中发挥了核心作用。马克思劳动价值论内涵丰富，涵盖商品二因素、劳动二重性、劳动力商品等重要理论概念。商品二因素（价值和使用价值）同劳动二重性（抽象劳动和具体劳动）关联密切，价值是无差别的人类抽象劳动的凝结和体现，使用价值则是具体劳动的展现，也就是说，无论是价值还是使用价值都是人类劳动的结晶。同时，劳动力商品也具有二因素，其使用价值具有创造价值的特性，不仅能够生产出维持劳动力再生产的劳动力价值，更能够创造出超出劳动力价值的剩余价值，进而揭示出资本增殖的秘密，也揭露出资本主义条件下资本同劳动、资本家同工人阶级内在固有的对立关系及剥削实质。更重要的是，资本主义条件下这种内在剥削

---

① 马克思：《资本论》第3卷，人民出版社，2004，第444页。

② 马克思：《资本论》第1卷，人民出版社，2004，第93页。

③ 马克思：《资本论》第1卷，人民出版社，2004，第10页。

关系伴随资本形态的不断发展，逐渐呈现"隐匿"状态，也就是说，资本剥削劳动的实质逐渐被掩盖，劳动过程作为价值产生的必要条件也逐渐被无视，尤其是借贷资本的出现，逐渐将价值增殖的劳动过程隐藏，将资本凸显于促使价值增殖的首要位置，赋予资本"物神""法力"，使其实现"自行增殖"，似乎价值的生产同劳动无关。在马克思劳动价值论的内涵中，活劳动是价值创造的唯一源泉这一基本论断是劳动价值论的"生命线"①，对这一科学判定的弃置或否定就意味着对劳动价值论的否定。借贷资本赋予价值增殖资本创造的假象，而在虚拟资本形态中，该种社会关系的"隐匿"现象有过之而无不及。虚拟资本价值的存在直接脱离劳动或生产，自然也不表现为劳动或生产的直接产物，这似乎为对劳动价值论的抛弃或否定提供了依据，但事实并非如此。

虚拟资本价值对劳动价值论的偏离是历史发展逻辑的必然，是对后者在时代发展中的完善和补充。虚拟资本价值虽然在具体表现上同劳动价值论存在对立，"但是，如果我们用马克思的科学抽象法、用历史与逻辑统一的思想方法辩证地考察，就会发现作为与劳动价值相对立的虚假价值不是凭空产生的另一类价值，而是劳动价值在商品经济关系中发展演化的必然历史产物和逻辑结果"②。前文提到，货币出场为经济活动中"虚假"现象准备条件，这种提法源于货币的价值表现形式。具体而言，商品价值在货币一般等价物上的"外在表现"，为商品价值同其货币表现之间的脱离准备前奏。正如马克思所言："价格形式不仅可能引起价值量和价格之间即价值量和它自身的货币表现之间的量的不一致，而且能够包藏一个质的矛盾，以致货币虽然只是商品的价值形式，但价格可以完全不是价值的表现。"③在此，马克思还提出，"虚幻的价格形式"同时掩盖了"实在的价值关系或由此派生的关系"。④可见，马克思对偏离价值或"虚幻"的价格表现形式是存在预判的，也就是说，劳动价值之外的"虚幻"价格形式或价值形式

① 鲁品越：《鲜活的资本论——从〈资本论〉到中国道路（第2版）》，上海人民出版社，2016，第187页。

② 张俊山：《论虚拟经济中虚假价值的形成及运动规律》，《河北师范大学学报》（哲学社会科学版）2007年第6期。

③ 《马克思恩格斯选集》第2卷，人民出版社，2012，第136页。

④ 马克思：《资本论》第1卷，人民出版社，2004，第123页。

囊括于马克思对劳动价值论论述的视域内。众所周知，价值是社会关系的抽象概述，伴随经济社会中关系的复杂化发展、多样性交织，价值表达形式也将逐渐同其最初的价值样态相脱离。正如鲁品越教授指出的，在日益复杂的所有制结构中，"从本质层次的价值经过层层叠叠的复杂的社会关系，最终走向现象层次的流通领域而演变为价格，乃是极其复杂的社会历史过程"①。当资本形态在虚拟资本上体现，无论是虚拟资本价值决定方式的独特性，还是信用工具发展中货币的虚拟化演进，都为复杂交织的社会经济结构的构筑提供便利，而这又成为虚拟资本价值在经济活动中普遍化存在的契机，因为虚拟资本形态上的价值增殖能够实现对资产阶级所厌恶的"倒霉事"的"摆脱"，成为资本积累及增殖的最理想方式，资本家纷纷投资虚拟资本，并在同实体商品相脱离的信用货币支撑下，将虚拟资本价值上扬，进而获取更多的"虚假价值"②。虚假价值或虚拟资本价值是不参与生产或劳动过程的价值，没有物质创造过程的支撑，虚拟资本创造的虚假价值远远超过实体资本中劳动所创造的价值，这是一种预期收益的资本化，也即对未来剩余价值的提前支配。事实上，虚假价值的存在并不是对劳动价值的否定，而是伴随经济社会关系的复杂交织，在马克思视域内价值内涵的丰富充实，是对劳动价值论的补充及完善。用劳动价值论去直接分析虚假价值的创造，当然并不是适当的方式，而且就表象而言确实存在对立，这也正是一些学者对虚拟资本价值形态进行"重塑"的缘由，"或许，观念要开始真正地变革，一种并不以劳动或效应来衡量的价值形态已经出现，这就是完全由人们的观念支撑的价值形态"③。

劳动价值论是一种向历史开放的理论，伴随时代发展及经济关系的复杂化，其内涵将不断补充完善，这是马克思主义理论本质特性的展现。不过，值得重视的是，活劳动是价值创造的唯一源泉的劳动价值论的生命线是确定无疑的。虚假价值虽然为价值存在提供了不同思路，但其并不代表现实中的价值创造，该价值形态建基于心理预期及观念想象，不存在现实

---

① 鲁品越：《资本逻辑与金融风暴》，《马克思主义研究》2009 年第 10 期。

② 张俊山：《论虚拟经济中虚假价值的形成及运动规律》，《河北师范大学学报》（哲学社会科学版）2007 年第 6 期。

③ 谢永添：《虚拟资本与资本市场——金融资本运行的理论与实证研究》，厦门大学博士学位论文，2004，第 8 页。

物质基础，不能为现实发展增加真实财富，也正是虚拟资本价值的"价格变化同现实资本的价值变化无关，因而取得了虚拟资本的形式"①。虚假价值能够借助货币这一价值的独立化表现形式实现劳动价值。也就是说，劳动价值同虚假价值在货币这一价值表现上实现统一。投资虚拟资本以货币形式为开端，借助虚拟资本疯狂的积累模式获取高额利润，同时，虚假价值又能够通过向货币的转化实现劳动价值。马克思在《资本论》中论述了信用过度扩张对危机的诱导效应，认为在信用失灵的紧急状况下，只有具有价值独立表现形态的货币支付才有效，虚拟资本的表现形态在利率提高情况下价值狂跌，难以在货币上实现其真正价值，由劳动商品赋予力量的货币最终成为被召唤的对象。因此，虽然虚假价值通过货币中介能够转换为劳动价值，但当虚拟资本过度膨胀，虚假价值也将随之过度上扬，直至超过建基于劳动的实体经济的支撑限度，届时，"只要一定数量的金融资产要求将它们的虚拟价值兑换为真金实银——现实剩余价值，泡沫顷刻破灭"②。因此，虚假价值的存在及发展，就其根本而言，依旧对劳动价值存在依赖。马克思虚拟资本理论揭露并批判了虚拟资本扩张中对社会关系的颠倒，将虚拟资本价格或虚假价值（区别于虚拟资本价值的"市场理论价格"③或"价格的基础"④）的特定存在及运行状况囊括于劳动价值论的拓展视野内。即使伴随虚拟资本的持续发展扩张，虚拟资本在表现形态上由有形（如股票等）向无形（如期权等）发展，虚假价值在其独有的决定机制中以"乘数效应"疯涨，从而愈加偏离其现实劳动价值，归根结底，也只是在马克思劳动价值论对价值创造根本规定的视域中诠释，是对劳动价值论所定义的价值内涵的补充，而非弃置或否定。

---

① 叶祥松、闫宗新：《当代虚拟经济与实体经济的互动——基于国际产业转移的视角》，《中国社会科学》2012年第9期。
② 鲁品越：《资本逻辑与金融风暴》，《马克思主义研究》2009年第10期。
③ 徐璋勇：《虚拟资本积累与经济增长：理论分析及中国的实证研究》，中国经济出版社，2006，第76~77页。
④ 李翀：《马克思的劳动价值论与金融资产的虚拟价值》，《中国人民大学学报》2001年第4期。该学者指出，"在现实经济里，把金融资产的收益按利率进行资本化所得到的数值还不是它的价格，而是它的价格的基础"，并在此基础上提出金融资产价格的两层次，即"虚拟价值"层次和"市场价格"层次。

第三节 虚拟资本理论凸显马克思主义 理论的科学前瞻性

马克思主义理论的科学性在于其理论揭示的真理性，这在理论对现实发展趋向的合理性前瞻层面得以凸显。就人类发展的宏远视角而言，马恩作出"两个必然"的科学论断，预言由剥削制度支撑的资本主义社会必然被由促进人的自由全面发展的社会主义高级形态所替代。而从分析具体经济运行的微观层面来讲，马恩经典作家着眼资本主义经济发展实践，在对资本发展新形态（虚拟资本）的分析中，从资本积累及运行方式等方面昭示经济发展的虚拟化趋向，并在对该运行形态的发展趋向和经济影响上预判其背离实体资本所必然存在的金融风险。

一 虚拟资本理论昭示经济虚拟化发展趋向

虚拟资本存在形态及积累方式推进经济虚拟化发展。"经济虚拟化……实质是虚拟资本的数量和交易不断膨胀的过程。"① 同时也是相对应于实体经济而存在及独立化运行的发展过程。事实上，经济虚拟化进程早在货币同其商品实物形态相脱离时已显端倪，作为流通中的主要手段或中介，正是虚拟化的货币形式为经济发展中过剩流动性及巨额虚拟财富的积累准备了条件。这当然不能离开虚拟资本的存在及积累方式对经济虚拟化发展趋向的关键推动，虚拟资本存在的历史生成性、虚拟资本积累运行的独特方式及现实优越性等为经济发展的虚拟化进程及趋向提供条件。

首先，虚拟资本的存在是客观经济发展同资本逻辑相结合的体现。伴随生产力的飞速进步，尤其是资本主义大工业的迅速发展，生产过程逐渐呈现以机器为主要工具的运行模式，很大程度减缩了生产过程中工人的参与量，相较之前，单位量的工人借助先进工具能够在同样时间生产更多的产品，劳动效率得到极大提升。但这同时也意味着生产过程中不变资本相对于可变资本量的占比的提高，相应地，资本主义生产中平均利润率不断呈下降趋势。然而，资本在生息资本形态上的过渡，进而向虚拟资本形态

---

① 高鑫：《虚拟经济视角下的金融危机研究》，人民出版社，2015，第108页。

的演变，为资本逐利受限的"窘态"找到了"替代"手段或缓解工具，并在虚拟资本形态的积累运行中体现得更为淋漓尽致。

其次，虚拟资本的积累运行方式推进经济的虚拟化。实体资本运行及积累过程在"G—W…P…W′—G′"中展现，虽然资本（G）本性在于实现增殖，即实现资本的分蘖（G+g），但在实体资本形态中该目的的达成需要兼顾资本到资本增殖之间的诸多不同环节，诸如，要考虑预付资本对生产规模及进程的限度、流通中各职能资本之间的衔接、剩余价值实现阶段的顺畅程度等。且不论这些过程的推进顺利与否，单是整体生产过程的周转及循环就成为资本快速增殖实现的障碍。虚拟资本的运行及积累过程不同，投资虚拟资本的货币资本能够通过对社会资本的集中来实现，资本社会化在该形态上得以充分体现。在马克思时代，社会资本凭借对虚拟资本初级表现形态的投资，取得定期获取收益的权利，并在虚拟资本独特运行价格的波动中获取高额投机利润，这同时是虚拟资本投资领域巨额财富（虚拟财富）存在的重要原因，而且对剩余价值支取的股票等凭证还能够在金融市场实现自由流通，以取回成本并获取差价。因此，在虚拟资本运行及积累方式中，无须直接参加生产过程就能够实现巨额价值增殖，虚拟资本有效解除了在实体资本中资本家逐利的顾虑，资本的流动方式也逐渐从实物形态向资本商品形态转变。同时，虚拟资本积累运行方式能够为实体资本或实体经济领域提供充足的资金支持，在其运行初期是对实体资本积累运行方式的有效补充。

最后，虚拟资本的持续发展将促进经济虚拟化趋向中虚拟经济的独立。马克思所处时代，虚拟资本的存在及发展尚为初级阶段，其形态展现也多为诸如有价证券形式的基础形态，伴随以电子网络为代表的信息技术的迅猛发展，虚拟资本在金融创新驱动下表现为更加多样化的金融衍生工具等高级形态，这些金融衍生品建基于基础性虚拟资本形态，在表现形式及运作方式上更加虚拟化，其交易内容及交易载体同实体经济全无任何直接关系，多数是针对一种虚化价格的涨落进行赌博投机或差价支付。伴随虚拟资本的发展，其表现形态已经发展演化为彻底同实体经济相脱离的高级形态，"财富"积累实现了纯粹的"无中生有"，生产过程同"财富"之间呈现"风牛马不相及"的存在样态。虚拟资本运行及积累方式在经济生活中的普遍化，使其逐渐彻底脱离同实体资本或实体经济的联系，演化为一种以虚拟资本积累运行为驱动，以金融发展体系为支撑的新型经济活动，即虚拟经济。鉴于虚拟资本中资本逻辑的任性作用，该种经济体系将逐渐呈现摆脱实体经济的独立化运行特质，同实体经济之间关系的失衡也将在这种运作体系中逐渐成为常态，经济发展的"空心化"成为经济虚拟化过程中经济形态独立化发展的一种极化形式。

二 虚拟资本理论预判经济发展的金融风险

虚拟资本具有风险性特征，虽然在马克思时代虚拟资本的发展尚处于初级阶段，但透过虚拟资本性质及积累运行方式依旧能够对其发展趋向及过度发展后果进行合理预判。马克思在《资本论》中对虚拟资本理论论述时，就立足虚拟资本运行发展状况，阐释了虚拟资本条件下经济风险发生的可能性及现实性，并进一步揭示虚拟资本风险存在的本质，为之后经济虚拟化发展趋向中危机的出现提出警示。

首先，虚拟资本形态下社会化投资的资本形式提升了资本越界扩张的可能性。资本从私人向社会的转化成为资本集中的一种有效手段，同时是信用作用下经济发展的客观表现。这意味着，无论是投资企业股票、债券等有价证券，还是存入银行成为银行家资本，投向虚拟资本的货币资本多数都源于社会资本，资产阶级同时拥有了支配社会资本和社会劳动的权利，这为其再次从事资本投资提供了资金支持，也提升了投资的随意性，致使市场出现过度投机现象的可能性大增。正如马克思所揭示的："很大一部分社会资本为社会资本的非所有者所使用，这种人办起事来和那种亲自执行职能、小心谨慎地权衡其私人资本的界限的所有者完全不同。"① 这种"社会资本"的"非所有者"是在"拿社会的财产"进行"冒险"的，这些人在"交易所"尽兴"赌博"、肆意吞噬，"小鱼为鲨鱼所吞掉，羊为交易所的狼所吞掉"。② "这种人"乐此不疲，因为他们知道，即使"鱼死网破"，最终依然有社会大众为其疯狂行径埋单。

其次，虚拟资本"空手套白狼"式的增殖方式决定了其运行过程的非持续性。虚拟资本积累运行方式为资产阶级经济学家对其的推崇提供现实

---

① 马克思:《资本论》第3卷，人民出版社，2004，第500页。
② 马克思:《资本论》第3卷，人民出版社，2004，第498页。

素材，虚拟资本拜物观念进一步深入这些学者思想深处，并推动虚拟资本拜物教发展至新高度。马克思在《资本论》中以普莱斯博士的"幻想"为例说明资产阶级经院哲学家对资本拜物教的"沉迷"。在这些人的观念中，"一个先令，在耶稣降生那一年以 6% 的复利放出……会增长成一个比整个太阳系……所能容纳的还要大的数目"。因此，这位博士就此得出结论："一个国家从来不会陷入困境；因为它只要有最小的积蓄就能在它的利益所要求的短期限内清偿最大的债务"。① 马克思指出，皮特在此基础上甚至将斯密的积累理论演变为国家凭借"债务积累而致富"② 的理论。马克思批判该种现象对资本拜物观念已达到"完成"境地，历史的发展也证明了并将持续证明着通过"债务"积累的后果只能是深陷"债务危机"难以自拔。

再次，信用支持下货币的虚拟化形态诱使经济流动量过度。货币是价值独立化的象征，金属货币条件下，经济活动中流通量的过剩及该基础上的经济风险是能够自动调节的。但黄金的非货币化促使信用货币彻底成为一种纯粹的象征货币，货币被完全虚拟化了，这在很大程度上是对货币自身流通性制约的一种解除，非金属货币的发行及流通权归于各国政府，成为后者调控经济的有效手段。糟糕的是，依赖货币流通工具展开积累过程的虚拟资本失去了其疯狂扩张的关键约束，货币资本向虚拟资本（经济）领域的肆意流动致使经济泡沫不断膨胀。同时，经济运行中货币流动量的持续过剩也为其空间扩张准备条件，尤其在金融全球化的当前阶段，国际金融投资（投机）已经上升为国际经济活动的主力军③，其能够便利地将一国金融风险及危机传导至另一国，进而将全球置于充满风险及挑战的危险境地。

最后，金融风险及挑战在资本主义条件下的缓解具有强制性。虚拟资本形态中财富的积累表现为虚拟财富的积累，同现实劳动产品的社会财富积累存在区别，现实财富积累又集中体现在货币这一价值独立性形态上。当然，此处的"货币"区别于脱离实物商品支撑的信用货币形态。吊诡的是，价值的这一独立表现形态在经济运行顺畅时，并没有现实的存在感，而是始终处于隐匿状态；而"同样作为财富的社会形式的信用，排挤货币，

---

① 普莱斯：《评继承支付》（1772 年伦敦版），第 XIII、XIV 页。转引自马克思《资本论》第 3 卷，人民出版社，2004，第 445 页。
② 马克思：《资本论》第 3 卷，人民出版社，2004，第 446 页。
③ 邹晓青：《对虚拟经济几个重要问题的探讨》，《贵州社会科学》2005 年第 5 期。

并篡夺它的位置"①，构成虚拟财富的主要支撑。当信用滥用及虚拟资本肆意扩张致使其根基严重受损，难以再继续支撑虚拟资本的扩张进程时，该过程中的信用工具也便失灵。这一经济状况"总是必然地在现代产业周期中出现"，每每此时，"一切现实的财富就都会要求现实地、突然地转化为货币"②，而这一转化过程往往需要强制手段来推动。

第四节　虚拟资本理论彰显马克思主义理论的时代价值性

马克思的科学理论伴随历史发展不断呈现其无可辩驳的真理性，马克思耗尽毕生精力淬炼的科学理论穿越时空、超越时代，其理论之光即使在当代依旧熠熠生辉，指引时代发展的根本方向。当前金融资本及金融市场的快速发展，直接同马克思虚拟资本理论相联系，该理论是根本指引金融发展创新及总体运行方向的科学理论，其价值的发挥及有效程度在历史持续发展中才更加凸显，人们对该理论科学性的认知理解也同样在时间持续展开中才更加清晰。正如学者所言："社会科学的认识只有在人们将其配上相应的时间与空间的索引，才是真正的认识。"③ "如果人们过早地询问，一个关于变革或者某种社会形态终结的理论究竟是否正确，就会存在着我们在理论彰显其有效性之前就急于做出否定性判断的风险。"④ 曾经风靡一时针对马克思主义理论的"过时论"，就是科学理论在历史发展中的有效性并未充分发挥前下定的错误结论，金融危机发生后对马克思主义理论（尤其是虚拟资本理论）的再度认知也成为时间中科学理论魅力凸显的明证。

一　虚拟资本理论的文本在场：虚拟资本理论的真理性存在

解释学视角下《资本论》虚拟资本理论通过问题重建的方式出场，同

---

① 马克思：《资本论》第3卷，人民出版社，2004，第650页。
② 马克思：《资本论》第3卷，人民出版社，2004，第650页。
③ 〔德〕沃尔夫冈·施特雷克：《购买时间——资本主义民主国家如何拖延危机》，常咺译，社会科学文献出版社，2015，第7页。
④ 〔德〕沃尔夫冈·施特雷克：《购买时间——资本主义民主国家如何拖延危机》，常咺译，社会科学文献出版社，2015，第8页。

时，理论的真理内涵为解释的持续在场提供了根本依据。具体而言，《资本论》虚拟资本理论揭示了虚拟资本发展演变的规律，分析了虚拟资本生成、发展及演变的历史进程。

（一）马克思在资本虚拟化走向中揭示了虚拟资本存在的必然性

虚拟资本，同实际资本一样，以攫取利润最大化为唯一追求，在资本积累中能够为价值带来增殖。但同一般资本相比，其本身并无价值，是一种虚化存在。马克思在文本中沿用"收入资本化"来描述虚拟资本的形成，将其看作具有周期性规则性的收入资本化进而虚拟出来的收益。虚拟资本是资本虚拟化历史进程的必然结果，有着深厚的历史渊源。这也是马克思在考察虚拟资本前，优先论述生息资本的重要原因。马克思指出，生息资本在资本主义生产条件下呈现为资本的以货币形式或商品形式存在的价值，是一种"自行增殖、自行增加的价值"①，这同时赋予资本商品另类使用价值，即作为资本执行职能的使用价值，具体就生息资本运行而言，利息即为资本商品的使用价值转让权的回报。生息资本特有的运行方式和性质，即"把货币放出即贷出一定时期，然后把它连同利息（剩余价值）一起收回"②，其运行方式将利润（利息）产生的根源掩盖，使资本给人一种"具有独立于再生产之外而增殖本身价值的能力"③。生息资本的运行形式为流通过程虚拟出新的资本形态，可以说，虚拟资本基于生息资本而产生。

马恩经典作家视域中，资本虚拟化的历史趋向得益于货币及信用因素的推动。众所周知，货币是商品价值形态演变的历史结果，是固定在贵金属商品上的一般等价物，其支付职能使商品交换实现了价值和使用价值的时空分离，并由此催生了信用货币。一般而言，买卖双方借助商业票据维持商品流通，票据到期支付利息，当票据经过债权人背书充当流通价值，在自由流通中成为信用货币，并凭借票据在一定时期内取得一定资本时，虚拟资本就出现了。另外，产业资本家或商人之间以商品为依托的商业信用的存在，也成为虚拟资本生成的关键条件。而生息资本可以看作产业资

---

① 马克思：《资本论》第 3 卷，人民出版社，2004，第 378 页。
② 马克思：《资本论》第 3 卷，人民出版社，2004，第 390 页。
③ 马克思：《资本论》第 3 卷，人民出版社，2004，第 442 页。

本家对资本商品贷出或交换的商业信用的表现形式。就此而言，商业信用
奠定虚拟资本的基础。总之，虚拟资本的生成运作具有一定历史发展逻辑，
其在推动资本主义发展的同时，也为资本生产关系本身的扬弃积累着条件。

（二） 马克思在虚拟资本扩张趋势中揭示了经济危机发生的必然性

虚拟资本是资本的虚假存在，它能够为经济发展带来积极作用，但其
自身具有独特的发展轨迹，过度扩张会威胁到经济的有序发展，甚至酿成
危机。虚拟资本以生息资本为基础，其存在本身也在逐渐远离生产过程，
表现为单纯自我增殖的形态。加之虚拟资本由预期收益资本化派生而来，
后者又取决于虚拟资本价格的波动，故此，虚拟资本存在不确定性和风险
性。同时，对未来预期收益的盲目乐观也使虚拟资本充满投机性。在诸多
因素引诱下，虚拟资本的膨胀程度持续加剧。随着信用制度的确立，虚拟
资本借助信用，实现了 "以较少的保证金垫付实现很大倍数交易数额的杠
杆效应"[1]，这在加大虚拟资本交易利润及风险的同时，进一步增加了投机
风险和危机发生的概率。不仅如此，当虚拟资本过度扩展以致 "入侵" 实
体经济、挤占实体经济发展空间时，将致使经济大幅衰退、贫富差距加大、
社会失业严重，最终威胁社会稳定。

信用在虚拟资本发展中为资本关系发展提供了关键条件，"再生产过程
的不同阶段都以信用为中介"[2]，同时，资本主义的规模性资本积累及商品
流通也为信用作用留置了 "充分" 发挥的空间，两者在信用良性发展的状
态中相互适应。众所周知，信用表征一种相互关系，在一定阶段内，一方
的支付能力取决于另一方的财产状况，只有在生产过程顺畅进行、资金支
付链持续循环、资金回流存在保障的条件下，信用才得以维持。遗憾的是，
在资本主义的生产关系中，这只能是一种幻想，资本主义生产的无限增长
同社会支付能力不足之间的矛盾成为阻断 "普照的光" 正常作用的罪魁祸
首，进而威胁信用制度的有效运作。信用为扩大资本再生产而存在，后者
建立在对社会消费力持续压缩的基础上，消费低迷反过来又抑制再生产的
扩大，从而破坏了信用链。这是资本主义生产的悖论，也是资本主义信用

---

① 朱炳元：《马克思主义虚拟资本理论与金融危机》，中央编译出版社，2014，第 72 页。

② 马克思：《资本论》第 3 卷，人民出版社，2004，第 545 页。

的宿命。信用在资本运转中的失灵，使建立于其上并包含再生产中一切联系的生产制度受到冲击，对货币的追逐成为挽救危机的"灵丹妙药"。"所以乍看起来，好像整个危机只表现为信用危机和货币危机。"① 似乎只要加大"救市"规模以逐渐恢复信用就万事大吉，这实则是不理解或否认"存在"背后的本质存在，正如马克思所说："一切现实的危机的最后原因，总是群众的贫穷和他们的消费受到限制，而与此相对比的是，资本主义生产竭力发展生产力，好像只有社会的绝对的消费能力才是生产力发展的界限。"② 透过表象分析本质，并在此基础上"对症下药"，才是应对发展困境的有效之策。

虽然现代金融衍生品多样化及对其运用技巧的不断提升加大了底层群体的消费力度，但"超前消费"仅仅是资本过度扩张引起生产不断扩大同社会支付能力不足这一内在矛盾的暂时转移。只要资本制度存在，根本矛盾就不会消除，危机也就难以避免。这种降低信用门槛促进消费的借贷，为信用链的断裂埋下伏笔，金融危机在资金无法定期回流时总是会一触即发。

（三）马克思在对信用作用的论述中揭示了新生产方式产生的必然性

信用在虚拟资本生成中占据基础地位。尤其是银行信用，其在促进资本集中、为资本之间相互兼并提供有力杠杆的同时，加速了资本主义生产的盲目扩大，加剧了资本生产的根本矛盾，助长了金融投机，为市场的虚假繁荣提供条件，将再生产过程的伸缩性强化到了极致，进一步激化生产同消费间的矛盾，为危机准备前奏。另外，基于信用制度，资本呈现集中化、社会化的发展趋向。对此，马克思认为这是资本主义生产方式在其本身范围内的自我扬弃，"表现为通向一种新的生产形式的单纯过渡点"。③ 但该趋向也为资本家享有绝对支配社会资本及劳动的权利提供了便利，进而为资本剥夺准备了条件，"这种剥夺在资本主义制度本身内，以对立的形态表现出来，即社会财产为少数人所占有"④。与此同时，通过对社会资本的

① 马克思：《资本论》第3卷，人民出版社，2004，第555页。
② 马克思：《资本论》第3卷，人民出版社，2004，第548页。
③ 马克思：《资本论》第3卷，人民出版社，2004，第497页。
④ 马克思：《资本论》第3卷，人民出版社，2004，第498页。

广泛集中，建基于信用之上的股份制度逐渐完善，"已经存在着社会生产资料借以表现为个人财产的旧形式的对立面"，这拉开了具有新生产方式样态的社会组织（如"合作工厂"）普遍存在的序幕。总之，正如马克思所强调的，信用"一方面，把资本主义生产的动力——用剥削他人劳动的办法来发财致富——发展成为最纯粹最巨大的赌博欺诈制度，并且使剥削社会财富的少数人的人数越来越减少；另一方面，造成转到一种新生产方式的过渡形式"①。

二 虚拟资本理论文本分析的解释境域：前见的历史性存在

"前见"（Vorurteil），亦称"前判断"，即理解者在理解过程中做出判断之前先在地存在的判断，其本身不具有感情色彩，但客观效果却成为评判前见真假的关键标准。前见是历史经验的构造物，是"我们的存在能够完全理解历史的基础"②。哲学解释学对前见经验进行历史考究，认为经验具有历史维度，那种追求严格的方法论约定而无视经验内在历史性的观点是欠合理的。文本理解中，经验构成理解者的前见，是理解的必要前提和解释学境域。因此，前见结构会影响对文本及其观点的理解，而且理解者需要通过"前见"对事物进行意义的考察及预判。不过，这并非意味着"前判断"是理解的充分条件，"没有一种诠释与现在无关，而且它从来不是永恒的和稳固不变的"。③ 理解要求传统（"前见"）同现实联结。虚拟资本是资本在特定历史条件下发展演变的一种形态，虚拟资本理论是资本历史存在经验积累的文本及其观点体现，它是对资本虚拟形态产生及发展规律的真理性揭示，这种认知内含于理解者的前见结构中，出于正确的前见考虑，成就了不同历史条件下对其意义追寻的内在关联性，尤其在面对时代难题时更是如此。"由于伟大的作品展开着存在的真理，我们就可以假设，作品的本质之真理与最初使它成为存在的真理是相符合的，而无须肯定一种自在的真理或永远正确的诠释观念。"④ 当然，这种"本质之真理"的验证需要给历史的充分发展留足余地。虚拟资本理论揭示的真理同样需

---

① 马克思：《资本论》第 3 卷，人民出版社，2004，第 500 页。
② 〔美〕理查德·E. 帕尔默：《诠释学》，潘德荣译，商务印书馆，2012，第 238 页。
③ 〔美〕理查德·E. 帕尔默：《诠释学》，潘德荣译，商务印书馆，2012，第 240 页。
④ 〔美〕理查德·E. 帕尔默：《诠释学》，潘德荣译，商务印书馆，2012，第 240 页。

要在发展中验证，必要的发展过程积淀而成历史经验，为时代发展反思和遵循提供素材。立足历史经验，时代反思不断推进流传物的理解进程，前见历史经验造就的解释学境域又将在时间中开启厘清真假前见的循环。这是一个辩证否定过程。

对马克思虚拟资本理论的理解，不能摆脱理解者前见的解释境遇。在当代以金融形态展现虚拟资本危机的历史节点，整个世界都面临发展难题，前见历史经验构筑了虚拟资本理论的当代解释学境遇：虚拟资本理论是指导发展摆脱危机并解释虚拟经济运行机制的科学理论。此前见内含历史经验的积累，是历史变迁中由时空沉淀的真理表达。具体而言，不同社会形态对文本解释的前见存在差异，但这不影响最终对真理结论认知的殊途同归。马克思论述虚拟资本时批判了经院哲学家，因为他们认为资本自行增殖是"天生的属性""隐藏的质"，资本是"一种永远保持、永远增长的价值"①，并且他们荒谬地认为，借助（虚拟）资本的"复利"，国家就永不会陷入绝境。以普莱斯博士为代表的资产阶级学者已被虚拟资本持续膨胀带来的经济繁荣表象所蒙蔽，进而沉浸在"无中生有"的梦幻中难以自拔。100 多年过去后的当前，现代资本主义发展实质并没有摆脱"普莱斯博士式"幻想，"超前消费"虚假繁荣泡沫的破裂、欧洲国家深陷债务危机泥潭等，都同对"无根"利润的疯狂追逐相关联。马克思虚拟资本的真理性在资本主义世界持续性的经济危机中越来越得以验证和认同，历史演进不断补充和完善着对虚拟资本理论理解的前见结构。同时，中国在不断深化改革的历史进程中坚持发展社会主义市场经济，逐渐厘清资本的发展定位，并积极为虚拟资本对经济的拉动作用创造适宜条件。

伴随历史发展及理论对未来的开放，解释境遇的前见认知结构也在不断丰富完善。恩格斯强调理论的开放性："马克思的整个世界观不是教义，而是方法。"② 习近平总书记在纪念马克思诞辰 200 周年大会上也同样强调："马克思主义是不断发展的开放的理论，始终站在时代前沿。"③ 科学理论因其科学性而开放，因开放而更加完善，更加为世人所理解，进而为发展提

---

① 马克思：《资本论》第 3 卷，人民出版社，2004，第 444 页。
② 《马克思恩格斯全集》第 39 卷，人民出版社，1974，第 406 页。
③ 习近平：《在纪念马克思诞辰 200 周年大会上的讲话》，人民出版社，2018，第 9 页。

供指导。马克思虚拟资本理论揭示资本运行规律，其内涵在资本多样性形态发展中得以持续丰富，理解者的前认知结构在历史维度中逐渐完善，对虚拟资本认知度不断提升，这将促成新前见和新历史经验的形成。因此，理解虚拟资本理论不能脱离对其认知的经验境遇，理解又为历史经验的内在生成提供条件。可见，基于马克思主义与时俱进的理论品格，作为对马克思虚拟资本理论研究的前见历史存在提供发展的参照，现实发展又将成为未来发展参照的对象。无论就历史发展的新视域，还是文本的历史追溯，经验总是向历史开放，前见真伪也在开放中得以辨别、在时间中得以滤清。按照系统论观点，一个系统的生命力在于其开放性。这是一种立足历史层面的解释循环，此循环不仅是对理解前判断的合理性筛选，也是理解结构的内涵环节。前见作为理解难以跨越的因素，同时规定了时间间距在对虚拟资本理解中存在的必要。

三 虚拟资本理论理解深化的有效滤镜：间距的客观性存在

"间距"是现代诠释学的一个关键术语或理论，它是一种"距离"抽象，是就"流传物"历史存在的"陌生性"同其借助语言进入理解者传统的"熟悉性"这两极之间的中间地带，而"诠释学的真正位置就存在于这个中间地带内"[①]。因此，间距在很大程度上成全了解释学及其合理性。这在伽达默尔"时间距离"（Zeitenabstand）中较为清晰地得以体现。他将间距作为理解的积极且必要因素给予充分肯定，并指出间距使理解的合理性及新视域的产生成为可能。在伽达默尔那里，时间的功能在于对事物非本质因素的清除，从而使本质性要素凸显。他指出："时间距离常常能使诠释学的真正批判性问题得以解决，也就是说，才能把我们得以进行理解的真前见（die wahre Vorurteile）和我们由之而产生误解的假前见（die falsche Vorurteile）区分开来。"[②]

历史越发展，马克思的学说就越展现出其弥足珍贵的真理性。习近平总书记明确指出："时代在变化，社会在发展，但马克思主义基本原理依然是科学真理。尽管我们所处的时代同马克思所处的时代相比发生了巨大而

---

① 〔德〕伽达默尔：《诠释学Ⅰ：真理与方法》，洪汉鼎译，商务印书馆，2010，第 418 页。
② 〔德〕伽达默尔：《诠释学Ⅰ：真理与方法》，洪汉鼎译，商务印书馆，2010，第 422~423 页。

深刻的变化，但从世界社会主义 500 年的大视野来看，我们依然处在马克思主义所指明的历史时代。"① 对科学理论的考察，历时越长，其向我们呈现的清晰度就越高，对它的判断也就越能经得起实践的检验。马克思所处的时代，无论从虚拟资本发展演变的形态，还是就虚拟资本扩张程度，都难以比肩当代。当前，初级虚拟资本基础上派生出的新金融工具，如金融期货、指数期货、期权等，已彻底同实体资本分离，是一种更加高级的虚拟资本形态。虚拟资本的当代发展为经济社会注入活力，但其过度扩张所带来的消极影响，也一度使全球面临金融危机，且长久难以摆脱。可以说，时间的历史展开为社会矛盾的全面呈现提供舞台，同时也是对科学理论历史考证的深化。矛盾的展开及危机的爆发需要时间，同样，社会主体对社会形态的认知评价及对科学理论的认同也需要时间。20 世纪 80～90 年代世界社会主义事业遭遇寒冬，这为"历史终结论"的妄言提供了所谓的"历史佐证"，更一度产生对马克思主义质疑的"过时论"。但马克思主义揭示的历史发展真理不会"终结"，科学理论更谈不上"过时"。历史螺旋上升形态揭示了发展的辩证法，同"终结论"昭示的内涵全然不同，时间滤镜中成就斐然的社会主义事业就是明证。习近平总书记在哲学社会科学工作座谈会上讲："有人说，马克思主义政治经济学过时了，《资本论》过时了。这个说法是武断的……资本主义固有的生产社会化和生产资料私人占有之间的矛盾依然存在，但表现形式、存在特点有所不同。"② 在纪念马克思诞辰 200 周年大会上，他进一步强调："两个世纪过去了，人类社会发生了巨大而深刻的变化，但马克思的名字依然在世界各地受到人们的尊敬，马克思的学说依然闪烁着耀眼的真理光芒！"③ 相反，将社会主义发展"挫折"同"终结"相挂钩以反证资本主义形态永恒存在的论调，实则是唯心史观的突出表现。"极具讽刺意味的是，那些挫败马克思主义的东西同时又证明了马克思主义的正确性。因为马克思主义对抗的资本主义社会秩序不仅丝毫没有变得温驯和仁慈，反而比过去更加无情和极端。"④ 全球金融危机的

---

① 《习近平谈治国理政》第 2 卷，外文出版社，2017，第 66 页。
② 习近平：《在哲学社会科学工作座谈会上的讲话》，人民出版社，2016，第 14 页。
③ 习近平：《在纪念马克思诞辰 200 周年大会上的讲话》，人民出版社，2018，第 1～2 页。
④ 〔英〕特里·伊格尔顿：《马克思为什么是对的》，李杨、任文科、郑义译，重庆出版社，2017，第 8 页。

阴影依旧笼罩着世界，资本主义社会固有矛盾在时间跌宕中持续凸显，马克思在一个半世纪前对资本主义社会最终发展图景的描绘正逐渐呈现。

马克思的学说随着历史演变越发显现真理的光芒。这是时间作用于文本的魅力，它能逐渐消解或整合理解的"前判断"，使主体能够更加客观地对文本做出评判。实践在历史发展的滤镜中，对历史主体前判断的不断完善和修正，使历史评判过程尽可能消除主观偏见的影响和束缚，从而促进文本视域同当代视域有机融合。在虚拟资本及其衍生工具占据经济社会领域的当代，世界性金融危机周期性发生，历史产生又淘汰了各种"盛极一时"的所谓经济思想，最终历史的滤器留存了经得起时间检验的马克思虚拟资本理论。正如施特雷克提道："无论如何，现代社会学，特别当它研究整个社会及其发展的时候，是不可能不引述马克思主义的理论的，即使它是以反马克思主义的理论面目出现的。我总是坚信，如果不使用某些上溯至马克思的核心概念，人们是无法理解，或者说只是很有限地理解现代社会当前的发展的——并且，随着不断发展的资本主义市场经济在即将诞生的世界社会（Weltgesellschaft）中越来越清楚地扮演着驱动力量的角色，上述情况就变得愈发明显。"① 尤其体现在对危机发生的周期性及再生性的阐释进程。从历史展开视角透视资本主义的发展，能够更加清晰准确地揭示其发展的整体态势，这是理论的真理性魅力在时间中的发散，也是历史分析法的核心意义所在。习近平总书记曾经在分析社会主义发展时提到"大历史观"，从社会主义500多年的大历史视域审视社会主义的发展事业，凸显社会主义艰辛探索的发展过程及美好前景，增强了社会主义发展理论的信心及为社会主义事业不懈努力的斗志。

---

① 〔德〕沃尔夫冈·施特雷克：《购买时间——资本主义民主国家如何拖延危机》，常囤译，社会科学文献出版社，2015，第12页。

第四章 《资本论》虚拟资本理论的时代赓续与虚拟经济的发展

马克思虚拟资本理论在马克思主义理论体系中具有重要的理论方位，核心根源在于理论本身对社会经济发展机制及客观规律的科学揭示。其中，理论的时代开放性也是其科学性内涵的关键向度。众所周知，马克思最早对虚拟资本理论展开系统全面的论述，他结合当时资本主义经济发展现实，揭露并阐释了虚拟资本生成、发展及运作机制。但实践的与时俱进决定了虚拟资本理论发展创新的必要性，这同该理论的开放性特征相适应。比如，恩格斯晚年就根据现实发展，论述了包括交易所在内的资本主义社会发展新状况，及时补充完善马克思虚拟资本理论的内涵。马克思虚拟资本理论是对客观经济现象的思想映现，马克思主义理论学者在马克思虚拟资本理论基础上或语境下展开对虚拟资本理论阐释、扩展、创新及深化。拉法格从马恩经典作家基本观点、方法及立场出发，对资本主义发展的新情况进行论述，最先提出金融资本概念，并认为该资本形态是伴随历史发展进程的必然现象，是工业垄断组织同资本主义银行业"溶合"的历史产物；希法亭立足马克思虚拟资本理论，结合现实虚拟资本的发展，系统提出并论述了金融资本理论，丰富充实了虚拟资本理论的内涵，是对虚拟资本理论的持续发展；列宁在马克思虚拟资本理论语境中，基于资本主义发展现实及希法亭金融资本理论，深化完善了金融资本理论，是马克思主义金融理论的集大成者；随着虚拟资本内涵的不断丰富，以马克思虚拟资本理论所揭示的基本原理为指导而展开的理论分析，都是对马克思《资本论》虚拟资本理论蕴涵的丰富完善。伴随历史发展，虚拟资本的运行扩展也逐渐推进虚拟经济时代的到来，虚拟资本理论进一步得以深化发展，并在虚拟经济发展中凸显其理论的基础性地位。虚拟经济发展趋向在马克思虚拟资本理论的阐述中具有前瞻性，继而该理论对虚拟经济发展中一般关系的处理具有重要的指导价值。概述之，虚拟资本是资本发展形态的历史和时代展现，马克思虚拟资本理论是对客观经济现象的理论再现。科学理论引领实践发展，实践创新丰富理论内涵，虚拟资本形态固然在时代发展中呈现多样化发展态势，但这并不影响马克思虚拟资本理论就根本指导层面的核心位置，也不代表马克思虚拟资本理论在时代发展中在场性的式微。虽然时代变迁中存在对理论质疑的客观因素，而且理论伴随时代更新也是科学理论的内在要求，用发展的眼光对待马克思虚拟资本理论，不能迷信或苛求该理论能够解决一切现实问题，但马克思对资本主义的分析"是一个完整的发展过程"①，马克思虚拟资本理论所揭示的虚拟资本发展的一般原则，依旧是诊断虚拟经济时代危机病灶及医治当前经济发展难题的科学药方。

第一节 虚拟资本理论的时代延续

马克思所处的时代，虚拟资本并未达到高度发展的程度，其在经济中的发展仍从属于产业资本，尚未过渡至完全独立的阶段，在提升经济虚拟化程度的表现形式上侧重于对经济发展趋向的揭示，对经济形态的变更也以一种预判性面孔展现。不过，马克思《资本论》虚拟资本理论的开放性决定了其伴随实践向前推进的必然性，而资本形态持续发展演进的经济现实也决定了理论发展完善的必要性。对该理论的时代延续，侧重理论所揭示的虚拟资本发展的基本规律及发展原则，并非局限于资本的具体表现样态。换句话说，虚拟资本内涵及外延是伴随时代发展而不断丰富拓展的，只要立足于马克思主义的基本立场、观点及方法对虚拟资本及其具体展现形态的理论分析，都能够看作是对马克思《资本论》虚拟资本理论的丰富完善。总之，经济发展中商品交换和社会化大生产的持续推进以及新经济现象和新发展问题的不断呈现，都要求马克思虚拟资本理论在具体论述上发展补充。在马克思之后的马克思主义学者，立足资本主义经济发展现实，在马克思虚拟资本理论基础上，不断推动虚拟资本理论发展完善，为现实发展提供理论支撑。该节主要围绕金融资本，对拉法格、希法亭、列宁等关于金融资本的相关论述进行梳理，以期彰显马克思《资本论》虚拟资本

---

① 谭顺：《〈资本论〉：历史、理论与现实》，厦门大学出版社，2017，第14页。

理论在时代发展中的延续及价值。

一 金融资本概念的提出

拉法格对资本主义发展中呈现的新经济现象展开论述。19 世纪末 20 世纪初，资本主义发展出现新的经济现象，生产及资本的集中导致垄断的出现，该种新的历史现象"对资本主义世界的影响是如此之大，以致最近四十年来发生的一切经济的、政治的和科学的现象都退居第二位了"[①]。马恩经典作家虽然也对资本主义垄断趋向做出过预判，但他们所处时代仍未充分显现资本主义发展的新情况，因此，对资本主义发展中出现的垄断等新经济现象的系统论述有待后人完善，毕竟"人类始终只提出自己能够解决的任务"[②]。恩格斯逝世后，作为马克思主义忠实信徒的法国马克思主义理论家拉法格，针对资本主义发展的新现象，结合美国经济发展中垄断组织托拉斯所呈现的运行特征，提出资本主义逐步向帝国主义转变的新理论。拉法格始终坚守历史分析方法，认为竞争必然推进生产及资本集中，后者的持续发展必然导致垄断，随着垄断现象在经济生活中占据主导，垄断组织纷涌而出，资本主义逐步向帝国主义过渡。拉法格指出，这种经济现象是历史发展规律的写照，正如同僵化保守的商品交换在发展中被否定和超越一样，自由竞争的发展过程同时也是积聚否定自身力量的过程，当竞争发展到一定程度，其在经济中的主导位置便由垄断取而代之，"竞争使商人和工业家破产，把他们从有限的生产和交换领域内赶出来，只留下一些巨头，而这些巨头最终又会联合起来，以便消除任何竞争"[③]，就像那些从卵中孵化出来会吞食自己母亲的昆虫一般。因此，拉法格认为，自由资本主义向垄断资本主义的转化是生产进步及历史发展的必然结果。

资本主义发展新阶段在金融资本的生成进程中充分体现。拉法格在论述托拉斯等垄断组织的运行发展时，阐释了工业资本垄断同银行业相"溶合"的必要和必然，并论述了金融资本的新形态。一方面，垄断企业的大规模运行离不开一定量的积累资本，而企业自身很难满足其规模不断扩大

---

① 《拉法格文选》下卷，人民出版社，1985，第 213 页。
② 《马克思恩格斯文集》第 2 卷，人民出版社，2009，第 592 页。
③ 《拉法格文选》下卷，人民出版社，1985，第 173 页。

的要求，这就需要借助银行资本的集中乃至银行间的联合。拉法格指出：
"托拉斯企业要求迅速而大量地动用资本，以致拥有集中资本的银行也难以
满足这种要求，承担不了这样的任务。为了适应这种新的需要，必须增加
集中在每个银行的资本数额，并把一些银行联合起来"①，垄断企业对银行
资本的集中及银行的联合提出要求，需要后者为垄断企业的运行及扩展提
供必要资本。另一方面，伴随垄断经济的发展扩张，银行积累了大量公债
等虚拟资本，亟须大型企业缓解其资本过剩的压力。因此，由于"银行集
中了国家公债所吸收不了的、在小型工业中找不到市场的资金，为了盈利
生息，他们也得把资金贷给大型的工业公司"②。这样一来，工业和银行业
都对彼此存在极大需求，而正是经济发展中垄断现象的普遍存在，为工业
和银行业的"联合"提供契机，进而催生资本新形态——金融资本的诞生。
工业同银行业的"溶合"同时促使资本积累模式的变化，工业发展由依赖
自身资本逐渐转向对社会融资的青睐，股份公司等金融机构乘势蓬勃兴起。
而针对手握资本的大资本家不但坐享其成且抛出"积累说""管理才能说"
"运气说"等对其所获巨额利益巧言辩护的扭曲事实的现象，拉法格坚定地
站在马恩经典作家对资本批判的立场上，揭示垄断背景下生产利润及价值
依旧由劳动工人创造的实质，并进一步展开对资产主义生产关系的批判。

金融资本形态中资本主义的发展依旧难以摆脱危机命运。生产及资本
的集中导致经济中垄断现象的出现，而这同时意味着生产的社会化程度进
一步提升，为资本主义基本矛盾的激化积累着生产力条件。但该矛盾只能
借助修补手段缓解其激化程度，却难以在根本制度范围内彻底规避，"尽管
托拉斯力图调节生产，使生产资料和产品与需求相适应，他们还是消除不
了生产过剩的危机"③。拉法格认为，工业资本同银行资本的"溶合"一定
程度上固然促进了生产中存在的难题或矛盾的解决，但也加深了生产同需
求的隔离，生产过剩依旧是金融资本背景下垄断生产中的常态，这继而推
动了美国托拉斯企业将实现剩余价值、攫取利润的手伸向全球市场，进而
在世界范围开启其侵略进程。因此，由金融资本主导的资本主义的新阶段，

---

① 《拉法格文选》下卷，人民出版社，1985，第 270 页。
② 《拉法格文选》下卷，人民出版社，1985，第 272 页。
③ 《拉法格文选》下卷，人民出版社，1985，第 273 页。

也即帝国主义阶段，经济生产不仅难以挣脱危机困境的藩篱，而且将加重加深矛盾及危机的程度。

二 金融资本的系统分析

鲁道夫·希法亭是对金融资本展开系统分析的代表性人物，他曾是著名的马克思主义理论家，也曾针对庞巴维克以效应价值论"批判"马克思劳动价值论的现象进行过"反批评"，坚决捍卫马克思主义的科学理论。其著作《金融资本》在马克思《资本论》第3卷出版后近半个世纪面世，从某种意义上"常常被与《资本论》相提并论，甚至被誉为'《资本论》的续篇'"①。该著作是立足资本主义由自由竞争阶段向垄断阶段过渡的历史时期及经济发展现实、"基本"运用马克思主义原理对资本主义新现象展开分析的理论成果。其中，对虚拟资本发展状况的分析，建基于马克思虚拟资本理论，是在马克思对虚拟资本理论分析框架下的时代性拓展及延伸。希法亭在该著作中关于股份公司、银行资本及金融资本等的论述，是现实历史发展逻辑同虚拟资本发展逻辑相适应的体现。

希法亭推进马克思"股份公司"理论的发展完善，创造性地提出"创业利润"概念。马克思在《资本论》中论述信用在资本主义经济发展中的地位时，着重提出其对股份公司及股份制度建立的重要促进作用，对信用在股份制度中大力推进资本集中及生产方式改进等方面展开了关键表述。更重要的是，马克思揭示出股份公司的出现使资本所有者同资本现实职能相分离，这促使资本所有者作为公司股东并以"股息"形式从资本生产中获取利润的现象逐渐在经济活动中出现。这种以"股份公司"作为经济生产中主要组织形式的模式，在马克思所处时代并不突出和普遍，马克思在《资本论》第3卷中对股份公司制度的本质、功能和发展趋势作了深刻分析，恩格斯晚年对股份公司的产生和发展也做出了许多理论分析。当历史发展至19世纪末，"股份企业"已经成为各行业中较为普遍的存在方式，恩格斯在1885年给考茨基的信中谈论，计划在《新时代》杂志发表《资本

---

① 〔德〕鲁道夫·希法亭：《金融资本》，福民等译，商务印书馆，1994，第20页。考茨基和鲍威尔认为《金融资本》可以被誉为《资本论》第四卷。参引自 Philip Arestis, Malcolm Sawyer, *The Elgar Companion to Radical Political Economy*, Cheltenham, UK: Edward Elgar Publishing, 1994, p. 148。

论》第 3 卷增补的两篇论文，其中，第 2 篇手稿标题就是《交易所》，其中就论及当时股份企业的兴盛状况，"工业逐渐转变为股份企业"，"商业也是这样……全都建立股份公司了"，（在英国）"银行和其他信用机构也是这样"，"在农业方面也有同样的情形"，"现在，一切国外投资都已采取股份形式"。^① 希法亭论述《金融资本》时，股份公司在经济活动中已然是普遍存在的经济现象。股份公司形式中，货币资本家作为对股份公司投资的股东，其货币资本进入企业生产过程被固定，继而进入产业资本的循环过程，股东获得对现实资本收益的一部分的要求权，但要重新取得货币资本或将资本作为货币资本随时支取，至少在同股份公司的这一投资关系中难以实现。交易所（证券交易所），也称为虚拟资本市场，是供证券交易的一种特殊市场，为股东实现其货币资本的回流提供中介渠道。马克思称这种交易所是"资本主义生产本身的最突出的代表"^②。交易所为股东实现货币资本的回流提供条件，股东以股票等证券的市场价格作为获取货币资本的标准。这实际上同马克思论述所有权证书独立化运动所致的"现实资本""假象"^③ 相适应，也即所有权证书在市场上的流通，似乎除了其本身对现实资本权益有权索取外，还形成"现实资本"，希法亭称为"第二资本"，是"纯粹虚拟"的。^④ 但这并不妨碍其作为一种"资本"在市场中"以计算上的存在"流通及作用，而且在股票等虚拟资本的表现形式上还存在由现实执行职能的资本，"在其他收益凭证中，这种证券资本的虚拟的、纯粹计算的性质便完全无可怀疑了"。^⑤ 希法亭在此指代的这种"纯粹计算的性质"的证券同较为高级的虚拟资本表现形态相适应。前述已知，马克思将有价证券根据平均利润率和一般利息率所表征出来的市场价格称为"资本化的收益"，是一种幻想的资本。希法亭在马克思论述基础上，将"产生平均利润的资本与产生平均利息的资本之间的差额"表述为"创业利润"。^⑥ 比如，某企业投资资本为 1000 万马克，假定平均利润率为 17%，一般利息率为 7%，那么，

---

① 马克思：《资本论》第 3 卷，人民出版社，2004，第 1029~1030 页。
② 马克思：《资本论》第 3 卷，人民出版社，2004，第 1028 页。
③ 马克思：《资本论》第 3 卷，人民出版社，2004，第 529 页。
④ 〔德〕鲁道夫·希法亭：《金融资本》，福民等译，商务印书馆，1994，第 108 页。
⑤ 〔德〕鲁道夫·希法亭：《金融资本》，福民等译，商务印书馆，1994，第 108 页。
⑥ 〔德〕鲁道夫·希法亭：《金融资本》，福民等译，商务印书馆，1994，第 109 页。

该企业利润为 170 万马克，将这一利润额按照一般利息率资本化，就得出 2428.571 万马克，取一个整数 2500 万马克。也就是说，生产 170 万马克的利润需要 1000 万马克的货币资本，在有价证券的市场价格为 2500 万马克，其中游离出 1500 万马克资本。这 1500 万马克资本就产生于生出利润的资本转向带来利息的资本的过程。该过程中的资本差额被希法亭概述为"创业利润"，而此利润在欺诈、补偿或报酬的范畴外，是一种"特殊的经济范畴"。① 同时，希法亭将创业利润置于虚拟资本的流通进程，将股票（A）背后的货币资本（G）分为投入现实生产中的职能资本（G1）和进入创业利润流通进程中的（g1），其中，G1 进入产业资本的循环过程，而 g1 归于创业者，若 A 出卖后再次进入流通，追加货币（G2）将作为中间环节推进 A-G2-A 的循环流通。同马克思揭示的虚拟资本存在及交易过程也是同劳动关系掩盖过程相一致，希法亭揭示出交易所在虚拟资本发展中对劳资关系的进一步掩盖："在交易所中，资本主义所有制在其纯粹的形式上表现为收益证书；剥削关系，对剩余劳动的占有，令人不解地转化为收益证书。所有制不再表现某种一定的生产关系，而是成为似乎同某种活动完全无关的收益凭证。所有制脱离开任何对生产、对使用价值的关系。任何财产的价值似乎都是由收益的价值决定的，是一种纯粹量的关系。数就是一切，物什么也不是。只有数才是现实的东西，而因为现实的东西不是数，所以相互联系就比毕达哥拉斯派的信念更为神秘了"②。伴随经济发展及信用事业的推进，对创业利润的追求及竞争逐渐迫使交易所的部分职能向银行让渡，银行在扮演资本借贷的中间角色的同时，不断扩展自身业务范围，在证券等交易中逐渐上升为主角，并在同产业资本的关系层面发生变动。

希法亭论述银行职能的拓展延伸，揭示银行资本深度虚拟化的发展趋向。马克思认为，银行源自货币经营业，其主要职能在于对货币的借入和贷出，银行的主要利润也源自这一借贷利息之间的差额。同时，马克思也指出商业信用向银行信用过渡的票据交易渊源，商业票据贴现促使银行信用的出现，并在逐渐代替前者的过程中成为信用的主要形式。马克思将银行家资本的最大部分囊括于虚拟资本范畴的论断，就基于银行资本中资本

---

① 〔德〕鲁道夫·希法亭：《金融资本》，福民等译，商务印书馆，1994，第 109~110 页。

② 〔德〕鲁道夫·希法亭：《金融资本》，福民等译，商务印书馆，1994，第 158 页。

的主要构成部分，即债权、国债券及股票等。希法亭在马克思对银行资本论述的基础上，同样认为银行资本的最大部分是虚拟资本，"仅仅是真正在生产中充当执行职能的资本的货币表现，或者仅仅是资本化的剩余价值证书"①，并结合现实银行的发展，揭示出银行在经济发展中的"第三种职能"，也就是对股票等有价证券的"发行活动"。银行职能的拓展促使其借助信用关系向职能资本家提供货币资本的形式发生改变，通过股票的发行向产业循环过程提供能够转化为产业资本的货币资本，成为银行职能延伸的主要内涵；相应地，银行获取的利润形式也不仅体现为对企业利润中以利息存在的剩余价值的索取，更多体现为对这一发行活动过程中对创业利润的获取。可以说，银行发行活动为银行提供自行创造收益的契机，它可以通过银行股票的交易吸引社会货币资本的投入，并将作为虚拟资本投资的社会货币资本转化为银行资本，继而以投资产业股票的虚拟资本投资，将货币资本现实地运用于产业资本循环过程。这也是希法亭所提出的在银行资本发行活动中虚拟资本的"双重化"过程。银行资本源于自有资本和借入资本，社会资本对银行股票的投资活动，就实质而言也属于借入资本，在虚拟资本双重化过程中，银行借入资本不断转向银行自有资本，"银行能获得的所有资本中可以用作投资的部分是它将外部资本转化为自有资本的界限"②。这种背景中的银行自有资本的增加及向产业资本的投资，不会对货币资本的供求关系及利息率产生影响。因为这种资本所有权的转化（私人所有权向银行的转化）对产业资本所需求的借贷资本的量没有直接关系，银行中利润的量是固定的，其改变的只是利润在银行中的具体计算和分配。另外，银行自有资本具有持续扩大的趋向，这说到底在于银行对创业利润的争取及对产业支配能力的增强。银行发行活动职能的拓展为银行创业利润的获取提供条件，同时也使私人资本或社会资本通过银行中介向产业资本的投资成为普遍现象。这种现象在经济活动中的普遍化发展会导致两种显性结果：其一是银行对社会货币资本的支配逐渐强化，并最终就整体而言促使银行——"中央银行"③ 获取对社会货币资本的支配权；其二是银行

---

① 〔德〕鲁道夫·希法亭：《金融资本》，福民等译，商务印书馆，1994，第191页。
② 陈文旭、徐天意：《希法亭的金融资本理论及批判——纪念〈金融资本〉出版110周年》，《国外理论动态》2019年第6期。
③ 〔德〕鲁道夫·希法亭：《金融资本》，福民等译，商务印书馆，1994，第196页。

资本对产业资本的投资，促使银行同产业发展之间的关系愈加紧密，并逐渐向支配产业发展的趋向靠近。总之，银行职能的丰富，促使银行资本虚拟化及收益资本化的转化，即"资本的动员"，为银行创业利润的谋取准备条件，并使银行资本在货币资本形式上的存在便利化。伴随企业等市场主体对创业利润的争夺，银行加大对自有资本量的扩展，以确保货币资本在产业上的固定，进而为其获取利润并以股东形式支配产业发展提供坚定支撑。银行自有资本的扩张过程同银行虚拟资本的发展深化过程相统一。但银行资本的扩大同产业资本中资本投资过剩的情形存在差异，产业资本投资或投机过剩所导致的结果是全然不同的，具体而言，银行资本规模的扩大能够在流通领域通过投资等方式不断消化，而后者达到生产限度则体现为生产过剩，并且产业循环过程中断使货币资本的回流也陷入困境，进而使银行资本中以货币形式存在的资本匮乏，成为银行作用失灵的根本因素。

希法亭阐释银行资本同产业资本在发展中的融合进程，系统概述金融资本的产生。19 世纪末 20 世纪初，资本主义呈现新发展及新情况，卡特尔化①作为一种历史发展过程，逐渐代替自由竞争成为资本主义全部经济生活的重要基础和突出表现，其在产业发展中表现为先进技术的使用及固定资本的持续膨胀，这在对资本流通及利润率平均化形成阻碍的同时，也提升了产业间因竞争而付出的代价，进而加速垄断趋向的发展进程。同时，垄断产业中货币资本的固定限制了资本的持续流通及投资规模，成为银行提升资本动员程度的重要动因。正像希法亭所言："产业的积聚同时造成了银行的积聚，而银行的积聚还由于银行业务自身的发展条件而加强。"② 银行借助股份制度及发达的信用手段推进资本动员，并在持续货币投资中倾向于消除竞争。银行在面对竞争时，鉴于最终关涉利益的差异，其态度同部分技术或经济优势的企业迥然不同，后者在竞争中的胜出能够获得超额利润，而银行在产业中的投资，无论所投产业在竞争中胜利与否，都牵涉银行的切身利益，排除产业间的竞争应该是银行确保最大利润的最佳选择。因此，"银行对排除它所参与的那些工厂之间的竞争所作的努力是绝对

---

① 〔德〕鲁道夫·希法亭：《金融资本》，福民等译，商务印书馆，1994，第 256 页。
② 〔德〕鲁道夫·希法亭：《金融资本》，福民等译，商务印书馆，1994，第 211 页。

的"①。可以说，在资本主义垄断条件下，"银行资本和产业资本消除竞争的趋势是一致的"②。而对创业利润的追求不仅促使银行资本同产业资本联系常态化和密集化，更促使银行资本加紧推进对产业资本的支配步伐。前述得知，资本动员进程中产生了虚拟资本的两重化，银行在此过程中扮演关键角色，它除了发挥通常意义上的中介作用外，还是投资产业循环的货币资本的所有者，银行的该"所有权"具有不同于投资银行股票的各股东所有权的特性，前者同产业运营状况直接关联，其对企业经营情况及长远规划的关注较为密切，是"产业企业的共同所有者"③，而"现代产业运用远远大于产业资本家总资本的资本进行经营"④ 的趋向，进一步促进产业对银行的依赖，强化银行对产业经营的掌控。另外，银行在垄断企业的高利润率发展趋向中，能够持续获取利润资本化进程中的创业利润，并且卡特尔化的企业运行进程，利润的产生情况相对稳定，有较强的"可靠性"和"均等性"，市场对其股票等虚拟资本价格持有乐观心理预期，这推动虚拟资本价格持续攀升，进一步吸引银行资本的投资。因此，银行资本同产业资本之间的关系愈加紧密，一种新型资本形态呼之欲出。希法亭论述金融资本的形成，指出该资本形态是产业对银行依赖的财产关系的结果，将转化为产业资本并由银行资本支配的货币资本形态的资本，称为金融资本。⑤金融资本是在资本主义垄断背景下产生的一种资本形态，其借助银行资本同产业资本的融合，追逐利润的最大化。银行资本在对产业资本投资的过程中逐渐掌控产业的运营，产业投资中的货币资本家的定位彻底改变，"银行的权力增大，它们变成了产业的创立者以及最后变成产业的统治者"⑥。银行资本的最大部分本身由虚拟资本组成，在自身拥有发行股票业务时，更增强其自身的虚拟性，不过其同时还兼顾借贷资本的职能。因此，在希法亭的论述语境中，银行资本和金融资本都是一种复合概念⑦，"金融资本表现为货币资本"，"作为货币资本，它以借贷资本和虚拟资本两种形式提

---

① 〔德〕鲁道夫·希法亭：《金融资本》，福民等译，商务印书馆，1994，第212页。
② 〔德〕鲁道夫·希法亭：《金融资本》，福民等译，商务印书馆，1994，第212页。
③ 〔德〕鲁道夫·希法亭：《金融资本》，福民等译，商务印书馆，1994，第192页。
④ 〔德〕鲁道夫·希法亭：《金融资本》，福民等译，商务印书馆，1994，第251~252页。
⑤ 〔德〕鲁道夫·希法亭：《金融资本》，福民等译，商务印书馆，1994，第252页。
⑥ 〔德〕鲁道夫·希法亭：《金融资本》，福民等译，商务印书馆，1994，第254页。
⑦ 袁辉：《金融资本：从希法亭理论到经济金融化》，《当代经济研究》2014年第12期。

供给生产资本家支配"。① 银行资本作为生息资本的转化，是同产业资本相分离的重要结果，但在金融资本的形式上，银行资本同产业资本的分离被"扬弃"② 了，"控制银行的虚拟资本的所有者与控制产业的资本所有者，越来越合而为一"③。

列宁在评析希法亭的金融资本时指出："虽然作者在货币论的问题上犯了错误，并且有某种把马克思主义同机会主义调和起来的倾向，但是这本书（《金融资本》——引者注）对'资本主义发展的最新阶段'（希法亭这本书的副标题）作了一个极有价值的理论分析。"④ 真正对金融资本理论做出马克思主义分析和阐释的是革命导师列宁。

三 金融资本理论的集成发展

马克思将虚拟资本的存在及发展整体定位为历史生成过程，这同时为虚拟资本在时代展开中的发展创新定下基调。虽然由于时代局限，金融资本主题并没有成为马克思论述的主要内容，但金融资本基于垄断在经济中的出现及普遍化，归根结底在于生产的集中及资本的积累，其中，虚拟资本对生产集中发挥着关键推进作用，这是在马克思话语体系的覆盖范围内的。马克思揭示信用促进股份公司的出现，而后者为资本及生产的集中提供条件，并在"一定部门中造成了垄断"⑤。希法亭对金融资本等内涵的论述，创新推进了马克思虚拟资本理论，但在对金融资本存在及作用认识上存在缺陷，主要体现在以下几点。其一，就垄断及金融资本存在根由上看，"生产的集中"是垄断乃至金融资本出现的根本原因，但希法亭着重从流通领域论述资本主义出现的新情况，不能从根源上把控垄断及金融资本的存在及发展。列宁坚定立足马克思主义基本立场和观点，重申"自由竞争推进生产集中继而导致垄断"的观点，并指出"生产的集中；从集中生长起来的垄断；银行和工业日益融合或者说长合在一起，——这就是金融资本

---

① 〔德〕鲁道夫·希法亭：《金融资本》，福民等译，商务印书馆，1994，第265页。
② 〔德〕鲁道夫·希法亭：《金融资本》，福民等译，商务印书馆，1994，第265页。
③ 〔德〕鲁道夫·希法亭：《金融资本》，福民等译，商务印书馆，1994，第253页。
④ 《列宁选集》第2卷，人民出版社，1972，第738页。
⑤ 马克思：《资本论》第3卷，人民出版社，2004，第497页。

产生的历史和这一概念的内容"。① 其二，就垄断及金融资本发展状态上看，寄生性及腐朽性将是垄断及金融资本发展中不断呈现的趋势，而希法亭却并不以为然。其三，就垄断及金融资本发展后果来看，危机存在规模及发生率的扩大和提升是垄断及金融资本不断扩张的必然结果，这是资本主义形态中内在基本矛盾所决定的，但希法亭将垄断（"总卡特尔"②）及金融资本奉为缓和并最终消灭危机的有力手段。虽然垄断及金融资本的发展的确在一定程度上具有像希法亭所述的功能，"日益增长的集中使产业企业具有更大的抵制危机的极严重的影响即全面破产的能力"③，并且确实具有对危机的调节及缓和作用，不过，资本主义制度下对危机的调节手段都是暂时的，"只要资本主义制度还存在，从而资本主义基本矛盾还存在，这一基本矛盾就必然会强制地为自己开辟道路，矛盾的激化和危机的深化是不可避免的"④。列宁坚定立足马克思对资本主义分析的科学立场、观点及方法，对希法亭关于金融资本的阐释进行了辩证批判，并在此基础上结合资本主义发展现实，系统论述了金融资本理论，是马克思主义金融资本理论的集大成者。⑤

列宁立足资本主义经济发展现实，对金融资本的论述侧重于工业资本。金融资本是资本主义发展中的一种新形态，是银行垄断资本同工业垄断资本高度融合的结果，其根源于生产和资本的集中，并在垄断的经济基础上生成。20 世纪初期，伴随垄断的产生，资本主义存在形态逐渐由自由竞争资本主义向帝国主义过渡，经济社会中由工业资本统治的格局也在逐渐向金融资本统治转向，但这在具体历史条件下，仅仅呈现为一种发展趋势，工业资本仍然是经济社会发展中的主导资本形态，这也是银行资本持续扩大其自有资本并趋向以货币资本在产业资本上固定的根由。换句话说，虽然产业发展高度依赖银行资本，并在金融资本形态中促使两者合而为一，但这并不意味着产业资本的衰落，至于金融资本中银行资本的"支配"地位，也同样需要在产业资本的经营发展中体现。所以，列宁立足生产的发

---

① 列宁：《帝国主义是资本主义的最高阶段》，人民出版社，2014，第 44 页。
② 〔德〕鲁道夫·希法亭：《金融资本》，福民等译，商务印书馆，1994，第 341 页。
③ 〔德〕鲁道夫·希法亭：《金融资本》，福民等译，商务印书馆，1994，第 336 页。
④ 〔德〕鲁道夫·希法亭：《金融资本》，福民等译，商务印书馆，1994，第 16 页。
⑤ 朱炳元：《马克思主义虚拟资本理论与金融危机》，中央编译出版社，2014，第 114 页。

展及集中论述经济中的金融资本及垄断现象，指出："生产集中产生垄断，则是现阶段资本主义发展的一般的和基本的规律"①。希法亭对金融资本的论述则侧重于银行资本，将"转化为产业资本的银行资本，即货币形式的资本，称为金融资本"②，他对银行货币资本的关注，在特定历史条件下显得过度，无怪乎包括斯威齐在内的学者认为希法亭对金融资本在资本主义发展阶段的地位过分高估了，"把资本主义发展的一个过渡阶段误认为是一个永久的趋势"③。虽然伴随时代发展及金融资本在经济生活中地位的凸显，尤其是 20 世纪 70 年代之后，以虚拟资本为主体的金融资本逐渐在经济发展中占据主导地位，金融资本虚拟化趋向愈加凸显，产业资本已经由经济社会中的主导地位沦为金融资本发展的附庸，斯威齐基于资本主义发展新情况又重新审视和定位金融资本的功能。就此而言，可以认为"希法亭从货币开始进行对金融资本的理论研究，具有很深刻的思想根源和很深邃的战略眼光"④，但就特定历史发展阶段来讲，希法亭对金融资本的论述的确存在流通决定论之嫌。上述提到对银行资本同产业资本的不同定位以及虚拟资本在金融资本中地位及作用变迁等问题，这首先需要厘清不同概念之间的关联。虚拟资本在马克思时代就已经存在，并作为资本发展演进的一种独特形态发挥作用，但一直到 20 世纪 70 年代，虚拟资本在经济社会中始终从属于产业资本。虚拟资本在银行资本中以最大部分占比的存在，在生产集中这一根本缘由中推动银行资本同产业资本相融合，一种新型的资本形态（金融资本）便产生了。在希法亭金融资本的论述视域中，虚拟资本内含于金融资本，是金融资本的重要组成部分，并在金融提供的平台或载体上发挥作用，其中金融资本的产生便少不了虚拟资本借助金融的重要载体的推动。同时，金融资本的发展越发趋向虚拟化，其作用主体逐渐被虚拟资本占据。因此，就金融资本的发展而言，其本质就是虚拟资本。⑤

---

① 列宁：《帝国主义是资本主义的最高阶段》，人民出版社，2014，第 17 页。
② 〔德〕鲁道夫·希法亭：《金融资本》，福民等译，商务印书馆，1994，第 252 页。
③ 〔美〕保罗·斯威齐：《资本主义发展论》，陈观烈、秦亚男译，商务印书馆，1962，第 332 页。
④ 朱炳元：《马克思主义虚拟资本理论与金融危机》，中央编译出版社，2014，第 120 页。
⑤ 朱炳元：《马克思主义虚拟资本理论与金融危机》，中央编译出版社，2014，第 114 页。

　　金融资本是资本发展演进的新形态。资本主义的社会形态中，依据不同时期在经济社会中发挥主导作用的资本具体形态，可以对资本主义发展的不同阶段进行划分和描述。产业资本形态占据经济社会发展主导地位时，相对应的社会发展阶段是自由竞争的工业资本主义；金融资本形态占据经济社会发展主导地位时，相对应的社会发展阶段是垄断的金融资本主义（虚拟资本在金融资本中尚处于依附地位）；虚拟资本形态在金融资本中占据主体地位，并进一步对经济社会发展起主导作用时，相对应的社会发展阶段就是虚拟资本主义。列宁总结 20 世纪初资本主义发展实践，揭示该历史时期资本主义由自由竞争的工业资本主义向垄断的金融资本主义（帝国主义）过渡的现实，认为金融资本主义是"作为一般资本主义基本特性的发展和直接继续而生长起来的"[①]。金融资本及金融资本主义的出现具有生成性，而其生成性过程所展现的是"资本主义发展到一定的、很高的阶段，资本主义的某些基本特性开始转化成自己的对立面，从资本主义到更高级的社会经济结构的过渡时代的特点已经全面形成和暴露"[②] 的状态或图景。在金融资本生成中，虚拟资本同样发挥了重要推动作用，这一过程也是虚拟资本借助金融载体实现自身的过程。毋宁说，虚拟资本是工业资本主义阶段向金融资本主义阶段过渡的关键推进因素，尽管从资本发展的整体而言，金融资本是虚拟资本占据主导地位之前的过渡阶段或形态。作为金融资本的重要蕴涵，虚拟资本运作自然成为金融资本的重要业务，比如股票等有价证券的发行活动，成为金融资本获取超额利润及创业利润的重要手段；同时，"土地投机"生意也在金融资本谋取利润的主要范围内，通过对"银行""地租""交通运输业"等方面垄断的结合，很轻易就能够获取巨额利润。对此，列宁揭露金融资本状态下对这种逐利势头趋之若鹜的景象："欧洲的教授和善良的资产者一向装腔作势地对之表示痛心疾首的'美国风气'，在金融资本时代简直成了各国各大城市流行的风气"[③]。当然，虚拟资本在金融资本中占据主体地位之前，金融资本逐利及发展都同产业资本密切挂钩。金融资本对社会各方面的统治具体体现为金融寡头作用的发挥。

---

① 列宁：《帝国主义是资本主义的最高阶段》，人民出版社，2014，第 86 页。
② 列宁：《帝国主义是资本主义的最高阶段》，人民出版社，2014，第 86 页。
③ 列宁：《帝国主义是资本主义的最高阶段》，人民出版社，2014，第 54 页。

比如，金融寡头实行经济统治，就运用"参与制"，借助"母亲公司—女儿公司—孙女公司"的经营模式或手段，使用较少资本就能够支配远超其自有资本的资本；再如，金融资本对政治的渗透，使得资本主义国家所颁布实施的政策利好都偏向金融资本家，而且很多政府官员本身就是金融寡头的代理人。因此，可以说，金融资本是资本发展演进的新形态，在其主导下的社会发展阶段也是资本主义存在的新阶段或新形态。

金融资本内涵在其内在特征及外在表现中呈现。金融资本的运行在很大程度上是虚拟资本借助金融工具同产业资本建立关系并发挥作用的过程体现，既然如此，金融资本作用进程体现虚拟资本的某些特征也无可厚非，区别在于特征显现的程度及作用范围的广度等层面。虚拟资本建基于生息资本，在此资本形态作用的推动下，货币资本家同职能资本家相脱离，经济生活中逐渐出现单纯靠从生产中获取利息过活的资本家阶级，即为食利阶级，这是虚拟资本寄生性特征的突出体现。金融资本形态中，其寄生性较生息资本更甚，资本演进中的这种特征体现，也是资本主义一般特性逐步不断呈现所要经历的必然过程。正如列宁所揭示的："资本主义的一般特性，就是资本的占有同资本在生产中的运用相分离，货币资本同工业资本或者说生产资本相分离，全靠货币资本的收入为生的食利者同企业家及一切直接参与运用资本的人相分离。帝国主义，或者说金融资本的统治，是资本主义的最高阶段，这时候，这种分离达到了极大的程度。"① 以至于资本主义的发达国家中食利者阶层的收入竟然远高于贸易收入。该阶段，"商品生产虽然依旧'占统治地位'，依旧被看作全部经济的基础，但实际上已经被破坏了，大部分利润都被那些干金融勾当的'天才'拿去了。这种金融勾当和欺骗行为的基础是生产社会化，人类历尽艰辛所达到的生产社会化这一巨大进步，却造福于……投机者"②。金融资本的寄生性是其最为重要的特征，该特征同时密切关联金融资本的腐朽性、反动及扩张性。首先，垄断是金融资本主义的本质表征，其对社会各方面的统治体现着腐朽性及反动性。在经济发展上，垄断必然产生"停滞"和"腐朽"的发展趋向，该背景中社会各方面发展进步的"动因"在一定程度上趋于消失，同时，

---

① 列宁：《帝国主义是资本主义的最高阶段》，人民出版社，2014，第56页。
② 《列宁全集》第27卷，人民出版社，1990，第342页。

金融资本家为追逐高利润或维护其原有资本的利益还会主动采取措施阻碍先进生产力的发展，尤其体现为千方百计阻挠先进技术在生产中的采用。列宁举例德国制瓶厂主收买能够引起制瓶厂革命的制瓶机的发明专利，并将其"束之高阁"，足见金融资本在逐利中的腐朽性。在某种程度上，这种人为阻止生产力发展的腐朽性已然具有反动性意味。不过，金融资本的反动性更多体现在政治等上层建筑层面。列宁指出，金融资本中垄断在社会各方面的统治，上升为政治层面就体现为全面的反动。如果说自由竞争资本主义阶段，"民主"尚作为资本家对无产阶级剥削的遮羞布的话，在金融资本主义阶段，其索性将遮羞布扯下，实行"公开的""独裁的""恐怖的"的专政统治。"法西斯主义是金融资本统治合乎逻辑的产物，是资本主义国家阶级矛盾空前尖锐化的表现。"① 值得注意的是，金融资本家借助高额寄生利润，对工人阶级实行无耻的"金融收买"，进而培植"工人贵族"，为其金融利益及垄断统治服务，并促使工人阶级内部分化，减少并缓和被压迫阶级的反抗和斗争，为其对工人阶级的"顺利"剥削提供便利。这也是金融资本反动性的体现。其次，金融资本延循资本扩张本性，对一国经济发展的完全统治成为其对外扩张的先决条件。金融资本阶段对外扩张不同于工业资本阶段，凭借金融资本输出以获取巨额利润已经取代商品输出成为对外扩张的主导形式。金融资本主义已经成为"极少数'先进'国对世界上绝大多数居民实行殖民压迫和金融扼杀的世界体系"②，这种带有"巧取豪夺"意味的体系构建，"更加使食利者阶层完完全全脱离了生产，给那种靠剥削几个海外国家和殖民地的劳动为生的整个国家打上了寄生性的烙印"③。同时，金融资本对高额利润的贪婪追逐，更促进国际垄断同盟的出现，其在掠夺财富、瓜分世界中发挥着重要作用。伴随各金融资本主义国家实力的改变，金融资本对高额利润追求欲望的无限性同世界范围内早已瓜分完毕的有限领土之间的矛盾转化为帝国主义国家之间通过激烈手段展开对世界领土重新瓜分的矛盾。而金融资本主义对外扩张中在争夺殖民地上通过战争方式解决矛盾的现象难以避免。就像列宁所揭示的："试

① 朱炳元：《马克思主义虚拟资本理论与金融危机》，中央编译出版社，2014，第141页。
② 《列宁专题文集 论资本主义》，人民出版社，2009，第102页。
③ 列宁：《帝国主义是资本主义的最高阶段》，人民出版社，2014，第98页。

问，在资本主义基础上，要消除生产力发展和资本积累同金融资本对殖民地和'势力范围'的瓜分这两者之间不相适应的状况，除了用战争以外，还能有什么其他办法呢?"① 20世纪上半叶发生的两次世界大战就充分论证了列宁对金融资本主义的论断。列宁在《帝国主义是资本主义的最高阶段》的结尾处为帝国主义的实质做出剖判，认为它是"过渡的""垂死的"资本主义，而就战后金融资本主义逐渐向国际垄断金融资本主义的发展轨迹及不断出现的世界性金融危机的运行状态来看，资本主义整体发展依旧没有超越列宁所论断的范围。正如学者所言："金融资本的世界统治和霸权乃至整个资本主义制度已经走上逐渐消亡的历史轨道。列宁关于'帝国主义是垂死的资本主义'的命题，不仅没有过时，而且又增加了新的佐证和内涵。"②

列宁金融资本理论是对马克思资本理论的发展延续，同时奠定了马克思资本理论在时代发展中持续丰富完善的基础。马克思关于资本理论的论述是一个伴随时代发展而持续推进的过程，列宁金融资本理论是对马克思资本理论在新的时代发展阶段的"接着说"。马克思时代，资本形态向虚拟化的发展演进态势已经在现实中以虚拟资本的新形式呈现，新资本形态的存在运行、性质特征、作用意义、历史效应等在马克思虚拟资本理论中也较为全面系统地得以阐释。需要注意的是，作为资本的一种新形态，虚拟资本虽然在马克思时代已经出现，但整体上仍处于产业资本占主导的工业资本主义时代，其自身在经济中的发展乃至主导体现为一个循序渐进的过程。虚拟资本在经济运行中的出现及其更接近于资本本性的积累方式，预示着不同于产业资本主导经济发展模式的新模式的出现。伴随虚拟资本的不断发展及生产的持续集中，产业资本越来越趋向于对银行资本的依赖，银行资本自行发行股票等有价证券以获取利润的能力也逐渐提升，产业资本在经济中的主导地位发生动摇。19世纪末20世纪初，资本主义发展逐渐由自由竞争阶段向金融垄断阶段过渡，其标志性特征就是金融资本这一资本新形态的诞生。在金融资本形态下，虽然资本逐利过程进一步趋向对生产过程的摆脱，但依旧没有达到摆脱产业资本进而完全独立化的发展阶段，

---

① 列宁：《帝国主义是资本主义的最高阶段》，人民出版社，2014，第96页。
② 王金存：《当代资本主义的演化与当前国际金融危机》，《高校理论战线》2009年第7期。

银行仍然要扩大自有资本，增加产业资本中固定的资本量。该阶段产业资本同银行资本关系的错综交织，正是金融资本的初始内涵所在。20世纪前半叶，主要资本主义国家纷纷实现了工业化进程，金融资本主义在国际范围内垄断联盟的建立，也促使依赖产业资本实现资本增殖的主导模式逐渐发生改变。虽然战后资本主义国家相继颁布施行了较为严格的限制银行等金融机构过度投资的"银行法"，但就资本主义银行等金融机构发展的根本及整体而言，金融资本规模发展的进程"并未受到任何实质影响同干扰"①，垄断企业依赖股票等虚拟资本投资所获收益甚至远超实体投资。20世纪70年代之后，伴随黄金的非货币化，货币实现彻底虚拟化，金融资本虚拟化进程加快，虚拟资本在经济中逐渐上升至主导地位。随着产业资本在第三产业等领域的大力拓展以及银行资本在包括投资、保险、证券、基金等领域的延伸，金融资本所囊括的范围不断扩大，而金融资本在当前经济生活中的作用已然在虚拟资本乃至虚拟经济中凸显，由虚拟资本占据经济主导地位的虚拟资本主义时代到来。金融资本理论将在时代发展中伴随其内涵及外延的拓展延伸持续发展完善。总之，以货币在经济活动中的出场为开端，资本主义经济发展态势逐渐向虚拟化方向推进，其在资本形态上的演进轨迹大体呈现为"工业资本—金融资本—虚拟资本"，该过程是资本主义"分离"这一"一般特性"的最好诠释。就像列宁所揭示的，此过程既是资本占有同资本运用的分离，也是货币资本同工业资本的分离，还是食利者同参与并运用资本者的分离。不同的是，伴随这一进程的向前推进，虚拟化的程度也随之加深，表现在金融资本统治上，这种分离程度进一步加大。因此，如果从这一视角展开分析，可以把金融资本看作资本虚拟化过程中的一个关键阶段，该阶段作为连接在经济中起主导作用的"产业资本"和"虚拟资本"的中介环节，是"资本日益脱离生产过程，又不能完全脱离生产过程的过渡阶段"②，也是"工业资本主义"向"虚拟资本主义"转化的过渡地带。

综上对经典作家之后马克思主义理论家对金融资本的论述可知，资本形态的演进同资本主义发展的新阶段紧密相关，马克思《资本论》虚拟资

---

① 李雪阳：《列宁"帝国主义论"与当代垄断资本主义》，广东人民出版社，2018，第348页。
② 朱炳元：《马克思主义虚拟资本理论与金融危机》，中央编译出版社，2014，第149页。

本理论在时代发展中持续展现着其强有力的指导性和生命力。众所周知，在马恩所处的时代，虚拟资本虽然已经现实存在，然该资本形态并未占据经济发展主导，包括工业资本同银行资本相结合的金融资本阶段，产业资本依旧是经济运行中的主导形态。但不可否认的是，虚拟资本的发展势头及受青睐程度日渐强盛和提升，且金融资本的存在及发展更难以脱离虚拟资本的作用支撑，虚拟资本运行及积累方式无疑是银行资本集中及运作转型的推进因素，进而适应并促进了垄断企业的发展需求，为金融资本在经济生活中的统治奠定基础。正如皮凯蒂所言，展望20世纪之后"资本收入"同"劳动收入"的发展关系，首要就是面对资本性质"彻底改变"的现实（资本增殖本质并无改变），即"从18世纪的土地和其他不动产变为21世纪的产业和金融资本"。① 关键的是，资本虚拟化的发展趋向在时代推进中不断印证着马克思对虚拟资本发展趋向的预判。当前，金融资本的虚拟化态势愈益清晰，虚拟资本在经济发展中的地位及作用也愈加凸显。同时，虚拟资本的内涵及外延也在时代发展中得以丰富充实，比如，对虚拟资本生成发挥重要作用的信用元素，在虚拟资本发展中的重要性更加彰显，市场主体凭借信用，能够换取货币等资本，进而在经济活动中获取收益，信用的资本化发展态势渐次明晰。诚如吴晶妹教授所指出，信用的实质就是一种资本，更是虚拟资本，而且，立足此基础，该学者还将信用危机的实质同虚拟资本运行进程紧密关联，表述为"信用资本被高估—信用资本膨胀—信用资本价值回归"的过程。② 再如，车玉玲等将"知识资本"纳入当前对虚拟资本的论述范畴，认为虚拟资本的高级形态，也即虚拟资本的"再虚拟"，是"知识资本"同虚拟资本"合流"的结果，并将其视为当代"金融资本"的新形态，等等。③ 总之，虚拟资本的存在发展同时是其内涵及外延伴随时代进步而持续丰富拓展的过程，而马克思《资本论》虚拟资本理论是一种向时代和历史开放的科学理论，只要立足马恩经典作家在论述虚拟资本中的基本立场、观点及方法对发展中的虚拟资本展开的理

---

① 〔法〕皮凯蒂：《21世纪资本论》，巴曙松等译，中信出版社，2014，第42页。
② 吴晶妹：《三维信用论》，当代中国出版社，2013，第19~23页。
③ 车玉玲、姚新立：《资本的当代变形与金融危机之根源——虚拟资本的产生及其历史限度》，《学习与探索》2013年第4期。

论分析，都可以而且应当看作是马克思《资本论》虚拟资本理论的时代
发展及延续。

第二节 从虚拟资本到虚拟经济的现实演进

理论的传承创新离不开实践的持续推进，现实的有效发展更不能没有
科学理论的根本指导，理论同实践都要与时俱进。20世纪70年代之后，伴
随货币彻底虚拟化的完成以及先进网络通信技术的发展和金融创新工具的
丰富，资本虚拟化进程持续推进，经济发展中的虚拟化现象由局部向整体
蔓延，一种有别于实体经济的虚拟经济发展体系呼之欲出。虚拟经济同虚
拟资本关系密切，是《资本论》中虚拟资本概念的衍生①，可以说，前者是
后者发展演进的必然结果，后者在前者发展中也得以充分展现。针对"虚拟
经济"概念及内涵，学界目前并未形成统一认知，但立足马克思虚拟资本视
域，不同学者能够提出关于虚拟经济异曲同工的见解。比如，成思危先生认
为，应该遵从马克思《资本论》英文版中对虚拟资本（Fictitious Capital）的
译法，将虚拟经济译为"Fictitious Economy"，其内涵是"与证券、期货、
期权等虚拟资本的交易有关的经济活动"②，他从系统科学的分析角度入手
指出，"虚拟经济是与实体经济相对应而在经济系统中存在的经济活动模式
（包括结构及其演化）"③；又如，刘骏民教授同样认为虚拟经济和虚拟资本
关联密切，提出"虚拟资本的运动与虚拟化的货币结合在一起形成了相对
独立于实体经济的虚拟资本的价格决定过程和相对独立的运行过程，这种
过程就是虚拟经济的过程"；④ 再如，曾康霖先生从人在经济活动中主体能
动性层面，将虚拟经济作为对现实经济发展限制突破而呈现的思维或实践
活动，这种观点就整体而言同马克思对资本发展的历史视域定位相统一，
他指出，"所谓虚拟经济，就是人们在经济活动中，为了拓展现实经济活动
的空间或提高经济效率，将经济活动的主体、客体或两者之间的联系虚拟

---

① 徐光春主编《马克思主义大辞典》，崇文书局，2018，第152页。
② 成思危：《虚拟经济探微》，《南开学报》（哲学社会科学版）2003年第2期。
③ 成思危：《虚拟经济探微》，《南开学报》（哲学社会科学版）2003年第2期。
④ 刘骏民：《从虚拟资本到虚拟经济》，山东人民出版社，1998，第272页。

成为新的主体、客体或联系，并在此基础上形成一系列的经济活动"①。而刘志彪教授以"媒介观"定义虚拟经济范畴，认为对虚拟经济的区分"主要看起点于货币资本的增殖性活动以什么为媒介或者中介：如果以货币、价值符号和资产为媒介，就是虚拟经济；如果以当作使用价值的商品和服务为交易媒介，就是实体经济"②，并指出该种对虚拟经济内涵的考察方式较之以"实物观"（以物质生产为内容的经济活动）、"部门观"（物质生产及服务部门、精神生产及服务部门被囊括于实体经济内涵）等直观性的认识方式更为具体和贴切，能够尽可能涵盖包括金融服务部门及金融创新条件下的虚拟资本或经济形式。相对于国内对虚拟经济的研究，国外学者对"虚拟经济"的提法较少，一般以"金融"为内涵的相关提法及研究居多，比如美国经济学家海曼·P. 明斯基（Hyman P. Minsky）的"金融不稳定假说"、爱德华·肖（Edward Shaw）和 R. I. 麦金农（R. I. Mckinnon）的"金融深化"理论等。也有学者以不同提法表达同虚拟经济相似的内涵。比如，美国著名经济学家彼得·德鲁克（Peter Drucker）提出的"符号经济"，认为 20 世纪后半叶世界经济结构发生的最大变化之一就是"符号经济"对"实体经济"的取代，他所指的"符号经济"是独立于产品与服务流通等实体经济的资本的流动、汇率及信用的流通。③ 还有日本学者三木谷良一用"泡沫经济"区别于实体经济，认为"股票"及"不动产价格"等资产价格对实体经济的严重偏离以致"暴涨""暴跌"的过程就是泡沫经济。④ 总之，虚拟经济是虚拟资本在经济社会中持续运行及作用的结果，是作为同实体经济相对应的独立的经济体系，其存在具有自身独特的运作机制及逻辑，虚拟经济同实体经济关系的合理与否日渐成为经济社会发展程度的重要参照指标。

一 虚拟资本催生虚拟经济的逻辑进路

虚拟经济的存在及发展同虚拟资本的存在及运行过程密不可分，很大

---

① 曾康霖：《虚拟经济：经济活动新领域》，中国金融出版社，2003，第 54~55 页。
② 刘志彪：《实体经济与虚拟经济互动关系的再思考》，《学习与探索》2015 年第 9 期。
③ 〔美〕彼得·德鲁克：《管理的前沿》，许斌译，上海译文出版社，1999，第 19 页。
④ 〔日〕三木谷良一：《日本泡沫经济的产生、崩溃与金融改革》，高圣智译，《金融研究》1998 年第 6 期。

程度上可以将虚拟资本在经济中的运作形态及运作程度纳入虚拟经济的生成进程，正如学者所揭示的，虚拟经济能够看作是"由虚拟资本运动所形成的经济总量和经济行为"①。可见，虚拟经济的生成发展是过程体的呈现，这一过程的主导因素就是虚拟资本，是虚拟资本从实体经济体系中分化出来，并逐渐在原有经济体系中促进另一种经济体系的存在、发展及分化的经济虚拟化的过程。既然如此，虚拟经济存在及发展的逻辑进路，必然伴随虚拟资本的发展演进过程，虚拟资本的发展程度及样态更替直接关联虚拟经济的演进状态，很大程度上可以说，是虚拟资本催生出了虚拟经济。需要注意的是，虚拟经济较之虚拟资本，是就经济体系层面更加宽泛的概念，侧重从同实体经济发展相对应的宏观视角论述，虚拟资本的存在及运行固然可以看作虚拟经济的"基本问题"或"核心内容"，但其本身并不能代替虚拟经济。

首先，货币在流通中的出现为虚拟经济的存在提供可能。贵金属货币出现之前，商品价值形态经历了简单的物物交换、扩大的物物交换、一般价值形式媒介的交换和货币形式为媒介的交换等发展阶段，商品交换的这些阶段都以纯粹的、现实可感知的物质存在及运动形式在经济活动中体现，这是人类社会经济生活最初的展现形式。货币作为商品价值形态的历史表征，其出现逐渐扭转了人类社会经济生活的这种传统形式。作为固定在贵金属商品上的一般等价物，货币最初以实物商品形式在流通中执行职能，但其抽象的社会价值衡量标准同具体价值在量上的有限性之间的内在矛盾，决定了货币脱离其商品实物基础而独立发展的趋向，该趋向在货币自身职能的发挥中逐渐呈现，为经济生活中虚拟经济现象的出现提供可能。虚拟经济活动最初在个人之间借贷行为中体现，货币的流通及支付职能为该种形式的存在准备条件。举例而言，A急需某种货物却苦于缺少足够资金，B手头恰好有闲置资金不用，于是彼此之间便构建了一种信用关系，A借用B的资金并承诺定期归还本金及利息，A凭借所借资金赚取利润，并按时履约，按照同B达成的约定，归还本金并偿付利息。在该种过程中，B并没有参与实际生产过程，而是凭借一种相对于实际生产的虚拟经济活动在一定时期获取多于其本金的价值，"闲置货币"成为一种资本。同时，借据（票

---

① 谢永添：《关于虚拟资本与虚拟经济研究的几个理论问题》，《经济科学》2003年第6期。

据）作为一种支付凭证或获益凭证，能够逐渐代行真实货币在流通中的部分职能，这正是信用货币在流通中出现的最初缘由，也成为虚拟资本的初始形态。可见，货币在经济生活中的职能发挥为虚拟经济活动准备条件，而货币的虚拟化及资本的虚拟化伴随经济形式的转变进程，成为后者存在及推进的关键因素。当然，最初以信用货币或纸币作为商品交换形式的价值运动，本身并非隶属于虚拟经济范畴，"只不过纸币这种法定货币的出现，使交换价值形式出现了虚拟化的可能性"，其向虚拟性过渡尚需要满足"价值运动的独立化"。①

其次，生息资本从产业资本中的分离为虚拟经济的出现奠定基础。生息资本从产业资本中的分离标志着资本"自行增殖"假象的完成，产业生产过程作为获取财富的必要条件的限制被"打破"，"资本主义生产过程的结果也离开过程本身而取得了独立的存在"②。生息资本的独立化促使借贷资本家阶级作为独立阶级在经济生活中存在，这也就意味着，经济生活中不从事现实生产而专门依靠有别于实践生产的虚拟经济活动过活的现象成为经济社会常态。而且，随着生息资本规模的扩大，货币经营业逐渐向银行过渡，并成为"闲置资本"优化分配的重要中介机构，区别于现实生产的经济活动的规模逐渐扩大。信用作用下股份企业的出现推动企业在银行间接融资的基础上实现直接融资，更加便利资本资源的有效配置。更为重要的是，生息资本的运作方式直接促进资本的虚拟化，虚拟资本的最初形态在诸如股份企业直接融资工具即股票或债券上体现。虚拟资本形态的体现及作用方式，促进资本的社会化发展，将社会中较为分散的资本通过股票等有价证券的发放较大规模地集中起来，并将其运用于从事实体经济活动者手中，以此促进实体经济的发展。从该意义上讲，生息资本所促进的资本的虚拟化及社会化，具有实体经济发展所不具有的优势及特点，能够较大规模地为实体经济活动提供资金支持，促进经济生活中资源的优化配置，是实体经济中分化出的有别于实体经济并服务于实体经济的一种经济运行方式。

---

① 景玉琴：《从价值规律角度理解虚拟经济》，《天津师范大学学报》（社会科学版）2019 年第 1 期。
② 马克思：《资本论》第 3 卷，人民出版社，2004，第 442 页。

再次，有价证券在市场中的自由流通为虚拟经济的发展准备条件。虚拟资本主导的经济活动虽然源于实体经济的存在及发展，但作为一种区别于实体经济的经济系统，其存在及运行具有独立性，该特性在虚拟资本的独立性上得以充分展现，尤其体现在虚拟资本价值的独特决定方面。虚拟资本的价值脱离实体资本价值，同实体资本或其价值在经济中的变动并无关联，更多的是依据市场投资者对预期收益的乐观程度。同时，在自由竞争资本主义的背景中，自由主义观念在经济思想中占据主流，有价证券能够在金融市场（比如股票市场等）根据对其预期收益进行自由流通，破除了闲置资本向生息资本及虚拟资本转化的障碍。虚拟资本的市场化流通强化了资本流通，不仅为有价证券随时变现提供便利，促使资本向更优质企业及投资领域配置，提升资本在经济中的使用及运作效率，同时也诱使投机行为依据有价证券价格的波动在经济生活中大肆盛行，进而为经济的正常发展埋下隐患。如1929年资本主义世界的经济大萧条同信贷政策的泛滥以致引起股市的泡沫及投机的狂热是分不开的。[1] 而有价证券市场化发展规模的扩张对经济正常发展构成威胁的事实，更加表明虚拟经济在经济生活中的比重逐渐增大，已经发展至能够威胁实体经济合理存在及发展的程度。总之，有价证券等虚拟资本的自由流通使其在经济生活中的比重逐渐提升，20世纪上半叶，在自由主义政策的鼓动下，虚拟资本的存在及扩张已然构成实体经济合理存在及发展的主要挑战，1929~1933年世界性的经济危机从反面足以说明这点。也正是该危机的发生促使资本主义发展从列宁揭示的垄断资本主义向国家垄断资本主义演进，为人们重新认知虚拟资本及虚拟经济在经济生活中的存在提供历史契机，以实行国家宏观调控、加强对有价证券等金融领域监管为主要特征的"凯恩斯主义"被运用于虚拟经济的发展过程，主要资本主义国家纷纷出台政策规约和监督有价证券等金融领域的发展，比如，美国国会于1933年通过《证券法》，次年又通过《证券交易法》，等等。

复次，虚拟资本在形态上的高级演进为虚拟经济的深化发展提供动力。"凯恩斯主义"虽然加强了对金融发展的监管，但其理论体系的根本缺陷决定了其在资本主义根本矛盾激化的情形下一筹莫展。20世纪70年

---

① 刘鹤主编《两次全球大危机的比较研究》，中国经济出版社，2013，第11页。

代，面对经济发展中严重滞涨的危急局势，主要发达资本主义国家又重新
向自由化转向，其中最为核心的便是金融自由化，尤其是布雷顿森林体系
的崩溃，直接促使货币彻底虚拟化，为金融自由化发展提供了更加便利的
条件。一些较为有影响力的金融发展理论纷纷在这一时期出现，其中，
"金融深化"当属影响较为深远的理论之一。该理论代表人物有美国经
济学家爱德华·肖和R.I.麦金农，他们主张金融自由化，分别在1973
年发表了轰动经济理论界的著作《经济发展中的金融深化》和《经济
发展中的货币与资本》，其中一些关于金融发展的观点在当前不乏参考
价值。比如，肖将金融发展提升至经济发展战略的重要地位，认为货币
同实物资本在落后经济体中呈现互补关系，金融同经济在一定条件下能
够同步发展；麦金农将货币形式积累的收益率用"名义利息率"同
"预期通货膨胀率"之差来表示，认为该差值越大、收益越高，持有货
币的意愿就越强，储蓄及投资愿望也会越盛，反之亦然；若该差值超过
实体资产收益率限度，货币持有同资金投资就会由最初的"互补"异变
为"替代"。这是对肖关于金融同经济"互补"关系论述的补充，也和
马克思对虚拟资本同实体资本关系论述存在相似之处。麦金农从该差值
分析发展中国家的落后状态，指出差值太低源于"金融抑制"，要通过
金融自由化促使利率处于适当程度，确保货币收益同投资活动"互补"，
要求金融发展"尽量减少人为干预，发挥市场的调节作用"①，还需要相
关层面政策的积极支持，要同"贸易自由化、税制合理化和正确的政府支
出政策相配合"②。同时，"金融深化"理论还提出，发展中国家要借助
"金融自由化"获得发展资金，却不能过度依赖外来资本等较为中肯的观
点。但是，包括"金融深化"理论在内的西方诸多经济理论，在对金融
的利息来源上陷入了"主观的边际效用价值论及供求均衡论"的传统理
论误区，难以就马克思劳动价值论本质的层面展开揭示，而且西方金融理
论过度注重或夸大金融本身的作用，这同西方经济及金融发展思想中个人
主义特征相吻合，是后者在金融发展中的突出体现。因此，"金融深化"

---

① 〔美〕爱德华·肖：《经济发展中的金融深化》，邵伏军等译，上海三联书店，译者语，
1988，第10页。

② 〔美〕R.I.麦金农：《经济发展中的货币与资本》，卢骢译，上海三联书店，中文本序，
1988，第3页。

倡导的金融自由化固然迎合了资本主义当时的发展态势，其主张的推进利率市场化及资本流动自由化等策略，也在客观上促进了虚拟经济的发展，但自由化导致的价格波动以致危机，同时成为金融发展中风险规避举措及工具等大力创新的推动力。

金融创新在很大程度是为规避风险而采取的金融手段，"实际上是要对金融资产的风险进行重新组合或捆绑，形成金融资产的风险和收益新的搭配方式的过程"[①]，"利率风险的上升增加了对能够控制这种风险的金融产品和服务的需求。经济环境的这种变化推动金融机构为应付这种新需求进行能够盈利的创新，从而促进了能够降低利率风险的新金融工具的相继诞生"[②]。这些金融创新工具涵盖面广、内涵丰富、形态多样，建立在股票、债券等虚拟资本的初级形态之上，是虚拟资本的高级形态，同现实生产及资本的关系进一步被剥离，交易双方甚至能够根据一种合约权（如期权）或某种金融指数（如股票指数）赌博获利，该形态上交易物的存在与否在资本利润的获取中无关宏旨。虚拟资本演进的这一高级阶段主要体现在金融衍生工具、资产证券化等形态上。

金融衍生产品的发展也具有生成性，其基于初级形态的衍生产品，后者同股票、债券等初级形态虚拟资本直接相联，比如期货交易，就是立足初级形态虚拟资本而派生出的一种"合约化交易"，其"标的物"或基础资产，一般以某种金融工具为主。初级形态衍生工具的继续发展，将推动更加高级的金融衍生工具的出现，后者以某种金融指标如股价指数等为标的物，涵盖各类指数期货、指数期权合同等形式。因此，金融衍生产品，就是基于金融工具或金融产品的标的物或基础资产而派生出来的金融产品。金融衍生产品的显著特征就是虚拟性，相对于股票等初级形态的虚拟资本而言，金融衍生产品完全脱离了现实资本，同时却能够获取更加多样性的收入。而且金融衍生产品在经济生活中为市场融资提供了多样化手段，极大拓展了企业融资渠道，降低了社会融资成本，并间接促进市场融资机构之间竞争力度的提升，为资金优化配置及高效使用提供动力。某种意义上，

---

① 王爱俭：《金融创新与虚拟经济》，中国金融出版社，2003，第41页。
② 〔美〕弗雷德里克·S. 米什金：《货币金融学（第11版）》，郑艳文、荆国勇译，中国人民大学出版社，2016，第200页。

正是出于金融衍生产品远离生产并能够推动生产而获取更多收益的独立性特征，才进一步促使金融衍生产品发展规模的逐渐增大，并具有了远超现实资本发展速度及规模的运行趋向。

在虚拟资本不断推动虚拟经济发展的过程中，资产证券化的虚拟资本发展形态强势兴起，该形态是"将众多小额的和不具有流动性的金融资产（如住房抵押贷款、汽车贷款和信用卡应付款，它们曾经是银行机构最主要的利润来源）打包在一起，转化为可流通的资本市场证券的过程"[①]。资产证券化同样建基于初级证券，也是虚拟资本深度虚拟化的一种产物，其涉及领域多、覆盖范围广，逐渐从房屋抵押贷款、汽车抵押贷款、信用卡贷款、商业资产、贸易应收款发展至各种有保障的收入流和现金流等。[②]人们耳熟能详的"次级抵押贷款"，就是 21 世纪资产证券化的最为重要的创新形态，它属于一种新的贷款类型，是同信用级别低的借款人建立信用关系、发放抵押贷款，同时将次级抵押贷款通过先进技术进行重新打包流通的过程。资产证券化作为一种重要的金融创新，最初作为规避金融风险、提升资金运行效率的举措介入经济活动进程，毋庸置疑，该虚拟资本形态具有对资本市场流动性的提升、对金融风险分散效能的增强以及对资源配置的优化等积极效应，但资产证券化的疯狂扩张，逐渐掏空了实体经济，对风险规避的初衷也在其肆意扩张中使其运作本身异变为风险积累的始源地。金融创新的高风险在虚拟资本乃至虚拟经济的持续扩张中逐渐演变为现实危机的预兆或代名词。当然，这更大意义上是针对虚拟资本无限制的扩张趋向而言的，并非对虚拟资本及虚拟经济的历史存在及合理发展的质疑。总之，基于股票、债券等虚拟资本在金融衍生工具及资产证券化等形态上的发展演进，进一步深化了虚拟经济的发展，虚拟资本形态的高级化发展态势是虚拟经济向更高阶段推进的重要标志。正是由于虚拟资本的存在及运作，客观上搅活了资本市场的一潭死水，成为经济发展的重要动力机制，促使资本主义商品经济单纯以使用价值为手段，以价值及其增殖为目的的逐利制度特征和资本运行逻辑

---

① 〔美〕弗雷德里克·S. 米什金：《货币金融学》（第 11 版），郑艳文、荆国勇译，中国人民大学出版社，2016，第 204 页。

② 郑千千：《马克思虚拟资本理论及其当代价值》，苏州大学博士学位论文，2011，第 45 页。

展现得淋漓尽致。伴随虚拟经济的发展深化，作为区别于实体经济的独立经济体系，虚拟经济时代逐渐到来。

最后，金融全球化背景中国际金融资本的集成化①发展推进虚拟经济时代的到来。20 世纪 80 年代之后，鉴于美元同黄金脱离的浮动汇率制的形成以及信息技术的飞速发展，尤其是 90 年代后经济全球化的推进，为金融资本在全球的自由、一体化流动准备了条件。金融资本的全球化成为经济全球化的核心，主要发达资本主义国家在经济发展进程的经济结构逐渐改变，对物质产品的需求逐渐饱和并退居次位，资本在实体经济领域谋求利润或高额利润的空间愈加狭小，资本亟须在更加广阔的全球范围借助金融资本实现高额利润。金融资本的对外输出及全球流通成为发达资本主义国家获利并继续扩张的关键策略，伴随资本输出的是产业在全球范围内（主要向资源丰富且生产要素低廉的发展中国家）的转移，发达资本主义国家将实体产业的发展基地移向国外，充分利用全球有利的生产资源获取巨额剪刀差，而其国内则大力推进金融业的发展及扩张，致使制造业等实体产业在国内生产总值中的占比逐渐下降，金融等虚拟经济领域占比逐渐超过实体产业，上升为经济发展的主导。根据国际清算银行（BIS）提供的数据，至 2014 年 6 月，未平仓金融衍生产品合约的名义本金高达 761 万亿美元，相当于全球 GDP 的 10 倍。1975年世界股票交易额只占 GDP 的 6%，至 2015 年，已经是 GDP 的 1.66倍。② 随着虚拟经济的长足发展，这一数据差额大有扩张之势。金融全球化及国际资本集成化是一种历史过程，法国经济学家论述了金融自由化及全球化的三个阶段（见表 4-1），从中我们能够更加直观地厘清金融全球化的推进过程以及不同历史时期金融全球化的发展举措。其中，资产证券化（如基金类资产等）及金融衍生产品同金融市场规模的扩大相辅相成，在金融全球化进程中发挥着主导作用；同时，我们也能够看到，20 世纪 90 年代之后新兴国家及第三世界国家逐渐被纳入世界金融发展体系，开启了金融全球化的新征程。

---

① 成思危：《虚拟经济探微》，《南开学报》（哲学社会科学版）2003 年第 2 期。
② 数据源于世界银行数据库，http://data.worldbank.org。转引自郇一龙等《天下为公——中国社会主义与漫长的 21 世纪》，中国人民大学出版社，2018，第 274 页。

表 4-1　金融自由化和全球化的三个阶段：一般特征和主要措施

1960～1979 年	1980～1985 年	1986～1995 年
各国分割的金融体系的"间接的"国际化；美国市场金融的发展	金融自由化引起的同时向市场金融和各国金融体系的相互联系的过渡	相互联系的加强、套利的扩张和第三世界"新兴市场"的加入
（1）主要由银行使用的债权证券（国库券）市场在美国形成；作为离岸市场的欧洲美元市场形成。 （2）布雷顿森林体系的解体和废除（1966～1971）。 （3）英国信贷框架结束（1971）。 （4）向浮动汇率过渡（1973）和汇兑市场的第一次发展高潮。 （5）海尔施塔德银行破产；国际清算银行开始制定谨慎规则。 （6）欧洲美元市场加速扩张；石油美元的回收；银行联合贷款。 （7）美国银行加速国家化（包括以非联合贷款和国际信贷形式实现的国际化）。 （8）第三世界开始负债。 （9）货币和汇率的金融衍生产品（期货）市场出现	（1）美国和英国的货币主义开端。 （2）资本运动的自由化。 （3）利率的自由化。 （4）国债的证券化。 （5）债券市场的迅速扩张。 （6）吸引外国贷款者的货币政策。 （7）债券市场上的国际套利。 （8）工业集团和金融机构对金融流动性的私人需求开始非中介化。 （9）养老基金和互助基金、金融资产迅速增长。 （10）金融衍生产品迅速增长。 （11）养老基金和互助基金的国际交易增长。 （12）纽约和伦敦股市出现"垃圾债券"和操纵公司产权的金融工具	（1）新加坡金融大爆炸。 （2）股票市场阻隔的消除和放宽管制。 （3）汇兑市场交易的爆炸。 （4）原料市场阻隔的消除和放宽管制。 （5）原料衍生市场的迅速发展。 （6）金融衍生产品的爆炸。 （7）债券市场加速发展。 （8）从 1990 年起，债券市场阻隔消除和放宽管制开始；新兴工业化国家和第三世界国家的股市形成。 （9）直接金融和国债证券化制度向经合组织以外地区扩展。 （10）墨西哥金融危机后关于国际货币基金组织作用扩大的争论（1995）

资料来源：〔法〕弗朗索瓦·沙奈等：《金融全球化》，齐建华、胡振良译，中央编译出版社，2001，第 13 页。

二　虚拟经济存在及运作的基本特性

虚拟经济作为一种相对应于实体经济的独立的经济活动及经济体系，具有与实体经济全然不同的特性。通过前文对虚拟经济存在及发展进程的论述可知，虚拟经济伴随虚拟资本的发展演进而持续推进，对虚拟资本运作形态及规律的阐释构成虚拟经济的重要内涵。[①] 因此，虚拟经济的运行特性同虚拟资本在经济过程中展现出来的特性存在统一之处，很大程度上，

① 杨继国：《虚拟经济：马克思经济危机理论新释》，厦门大学出版社，2016，第 68 页。

正是虚拟资本的内在特性造就了虚拟经济在运行中所呈现的不同状态。鉴于此，可以在虚拟资本基础上概述出虚拟经济存在及运行的不同特征。

首先，虚拟经济具有虚拟性。虚拟经济是相对应于实体经济的一种经济形态，虚拟性是其最本质的特征。虚拟经济的虚拟性主要在虚拟资本的运行主体及虚拟财富的展现结果上鲜明体现。鉴于之前章节对虚拟资本的运行及作用已经作过较为详细的论述，对其虚拟性的特征已然进行了阐释，因此，此处主要对虚拟经济在运行结果上的虚拟性，即对虚拟财富进行考察。在对虚拟财富进行论述之前，首先要明晰"财富"内涵。马克思说："不论财富的社会形式如何，使用价值总是构成财富的物质内容。"① 由此可知，"财富"在两个层面体现，其一为"使用价值"的物质形式或物质内容，其二为不同社会形态及条件下的社会形式。也正是"财富"的二重形式，尤其是其社会形式，决定了财富在表现形态上的差异性。在资本主义市场经济条件下，财富的社会表现形式在价值或交换价值上得以展现，并且，社会对交换价值的追求逐渐取代对财富的物质形式即使用价值的青睐，具体表现为对货币或资本等价值形态的疯狂追逐，这也是资本主导中"拜物教"现象普遍化的重要原因。这种将财富的社会表现当作"财富一般"进行追逐的行为，可以看作"财富的虚拟化"。② 但财富的货币或资本等的社会表现形式能否实现为真正财富，要看其向使用价值转化的顺畅度。也就是说，只有当货币或资本能够真正代表一定量使用价值时才是真正的财富，反之，则并非真正的财富。"虚拟财富"是在虚拟经济条件下财富的独特表现形式，同货币或资本等财富的社会表现形式内涵的演变密不可分。虚拟经济运行体系中，人们借助虚拟资本或虚拟货币所取得或追求的"财富"也是"财富一般"的社会表现形式，即"虚拟财富"。不同的是，"财富一般"的货币或资本等的社会表现，一般而言，并不代表真实的使用价值，也就是说，它们是基于现实资本或商品货币之上的虚拟资本或虚拟货币。正像学者所言，"虚拟财富"是使用价值虚拟为价值表现形式基础上的"再次虚拟"③，是对价值虚拟的体现。众所周知，以虚拟资本为主导的虚拟

---

① 《马克思恩格斯全集》第23卷，人民出版社，1972，第48页。
② 马拥军：《虚拟财富及其存在论解读》，《哲学研究》2014年第2期。
③ 马拥军：《虚拟财富及其存在论解读》，《哲学研究》2014年第2期。

经济运作体系，并不创造价值，仅是参与实体经济创造剩余价值的分配过程，但虚拟经济却通过创造获取财富的机会和手段，创造现实的或预期的收入，从而创造生活财富，而且在虚拟经济时代成为"财富"创造的重要渠道。值得注意的是，虚拟经济的正常运行是其创造虚拟财富的必要条件，一旦虚拟经济发展过度，虚拟财富将大幅缩水。同时，虚拟财富向"财富一般"转化也并非没有可能，正如前述虚拟价值借助向货币的转化能够实现劳动价值一样，虚拟财富也能够通过向货币的转化，进而实现向使用价值或"财富一般"的转化（真实财富）。只是，在虚拟经济严重脱离实体经济根本支撑的态势下，这种虚拟财富的转化或向真实财富的回归通常需要以强制性方式实现。因为，"一旦虚拟经济出现危机，虚拟财富的虚拟性就会以大幅缩水的形式表现出来，而一旦虚拟经济消失，虚拟财富也将随之消失，被强制还原为使用价值"①。

其次，虚拟经济具有调适性。"调适"，即适合、适宜、协调，在此不仅是指虚拟经济存在的客观历史性，从而具有历史发展的调适性，同时也体现在同实体经济协调发展的客观联系中。其一，虚拟经济作为一种经济形态的客观存在，表征一种历史生成过程，是伴随实体经济的发展进程而生出的独立经济体系。虚拟经济改变了经济运行机制，用最便捷、最快速、最有挑战性、最具投机性、最为普遍性的方式给资本经营和社会投资提供舞台，从而加速推进资源在经济社会中的流动，极大提升社会资源的配置效率，其在经济社会中发挥着实体经济不具备的作用。同时，正因为虚拟经济作用的优势及对经济运行方式的重塑，社会经济结构的式样逐渐变更，"金字塔式"的经济结构在外形上逐渐倒置，虚拟经济在经济社会中的比重日益提升，实体经济所占比重不断下降。可以说，虚拟经济的存在及发展是历史发展的必然选择，是基于实体经济推进进程中的必然结果。其二，作为产生于实体经济发展进程中的经济体系，虚拟经济的存在及作用对实体经济具有调适性，或者说，同实体经济的关系在应然层面具有协调性。这一层面是虚拟经济存在的历史层面的具体呈现，虚拟经济同历史发展进程的"调适"或"适应"，是在同实体经济的协调关系中展开的。就实体经济发展层面而言，虚拟经济产生于前者发展所需，其生成的直接目的在于

---

① 马拥军：《虚拟财富及其存在论解读》，《哲学研究》2014 年第 2 期。

服务实体经济的顺畅推进，是实体经济向更高经济形态转型发展的有力助推器。事实上，虚拟经济的调适性，归根结底在于其历史性。同时，虚拟经济存在的历史性或调适性的顺利展开并非一帆风顺，因为虚拟经济的风险性为其调适性特征及作用设置重重难关，成为虚拟经济"一体双面"辩证体存在的另一面。这同成思危先生总结虚拟经济"介稳性"特点存在交叉或相似之处，也即"远离平衡状态，但却能通过与外界进行物质和能量的交换而维持相对稳定的系统"①，而"介稳性"最根本的影响因素就在于虚拟经济的高流动性及不稳定性。

再次，虚拟经济具有高流动性。虚拟经济的高流动性同虚拟资本的存在及作用状态紧密相连，前者在后者的发展演进中愈发凸显。我们知道，资本逐利的本性驱使其必须具有高度流动性，这同时赋予资本摆脱任何限制其自由流动束缚的潜能。马恩经典作家对资本扩张本性揭露得非常到位："不断扩大产品销路的需要，驱使资产阶级奔走于全球各地。它必须到处落户，到处开发，到处建立联系。"② 但在实体经济体系中，资本以产业资本形态在经济中发挥作用，资本追求高度运行的欲求同资本的流通时间、循环速度、周转周期等过程的客观存在相矛盾，尽管这一过程在生产力发展中持续缩短，却依然难以满足资本的贪婪胃口。当资本演变为虚拟资本，资本的高度流动性得以充分体现，虚拟经济在虚拟资本推动下"价值符号"的转移中实现，根本无须经过漫长的生产流通过程，而且当前虚拟资本日益向电子化等更加便利的方向发展，进一步提升交易速度，为虚拟经济的高流动性提供条件。尤其在经济全球化背景下，虚拟资本超越时空局限，成为全球空间重塑的重要力量，正如学者所言，"在所有的资本中，金融资本无疑是塑造城市空间最为根本的决定性力量"③，虚拟资本在全球范围内的高速流动，也推动虚拟经济的全球化发展。20世纪70年代黄金的非货币化转变，促使主要资本主义国家放松金融监管，世界资本流动及虚拟经济交易量逐渐增大，在这一世界经济发展大势中，虚拟经济逐渐在包括交易规模、经济比重等各方面超越实体经济，成为主导世界发展的经济形态，

① 成思危：《虚拟经济的基本理论及研究方法》，《管理评论》2009年第1期。
② 马克思、恩格斯：《共产党宣言》，人民出版社，2014，第31页。
③ 唐旭昌：《大卫·哈维城市空间思想研究》，人民出版社，2014，第110页。

全球经济结构也在这一趋向中悄然发生改变。当前，经济全球化的核心在于金融全球化，在于虚拟经济的全球化，而虚拟经济的高流动性将进一步推进金融全球化，丰富经济全球化的内涵。

最后，虚拟经济具有高风险性。虚拟资本的高流动性固然能够提升资源配置效率，但同时以其高风险性为代价。虚拟经济由虚拟资本主导，其价格运行机制同实体经济相对稳定的价格决定机制不同，并不取决于或遵循于价值规律，而更多依据市场利率的变动，更为关键的是，人们对未来收益的预期这一充满主观意味的因素成为虚拟经济条件下能够左右价格运行的重要环节。虽然对未来收益的预期也受包括经济、政治、社会、技术、国际环境、行业发展等在内的多种外生性因素影响，但不同因素的动态存在进一步加剧了虚拟经济中价格机制的波动，叠加了致使虚拟经济存在及运行不稳定的乘数效应，提升了虚拟经济的运行风险。而且，随着电子技术及网络通信设备的持续更新换代，金融创新进程也在持续推进，虚拟经济在先进技术及高级金融产品的支持下不断扩张，交易对象不断多样、交易规模持续扩大、交易周期渐次缩短，虚拟经济的运行发展轨迹更加难以有效把控，从而加大其风险提升的概率。加之，虚拟经济较实体经济具有高回报率，在市场监管机制等方面相对不完善的环境中，投机现象将横行市场，凭借短期交易行为套取巨额利润，这更提升了虚拟经济发展的不稳定性及风险。而在特定社会形态中，虚拟资本在自由主义的间接纵容下任性扩张，由虚拟资本主导的虚拟经济时常违背经济发展规律。当一般调控手段难以抑制虚拟经济的过度扩张时，强制方式的规约就成为必要，即使采取该种方式需要付出沉重代价。这种情形在世界经济运行中已屡见不鲜，其对发展所产生的消极影响至今仍余悸未消。

三 虚拟经济同实体经济的内在关联

马克思虽未触及虚拟经济及其同实体经济的关系，但在《资本论》中针对虚拟资本及其同实体资本关系的论述，依然是指导虚拟经济同实体经济发展关系的根本性原则。而且就本质而言，虚拟经济同实体经济的关系，是虚拟资本同实体资本关系在经济形态层面的表达。马克思认为，虚拟资本产生于现实资本，是在为现实资本开拓资本融资渠道等层面上生成的，其存在在价值创造层面并没有实质意义，其利润的获取是对产业资本中剩余价值的分割。同时，虚拟资本自身价格机制的独特性决定了其运行的相对独立性。虽然虚拟资本同实体资本的协调运行是经济有序发展的保证，但在特定社会形态中，虚拟资本的过度扩张趋向往往成为经济运行中的常态表现，以致经济的良性发展经常被中断。鉴于虚拟资本同实体资本的一般关系，我们能够概述出由虚拟资本主导的虚拟经济同实体经济之间的内在关系。

首先，虚拟经济是实体经济体系中产生的一种经济模式。虚拟经济的存在及发展具有历史性，其源起于实体经济的运行过程，并根本依赖实体经济的发展状况以求得自身发展并获取利润，是为促进实体经济更好发展而产生的一种经济运行体系，对实体经济的发展具有反作用。因此，可以说，虚拟经济与实体经济作为经济运行中的不同体系，两者相辅相成、相互促进。其一，实体经济的深化发展离不开虚拟经济的动力支持。虚拟经济独特灵活的价格机制为社会资源有效配置效果的实现提供条件，不仅能够节约实体经济通过银行等金融中介贷款融资的成本，直接为实体经济的发展提供充足资金，促使社会闲置资本有效运用至实体经济的发展中去，而且能够引导劳动力、技术等各类市场要素向经济效益好、发展潜力大的优质部门流动和集中，从而为实体经济发展的深化提供动力支持。同时，虚拟经济对实体经济的支持也在经济发展中对风险的分散及规避功能上得以体现，其中，金融创新在虚拟资本及虚拟经济发展中的最主要动力，便在于分散及规避经济运行中的风险。以农产品期货[1]为例，该虚拟资本形态是针对农产品生产中因其取决于诸多不确定性因素而极易出现"供需脱节"或"价格剧烈波动"风险所采取的举措，凭借金融技术"设计"农产品期货期权等金融产品，竭力规避农产品交易中价格的剧烈波动及损失，将价格控制在较为合理的限度内，以此实现虚拟经济对实体经济发展的支持。其二，虚拟经济的存在及有序运行离不开实体经济的根本支撑。虚拟经济生成于经济运行过程，在现实资本派生出的资本虚拟化形态基础上呈现，既是遵循客观经济发展的历史逻辑成为货币或资本关系演进的客观结果，又是特定社会形态下资本逻辑主导发展的必然表现。而且虚拟经济的运行机制在现实生产过程之外，其由虚拟资本主导，并在金融体系支撑中通过

---

[1] 高鑫：《虚拟经济视角下的金融危机研究》，人民出版社，2015，第107页。

价格机制支配资本流动及利益分配，并不参与物质生产领域剩余价值或价值的创造，其利润依赖于对实体经济过程中创造的剩余价值的分割。换句话说，实体经济不仅是虚拟经济存在的根基，也是其获取利润的源泉。就该意义上讲，实体经济的发展状况将从根本上影响虚拟经济的存在及运作效率。我们知道，金融市场的繁荣与否同实体经济发展效应的好坏存在密切关系，后者直接影响投资者（投机者）对虚拟资本价格的市场预期及定价，进而关联资本的流动趋向及规模，干系虚拟经济的发展。实体经济发展势头蒸蒸日上，不仅能够为虚拟经济的持续发展提供充实的物质基础，也对虚拟经济的进一步推进提出更高要求。诚然，虚拟经济向更高程度的发展在间接意义上也是实体经济顺畅发展的一面镜子，但在实体经济的根本支撑范围内，虚拟经济存在及发展的独立具有相对性。

其次，虚拟经济作为一种独立的经济体系相对于实体经济具有相对性。这从根本上将虚拟经济同实体经济在经济发展中的方位区分开来。虚拟经济同实体经济作为不同时代占据经济发展主导地位的经济体系，就具体发展进程而言，两者各自具有独立的发展机制及运行体系。尤其是虚拟经济，其在虚拟资本主导中同生产过程的联系逐渐疏远，在直接意义上，同实体经济并不存在交织。然而，鉴于两者在根源上难以割舍的内在关联，虚拟经济在经济中的独立作用具有在实体经济发展的根本制约上的相对性。也就是说，虚拟经济的发展程度受实体经济发展状况的根本制约，即使虚拟经济发展程度及发展规模伴随时代发展逐渐深化扩大，但其发展存在的条件性是永恒的。虚拟经济在同实体经济相互作用中的相对独立性在以下两种情况下凸显。其一，虚拟经济的发展过度滞后于实体经济。虚拟经济是实体经济体系中产生的为后者深化发展提供动力的经济体系，当历史发展逻辑将虚拟经济置于经济发展的关键地位，但虚拟经济却被大幅压制时，虚拟经济将难以有效集中并利用社会闲置资本，更缺乏对社会无形资产的充分调动，这不仅是对社会资源的一种严重浪费，更无法对实体经济形成有效的推动力，从而影响实体经济的长足发展。其二，虚拟经济的发展过度超前于实体经济。这表现为虚拟经济的过度扩张、过度膨胀，该种情况在资本逻辑主导中是虚拟经济发展中的常见现象。虚拟经济的过度发展将对实体经济的有序运行产生致命影响，它不仅扭曲社会需求，盲目制造"虚假需求"，诱导实体经济生产规模的扩大，提升商品滞销程度，最终在资金回流困境中使实体经济陷入瘫痪；而且通过虚拟资本独特的价值运动诱导公众的投资趋向，使公众偏向对短期项目的投机活动，致使越来越多的社会资金集中于纯粹虚拟资本及产品的买卖上，以致投资于实体经济中的资金量相对或绝对萎缩，进而使失去充足资金支撑的实体经济日渐衰落；更为严重的是，虚拟经济的过度扩张使金融发展乃至经济发展的整体氛围被"投机""赌博"等习气"侵蚀"，人们对高额投机利润的追求逐渐诱使实体经济领域的从业者转向虚拟经济领域，进一步加剧实体经济的衰落。总之，以上两种极端情况都没有处理好虚拟经济的发展，都背离了虚拟经济本身存在的服务于实体经济的"宗旨"。当然，虚拟经济发展的相对性或其运行界限的确认，进而使虚拟经济同实体经济的发展关系实现或保持类似马克思指称的生息资本条件下的货币资本同产业资本于动态发展中的均衡景象[1]，在整体经济发展过程中是无可置疑的。但虚拟经济的迅速发展及金融全球化的世界推进，为资本在市场中的投资提供多样选项，适用于实体经济发展的价值规律在此种情形下对经济运行调控的灵敏性下降，不能及时对虚拟经济和实体经济发展的紧急状态做出反应，这也成为资产价格持续膨胀的重要推手。[2] 因此，在虚拟经济条件下，通常需要强制手段的介入才能够有效确认虚拟经济存在及发展的相对性或限度。

最后，虚拟经济与实体经济的协调发展是经济合理运行的保证。虚拟经济与实体经济的协调发展是虚拟经济独立运行相对性的完美展现，该种状态中，虚拟经济为实体经济的发展提供资金支持，优化资源在经济发展中的配置，推进实体经济结构转型升级，为公众投资提供充足的金融产品

---

[1] 马克思：《资本论》第3卷，人民出版社，2004，第424页。马克思从经济发展的整体视角出发，认为货币资本（凭此能够获得利息）同产业资本在相互作用中保持着动态的均衡态势，没有资本在生产中对剩余价值的创造，甚至资本主义生产方式也难以久存。他指出："假如大部分的资本家愿意把他们的资本转化为货币资本，那么，结果就会是货币资本大大贬值和利息率惊人下降；许多人马上就会不可能靠利息来生活，因而会被迫再变为产业资本家。"

[2] "坎蒂隆效应"能够对该种情形做出较为合理的解释，该效应认为，货币增量在价格上的反应并不必然立竿见影，其对市场中商品及要素等的价格的影响程度取决于货币注入的方式、渠道以及持有者等因素。按照该理论，市场中货币增量的提升并不一定引起通货膨胀，尤其是经济虚拟化进程中，货币或资本更多投向金融等虚拟经济领域，对实体经济领域价格的影响程度相对较弱，这也进而迟滞了市场对虚拟经济与实体经济发展关系的调节进度及反应速度。

以供选择；同时，实体经济为虚拟经济的优化发展提供充实的物质基础，并对虚拟资本的发展持续提出新的合理要求。虚拟经济同实体经济的协调推进必将成就两者的共同发展。但在现实经济发展中，两者协调发展的状态表现得并不理想。发达资本主义国家，其虚拟经济发展进程早、发展速度快、发展程度高，很大程度已经呈现过度发展的趋向。比如美国，其虚拟经济异常发达，金融创新产品丰富多样，虚拟资本及虚拟经济的发展程度远超世界其他国家，国内经济发展失衡现象经常以危机形式展露，2007年次贷危机以及由此引发的影响全球的金融危机，其重要缘由就指向虚拟经济的过度膨胀及扩张。虚拟经济作为一种客观经济发展体系，本身具有高风险性特征，同实体经济的协调发展需要宏观调控方式的参与，但在资本主义形态中，资本逻辑主导经济的发展运行，即使国家调控政策成为重要的稳定经济发展的手段，也仅限于或停留于应付危机的"战术"层面，将宏观调控方式置于发展的"战略"高度，需要资本出让其主导经济发展逻辑的地位，这显然难以自觉实现，其背后是社会根本制度的支持。很明显，资本主义制度并不具备这种条件，资本主义生产方式中追求虚拟经济同实体经济的协调发展，毋宁说是一种奢望。相比发达资本主义国家，我国虽然改革开放以来取得了举世瞩目的成就，并成为世界第二大经济体，但虚拟经济同实体经济的协调发展状况并不尽如人意，正如学者指出我国虚拟经济与实体经济的发展状态："实体经济不实"，实体经济发展效率低下，泡沫成分较高；"虚拟经济太虚"，虚拟经济服务实体经济的程度较低，脱离实体经济独立发展的泡沫化成分高。① 因此，我国要加大实体经济和虚拟经济两方面的调整及发展力度，积极利用制度优势，加大制度优势快速向治理优势的转化力度，促进虚拟经济同实体经济的协调运行，使两者在良性作用的轨道上推进中国特色社会主义市场经济持续高质量发展。

第三节　虚拟资本理论对虚拟经济发展的原则限定

虚拟经济是虚拟资本内在意蕴的延伸和发展，是虚拟资本进一步扩张

---

① 刘志彪：《实体经济与虚拟经济互动关系的再思考》，《学习与探索》2015 年第 9 期。

的必然结果。在当代，虚拟经济已经成为与实体经济相辅相成的两大经济形式之一。客观地讲，虚拟经济的产生及作用对人类经济发展具有两重功能：一方面，虚拟经济发展能够搅动并激活市场经济，加速资本要素的流动和转移，在推进自身规模扩大及活力提升的同时，客观上影响或制约着实体经济的规模及活力；另一方面，虚拟经济的盲目扩张使经济泡沫的假象弥漫于经济运行过程，导致实体经济萎缩，进而使两者本应一致的关系逐渐异变，并处于人们难以察觉的对立状态中，致使风险或危机在经济生活中潜伏。虚拟经济同实体经济关系的极限在危机中凸显，而金融危机又表现为对实体经济和虚拟经济内在关系强制性修复的手段。总之，只要资本逻辑依旧主导经济运行，市场经济固有弊端尚未被扬弃，虚拟经济与实体经济的矛盾就难以解决。换言之，否定虚拟经济，经济就会失去活力；发展虚拟经济，经济运行就要承担风险挑战。不仅在资本主义社会，在社会主义市场经济条件下也存在这一矛盾，可以说，如何处理虚拟经济同实体经济的关系是当前世界经济发展中的突出问题。马克思虚拟资本理论对虚拟资本存在及发展的一般界定，虽然是一个多世纪之前对资本主义生产总过程分析的理论成果，但为虚拟经济时代的发展提供了理论上的借鉴，是当今"正确理解"虚拟经济的"钥匙"[1]，为虚拟经济的发展提供了珍贵的原则遵循。从前文对马克思虚拟资本理论的论述中可以得出：虚拟资本以及虚拟经济是资本历史演进的必然趋向；机能资本（产业资本）是经济社会合理运行的初始根基；虚拟资本（经济）与实体资本（经济）的适度调控是经济有序运作的重要保证。这是马克思虚拟资本理论为虚拟经济发展进程提供的基本原则限定及发展遵循。

一　虚拟资本及虚拟经济是历史演进的必然趋向

虚拟资本及经济虚拟化是历史演进的客观趋向，要积极推进虚拟资本及虚拟经济的合理发展。马克思在对虚拟资本的分析中，通过对资本逻辑内在本质的揭示，循序渐进地阐释了资本形态的演进过程。资本是马克思视域中理解现代经济社会发展的关键锁钥，"资本作为占支配地位的生产关

---

[1]　黄瑞玲：《正确处理好虚拟经济与实体经济的关系——基于马克思〈资本论〉的分析》，《南京社会科学》2003 年第 S1 期。

系成为现代社会一种主体性存在的内在联系、运动轨迹和发展规律"①，是资本运行所遵循的逻辑内涵。在该逻辑作用中持续形塑着现代经济社会发展的样态，并成就了资本主义生产关系在经济社会发展中的"普照的光""特殊的以太"的地位。资本在其增殖逻辑本性的支配中，时刻表露着对利润或超额利润的疯狂追逐，正如马克思所揭示的，"资本只有一种生活本能，这就是增殖自身，创造剩余价值，用自己的不变部分即生产资料吮吸尽可能多的剩余劳动"②。在资本逻辑对整体经济发展的绝对统御中，价值增殖手段或方式在先进技术的参与及推动中持续多样化。与此同时，信用、货币虚拟化及生息资本的交互作用，为资本的持续高额增殖开拓新途径，并在拜物教观念的深重影响中为资本形态的虚拟化演进准备条件。资本形态在资本逻辑的根本决定作用中向虚拟资本形态演变，而虚拟资本积累模式中增殖的"高效性"成为资本向虚拟资本领域大规模转移的重要诱因，并在该种发展趋向中不断推进经济发展的虚拟化。众所周知，资本是特定社会关系的抽象表达，资本形态的虚拟化转向，不仅呈现着资本逻辑的运行结果，也在很大程度上重塑着资本主义生产关系，成为后者在形式上的全新展现。伴随资本形态在经济社会发展中的不断演变，也意味着资本主义生产关系承载物形式的持续更替。然而，资本形态的历史更替并未从根本上改变资本的逐利本性，更难以撼动资本逻辑在经济生活中的主导地位，相应地，在该逻辑主导中的生产关系的剥削本质也依然如故。另外，资本形态变更的资本逻辑实质，持续升级逐利方式，这在一定程度上昭示资本逐利"不择手段"的同时，也为以虚拟资本为主导的虚拟经济的发展前景埋下危机隐患。前述可知，虚拟经济是以虚拟资本的运动及交易为核心的呈现独立性的经济体系，其生成及发展也是历史发展的结果。虽然虚拟经济作为一种独立的经济体系在马克思时代不可能存在，但这并不影响虚拟资本推动中虚拟经济发展要素的持续积累，而虚拟资本本身的存在及发展，从虚拟经济整体发展演进的视角来看，就是后者演进的积极要素。可以说，虚拟资本的发展演进状态决定了虚拟经济存在及发展的进程。因此，就历史发展视域而言，马克思对虚拟资本存在状况及发展趋向的论述和判断，

---

① 何建华：《马克思对资本逻辑的批判及其当代价值》，《浙江社会科学》2018 年第 11 期。

② 《马克思恩格斯文集》第 5 卷，人民出版社，2009，第 269 页。

为虚拟经济提供了一般性原则指导。鉴于资本逻辑在经济发展中占据主导的情形以及虚拟资本推进经济发展形态演进的趋向，如何有效扬弃资本逻辑，合理管控资本任性的扩张倾向，积极推进虚拟资本理性发展，以促使虚拟资本主导中虚拟经济的有序展开，就成为马克思虚拟资本理论语境中发展虚拟经济要思考并解决的关键问题。

二 机能资本是经济社会合理运行的初始根基

机能资本，也可称职能资本或产业资本，是马克思指称中同实体资本相适应的资本形态。马克思认为，虚拟资本由生息资本派生而来，归根结底源于机能资本或产业资本的基础性作用，相应地，机能资本或产业资本主导下的实体经济是经济社会有效运行的根本基础，要求我们在推进虚拟经济发展中坚守实体资本及实体经济的根本性，持续推进机能资本的有序积累及实体经济的良性发展。机能资本作为经济社会合理运行的根基，就唯物辩证法视域能够更清晰地得以体现，而且从虚拟资本及虚拟经济的存在及发展进程，更能凸显机能资本的基础性。具体而言：其一，机能资本是促进虚拟资本存在发展的基础性因素，机能资本作用中的实体经济根本决定虚拟资本的发展状态；其二，虚拟资本的任性扩张，继而挣脱机能资本及实体经济根基的"支撑"，必然导致经济失序。以信用及其在经济发展中的作用为例，该元素作为上层建筑①的组成部分，在机能资本及实体经济的基础上促进虚拟资本乃至虚拟经济的存在及发展，信用链构织的虚拟资本及虚拟经济，一定程度上可以理解为区别于现实资本或实体经济的"上层建筑"，因为虚拟资本的本质是观念上存在的一种预期的价值关系，归根结底决定于并受制于机能资本或实体资本的存在及发展，是经济基础同上层建筑关系原理及生产力发展规律在经济发展中的具体表征。同时，上层建筑对经济基础具有能动性作用。比如，信用对商品

---

① 胡为雄：《马克思上层建筑概念的另种喻指：信用与虚拟资本》，《哲学动态》2010 年第 10 期。该学者认为，信用及虚拟资本是马克思上层建筑概念的另种喻指，比如，马克思在《资本论》（2004 年版）中引述利瑟姆的话，指出"汇票这个巨大的上层建筑，是建立在由银行券和金的总额形成的基础之上的；如果在事情演变当中这个基础变得过分狭小，这个上层建筑的坚固性，甚至它的存在，就会处于危险境地"（第 451 页）。再如，马克思指出："一个人实际拥有的或公众认为他拥有的资本本身，只是成为信用这个上层建筑的基础"（第 498 页）。

流通及生产力发展有着积极效应，其打破生产对现实货币或资本的束缚，促进货币或资本在不同时空的自由转移，为利润率的平均化提供动力，并极大节省流通费用，促进生产发展；再如，虚拟资本的发展也为实体经济领域的发展提供动力。另外，信用或虚拟资本的肆意扩张，对经济的良性发展具有消极影响。马克思揭示信用的内在特性，认为信用"把资本主义生产的动力……发展成为最纯粹最巨大的赌博欺诈制度"①，并在资本逻辑的推波助澜中过度滥用，成为危机发生的关键诱因。而信用滥用同虚拟资本的过度扩张相统一，其主要根源就在于对机能资本及实体经济这一根本基础的偏离。事实上，马克思虚拟资本理论对信用"二重性质"②的揭示，就告诫我们：信用等上层建筑的存在及发展固然具有历史必然性，但任由其过度扩张，以至于跨越货币基础及实体经济的根本支撑限度，终将导致危机发生。当前世界经济发展中持续存在的风险及危机挑战，都在反复印证经济发展要坚持机能资本及实体经济这一根本原则的永恒性。因此，虚拟资本及虚拟经济的持续有序发展必须坚守维持机能资本及实体经济良性运行的前提，这是马克思《资本论》虚拟资本理论对虚拟经济发展的关键原则限定。

三 虚实经济的动态均衡是经济有序运作的重要保证

虚拟资本主导中的虚拟经济，在现实中已经成为实体经济发展的引擎。马克思虽然没有直接论及虚拟经济概念，但在进入虚拟资本占统治地位的虚拟经济时代的当下，其对虚拟资本理论的相关论述成为理解虚拟经济及其发展的重要理论指引。资本向虚拟资本的演变标志着主导经济发展的形态也将由实体经济向虚拟经济转移，同时，伴随虚拟资本的长足发展，虚拟经济逐渐成为拉动经济发展的重要动力及促进实体经济发展的关键引擎。其一，虚拟经济因其资本的高流通性及收益的高回报性持续吸引社会闲置资本，促进资本积累，进一步拓宽实体经济的融资渠道。其二，虚拟经济有效调配资源，推进资源合理配置，提升资源的利用效率。虚拟经济本身存在的运作机制使资源从收益低的部门或领域向收益高的部门或领域转移，

---

① 马克思：《资本论》第3卷，人民出版社，2004，第500页。
② 马克思：《资本论》第3卷，人民出版社，2004，第500页。

促进社会资源在不同领域及部门之间流动，提高资源的优化配置程度，推进资源合理高效利用。其三，虚拟经济发展有助于实体经济发展的结构性调整，为实体经济的多样性呈现及创新性发展准备外部条件，促进产业结构转型升级。总之，虚拟经济的发展在现实中已经上升为推动实体经济发展的重要动力，促进虚拟经济的合理高效发展逐渐成为时代发展的迫切需求。这就告诫我们，要客观判辨虚拟经济对经济发展的内在动力效应，积极厘清虚拟经济的运行态势及走向，有效认知虚拟经济时代的新特点，理性应对虚拟经济时代的新挑战及新要求，在优势制度的根本保障下，强化对市场经济运行机制的完善，遏制虚拟资本的盲目扩张倾向，引领虚拟经济健康发展。

另外，虚拟资本的过度扩张必然导致金融危机。虚拟资本的存在及发展虽然具有历史必然性，并对经济活动具有促进作用，但其发展并非没有限度，防范虚拟资本发展的过度性始终是经济有序运行的重要前提，问题的关键在于对虚拟资本扩张态势的有效把控。可以说，虚拟资本既为经济发展提供了动力，又可能成为金融危机的决堤口。故而，对虚拟资本推进程度掌控的适度性就成为发展的关键。因此，要深刻认识虚拟资本的"双刃剑"效应，从宏观经济管控层面完善制度安排，竭力规避虚拟资本及虚拟经济发展中风险向危机的质变。

更重要的是，虚拟经济与实体经济的协调发展彰显客观规律。马克思虚拟资本理论对当代科学处理虚拟经济同实体经济的关系提供了方法论及原则启示，其基本要求是：虚拟资本产生于实体资本的运行过程，服务于实体资本的发展进程，并在实体资本的根本约束中持续作用。马克思揭示了虚拟资本同实体资本在发展中的辩证统一，而虚拟经济与实体经济的关系，就本质而言，则体现为虚拟资本与实体资本的关系。[①] 虚拟经济同实体经济之间基于虚拟资本同实体资本关系存在的辩证统一关系，潜藏于经济的协调发展进程，凸显于危机的爆发阶段。具体而言，虚拟经济同实体经济的协调发展，不仅有助于推进经济社会的有序发展，更是生产力发展规律的必然要求；当虚拟经济同实体经济发展相脱离，则必然引发经济动荡，

---

① 程文通：《马克思的虚拟资本理论仍有重要的现实意义》，《经济纵横》2009 年第 12 期。

当代金融危机的周期性存在就归咎于"虚拟经济与实体经济的失衡"①，是对虚拟经济与实体经济内在发展规律背弃的结果。因此，合理处理虚拟经济与实体经济的关系，使两者在动态平衡中协调发展，是《资本论》虚拟资本理论在论述虚拟资本与实体资本的关系中给当代虚拟经济发展留下的原则启示。

---

① 朱炳元：《马克思主义视野下的国际金融危机》，《马克思主义研究》2010 年第 2 期。

第五章 《资本论》 虚拟资本理论语境中经济虚拟化与金融危机

　　虚拟资本为虚拟经济的生成发展准备前提条件，虚拟经济作为客观经济形态的历史出场是虚拟资本逻辑运作的必然结果。虚拟经济的持续推进促使经济结构逐渐升级，经济发展重心逐渐从贸易、产业等实体经济向股票、金融等虚拟经济领域转移，全球经济虚拟化发展趋向渐次明晰。经济虚拟化是虚拟经济逐渐占据经济发展主导进程中呈现的经济社会发展趋向，这一趋向本身存在客观因素的推动作用，其推进动力在于对资本增殖的追寻，并在技术不断发展更新的有力支撑下，加速促进经济社会向前发展。但正如虚拟资本负面效应源起于其过度扩张的根由，纵容虚拟经济无限任性的扩展态势，致使其强势挤占实体经济合理的存在空间，终将在危机中付出代价。虚拟经济时代，资本的虚拟化升级形态同时造就了危机形态的嬗变，使后者逐渐由商品过剩的危机向金融危机转换，而且金融全球化背景下的金融危机，在发生规模、影响范围、破坏强度等方面前所未有。虽然在虚拟经济时代，危机的发生形式有所改变，但其实质及根由依然指向资本主义生产方式的基本矛盾，对其就根本上的防范及应对依旧没有或不能超越马克思在虚拟资本理论中对危机的预判。对金融危机展开剖析，要坚持科学分析方法，透过错综复杂的表象揭示其背后隐藏的本质，这是马克思虚拟资本理论在剖析虚拟资本发展扩张中的根本方法，也是区别于西方经济理论在分析及应对金融危机过程中的核心点，同时也在西方经济理论解释及应对金融危机的无力感中得以诠释。总之，马克思虚拟资本理论所揭示的科学真理在当前防范及应对金融危机过程中依然具有较强的解释力和指导性。

第一节　经济虚拟化的系统运作机制

虚拟经济的发展很大程度上在虚拟资本的生成、运作及深度创新中体现，伴随虚拟资本及其形态的长足发展，虚拟经济无论在运行速度还是发展规模上都得到快速提升和扩大，经济社会在虚拟经济的持续推进中逐渐呈现虚拟化发展态势。正如刘骏民教授所指出，当虚拟经济在经济发展中的膨胀速度超过实体经济增长速度所展现出的经济现象，就是经济的虚拟化。[①] 由此可见，经济虚拟化是对由虚拟资本主导的虚拟经济持续扩张及深化发展的历史过程的表征。显而易见，虚拟经济是经济结构层面相对应于实体经济的一种独立性的经济体系，其发展及扩张的程度及深度主要在虚拟资本存在样态、作用发挥及经济影响中体现；而经济虚拟化是虚拟经济不断发展及持续深化的一种历史进程，该进程演进的程度在虚拟经济的发展速度、规模及影响上显现。可见，无论是虚拟经济还是经济虚拟化，其重要的推动力都同虚拟资本的存在及作用密切相关。从历史发展视域层面来看，货币及资本的虚拟化开启了经济虚拟化的历史进程，并由虚拟经济的快速发展促使后者的进程深度推进。立足《资本论》虚拟资本理论的辩证视域，经济虚拟化是历史发展逻辑（生产力发展逻辑）同资本逻辑交织作用的结果，在资本主义条件下，资本逻辑虽然处于主导地位，不过其作用的发挥总是依赖于特定历史条件。经济虚拟化在历史发展逻辑同资本逻辑的相对协调中持续推进，但资本逻辑本身的局限性终将突破两大逻辑发展的均衡点，破坏生产力发展这一根本动力，经济虚拟化的正常发展进程也将被打断。这由特定社会形态中的基本矛盾所决定，包括历史发展逻辑同资本逻辑，也是该基本矛盾在发展逻辑层面的体现。

一　经济虚拟化的动力溯源

生产力发展是经济虚拟化趋向的根本动力。由现代科技引发的生产力的发展与产业结构的升级是包括经济虚拟化发展趋向在内的人类社会向前推进的根本动力。经济虚拟化关联经济结构的历史变化及更替，是生产力

---

①　刘骏民：《从虚拟资本到虚拟经济》，山东人民出版社，1998，第288页。

循序渐进过程的体现，只有在生产力发展达到特定历史阶段时，经济结构的转向才具有可能性及现实性。农业文明时代，经济活动主要依靠简单手工工具从事农林牧业等物质产业的生产，经济结构比较单一，没有也不可能存在同虚拟经济相关的经济因素；伴随人类社会向资本主义形态的过渡，"一切民族甚至最野蛮的民族都卷到文明中来了"①，这以资本为主导的生产力的大力发展为标志，工场手工业加速向机器大工业转化，工业文明时代在资本主义形态中得以凸显，物质财富在社会生产力大幅推动中疯狂积累，以工业为核心的经济结构很长一段时间是经济社会发展的主导形式。但正如推进历史的因素都生成于历史发展中一样，促进实体经济结构形变的历史因素也在工业文明时代积聚，并在适当节点成为转向后工业时代的催化剂。工业文明生产力发展规模在马克思著作的描绘中生动展现，资本在该文明条件下释放的生产力潜能既是对资本作用的积极呈现，也能够突出资本主义工业文明时代生产力发展的程度。的确如此，过去一切时代都难以想象工业文明所蕴藏的巨大的生产力，也正是社会生产力的大力发展为经济结构的转型准备历史条件。机器的普遍使用大力提升了生产效率，并逐渐降低生产中购买劳动力的可变资本在预付资本总额中的占比，固定资本相应地在预付资本中占比逐渐提升，这一切都是随技术进步导致的资本有机构成提高的必然结果，继而出现平均利润率逐渐趋于下降的现象。发达资本主义国家通过工业化进程的快速推进，经济等各方面实力普遍增强，社会经济对产业发展的需求逐渐呈现饱和状态，对于资产阶级而言，参与产业过程已非实现利润的必要途径，转向其他领域赢取利润已成为大势所趋。货币资本向借贷资本的转化及借贷资本家阶级等历史现象的出现，就是生产力发展根本动力推动的必然结果，同时为资本向新领域投资提供了条件。伴随借贷资本在经济社会中作用的增大及借贷资本家作为特定阶级的固定，资本的虚拟化形态也便诞生。实体经济在经济结构中占据主导位置的同时，虚拟经济萌芽已经存在并在经济发展中发挥着作用，更为重要的是，虚拟经济比重伴随虚拟资本发展及作用的提升将进一步提升。虚拟资本的出现及在经济社会中的作用，为经济结构变动准备前奏，主要资本主义国家依靠其在经济等各方面的强大实力，逐渐向银行资本同产业资本

---

① 马克思、恩格斯：《共产党宣言》，人民出版社，2014，第31页。

相结合的金融资本阶段过渡，金融资本代替产业资本成为资本主导，虽然处于经济主导地位的依旧是实体经济，但经济结构组成中已非产业经济一家独大，而且伴随虚拟资本及虚拟经济的持续推进，经济的虚拟化程度在逐渐深化推进，这意味着经济结构中虚拟化成分的占比在持续提升。"核心经济"① 已逐渐由实体经济向虚拟经济转化，也就是说，虚拟经济成为经济运行的中心，其他经济活动都围绕虚拟经济展开，其重要的参考指标或条件在虚拟经济于经济总产值中的比重及其获取利润的程度中体现。显而易见，当前，发达资本主义国家的虚拟经济在国民生产总值中占比已远超实体经济，包括金融、保险、房地产等虚拟经济投资领域早已是经济社会中获取利润最高的部门。总之，生产力发展为经济虚拟化发展趋向提供历史条件，固然有些国家或地区在文明发展进程中存在对一定历史阶段"跨越"的现象，但就人类整体历史发展视域而言，只有在历经不同文明发展阶段、在生产力不断发展及演进条件持续具备的状态下，经济虚拟化趋向才能逐渐呈现，而且，正如马克思所言：生产力在世界普遍交往中实现延续进而促进文明的传承。② 这进一步论证生产力发展对包括经济虚拟化发展在内的社会发展趋向的根本作用。

资本逐利逻辑是经济虚拟化的直接动力。资本逻辑在资本主义的特定社会形态中主导经济社会发展，是主宰和统御经济社会发展的"铁律"，经济社会的一切运动都唯资本逐利马首是瞻。资本形态的演进在很大程度上可以说是资本逐利的结果。当实体经济生产中利润率逐渐下降，资本在实体经济生产领域攫取利润或高额利润的空间逐渐萎缩，另辟蹊径拓展利润空间成为资本的必要或必然选择。资本在其发展演进历程中，历经"产业资本—借贷资本—金融资本—虚拟资本"等形态，该演变进程离不开资本逻辑的支配，是资本逐利直接推动力的结果。资本从出场就一直在寻找获取高利润或更高利润的最快捷方式，从资本到资本（增殖了的资本）的运

---

① 张云、刘骏民：《经济虚拟化与金融危机、美元危机》，《世界经济研究》2009 年第 3 期。学者在文中指出，"核心经济"是经济体中被作为中心的经济活动，其他经济活动基本都围绕该经济活动展开运作。虚拟经济是后工业化经济中的核心经济。刘骏民教授认为，市场经济条件下，判断核心经济有两个重要指标：其一是其在总产值中占比较大；其二是该经济活动是最赚钱的行业之一。

② 《马克思恩格斯全集》第 3 卷，人民出版社，1960，第 61~62 页。

行过程是资本最为中意的获利方式，出于资本发展阶段的局限，参与生产过程依旧是产业资本获利的必要条件，但资本逐利本性的"疯狂幻想"并未消失。借贷资本在信用手段支撑中的出现，将资本直接攫取利润的"幻想"变为现实，对于借贷资本家而言，凭借资本所有权就能够在一定时期实现资本增殖，这种资本运行模式将资本拜物教观念推向新高度，以至于经济活动中的固定收益都能够被看作一定资本额在同利率关系中表现的利息。众所周知，虚拟资本从借贷资本衍生而来，并延续后者在经济活动中"资本—资本"的利润攫取方式，区别在于，伴随收入资本化的泛化及虚拟资本的发展，在经济生活中，虚拟资本的现实表现形式及交易内容都已不存在或无关紧要，比如期权等金融创新产品，本身不存在现实资本支撑，也没有现实具体表现形式，仅依靠一种合约权利就能够获得高额利润。也正是基于虚拟资本在逐利上的"优越性"，人们即使对其投资的风险性有所认知，也依旧乐此不疲、趋之若鹜，以致在虚拟资本高利润的诱导下，资本纷纷向虚拟经济领域偏向，经济社会的运行方式、财富积累方式及整体经济发展态势都异于实体经济，经济虚拟化趋向愈演愈烈。

综上所述，经济虚拟化的客观历史进程是历史发展逻辑同资本逻辑共同作用的结果，生产力大力发展所需要的要素需要借助资本作用来积聚，而资本作用又必须在特定的历史发展条件下才得以施展，可以说，在一定程度上，对经济社会发展的推动，历史发展逻辑同资本逻辑存在统一性。正如马克思评论资本在历史发展中的积极性时所指出的："如果说以资本为基础的生产，一方面创造出一个普遍的劳动体系，——即剩余劳动，创造价值的劳动，——那么，另一方面也创造出一个普遍利用自然属性和人的属性的体系，创造出一个普遍有用性的体系，甚至科学也同人的一切物质的和精神的属性一样，表现为这个普遍有用性体系的体现者，而且再也没有什么东西在这个社会生产和交换的范围之外表现为自在的更高的东西，表现为自为的合理的东西。因此，只有资本才创造出资产阶级社会，并创造出社会成员对自然界和社会联系本身的普遍占有。由此产生了资本的伟大的文明作用；它创造了这样一个社会阶段，与这个社会阶段相比，以前的一切社会阶段都只表现为人类的地方性发展和对自然的崇拜。"①

---

① 《马克思恩格斯全集》第46卷上册，人民出版社，1979，第392~393页。

二 经济虚拟化的演进支撑

货币虚拟化是经济虚拟化持续推进的关键因素。众所周知，经济活动是对价值创造、储存或交换、分配等过程的统称，而货币作为价值独立性的外在体现，对经济活动及经济结构的影响是显而易见的。经济虚拟化发展态势离不开货币这一经济活动关键介体本身存在的虚拟化。前文对货币虚拟化在虚拟资本生成及发展中的基础性作用做过阐释，但对经济虚拟化发展演进过程重要支撑因素的论述，尚需要对货币虚拟化的进程展开较为系统的梳理，明晰货币从出场至彻底虚拟化历程中对经济形态变更的影响。有学者将货币虚拟化演进进程体现在人类文明发展的三次重要变革中，根据其对货币虚拟化发展演进的三个阶段及相应特征的论述，简要以表格形式呈现（见表 5-1）。①

表 5-1 货币虚拟化的三大变革阶段及主要特征

货币特征	农业文明	工业文明	信息文明
货币形态	金属货币	纸币等信用货币	电子货币
相对优越性	破解"两大难题"	解决"钱荒"问题	降低交易成本
虚拟化程度	潜藏虚拟化因子	显现以致彻底虚拟化	虚拟化的高级阶段

由表 5-1 能够较为直观地审视货币虚拟化进程的大轮廓，对该进程在不同历史阶段的体现得以初步认知和理解。初始形态的货币形式是金属货币，其主要对应于农产品生产占据经济生活主导地位的农业文明阶段，一般认为，随着第二次社会大分工，即农业和手工业的分离，出现了直接以交换为目的的商品生产。商品交换的发展促使贵金属成为占优势的货币商品。相对于之前的价值形态，货币的存在破解了经济生活中的"两大难题"，其一为"需要双重巧合"的难题，即无须担忧需求双方在商品供需层面的障碍，持有货币能够换取需要的任何商品；其二是极大降低了"交换比率"或交换价值之间的繁杂性，"使交换比率的数目从物物交换的 N（N-1）/2 个大

---

① 黄正新：《货币虚拟化发展趋势及其功能变异》，《经济学家》2001 年第 5 期。

大地减少为（N-1）个"①（N 为市场中商品交换的种类量），为经济活动的顺利展开提供便利条件。货币的出现固然大力推动生产交换的进程，但其作为抽象价值的体现，本身存在内在矛盾，也即前述的货币使用价值的有限性同其表现价值的无限性之间的矛盾。该阶段暗含货币突破自身具体形态限制走向虚拟化的可能性。信用货币出现是基于货币资本职能，尤其是支付职能的推动，该货币形态在工业文明社会上升为流通中的主要表现形态，其解决了金属货币自然磨损导致货币"名不副实"的问题，同时节省了铸造金属货币的资源，更重要的是，缓解了货币在衡量价值时存在的内在矛盾。信用货币在流通中取代货币执行流通、支付等职能，初始的信用货币同金属货币或商品实物之间存在兑换关系，并没有远离商品实物，但伴随银行券等银行资本占据流通主导，并且资本和生产集中在经济生活中造成垄断现象，将信用票据进行统一发行更有利于经济发展，因此，"各主要资本主义国家开始设立本国的中央银行，并统一发行以国家信用为基础的法定货币，即'法币'"②，也即纸币，又称"通货"，是国家委托央行发行并强制流通的货币符号，"依法不得兑换成本身以外的任何东西，也不具有以客观标准表示的固定价值"③。货币在该形态上的表现使其逐渐同贵金属黄金之间脱离关系，货币的虚拟化程度逐渐深化。第二次世界大战后布雷顿森林体系的建立，是以"黄金—美元"挂钩的金汇兑本位制为中心的国际货币体系的构筑作为标志的，自此后的近 30 年，作为纸币的美元以固定比例兑换黄金，而各国纸币以相应比例兑换美元，以固定汇率制维持战后国际经济秩序。但该体系并没有解决货币的内在矛盾，也就是说，货币虚拟化为纸币依旧只是货币或者商品矛盾的一种转移，当矛盾激化，该形态或体系又将变迁。"特里芬难题"的困扰剖判了货币进一步虚拟化的发展命运，20 世纪 70 年代布雷顿森林体系的解体在宣告固定汇率制终结的同时，也宣告了黄金非货币或货币彻底虚拟化的完成。电子货币是后工业化时代或信息文明时代货币的强势表现形态，其对经济生活的影响以渗透式形式发挥作用，它的影响在当前日常生活体验中已基本实现普遍化，并且

---

① 黄正新：《货币虚拟化发展趋势及其功能变异》，《经济学家》2001 年第 5 期。
② 李强：《货币虚拟化、资本虚拟化及泡沫经济》，《商业研究》2010 年第 6 期。
③ 〔英〕凯恩斯：《货币论》上卷，何瑞英译，商务印书馆，2009，第 11 页。

突破了纸币在交易时空上的限制，极大减少了交易成本及费用，提高了经济效率。电子货币在具体表现形态上也进一步虚拟化，脱离了纸币等货币的具体表现形态，"是在银行电子化技术高度发达的基础上出现的一种无形货币，它是用数字脉冲代替金属、纸张等媒体进行传输和显示资金的，通过芯片进行处理和存储"，因此，电子货币是货币虚拟化的"高阶段"。①

货币是维系商品流通及经济运行的重要枢纽，作为关键流通手段，在很大程度上决定经济运作形态及财富组成结构。金融货币形态阶段，经济以实物运行为主，财物也同样以劳动产品等物质财富为主；信用货币阶段及电子货币阶段，货币逐渐以虚拟化形态为主，以其为主要流通工具的经济活动，也逐渐呈现虚拟性质，财富也多从对虚拟经济领域投资的利润中获取，财富机构中同样以虚拟财富的收入为主要部分。货币虚拟化进程就是货币不断脱离其实物支撑的过程，也是货币逐渐摆脱价值实体控制的过程，当货币彻底虚拟化，变为纯粹由政府依据其自身发展情况进行调控时，就为充当世界货币的发达国家的货币（尤其是美元）在全球范围内的扩张提供了便利条件，同时也是加剧美国国内经济虚拟化、产业空心化的关键推力。美国国内实物商品以充当世界货币的美元②为交换媒介，域外国家或地区以美元的货币形式投资美国国内的金融产品，继而进入新一轮的流通循环，这也是美国等发达资本主义国家在对外贸易中经常项目持续逆差及虚拟产品等资本项目持续顺差的主要原因，昭示着世界贸易进程中一体两面的过程。相应地，域外出口导向型国家或地区在对外贸易上就以相反状态体现。以美国为首的发达资本主义国家将货币流通作为中介以实现对全球利润的攫取，并在本国经济虚拟化发展的同时，使经济虚拟化发展模式逐渐向全球扩散蔓延。

金融创新是经济虚拟化快速发展的有力支撑。金融创新是"金融业务创新、金融市场创新及政府对金融业监管方式创新的总和"，就狭义而言，即"金融工具的创新"，广义层面则是"适应经济社会发展需要，而创造新的金融市场、金融商品、金融制度、金融机构、金融工具、金融手段及金

---

① 黄正新：《货币虚拟化发展趋势及其功能变异》，《经济学家》2001 年第 5 期。
② 虽然美元同黄金脱钩，但鉴于美国经济等综合实力的强大，美元依旧扮演世界货币的角色。

融调节方式"。① 很明显，此处主要探究同虚拟资本直接关联的金融工具或金融产品，即狭义上的金融创新。我们在考察金融资本时，就指出金融同虚拟资本之间的关联，后者借助前者在经济生活中发挥作用，也即金融为虚拟资本的运行搭建平台、提供载体，而虚拟资本在金融手段的持续更新中不断扩展演进，继而深化虚拟经济及经济虚拟化的发展进程。因此，金融创新同经济虚拟化进程联系紧密，金融产品及工具的不断创新为经济虚拟化发展注入强劲动力。金融创新凸显于20世纪70~80年代，以期货、期权、互换、浮动汇率债券等金融衍生品的出现及普遍化为主要标志，是在凯恩斯主义金融干预政策失效的时代背景中大力推进发展的，其典型的时代节点是在该干预政策指导下资本主义经济出现"滞涨"困境的20世纪70年代。随后，新自由主义重新成为资本主义经济发展的主流思潮，市场取代政府再次成为金融流动及发展规模的直接号令者，金融创新在追求完全市场化的金融发展理念的引导中快速发展、急速扩张。虽然金融创新加快了市场资金流动的速度，扩大了资本融资的规模，尤其是90年代出现的"资产证券化"等金融创新产品，更是将缺乏流动性的资产重新经过技术包装实现流动，一定程度上为经济发展繁荣提供条件。不过，金融自由化背景中，金融创新产品对流动性的创造过程缺乏有效监管，在高利润驱动及诱惑下，金融创新逐渐显现出其假借流动性功能满足扩张逐利的欲求，成为经济虚拟化及泡沫化的主要推手。同时，伴随经济全球化以及金融全球化的世界经济发展趋向，诸如金融衍生品及资产证券化等金融创新产品，在其资本本性的驱使下，必然将攫取利润的空间向全球拓展，而其虚拟化定价方式及运行机制也将在世界范围内蔓延，经济虚拟化的扩张态势逐渐成为全球经济发展趋向及面临的重大挑战。

三　经济虚拟化的发展限度

经济虚拟化塑造经济结构的新形态。经济虚拟化在历史发展逻辑同资本逻辑的双重动力作用及货币虚拟化、金融创新等强势支撑条件中不断深化，其在经济结构的更替或扭曲层面得以展现。首先，经济虚拟化促使经济发展中"脱实向虚"现象普遍化，核心经济向虚拟经济转化。经济虚拟

---

① 王爱俭主编《金融创新与风险管理》，中国金融出版社，1996，第1~2页。

化是表征虚拟经济在经济中扩张速度及规模超过实体经济的历史进程，该进程同资本向虚拟经济领域的偏向相一致，任由这种趋向肆意扩张，实体经济领域相对地将会出现"流动性不足"的困境，经济发展中逐渐呈现虚拟经济发展远超实体经济并逐渐摆脱后者的现象。这在打破传统实体经济占据经济活动核心的经济结构的格局的同时，也昭示着虚拟经济同实体经济协调关系的破裂，虚拟经济的不断扩张推进经济虚拟化深度发展，进而致使虚拟经济逐渐摆脱其服务实体经济的职能或宗旨。相应地，社会财富的创造或巨额利润的追逐成为虚拟经济发展的主业务，后者在攫取利润进程中势如破竹，成为巨额虚拟财富创造的手段或工具，并逐渐超越实体经济，在 GDP 中的贡献攀升至绝对性的主导地位，成为经济社会财富创造的主要来源。其次，经济虚拟化导致经济发展的"二元化"现象成为必然。经济发展的"二元化"是指发达资本主义国家在经济虚拟化发展中出现的"在价值增值与劳动力经济参与中所依赖的载体的异质化，从而出现 GDP 与就业创造的割裂"[①] 的现象。在核心经济依旧是实体经济（主要指产业部门或第二产业部门）的历史阶段，无论在 GDP 贡献率层面，还是在吸纳劳动力就业层面，实体经济都独占鳌头。但在服务业快速发展并且在经济中的占比逐渐超越工农业部门时，前者对劳动力就业的吸引力便逐步提升，尤其是虚拟经济后来居上的势头，促使人们竞相涌入该领域，似乎虚拟经济的快速发展及在 GDP 占比中的主导同其吸纳劳动力就业的程度相统一，而经济发展中这两者的密切关联性并未改变，只是存在领域的更替而已。事实上，正如之前对虚拟经济内涵考察时所指出的，按照"实物观""部门观"划分虚实经济的确欠妥，实体产业部门之外存在的服务部门，依然具有服务对象的差别，诸如科教文卫等服务部门及金融实体经济领域就不属于虚拟经济的覆盖内涵，而服务于金融保险等虚拟资本运作的领域却同样隶属于虚拟经济的运行范围。规模性从业人员最终参与的服务部门一般集中于诸如科教文卫等行业，而正如学者所言，"以华尔街为代表的高端服务业"[②] 吸纳的劳动力一般以高精尖人才为主，这就排斥了大规模劳动力参与

---

① 徐平祥、周鑫：《再工业化，还是再金融化——基于美国经济"二元化"的视角》，《宏观经济管理》2018 年第 6 期。

② 徐平祥、周鑫：《再工业化，还是再金融化——基于美国经济"二元化"的视角》，《宏观经济管理》2018 年第 6 期。

的可能性，然而，在这种劳动力就业结构所创造的财富表现上，却存在相反的结论：相对而言，吸纳劳动力幅度极大的前者（科教文卫等部门）在财富创造上远小于吸纳劳动力幅度极小的后者（金融等高端服务领域）。因此，经济虚拟化进程中，财富创造程度同劳动力经济参与的载体依赖度不成比例，而且伴随经济虚拟化程度的持续深化，这种现象还将长期存在，直到劳动力参与价值创造的程度难以支撑虚拟经济的财富创造程度，经济虚拟化发展的阶段性限度就被突破。

经济虚拟化突破限度成为危机的直接祸首。经济虚拟化本身蕴含虚拟经济过度发展的趋向，是一种在经济社会中不断呈现虚拟经济超越实体经济的"脱实向虚"现象的过程。尤其体现为虚拟资本价格脱离现实资本价格而出现的经济泡沫向泡沫经济的转化，后者是虚拟资本价格"高杠杆倍率"作用下的必然现象。经济虚拟化进程及深化是多重因素作用的结果，在资本主义生产方式下，这种经济现象的存在尤为必然。但实体经济是虚拟经济的根源这一马克思主义的基本原则是永恒的，也就是说，虚拟经济领域创造的财富最终由实体经济来支撑，当虚拟经济领域中产生的虚假财富要向真实财富或劳动价值转化时，首先要具备实体经济源源不断的劳动生产的坚强后盾。撇开或抛弃实体经济的生产，指望虚拟经济独立支撑经济社会的稳定发展，显然是"荒唐的"①。简言之，经济虚拟化进程的推进并非无止境，其同实体经济在经济发展中的"遥相辉映"是其扩张的限度。因此，经济虚拟化进程在实体经济的支撑中必然会持续扩张，直至实体经济难以维持虚拟经济的继续发展，而往往此时，虚拟经济同实体经济的动态均衡的关系或原则，总以危机的形式重新实现或进一步凸显。

第二节　经济虚拟化视角中的金融危机

经济虚拟化趋向中蕴含着虚拟经济发展速度及规模超越实体经济的客观现实，其造成的"脱实向虚"的经济发展后果成为金融危机发生的一大隐患。2008 年影响全球经济发展的金融危机，最关键的诱发因素便体现在经济虚拟化的持续扩张态势中。该次危机存在的经济发展大背景就是经济

---

① 《马克思恩格斯全集》第 46 卷，人民出版社，2003，第 424 页。

拟经济发展超越实体经济运行和支撑的临界点时，量变引起质变，作为虚拟经济同实体经济合理运行的发展规律，将以强制性方式将虚拟经济的发展拉回同实体经济协调推进的轨道。最后，虚拟资本主导下经济虚拟化趋向在危机过后继续占据经济发展的主流地位。尤其是虚拟经济资本存在及流动的灵活性，使得危机后虚拟经济领域率先"复活"，在实体经济领域尚处于缓慢恢复期时，经济活动在虚拟经济领域已经如火如荼。经济虚拟化对实体经济承受能力的逐渐蚕食和消磨又将成为新一轮危机积累的直接源泉。图5-1对虚拟经济系统演化的路径及周期性特征的描述，能够较为直观地认知经济发展中的虚拟化趋向以及风险甚至危机发生后经济的循环性运行态势。

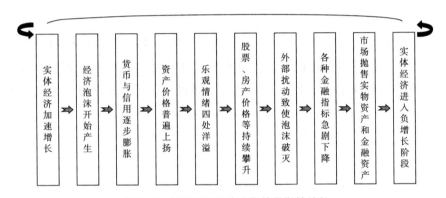

图5-1　虚拟经济系统演化的周期性特征

新自由主义理念下的金融自由化发展政策对经济虚拟化发展的鼓动。经济虚拟化固然是资本逻辑推进中经济发展的趋向，并为经济发展带来高风险，但新自由主义的理论指引又在很大程度上对金融危机的发生具有推波助澜的作用。新自由主义以复兴传统自由主义、恢复市场在经济发展中的自由调节地位、尽量减少政府对经济社会发展的干预及调控为目标，在金融领域主张金融自由化及贸易自由化。经济虚拟化发展趋向加之新自由主义发展指引，金融自由化、市场化过度发展，资本主义发达国家逐渐采取系列自由化发展政策，"金融市场日益开放，趋于国际化；利率渐趋自由化；金融机构业务综合化；金融工具多样化；政府对金融体系的直接控制作用下降，一些政府金融机构面临收缩、取消或私有化的处境。结果是金融市场失去监控，信息的非对称化、行业的信用丧失、行业欺诈盛行等"①。即使如此，新自由主义自信市场能够指引资本向更高回报率及经济效率更高的领域流动，坚守金融的绝对自由化及市场化原则，直至在该原则坚守中危机的爆发。高额利润的诱导及对市场调节的盲目崇拜，掩盖并迷惑着新自由主义者们的视野，使他们无视这样的客观事实："没有管制的市场非常容易发生危机。而且在新自由主义条件下金融危机会变得更加严重"②。受经济及金融发展的新自由主义影响，资本主义国家对金融体系的监管严重缺失，这成为危机发生后诸多学者就其管理体制层面探讨危机起因的重要缘由，这不仅造成对传统金融机构运行监管的松弛，同时对诸如"影子银行系统"（shadow banking system）等新型金融机构也缺失有效及完备的监管。③ 后者正是发达资本主义国家中逐渐取代传统银行机构，并通过证券市场放款逐渐取代传统银行贷款的金融机构。正像学者所总结的政府对金融机构监管缺失的表现："缺乏对投资银行、金融公司和抵押贷款经销商的有效监管""缺乏对金融产品创新的监管""缺乏对金融机构高管人员的有效监管""缺乏对信用评级机构的监管""金融监管部门之间缺乏协调，导致金融监管实效"。④ 新自由主义影响下政府监管的缺失或缺位，不仅是对金融过度自由化及市场化发展趋向的纵容，致使大量金融衍生产品快速增长，并成为规避市场发展规律及规则的工具（金融衍生产品能够用来"规避法律约束、扭曲价格发现过程甚至操纵会计规则"⑤），同时迟滞了市场调节金融发展失效时政府力量对其更正及调控，进而提升了危机发生的风险。当然，国外也有经济学家对金融危机的发生迁怒于政府对金融发展的过多干预，比如美国经济学家米尔顿·弗里德曼就认为，政府鼓励次级贷款及对过度发行美元等行为都是对金融发展的过多参与，是金融危机发生的

① 张新平、王展：《美国金融危机与新自由主义的破灭——新自由主义经济社会角度下的透视》，《世界经济与政治论坛》2009 年第 3 期。
② 〔美〕大卫·科茨：《美国此次金融危机的根本原因是新自由主义的资本主义》，《红旗文稿》2008 年第 13 期。
③ 吴易风、王晗霞：《克鲁格曼论金融危机、经济危机和自由市场原教旨主义》，《中国人民大学学报》2009 年第 5 期。
④ 周宏：《从美国金融危机看加强金融监管的迫切性》，《求是》2009 年第 9 期。
⑤ Randall Dodd. *Derivatives Market：Sources of Vulnerability in US Financial Market，Financialization and the World Economy*，Cheltenham，UK：Edward Elgar Publishing，2005，p. 132. 转引自陈享光《金融化与现代金融资本的积累》，《当代经济研究》2016 年第 1 期。

"始作俑者"；英国学者欧鲁克同样认为，政府对房地产市场及贷款消费的支持，非但不是新自由主义理念的贯彻，相反是凯恩斯主义的翻版，是对经济发展的过多干预的表现，并认为，只有真正推行自由主义，才能有效避免危机，亚当·斯密仍能够"笑到最后"①。然而，事实上，金融危机的发生并不在于政府是否干预，而在于是否合理干预，如果从政府干预层面找金融危机发生的原因的话，也只能是政府的错误干预，缺乏对金融过度创新及金融衍生品过度扩张的有效监管及干预，却过多参与了对房地产消费市场的支持及鼓励。② 因此，就虚拟资本及虚拟经济过度扩张层面，主张私有化、自由化、过度放任的新自由主义依然是金融危机发生的重要原因。

总之，金融危机的存在因素之间相互交织作用，为危机的发生准备了条件。金融体系本身存在及运行的不稳定性及高风险性潜藏危机发生的可能，构成危机向现实性转换的基本性条件；经济发展在资本逻辑驱动中的虚拟化发展趋向导致经济"脱实向虚"的发展态势，不断酝酿和积累金融危机发生的质变因素；新自由主义理念指引中金融自由化、市场化及政府监管的缺失助长了危机发生的气势，从而导致危机的加速爆发。

二 金融危机的运行机理

现代信用的异常发达成为金融危机的催化剂。现代信用直接服务于资本利润及价值增殖的再生产过程，当资本发展至增殖限度时，它将突破实体资本生产能力所能承载的范围，而信用关系也将异化转变，经济活动中人的信用关系逐渐被物的量化关系所取代，信用形态发生畸变、转向异化。信用同利益在原则上并非对立，对两者界限掌控的程度将决定信用关系的正常与否。马克思认为现代信用从属于资本主义生产关系，有无信用的决定性衡量指标指向利润。随着信用的扩张发展，异化的信用关系必将导致经济发展的盲目性，最终引发信用危机，"完全依赖信用的人开始破产"③。事实上，信用的资本主义生产关系出场就潜藏着危机。信用出场在破除再生产资本束缚的同时，使货币摆脱实体基础成为观念性存在，这在促进再

---

① 〔英〕欧鲁克：《亚当·斯密笑到最后》，《经济学消息报》2009 年 3 月 13 日。转引自简新华《当前世界金融和经济危机的经济学反思与启示》，《中国经济问题》2009 年第 4 期。

② 简新华：《当前世界金融和经济危机的经济学反思与启示》，《中国经济问题》2009 年第 4 期。

③ 马克思：《资本论》第 3 卷，人民出版社，2004，第 469 页。

生产进程中导致以丧失人格及道德沦丧的手段骗取信用成为可能。当信用在经济活动中的中介"不再是商品、金属、纸币，而是道德的存在、社会的存在、人自己的内在生命"，关键是基于"卑劣的和极端的自我异化，非人化"，那么，呈现出的"更可恶的是，在人对人的信任的假象下面隐藏着极端的不信任和完全的异化"①。信用本是经济活动持续进行的信任关系的要求和体现，利益的合理追求并不妨碍信用关系的正常构建，后者建立在对信用双方未来合理行为预期的基础上，归根结底以双方信任为核心。但在资本主义条件下，信用异化为单纯物的关系。"资本家对借贷者的信任是出于对他的归还能力或拥有财富的确信，而不是对他作为人的真正本质的确信。"② 这种信用异化的恶性循环带来社会分化，使产业资本家不断取得社会资本的支配权。"在这里，一切尺度，一切在资本主义生产方式内多少还可以站得住脚的辩护理由都消失了。进行投机的批发商人是拿社会的财产……冒险的。资本起源于节约的说法，也变成荒唐的了，因为那种人正是要求别人为他而节约。"③ 企业募集社会资本是个人资本逐渐向社会资本转化的一种过渡过程。资本家能够享受支配社会资本及社会劳动的权利，对直接劳动者进行剥夺，而且在竞争规律及剩余价值规律的作用下，剥夺已扩展至中小资本家阶层，这是资本主义生产方式的"出发点"和"目的"，"这种剥夺在资本主义制度本身内，以对立的形态表现出来，即社会财产为少数人所占有；而信用使这少数人越来越具有纯粹冒险家的性质"④。信用异化加快了资本盲目扩大的步伐，加剧了资本生产的根本矛盾，助长了金融投机，为市场的虚假繁荣提供条件，经济泡沫的出现进一步激发生产同消费的矛盾，为危机的发生准备前奏。当信用突破限度，危机也便接踵而来。

信用危机诱导金融危机。⑤ 信用危机由信用滥用及虚拟资本盲目扩张的相互作用所致。马克思通过引用《银行委员会》对信用过度运作进行阐述：

① 《马克思恩格斯全集》第 42 卷，人民出版社，1979，第 22 页。
② 刘琳：《资本现代性的伦理批判——马克思〈资本论〉及手稿的伦理思想研究》，人民出版社，2015，第 168 页。
③ 马克思：《资本论》第 3 卷，人民出版社，2004，第 498 页。
④ 马克思：《资本论》第 3 卷，人民出版社，2004，第 498 页。
⑤ 王维平、靳永茂：《信用同资本逻辑的发展演绎与资本主义金融危机风险的再生性——〈资本论〉虚拟资本理论再探》，《内蒙古社会科学》2019 年第 3 期。

展及问题有效应对的重要制约因素。沿袭西方经济理论对货币等问题的研究传统，现代主流经济理论演化出"货币中性假说"，而在该导向基础上所产生的经济理论，"金融的作用便仍是无关紧要或可以忽略不计的……从这种理论中仍然不可能会推演出金融危机问题，或者说，这一理论系统的内在逻辑本身已意味着金融危机永远都不可能发生"①。

金融危机的发生，同时在一定程度上宣告自"里根—撒切尔"强势启动的新自由主义模式指引经济发展方案的失败，对危机烂摊的善后，很大程度依赖以政府干预为核心的凯恩斯主义。政府干预主义在危机后对弥补危机创伤、维护金融稳定、促进经济恢复、刺激实体经济发展等方面发挥着重要作用。然而，作为经济发展理论，凯恩斯主义本身也存在根本弊端，依靠该理论固然能够短时间维持经济运行，却并非确保经济持续稳定发展的"定海神针"。国家干预主义通过金融援助及财政注资等手段缓解危机，却不能有效提升金融体系本身对危机风险及危机的防范及治理能力，同时，扩张性的财政政策不仅是造成财政赤字的一大因素，并且对通货膨胀具有引诱效应，更为重要的是，经济虚拟化的整体发展趋向中，在不改变资本总体运作逻辑前提下推进的各种复兴实体经济的举措都很难落地生根，这成为危机后经济发展中的最大隐患。即使吸收了马克思主义视域中关于"阶级""制度"等学说，并对传统凯恩斯主义在经济发展中就"金融""货币"等因素作用程度进行补充完善的后凯恩斯主义，也依旧没能从根本上脱离凯恩斯主义在危机分析上的桎梏，不能对危机就存在的必然性高度展开探究。② 正如学者所揭示的："新自由主义经济理论和政策主张的破产与凯恩斯主义经济理论和政策实践的回潮，改变的只是资本主义的具体形式或治理体制，并没有丝毫改变资本主义的本质。"③

总之，在资本主义制度中，西方经济发展理论的风向标似乎在自由主义同政府干预之间来回摇摆，从 20 世纪以来西方经济理论的这两种发展模

---

① 林金忠：《西方主流经济理论的一个致命尴尬：金融理论的缺失》，《学术月刊》2013 年第 12 期。

② 赵峰、马慎萧、冯志轩：《金融化与资本主义危机：后凯恩斯主义金融化理论述评》，《当代经济研究》2013 年第 1 期。

③ 王伟光、程恩富、胡乐明：《西方国家金融和经济危机与中国对策研究（上）》，《马克思主义研究》2010 年第 7 期。

式在资本主义发展中的"交替上演"可见端倪：20 世纪 30 年代，面对新古典自由主义指引下资本主义国家的"大萧条"，国家干预为核心的凯恩斯主义显露；20 世纪 70~80 年代，西方国家经济社会"滞涨"困境，致使凯恩斯经济学一筹莫展，新自由主义"王者归来"；21 世纪初以金融危机为标志，以凯恩斯国家干预为内核的新国家干预主义"乘势回潮"。因此，西方经济理论在应对经济发展困境及规避金融危机进程中，虽然对自由主义的主流经济理论情有独钟，但在周期性循环的危机"洗劫"中也在反思："国家干预不是没有风险，不是没有代价，但是不干预的风险更大，代价更重"①。总之，西方主流经济理论在分析金融发展、预判金融危机及解释危机实质中存在根本缺陷，不能为防范及根治危机提供有效理论支撑，马克思虚拟资本理论对金融发展及危机实质提供根本方法论指引，是分析金融发展、预判金融危机及阐释危机本质的科学之法。

二 虚拟资本理论对金融幻象的祛蔽

资本向虚拟资本形态的演变是资本矛盾的一种转移，资本在金融领域的扩张同样难以逾越其本身发展的规律及命运。众所周知，资本具有存在及发展的自我局限性，这是透过历史视角对资本走向的基本判定，其在特定生产方式范围内伴随生产力发展所表现出来的自我调节能力同其历史演化并不相悖，相反，这也正是资本存在的现实状态的具体展现。正像资本在信用制度的发展完善中从私人形态向社会形态的演进过程，本身是生产力发展的根本作用，但同时成为资本暂避社会化大生产同其自身发展矛盾的有效手段，这可以说是资本在一定范围内自我调节的表现。资本社会化趋向表现为对资本存在及发展状态的扬弃，是助推生产关系不断发展的积极因素。尤其资本形态向生息资本以及虚拟资本的演进，最大限度地推进资本社会化，促进社会资本的大规模积聚，为社会化大生产提供资金支持。然而，在资本主义制度下，这只是虚拟资本存在及发展的一种较为理想的状态。虚拟资本运行及积累的方式的确为资产阶级规避生产过程并追逐高利润提供了极大便利，也自然成为资本家顶礼膜拜的至高"物神"。而资本形态演变本身是对资本发展矛盾的形态转换，只是换得金融幻象这一掩饰

---

① 吴易风：《当前西方经济思潮若干新动向》，《人民论坛》2012 年第 6 期。

这是在实体经济基础上的相互作用过程，其根源于社会有效消费能力的相对萎缩同不断扩大的生产之间的矛盾。因此，虚拟资本主导中虚拟经济的发展及金融领域的扩展，很大程度上源于对实体经济发展矛盾的解围，"投资从制造业转向服务业、金融业和通讯产业，正是对持久经济危机的应激反应，而不是什么除旧布新的伟大跨越"①。虚拟资本的持续扩张固然造就了消费繁荣的金融幻象，但由于其自身运行过程中的"弄虚作假"（如次贷机制运行中鉴于缺失监管而不择手段及为追逐利润而欺诈隐瞒等），所带动的消费效应也往往带有过高的虚假性，以致对实体经济领域发出扩大生产等错误信号，"金融对于实体经济的杠杆作用越大，也就意味着实体经济的危机损失的利润需要更为艰苦的资本积累才能修复"②，但这在资本主义根本矛盾制约的社会形态中很难实现，危机率先在虚拟经济领域爆发。

三　虚拟资本理论对金融危机根源的揭示

"金融危机的根本原因不是操作层面的问题。"③ 在论述金融危机存在条件及运行机理时，行文阐释了影响危机的多重因素，诸如资本主义宏观经济管理缺陷、新自由主义理论导引、虚拟资本大肆扩张等，不可否认，这些因素对金融危机的发生起着重要的鼓动及诱导作用，然而，这些因素大多归于经济发展中的操作层面，并没有触及危机发生的根本原因。历史反复呈现并论证着困境及危机在西方不同经济发展理论影响和作用中的顽固性，也见证着西方经济理论在自由主义同干预主义之间相继徘徊却难以根治危机顽疾的尴尬处境。因此，无论政府及金融机构的操作层面如何变动，经济运行的危机命运都难以扭转，危机发生的根由应该在具体操作层面的视野外找寻。

金融危机的根源依旧是资本主义固有的基本矛盾。资本主义的基本矛盾是生产社会化同生产资料私有制之间的矛盾，其又在三个层面得以体现：其一就生产层面而言，体现为资本主义个别企业生产的高度有组织性同资

---

① 〔英〕特里·伊格尔顿：《马克思为什么是对的》，李杨、任文科、郑义译，重庆出版社，2017，第 6 页。
② 周书俊、傅李琦：《马克思经济危机理论的当代意义——基于"金融-实体"经济危机理论的反思》，《理论学刊》2015 年第 12 期。
③ 顾钰民：《对当前金融危机原因的马克思主义阐释》，《晋阳学刊》2009 年第 2 期。

本主义社会整体生产的无政府状态之间的矛盾；其二就消费层面而言，体现为资本主义生产的无限扩大趋势同社会大众有效消费能力相对不足之间的矛盾；其三就阶级关系层面，体现为资产阶级同无产阶级之间的矛盾。金融危机同资本主义固有矛盾相绑定，"金融危机的本质原因仍然脱离不了资本主义基本矛盾"①。马克思在《资本论》中对虚拟资本理论展开论述时，对包括信用危机、货币危机的根源进行揭示，同时强烈映射金融危机发生的根本原因，他指出，经济活动中的危机似乎仅表现为"信用危机"和"货币危机"，并且"事实上问题只是在于汇票能否兑换为货币。但是这种汇票多数是代表现实买卖的，而这种现实买卖的扩大远远超过社会需要的限度这一事实，归根到底是整个危机的基础"②。"现实买卖的扩大"远超"社会需要限度"，就是资本主义基本矛盾在消费层面的体现，是盲目扩大的生产同社会有效需求相对不足之间的矛盾在金融领域或形式上的再现。马克思强调："一切现实的危机的最后原因，总是群众的贫穷和他们的消费受到限制。"③ 前述对虚拟经济发展中金融幻象的祛蔽可知，次贷等金融衍生品的存在及扩张很大程度上是对实体经济领域生产过剩困局的一种解围，但经过"（实体经济领域）生产过剩—次贷消费模式（解围）—（一定程度）促进消费繁荣—（诱导）实体经济生产加快并深度过剩—次贷衍生品持续扩张"的一般循环过程，最初的生产过剩问题并未就现实层面得以真正解决，而是在金融领域持续"悬置"，并在虚拟经济体量持续膨胀的同时，加重了实体经济对整体市场过剩产品消化的负担和压力。因为，归根结底，实体经济的合理有序发展才是虚拟经济存在及发展的保障，实体经济中过剩问题不解决，危机就始终如同"达摩克利斯之剑"一般悬挂在金融领域上空。值得注意的是，诸如次级贷款模式对危机的解围之法，相反却在持续加剧经济的困境，并扩大危机规模。虽然金融危机发生时表现出了同危机的一般生产过剩逻辑相悖的消费过度现象，但掩盖不了其生产过剩的根源。既然如此，资本主义基本矛盾在金融领域的激化，或者说，金融危机的发生在很大程度上可以理解为对资本主义矛盾及危机的一种延缓，

---

① 李楠迪、任新立：《次贷危机的源与流：基于马克思视角的分析》，《经济学家》2010 年第 2 期。

② 马克思：《资本论》第 3 卷，人民出版社，2004，第 555 页。

③ 马克思：《资本论》第 3 卷，人民出版社，2004，第 548 页。

是资本主义生产方式自我调节的一种表现。因此，对金融危机内在根由的追寻还要追溯其历史过程，借助唯物史观的科学分析方法，立足资本主义整体历史发展趋向及其内在经济发展规律进行阐释。

金融危机是资本主义危机延缓的时代形变。资本主义生产的相对过剩危机是由该社会形态内在的基本矛盾决定的，并伴随资本主义存在及发展始终。资本的虚拟化形态的演进改变了资本积累方式，同时也逐渐改变经济运行结构，使资本家对利润的追逐在表象上跳过了复杂的生产过程，这相应减缓了实体经济领域矛盾激化及危机爆发的进程，将经济社会发展视线从实体经济领域转向虚拟经济领域。但实体经济领域对虚拟经济领域的根本支撑，以及后者对前者矛盾的"解围"仅仅流于形式的事实，决定了实体经济领域对矛盾破解任务的最终承接。即使金融衍生产品在金融创新快速推进中持续丰富完善，对分散经济发展风险起到了一定作用，但也仅限于矛盾的转移及危机的延滞，一旦支撑金融衍生品等虚拟资本作用的"基础资产"出现问题，难以再维持金融衍生产品的逐利进程，金融创新的高风险甚至危机在整体历史走向中将如约而至。考察危机在金融领域的酝酿及发生进程，马克思在《资本论》中指出："资本价值中有一部分仅仅表现为参与剩余价值即利润未来分配的凭证，这一部分实际上就是不同形式的用于生产的债券，当它预计的收入减少时，将会立即贬值。现有的一部分金银闲置下来，不再执行资本的职能。市场上的一部分商品，只有通过它的价格的极大的下降，即通过它所代表的资本的贬值，才能完成它的流通过程和再生产过程。同样，固定资本的要素也会或多或少地贬值。此外，一定的、预定的价格关系是再生产过程的条件，所以，由于价格的普遍下降，再生产过程就陷入停滞和混乱。这种混乱和停滞，会使货币的那种随着资本的发展而同时出现的并以这些预定的价格关系为基础的支付手段职能发挥不了作用，会在许许多多点上破坏按一定期限支付债务的锁链，而在随着资本而同时发展起来的信用制度由此崩溃时，会更加严重起来，由此引起强烈的严重危机。"① 马克思阐释了金融领域中资本价格对经济"混乱和停滞"以及"危机"的关键影响，而资本价格的巨大波动虽然有虚拟资本自身独特的运作机制的作用，但根由依然同实体经济领域能够回收利

---

① 马克思：《资本论》第3卷，人民出版社，2004，第283页。

润的规模及程度密不可分，同实体经济领域生产及消费过程之间的适应程度直接相关。金融危机是资本主义基本矛盾在虚拟经济主导经济发展中的必然现象、是危机在金融衍生品等虚拟资本对经济发展介入条件下的时代形变，其存在是资本主义生产方式调节机制的重要举措，是减缓及延迟实体经济领域生产过剩危机的关键环节。归根结底，（金融）危机同资本主义的基本矛盾相适应。

第六章 《资本论》虚拟资本理论
与我国虚拟资本的发展

马克思虚拟资本理论所阐释的发展原则在金融全球化背景中对指导虚拟资本的深度发展具有重要价值，同时，我国经济发展坚持以马克思主义为指导，在虚拟资本发展进程中凸显马克思虚拟资本理论的根本地位。鉴于对社会主义发展规律认知的过程性，我国经济发展进程中对资本的存在及定位经历了一个认知过程，对虚拟资本存在及发展规律的认知也相对滞后，相应地，对促进虚拟资本合理有效发展的机制体制的构建尚待进一步加强。尤其置于全球经济结构转化的当前，我国虚拟资本发展深受世界金融资本及运行态势的影响，发达国家主导的金融全球化很大程度上充当剥夺发展中国家发展资源的工具。国内外虚拟资本及金融发展态势，特别是周期性金融危机的威胁，使我国虚拟资本的发展面临严峻挑战，但社会主义条件下的中国，发展市场经济、推进虚拟资本发展，同样具有西方国家不具备的优势。生产资料公有制在经济发展中的主导是我国发展虚拟资本的根本保障，这是对资本任性的根本制约；我国加快推进制造业等实体经济发展，注重金融服务实体，是发展虚拟资本的基本策略，这是推进虚拟资本同机能资本协调发展的关键之策；发展效益共享是我国发展虚拟资本的价值指向，是区别于西方虚拟资本或金融发展的根本要义，更是我国发展虚拟资本优势的最终体现。

总之，我国积极发展虚拟资本是对马克思虚拟资本理论认识的深化，也是对人类社会发展规律、社会主义市场经济发展规律、中国共产党执政规律认识的深化，同时是对中国共产党治国理政经验的深刻总结。新时代历史方位中，我国要加快推进虚拟资本发展，充分释放虚拟资本对经济发展的拉动潜能，持续厘清虚拟资本发展进程中的虚实经济、发展总体性同阶段性、发展同监管以及国内外市场等诸多关系，并在新时代金融发展观的指引下，推动中国特色社会主义金融事业稳定有序高效发展，为更好实现伟大复兴的梦想准备条件。

第一节　我国虚拟资本发展的状况梳理

我国经济发展中对虚拟资本存在及作用的认知及注重经历了一个历史过程，该过程不仅是对马克思虚拟资本理论所揭示的虚拟资本发展规律认知、理解及深化的过程，也是对社会主义发展规律及党执政规律探索、认知及深化的过程，是党领导下社会主义建设逐渐走向成熟及自信的过程。虚拟资本在我国经济社会中的凸显始于改革开放政策的实施，可以说，在很大程度上，我国虚拟资本的存在及发展的历史，同我国经济体制从计划经济向市场经济转换的历史相统一。虚拟资本存在及发展的进程，可以反映出我国社会主义市场经济发展及推进的程度，虚拟资本在我国经济发展中的凸显是改革开放的一个缩影。梳理我国虚拟资本发展阶段及存在状况，加深对我国金融体制改革发展历程的认知理解，明晰虚拟资本在当前我国经济发展中的态势及挑战，能够为促进虚拟资本在我国经济转型升级中作用的有效发挥提供前提条件。

一　虚拟资本在我国经济发展中的推进历程

新中国成立之后，虚拟资本在我国经济发展中的推进历程，伴随着对社会主义建设、改革及发展规律的认知及国内外经济发展形势的变动循序渐进。以不同时间或实践节点为标志，虚拟资本在我国的发展推进主要呈现为以下几个阶段。

1949~1978年，受内外因素的影响、传统理论的制约及实践经验的限制，该阶段对"资本"的概念一直是否定的。新中国成立初期至改革开放的历史阶段，社会主义中国各方面各领域亟待发展，但受当时国际格局影响，中国在经济等领域受到以美国为代表的资本主义国家的封锁，为巩固新政权，在国际社会中采取了倒向以苏联为首的社会主义阵营的策略，加上对社会主义建设规律的认知尚处于摸索阶段，因此，在经济建设及对虚拟资本的发展上照搬苏联模式，采取高度集中的行政命令式管理形态，实行计划经济。在资本的存在及利用上采取排斥、规避等消极态度，甚至在经济社会发展中长时期"谈资色变"。这一时期，我们把资本改称为"资金"。可以说，该时期虚拟资本的发展整体处于"金融抑制"状态，以中国人民银行为核心的金融体制，在"垂直"行政领导组织体系中运行，其作为新中国金融业发展的关键起点，该阶段在职能上"集央行、政策性银行和商业银行的职能于一身，却主要是履行国家财政的出纳职能"[①]，经济（主要是实体经济）发展所需资本量由国家按计划统一调配拨付，涉及虚拟资本等金融交易业务量很少，客观历史阶段及经济发展模式决定了银行等金融机构的虚拟资本承载平台难以发挥在金融体系中的核心作用，其作为国家"财政的'钱袋子'以扭曲的形态存在着"[②]。这一阶段，虽然存在新中国成立初期成立的中国人民保险公司（受中国人民银行直接领导），它也是新中国保险事业"历史新纪元"的标志，并且 1949 年 12 月政务院也通过了《关于发行人民胜利折实公债的决定》等，但保险、债券等虚拟资本形式在该阶段并没有得以持续推进和长足发展。[③] 因此，虚拟资本在发展规模及结构完善等层面依然缺失。总之，该阶段处于对社会主义建设规律的探索阶段，诸多因素的交织影响造成虚拟资本发展被忽略的状况，但该阶段对社会主义经济建设规律的摸索，为社会主义初级阶段条件下发展商品经济及改革开放背景中虚拟资本的发展起步奠定了初步基础。

1978~1992 年，国家施行改革开放政策，逐渐推进计划经济向市场经济的转型，以市场经济转轨为切口，资本市场初步成型，虚拟资本的发展拉开帷幕。党的十一届三中全会作出改革开放的伟大决策，提出要将发展的中心置于经济建设上来，邓小平强调："金融是现代经济的核心"[④]，金融搞活是经济发展的重要前提。将金融放在经济发展的关键位置，针对新中国成立以来银行职能的"大一统"局面，邓小平强调有效发挥银行在经济建设中作用的重要性，强调要激发银行在经济发展中的杠杆效应，把银行真正办成银行。[⑤] 这对虚拟资本在我国的总体发展走向定下基调，"中国拉开

---

① 申唯正：《改革开放四十年金融观念的经济哲学反思》，《天津社会科学》2018 年第 4 期。
② 陈征等主编《〈资本论〉与当代中国经济》，福建人民出版社，2017，第 337 页。
③ 纪崴：《新中国金融大事记》，《中国金融》2014 年第 19 期。
④ 《邓小平文选》第 3 卷，人民出版社，1993，第 366 页。
⑤ 《邓小平文选》第 3 卷，人民出版社，1993，第 193 页。

了金融改革的大幕，进入有计划、有步骤地进行金融体制改革的新时期"①。中国人民银行作为我国的中央银行，是我国金融事业发展的核心，其职能的转变是我国金融体制改革的重要标志。1983 年 9 月 17 日，国务院作出《关于中国人民银行专门行使中央银行职能的决定》，该决定指出，中国人民银行将从次年（1984 年 1 月 1 日）起，单独行使中央银行职能，成为金融管理、制定及实施货币政策的国家政府部门，不再受理企业及个人信贷等业务，后者将由新成立的中国工商银行承接。可以说，中国人民银行职能的转型，成为我国金融体制市场化转变的重要标志。② 伴随中国工商银行等专门银行的建立，我国专业银行体系得以构建，银行间资金的"横向融通"渠道打通，打破原先银行间资金通过行政手段"垂直"调度的格局，为我国同业拆借市场的建立准备前提条件。同时，该时期着力强调中国证券市场的创新发展，邓小平认为："证券、股市，这些东西究竟好不好，有没有危险，是不是资本主义独有的东西，社会主义能不能用？允许看，但要坚决地试"③。1987 年党的十三大上提出，金融体制改革蕴含"债券"及"股票"等的发行，这为"股份制经济"的发展提供机遇，促进中国证券、期货、保险等金融资本市场的建立。比如，1990 年，深圳证券交易所及上海证券交易所相继成立，郑州商品交易所也于 1993 年 5 月 28 日正式推出"标准化期货合约交易"，1988 年平安保险公司作为我国首家股份制地方性的保险企业宣告成立（1992 年更名为中国平安保险公司）。④ "到 1991 年，全国已经出现了 3200 家股份制企业。"⑤ 此外，在外汇发展方面，1979 年设立国家外汇管理总局，同时成立专门吸收外资的中国国际信托投资公司，等等。总之，该阶段，在国内对外开放政策及经济体制转轨的推动下，我国资本市场逐渐得以构建，虚拟资本的发展进程逐步开启，其发展规模及体系构筑也渐次呈现壮大完善的趋向。但观念的转变需要一个较为漫长的过程，改革开放前根植于人们观念深处的对资本存在及作用的片面认知，束缚或制约社会主义经济体制改革推行的步伐，"姓资姓社"的讨论始终伴

---

① 纪崴：《新中国金融大事记》，《中国金融》2014 年第 19 期。

② 纪崴：《新中国金融大事记》，《中国金融》2014 年第 19 期。

③ 《邓小平文选》第 3 卷，人民出版社，1993，第 373 页。

④ 申唯正：《改革开放四十年金融观念的经济哲学反思》，《天津社会科学》2018 年第 4 期。

⑤ 王小鲁：《改革之路——我们的四十年》，社会科学文献出版社，2019，第 93 页。

随改革开放政策的实施进程，对虚拟资本的发展也存在很大限制，该阶段以股票为主的虚拟资本的发展依旧困境重重，股票的公开发行及购买都没有形成规模，虚拟资本的发展进程较为缓慢。

1992~2000年，邓小平南方谈话对经济开放度的强调，推进了市场经济体制的改革进程，成为虚拟资本快速发展的关键历史契机。邓小平南方谈话解决了长期困扰及束缚人们思想的诸多认识层面的问题，极大地促进了人们的思想解放。邓小平强调，经济开放的步子还要再迈得大一些，"多搞点'三资'企业，不要怕，只要我们头脑清醒，就不怕。我们有优势，有国营大中型企业，有乡镇企业，更重要的是政权在我们手里"[①]。以邓小平南方谈话的重要讲话为思想指引，党的十四大明确提出建立社会主义市场经济体制，并以此作为加快推进虚拟资本在我国发展的重要契机，开启金融领域规模性改革及市场化经济发展的进程。1993年党的十四届三中全会通过《中共中央关于建立社会主义市场经济体制若干问题的决定》，首次使用"资本"概念[②]，开启社会主义市场经济建设进程中对资本理论的创新进程，极大推进虚拟资本在中国社会主义经济实践中的独特发展。之后，我国金融体制改革被列入经济发展的推进日程，系列推进虚拟资本发展的举措相继出台。尤其在银行金融部分，不仅加快推进专业银行的商业化进程，将其向真正商业银行的发展运行模式转化，还成立了政策性银行，着力促进政策性金融同商业性金融在业务上的分离及补充，为金融体系的市场化改革准备条件。更为重要的是，为保障银行等金融机构的健康有序发展，1995年颁布实施了一系列法律法规，比如《中国人民银行法》《商业银行法》《保险法》《票据法》《全国人民代表大会常务委员会关于惩治破坏金融秩序犯罪的决定》等。并在1996年推进全国货币市场发展的统一化进程，颁布实施全新的《外汇管理条例》《贷款通则》等，随后的1998年《证券法》也颁布实施。同时，这些保障金融稳定有序发展的法律法规，将伴随虚拟资本的发展及金融体系的完善不断修订更新。值得注意的是，该阶段人民币汇率并轨（人民币官方汇率与外汇调剂价格并轨）成为推进虚拟资本及金融体系深化发展的关键举

---

① 《邓小平文选》第3卷，人民出版社，1993，第372~373页。

② 转引自朱杨宝《资本增殖性与社会性的当下观照——再读马克思的资本理论》，《学术界》2013年第3期。"资本"概念在我国由"资金"概念逐渐更替为"资本金"，之后逐渐承认了社会主义初级阶段"资本"的客观存在。

措，以此为标志，我国开启以市场供求为基础，单一的、有管理的浮动汇率制①，中国金融事业的发展逐渐同世界市场及全球经济相"接洽"。总之，该阶段在政府政策的支持下，一系列保障虚拟资本合理有效发展的法规相继出台，金融体系进一步发展完善，金融改革进程持续推进，经济社会融资方式趋向多样，虚拟资本整体得以快速发展。

21 世纪以来，中国加快同世界经济融合的步伐，在不断推进金融改革、构筑并完善金融体系的同时，促进虚拟资本飞跃性发展。进入 21 世纪，我国积极适应国内外经济发展形势的变化，持续提升经济发展的开放程度，逐步为国内资本市场的发展完善提供条件和保障，进一步推进虚拟资本的稳定有序发展。该阶段，中国经济发展同世界市场的联系更加紧密，2001年，中国加入世界贸易组织（WTO），这加快了中国经济的对外开放进程，为金融业开放程度的提升准备了条件，拓展延伸了虚拟资本持续发展推进的作用空间。中国经济发展同世界经济发展融合程度的提升，也同时为中国金融改革及金融体系的深度发展完善提出要求，为推进金融体系市场化发展提供重要动力。2003 年，以银行业监督管理委员会（银监会）的成立为标志，包含证监会（1992）、保监会（1998）、银监会的"一行三会"金融监管体系基本确立，同年，《证券投资基本法》以法律形式确保证券投资行业的规范化、市场化。金融市场的不断开放及金融类别的渐次丰富，在为经济发展提供动力及活力的同时，也为公众投资准备了多样化选项。伴随金融改革及发展完善进程的持续推进，"开放式基金"逐渐上升至投资者的首选地位，"金融衍生工具"的研发创新进程不断加快，绝大多数公司完成"股改"，"我国证券市场已基本实现全流通"，"上市公司"规模逐渐庞大。② 在应对全球金融危机过程中，中国积极稳妥推进"利率市场化改革以及人民币汇率形成机制改革"③，通过财政及货币政策稳定国内金融市场，消除国际金融动荡的影响。党的十八大之后，金融业继续推进体制机制改革，并逐渐放宽外资市场准入条件，"扩大金融市场双向开放，在建立RQFII（人民币合格境外机构投资者）、RQDII（人民币合格境内机构投资

---

① 纪崴：《新中国金融大事记》，《中国金融》2014 年第 19 期。
② 郑千千：《马克思虚拟资本理论及其当代价值》，苏州大学博士学位论文，2011，第 148 页。
③ 郭威、司孟慧：《新中国 70 年金融开放的逻辑机理与经验启示：兼论中美贸易摩擦下的开放取向》，《世界经济研究》2019 年第 10 期。

者）制度的基础上，先后推出'沪港通''深港通''债券通'等跨境证券投资机制，并积极推动'沪伦通'落地。"[1] 党的十九大以来，在持续深化改革进程中，以"一带一路"倡议为契机，在金融交往层面加强同域外国家及地区"贸易畅通""资金流通"，推进金融业开放程度的深化，对涉及银行、保险、证券、基金等金融领域的外资机构进一步缩减准入限制，通过积极吸引外资不断提升我国经济及产业竞争力。总之，21世纪以来，中国经济加快融入世界经济发展大潮，伴随中国经济开放发展的深度推进，虚拟资本呈现高速发展态势，其表现形态丰富多样，出现P2P、比特币、余额宝等新的虚拟资本形态[2]，针对虚拟资本多样表现形态的法律法规相继出台，并随着虚拟资本发展的新情况不断修订更新。新时代条件下，面对国内外金融发展挑战及风险，我国在坚守马克思虚拟资本理论的基本前提下，继续深化金融体制机制改革，2020年4月10日，商业银行正式参与国债期货交易业务，这必将助推我国金融市场的加速高效发展，促进我国金融体系逐步成熟完善，为金融更好服务实体经济提供条件，并将在"四个自信"的根本激励中，更加坚定我国虚拟资本发展中妥善处理各种关系以确保虚实经济协调推进的决心和信心。

二 金融全球化形势下我国虚拟资本发展面临的挑战

金融全球化是经济全球化的关键内涵，其是以金融创新作为资本在全球范围内流动的重要支撑，并在国际金融货币体系的基础上，不断促使各国在涉及金融业务及运行规范等方面交流融合的客观经济发展趋向。鉴于金融活动本身内在运行的不稳定性，以及当前国际政治经济秩序的不均衡性，加之我国金融业体制机制发展的欠缺，诸多客观因素的存在，为金融全球化发展形势下我国虚拟资本的发展推进提出挑战。

（一）金融全球化发展趋向对我国虚拟资本发展的冲击

虚拟资本的存在及作用为实体经济的发展注入活力和动力，商品经济

---

① 郭威、司孟慧：《新中国70年金融开放的逻辑机理与经验启示：兼论中美贸易摩擦下的开放取向》，《世界经济研究》2019年第10期。

② 卢映西、陈乐毅：《经济脱实向虚倾向的根源、表现和矫正措施》，《当代经济研究》2018年第10期。

条件下继续推进虚拟资本的有序发展，成为经济发展规律的客观体现和要求。这也是社会主义初级阶段中国积极遵循经济发展规律，稳步推进虚拟资本发展的关键缘由所在。在金融全球化的世界经济发展趋向中，国际金融市场能够为各国发展提供便利资本，中国为获得更加优质的外资，加快推进融入国际金融市场的步伐。但是，当前国际金融货币体系由西方发达资本主义国家把持，而且国际货币体系实行的以浮动汇率为主的混合汇率体系由世界货币美元主导，后者政策的变动却主要以美国国内政治、经济情况变动为标准，很少顾及国际金融市场的稳定，这就导致其他国家，尤其是发展中国家汇率出现极大的波动性及风险性，为其国内金融发展埋下危机隐患。不均衡的全球政治经济秩序致使推崇贸易自由化及金融自由化的国际金融体系名不副实，在发达资本主义国家主导下，国际货币金融体系框架内成立的诸如世界货币基金组织等全球金融机构，难以有效发挥其对风险资金的管控、对危机的"预警"及对缓解危机的"国际最终贷款者"作用，相反，在很大程度上却成为发达资本主义国家凭借金融手段剥削广大发展中国家利益的工具。因此，当前金融全球化很大程度可以看作发达资本主义国家借助虚拟资本在世界范围内的流动及扩张，不断转移其国内矛盾，并持续攫取全球利润，以维持其自身不断存在及发展的过程。

美国借助美元的世界货币身份，在同广大发展中国家进行贸易及金融交往中竭力"透支"美元世界货币"职能"，并在发达的金融创新体系支撑下，将其经济虚拟化发展模式及消费方式向世界蔓延。凭借美元在世界贸易中"魅力"的展现，广大发展中国家逐渐成为发达国家商品等实体货物需求的供应地，发达国家国内却呈现产业空心化现象，其在借助域外丰富资源、廉价劳动力及广大市场等适宜制造业发展的优越条件，以满足利润攫取的同时，还通过发行国债等虚拟资本促使资本回流。美元作为世界货币，在世界贸易中也成为其他国家争相储备的外汇资产，此举固然在一定程度上能够弥补后者金融脆弱性的缺陷，维持发展中国家在世界贸易中的竞争力，并在资本大规模外流时稳定市场，但美元的相对单一性货币体系及其在全球范围内大肆扩张的态势，不仅在消磨美元背后的国家信用，而且对世界金融市场的稳定构成威胁。美国在贸易及财政中的"双赤字"状况持续上升的态势便是明证，这其中诚然存在不同国家之间经济结构及产业结构相差异等因素，但不可否认，美国经济过度虚拟化的趋向及其借助美元的霸权地位在全球的大肆扩张是主要原因。美国的财政赤字并不能归咎于生产性投资，这就成为经济有序发展的祸患。正如劳森原理（Lawson Doctrine）所揭示的，"如果赤字反映的是高水平的生产性投资而不完全是低储蓄水平，那么它就不是问题"①，显然这与事实不符。美国在世界范围大举借债、大肆消费，在20世纪80年代之后，世界范围内出现这样一种同之前相反的现象，"世界上经济最强大的国家变成了世界最大的债务国"②。马克思在《资本论》中早已揭示并批判将"债务积累"作为"资本积累"的现象，他指出，这种"事实"，"清楚地表明那种在信用制度中发生的颠倒现象已经达到完成的地步"③。

中国作为最大的发展中国家，在不均衡的国际货币金融体系中也处于弱势。在对外贸易中，中国拥有大规模美元外汇，是美国最大的债权国，这在一定程度上能够缓解中国经济发展的紧张局势，提升对外贸易的竞争力。然而，鉴于美元储备的贬值及资产缩水风险，也构成中国经济及金融健康发展的潜在忧患。可以说，金融全球化是把双刃剑，能够为我国金融体制改革完善提供机遇，同时也对我国虚拟资本的合理发展及金融事业的有序推进提出挑战。因此，在发展中国特色社会主义的道路上，我们一定要保持自己的定力，有条不紊地稳步推进包括金融业在内的各行各业的发展。

（二）虚拟资本运行体系的失衡及其支撑条件的缺失影响虚拟资本发展

实体资本或实体经济是影响虚拟资本发展的根本因素。虚拟资本存在及发展的基础在于实体资本或实体经济，后者持续稳定的存在状态是前者不断发展的根本保障，在这一前提条件下，两者相互作用、互相促进。当前，我国以制造业为核心的实体经济发展进程中存在诸多问题，在影响其自身发展的同时，也成为制约虚拟资本合理有序发展的根本因素。虽然后金融危机时代发达国家"再工业化"战略吸引外资回流，一些发展中国家借助低成本优势积极引流，很大程度上减少了劳动密集型产业在我国的布

① 姚淑梅：《国际金融危机的演变与中国的应对》，人民出版社，2010，第175页。
② 〔法〕米歇尔·阿尔贝尔：《资本主义反对资本主义》，杨祖功等译，社会科学文献出版社，1999，第40页。
③ 马克思：《资本论》第3卷，人民出版社，2004，第540页。

局，以致对我国制造业构成"双重挤压"，但归根结底在于我国实体经济领域本身存在结构性失衡问题，"中低端和无效供给过剩、高端和有效供给不足并存"[1]，实体经济长期供需失调，结构性矛盾在新形势下更加凸显。这也是我国经济新常态下极力推进"去产能"等举措的根本缘由。实体经济自身存在的发展矛盾致使其内在增量的提升幅度及发展动力受限，并且在我国实体经济发展中企业制度的现代化构建尚待持续深化推进，资本等要素的市场化改革亟须加快进度，民营企业发展空间尚需继续"解绑"拓展，国有企业的深层次改革还在路上，企业内部治理体系及治理结构需要进一步构筑及完善，企业经营的劳动力等成本及税负相对较高，民营企业及中小企业融资难融资贵的问题依旧存在。这些因素都极大影响新形势下实体经济的稳定发展及转型升级，进而对虚拟资本的长足发展产生消极影响。值得高度关注的是，虽然虚拟资本的持续发展最终需要实体经济的支撑，实体经济发展的滞后甚至停滞必然从根本上影响虚拟经济的存在及发展，但相较实体经济投资成本高、运作周期长、资本回报低等特性，虚拟资本的投资成本要求低、周期短、利润高，这必然诱使资本大规模向金融领域集中，以致对实体经济造成"挤出效应"。因此，在推进实体经济转型升级的进程中，需要同加强虚拟资本运行机制的构建完善及有效监管等举措齐头并进、双管齐下。

虚拟资本的内在支撑条件不完善影响其发展进程。实体经济发展根本制约虚拟资本的推进，同时，虚拟资本本身内在条件的欠缺也不利于其快速发展。我国虚拟资本发展起步晚，虽然发展速度快，但也存在诸多限制其高效率发展的因素。

首先，金融产品供求结构不均衡，虚拟资本发展结构的合理性有待提升。我国虚拟资本的发展较多集中于对传统金融领域的延伸拓展，而金融衍生产品等虚拟资本的高级形态，诸如期权等，在我国的发展程度有限，同经济发展及市场化推进相匹配的金融创新产品不足。很长一段时间以来，我国"社会融资规模增长率与名义国内生产总值增长率"[2]差距较大，而经

---

[1] 费洪平：《新时代如何振兴实体经济 切实筑牢发展根基》，《北京交通大学学报》（社会科学版）2019年第3期。

[2] 陈征等主编《〈资本论〉与当代中国经济》，福建人民出版社，2017，第345页。

济发展进程中，实体经济领域，尤其是民营企业及中小企业融资途径欠缺，融资成本高昂，且以银行等金融机构的间接融资方式为主，虚拟资本市场直接融资方式缺乏足够动力，致使虚拟资本发展难以适应实体经济的发展需求。这不仅抑制虚拟资本的发展，同时更影响实体经济发展动力及活力的有效激发。

其次，虚拟资本同经济高质量发展的适应性不够，虚拟资本发展的规模有待扩大。虚拟资本的发展能够优化资源配置，为实体经济提供动力支持，但鉴于国内外经济及金融发展态势的双重影响，我国经济发展中长期对虚拟资本采取抑制态度，对外资的市场准入把关严格，这在一定程度上降低了金融风险，但也影响金融领域市场化体制机制的构建进程，更重要的是，虚拟资本发展在规模上的相对滞后，不利于实体经济的健康发展。党的十八大以来，我国经济运行中提升了对金融发展的关注度，提出金融要为实体经济服务的发展方向，并不断放宽对金融合理发展的限制，对金融产品、金融机构等外资的市场准入门槛持续放开，加快了金融领域的市场化改革步伐，大力推进股票、债券等虚拟资本市场的构建及完善，并强调金融有序创新，着力为民营企业及中小企业发展提供多项融资选项，促进企业直接融资。当前，推进虚拟资本发展规模同经济发展相适应，不断提升虚拟资本对资源的配置能力，持续提高金融经营、创新及服务水平，激发实体经济发展潜力等，依旧是促进我国虚拟资本发展及完善的关键环节和重要任务。

最后，虚拟资本发展的市场监管及风险防范体制机制不健全，保障金融有序发展的法规有待完善。虚拟资本依循资本逻辑运行，但在社会主义制度下，虚拟资本逻辑要让位于具有统筹全局、协调各方的优势制度的存在逻辑，这是就根本制度等宏观层面对资本逻辑规约的可行性。同时，在虚拟资本具体运行中，根本制度的优越性则体现在对其合理发展具有实质保障作用的监管体系及风险防范机制的构建完善上。我国虚拟资本发展状态的不均衡，最主要的因素就是虚拟资本发展的市场化体系及风险防范机制的不完善。尤其在金融全球化背景下，国内金融市场同国际金融市场的有效"接洽"，进一步对我国金融体制机制的构建及完善提出要求，对国内金融事业的高效有序发展提出挑战。因此，发展虚拟资本，要继续稳定推进银行金融体系的市场化发展，不断完善债券市场、股票市场等虚拟资本市场运行的体制机制，持续推进资产证券化等金融创新体制机制的建立，有条件地放宽金融资本准入条件，继续为金融发展的"制度性成本"的降低创造条件。同时，要加强金融监管，尤其随着资本虚拟化程度的提升，其在市场中的风险性也相应提升，进而对风险防范及危机应对体制机制的构建需求愈加迫切。要针对不同金融产品的表现特征及运行机制，构建相应的风险防范机制及危机治理体系。另外，要强化推进保障虚拟资本快速有序发展的法律法规的与时俱进，根据时代发展及虚拟资本需求及时制定金融法律法规，提升金融法律法规的可施行性。在我国虚拟资本加速发展的进程中，虽然根据虚拟资本的发展需求也颁布实施了规范及保障金融发展的多种法律法规，且在时代推进中不断修订更新这些法规，但虚拟资本发展规模及种类在经济发展趋向中不断扩大与增多，这对规约其发展的法规在时效性、实效性、整体性等方面提出较高要求，是我国发展虚拟资本的一大挑战。新时代的历史方位下，在加快推进金融体制机制市场化改革的进程中，我国经济发展不断为虚拟资本的合理有效发展开拓适宜空间、提供便利条件。在多次不同主题的会议中，都强调金融发展的重要性及金融体系构建完善的迫切性。比如，2017 年全国金融工作会议中强调，要强化金融改革、完善金融市场体系、发挥金融发展中市场决定作用、加强金融监管等，在促进金融有序快速发展的同时，提升其服务实体经济的能力，积极防范金融风险，确保金融安全。[1] 再如，2019 年 2 月，在中央政治局第十三次集体学习时，习近平总书记强调了对金融体系结构调整优化的发展重点，提出要优化"融资结构和金融机构体系、市场体系、产品体系，为实体经济发展提供更高质量、更有效率"的金融服务，构建"多层次、广覆盖、有差异"的银行体系，开发"个性化、差异化、定制化"的金融产品，建设"规范、透明、开放、有活力、有韧性"的资本市场，并强调对金融交易的"全程监管"及对金融风险的有效防范。[2] 2019 年 12 月，中央经济工作会议再次强调金融发展在经济发展整体战略中的重要性及坚守不发生系统性金融风险底线的关键性，指出要推进"货币信贷、社会融资规

---

① 新华社：《全国金融工作会议召开》，《广西经济》2017 年第 8 期。
② 习近平：《深化金融供给侧结构性改革 增强金融服务实体经济能力》，《人民日报》2019 年 2 月 24 日。

模增长同经济发展相适应，降低社会融资成本。要深化金融供给侧结构性改革，疏通货币政策传导机制，增加制造业中长期融资，更好缓解民营和中小微企业融资难融资贵问题"①。

社会信用体系构建及完善是虚拟资本发展的关键环节。德国经济学家布鲁诺·希尔布兰德（Bruno Hildbrand）曾依据人类交换方式将社会以信用取代货币为主导的经济发展阶段称为信用经济时期。这一时期在信用核心元素的推动下，现代经济生活的主流从制造业领域转移到金融业等虚拟经济领域。在信用经济时期，信用制度和体系的构建及完善的必要性毋庸置疑，其直接决定虚拟资本的发展程度。我国经济发展中因存在"产权制度"不明晰等问题致使市场主体间缺乏重复或长期"博弈动机"，金融监管体系不完善以致信用违约成本低，以及社会信用文化层面的缺失等诸多因素，导致虚拟资本发展中信用问题凸显，加之市场交易中信息披露机制缺乏，市场主体间的资信状况获取成本大，进一步提升金融市场交易的违约率，严重影响金融发展的规模及金融交易的稳定，对市场参与者投资选择及投资效率都带来负面效应，对虚拟资本在经济发展中对资源的优化作用形成冲击，不利于虚拟资本的发展，社会信用体系亟待构建完善。同时，信用在资本导向中必将滥用并孕育出危机，届时，信用对经济发展的调节作用将逐渐异变为导致虚拟资本扭曲发展并诱使其同实体经济相分离的帮凶。因此，信用体系构建是信用经济时代经济协调发展的重要前提，也是维系虚拟资本（经济）合理发展的关键举措，要促进虚拟资本的合理发展，就需要加快构建并完善社会信用体系。社会信用体系的构建是一个系统性过程，可以从政府、社会、企业、个体四个市场主体维度具体展开。其中，政府是信用体系构建的主导，要加快金融体制改革和市场信用信息体系建设，加大信用法律制度建设力度，确保虚拟经济有序运行；社会是信用体系构建的中介，要推进社会信用中介行业协会或组织的发展，发挥优秀文化的育化作用，开展全社会诚信教育实践活动；企业是信用体系构建的重点，要积极推进企业同金融机构的联动发展，以便实现彼此信用信息的共享，显著提升信贷信息的对称水平，提升经济活动中信用关系存在的时效性，同时要加强企业内在信用品质的培育，加快企业外部信用环境的打造；

---

① 《中央经济工作会议在北京举行》，《人民日报》2019 年 12 月 13 日。

个体是信用体系构建的关键，要加强个体信用教育，着力推进金融管理人才信用建设，加快个体信用品质的培育。①

第二节 虚拟资本理论视阈中我国 虚拟资本发展的优势体现

马克思虚拟资本理论预判资本形态更替中经济结构失衡及金融危机发生的必然性，当前，世界经济"脱实向虚"的发展态势及发达资本主义国家金融危机持续存在的现实，在不断验证马克思一个半世纪之前的判定。我国处于社会主义初级阶段，生产力发展的限制决定了商品经济作为该阶段主要经济形态的现状，进而为虚拟资本在经济发展中的存在及作用准备经济条件。虚拟资本存在及发展的资本逻辑，同社会主义发展本质根本相悖，但根本制度的优越性及其凌驾于资本逻辑之上的实践展现，能够将制度的优越性同资本要素的有效性有机结合，从根本上为社会主义市场经济的稳定有序发展提供合力。

一 生产资料公有制是我国虚拟资本发展的根本保障

虚拟资本作为资本演变的新形态，延循资本剥削逻辑，致使经济虚拟化程度逐渐深化，并在其过度扩张中成为诱导金融危机发生的直接因素。虚拟资本（经济）的过度扩张导致其同实体资本（经济）相脱离，成为金融危机发生的重要原因，但危机本质决定于资本主义生产社会化同生产资料私人占有之间的根本矛盾，归根结底，资本主义私有制才是危机存在的罪魁祸首。正像学者所揭示的："资本主义社会产生剥削、不平等和经济危机的根源正是其生产资料的私有制"②，马恩经典作家在对资本主义发展规律深刻揭示的基础上提出"消灭私有制"的理论主张，并认为公有制才是适应社会化大生产发展规律的所有制形态。其一，随着生产力的高度发展，资本主义私有制的所有制关系将成为生产力继续发展的阻碍，社会发展只

---

① 王维平、靳永茂：《基于虚拟经济与实体经济协调发展的四维度信用体系构建》，《理论探索》2018年第6期。

② 白雪秋、余志利：《对资本主义私有制的批判和未来社会公有制的构想》，《经济纵横》2019年第4期。

要"一着手克服这种障碍,就使整个资产阶级社会陷入混乱,就使资产阶级所有制的存在受到威胁",这种所有制关系"已经太狭窄了,再容纳不了它本身所造成的财富了"。① 诚然,资本主义形态中存在自我调节机制,诸如资本向虚拟资本的形态变更及其促进资本社会化转向等,不过,这依旧是在私有制根本制度范围内对生产关系的局部"扬弃",诸多在该生产关系视野中的调整策略,就历史发展而言,只是充当压缩资本主义生产关系存在空间的工具,且危机发生的规模及对经济社会造成的损害愈加严重。马克思主义认为,生产资料公有制是同社会化大生产相适应的所有制形态,是生产力发展的必然结果。就宏观视域而言,资本主义私有制是对前资本主义私有制形态的"扬弃",是走向未来社会主义公有制的"中间状态"②或过渡阶段,虚拟资本形态下股份公司等企业组织形式的存在及普遍化,就是促使"直接的社会财产"存在的"过渡点"③。其二,坚持社会主义公有制能够促进生产力的解放,是比私有制优越的适合生产力发展的所有制形式。社会主义公有制在我国经济发展中始终处于主体地位,是保障社会主义性质的根本条件,也是促进社会主义生产力升级发展的根本保证。坚持社会主义公有制关键体现在公有资产的优势地位及国有经济的主体地位上,要确保公有资产不仅在质上具有控制力,还要确保其在量上具有比较优势,同时要不断增强国有经济的发展活力。我国在公有制经济主导下取得的丰硕成果足以证明公有制较之私有制的发展优势。"改革开放40多年来,社会主义公有制优越性表现更为突出。国有经济规模不断扩大,国有资产大幅增值,上缴利税显著增加,一批国有大型企业已跻身于世界一流或知名企业行列。"④ 不仅如此,生产资料公有制确保劳动者平等参与劳动过程,并对劳动产品以按劳分配为主进行公平配置,从根本上规避了生产资料私有制条件下资本积累导致的社会两极分化现象。其三,我国社会主义公有制经济在发展中占据主体地位的同时,更加注重对非公有制经济的

---

① 马克思、恩格斯:《共产党宣言》,人民出版社,2014,第33页。
② 白雪秋、余志利:《对资本主义私有制的批判和未来社会公有制的构想》,《经济纵横》2019年第4期。
③ 马克思:《资本论》第3卷,人民出版社,2004,第495页。
④ 邵彦敏、丁宁:《社会主义公有制占主体是实现共享发展的根本制度保障》,《当代经济研究》2019年第7期。

鼓励、支持及引导，并持续推进国有企业的市场化改革，这为我国虚拟资本的发展提供广阔空间，是有效发挥虚拟资本在经济发展中的动力及活力、推进实体经济深化发展及快速转型的有力之举。可以说，以社会主义公有制为基础的社会根本制度立足社会化大生产的经济发展趋向，其凌驾于资本逻辑之上，能够有效规约资本任性并激发资本动力，是确保虚拟资本合理有序发展的根本保障。总之，社会主义初级阶段发展虚拟资本具有必要性，而公有制的所有制关系能够有效处理虚拟资本逻辑同社会主义社会化大生产之间的关系，并持续促进实体经济同虚拟资本的发展交相辉映、协调推进。

二 金融服务实体经济是我国虚拟资本发展的基本策略

《资本论》虚拟资本理论揭示了实体资本（经济）在虚拟资本（经济）存在及发展中的根本性，这不仅是马克思唯物史观就哲学层面的体现，也是剩余价值学说就经济发展规律层面的展现。具体而言，唯物史观阐释了社会发展中经济基础对上层建筑的决定作用及后者对前者发展的能动作用。这种互动作用的重要性在金融同实体经济的发展进程中体现得尤为显著。金融领域是虚拟资本存在及发展的主要载体和空间，其存在发展根本依赖于实体经济，并以服务后者为根本宗旨，其虽然具有自身发展的独特性，但整体而言在实体经济作用所及的范围内运行。另外，包括虚拟资本在内的金融体系的存在及发展，本身作为实体经济发展进程中的派生物，是经济发展的客观规律所致。比如虚拟资本作为资本演进的虚拟化形态，就是基于生产力发展规律及特定社会形态中剩余价值规律共同推进的结果。可以说，金融发展规律的根本指向也在于同实体经济发展关系的合理处置。当前世界经济结构的"脱实向虚"态势明显，经济虚拟化走向愈演愈烈，金融危机成为威胁世界经济发展的重要因素。这种种迹象共同指向一个重要缘由，即违背金融及经济发展规律，主要体现为金融发展同实体经济发展关系的处置失当。我国是坚守马克思主义基本理论根本指导的社会主义国家，虽然在根本制度上提供了金融发展同实体经济发展相协调的有力保障，但金融发展有其自身存在的发展规律及运行轨迹，鉴于市场经济发展中情况的复杂性，并不能始终确保金融自行发展的有序性，在具体发展层面还应该时刻注重对金融发展的有效监管。所以，将宏观审慎管理同微观金融监管相结合的金融发展策略施加于经济发展进程，是当前及今后金融发展工作的重要内涵。

金融服务实体经济，是在马克思虚拟资本理论同我国具体经济实践相结合的基础上提出的经济发展基本策略，尤其是党的十八大以来，金融及经济工作会议都在着重强调这一发展策略。这同当前国内外经济发展形势，同全球经济虚拟化态势及其引起的消极后果密切相关。之所以将该策略列为我国发展虚拟资本的优势，更主要的在于其在经济实践中的有效践行，这是区别于发达资本主义国家的根本要义所在。众所周知，以美国为首的发达资本主义国家，金融危机后也在反思发展策略，抓住"经济虚拟化""产业空心化"等直接引起经济失衡的"牛鼻子"，并"对症下药"提出"再工业化"战略，但"再工业化"就实质上并没有真正掩盖其国内经济发展的"再金融化"的主导态势，而且，在金融垄断资本主义的整体形态中，且不论此战略是否能够有效实施，整体发展氛围及长期以来形成的"消费文化"在很大程度上就决定了短期内该战略对扭转经济过度虚拟化状况作用的微弱。我国进入经济发展新常态，其中就蕴含对当前虚拟资本发展态势及存在问题的判定，我国经济增长转向中高速，"各类隐性风险逐步显性化，地方政府性债务、影子银行、房地产等领域风险正在显露"①，为积极应对尤其是金融领域的风险，我国着力采取"化解以高杠杆和泡沫化为主要特征的各类风险"的"去杠杆"等举措，并针对实体经济领域结构不均衡状况，加强发展高端制造业，加快将过剩产能"去库存"，双管齐下以促进金融发展同实体经济的协调发展，并持续强化金融服务实体经济的能力，激发金融发展推进实体经济转型升级的动力及活力。

三 效益共享是我国虚拟资本发展的价值旨归

党的十九届四中全会对我国社会主义基本经济制度做出了"三位一体"②的新归纳，同时为我国虚拟经济的发展提供了制度优势转化为金融治

---

① 习近平：《论把握新发展阶段、贯彻新发展理念、构建新发展格局》，中央文献出版社，2021，第31页。
② 《中共十九届四中全会在京举行》，《人民日报》2019年11月1日。注："三位一体"，即将"公有制为主体、多种所有制经济共同发展""按劳分配为主体、多种分配方式并存""社会主义市场经济体制"囊括于社会主义基本经济制度内涵。

理效能的新要求。我国虚拟资本发展的根本价值取向同社会主义本质属性相适应，都是为社会主义生产力的发展及人民生活水平的提升服务，虚拟资本是真正为实现社会效益共享而发展完善的动力要素。党的十八届五中全会中，包括"共享"发展在内的新发展理念被置于国家发展战略层面提出，强调社会主义发展成果归人民共享，使人民群众切实从国家发展及经济改革中体味更强烈的获得感。在共享发展理念的政策及理论基础上，"共享金融"[①] 概念出现并不断在实践中发展，共享金融是金融业发展的趋向，其旨在通过共享金融发展中的各要素，比如资源、信息等，实现资源的有效公平配置，同时注重"人人参与、人人共享发展成果，变革传统金融，促进普惠金融发展"[②]，为中小微企业提供多样化融资渠道，降低融资成本，提升发展效率，也为社会大众提供丰富的投资途径。效益共享在我国经济或金融发展实践中能够充分体现，比如，在脱贫攻坚进程中，金融扶贫发挥着重要作用，其主要依靠"政府主导的扶贫贴息贷款"，并向"各类金融机构""扶贫小额信贷机构"逐渐扩展，同时"辅之以保险、证券、担保等各类金融服务"。[③] 虚拟资本在我国发展中效益共享的价值指向区别于资本主义私有制条件下虚拟资本的发展，是我国虚拟资本发展的优势所在，同时也是社会主义市场经济条件下兼顾公平与效率关系在金融发展中的体现。在资本主义私有制的所有制关系中，资本逻辑主宰下追逐私利始终是经济发展的主导，经济发展效益的波及范围也仅限于生产资料所有者，尽管伴随资本主义的发展，其生产关系在不断调整，工人阶级也能够掌握股份公司的较大比例股权，但在企业发展的重大决策上，工人阶级并没有实质性话语权。社会发展的私有制关系从根本上决定了社会财富两极分化并趋向扩大的发展后果。虚拟资本的形态转变及升级并不能改变追逐私利的经济发展实质，更难以扭转社会极化的扩张态势。

近些年来，伴随现代信息技术的飞速发展，共享经济逐渐成为经济发展中的一种新形式，是依托共享平台并在第三方技术支持及监管的基础上

---

① 姚余栋、杨涛：《共享金融：金融新业态》，中信出版社，2016。转引自乔海曙、田丰《区块链技术下共享金融发展研究》，《经济与管理》2018 年第 5 期。
② 乔海曙、田丰：《区块链技术下共享金融发展研究》，《经济与管理》2018 年第 5 期。
③ 温涛等：《"一带一路"沿线国家的金融扶贫：模式比较、经验共享与中国选择》，《农业经济问题》2018 年第 5 期。

展开信息等资源的交易活动，拓展了包括（金融）资本要素及资源优化配置和效益共享的路径。一些学者从唯物史观着手考察，认为将共享经济发展形态提升为国家战略高度，对我国"推进供给侧结构性改革以实现新经济有巨大意义"①，并指出该经济形式突破了"私有产权"和"使用权垄断"的内在关系，是"人类社会迈向共产主义社会的开端"②。同时，随着西方国家经济虚拟化程度的提升，"共享经济"的发展模式也适应经济形势应运而生并不断向全球扩展。不同的是，虽然西方推行的"共享经济"就表象而言具有很强的吸引力，却也最具迷惑性。此种"共享经济"，名为"共享"，却难以摆脱私有制桎梏，实质是"数字资本主义"或"平台资本主义"的"叙述修辞"，依旧是基于"私有制""商业交换""营利动机"而提出的攫取私利的新式样，如果"抛开互联网技术和平台组织形式，它与传统商业活动并无本质区别"。③ 就此而言，私有制条件下"共享经济"发展形式并不存在"共享"的实质，仅仅是借助网络技术平台谋取私利的另类表达，是后金融危机时代转移或缓解资本主义国家经济过度虚拟化及金融化的一种策略。虽然共享经济是在生产力推动中经济形式的一种新表达，但对其的分析尚需结合生产关系的具体考察，才能实现全面理解。在私有制这一根本所有制的基础上，"即使是那些真正共享意义上的平台……也基本处于边缘化或被迫转向营利模式"④。我国社会主义市场经济在公有制的根本所有制基础上，伴随生产力的大力发展，在对"共享"发展理念的战略推进中，能够真正地将"共享"的"全民共享""全面共享""共建共享""渐进共享"等内涵落到实处，进而在信息技术、网络等平台的支持下，为包括金融发展在内的多个领域提供资源供需等信息的关键支撑，充分发挥"数字经济"或"平台经济"在功能多样性及资源共享性等层面的作用，促进资源的优化配置，积极为制造业发展输送动力，构建名副其实

---

① 初浩楠、夏青云、郑晓晔：《零工经济中的劳动关系》，《哈尔滨师范大学社会科学学报》2019 年第 6 期。
② 李刚、周加来：《共享经济的学缘基础、生成路径与福利效应》，《中山大学学报》（社会科学版）2020 年第 2 期。
③ 崔学东、曹樱凡：《"共享经济"还是"零工经济"？——后工业与金融资本主义下的积累与雇佣劳动关系》，《政治经济学评论》2019 年第 1 期。
④ 崔学东、曹樱凡：《"共享经济"还是"零工经济"？——后工业与金融资本主义下的积累与雇佣劳动关系》，《政治经济学评论》2019 年第 1 期。

的"共享"经济发展模式，这同时为引导虚拟资本发展的效益共享取向提供了重要载体。总之，我国虚拟资本发展的价值指向同公有制经济的主体地位密切相连，其在共享发展理念的战略指引下更加显现，放眼全球，"共享"价值指向及其"真实性"凸显中国发展虚拟资本的优势。

第三节　我国虚拟资本发展的路径选择

我国发展虚拟资本存在根本制度、具体策略及价值指向上的优越性，但虚拟资本本身依循的逻辑使其发展运行存在发生风险甚至危机的可能，尤其面临国内经济发展的挑战及全球金融危机的威胁，在深化开放发展的时代背景中，将制度优势向治理效能转化的紧迫性就更加凸显。因此，要坚持实体经济的主导性，继续夯实虚拟资本发展的基础；推进虚拟资本在经济运行中的适度发展，不断激发其对经济社会发展的动力及活力；完善对金融领域的宏观管理，为虚拟资本的发展提供保障；加快人民币的国际化进程，有效降低经济发展中的金融风险及挑战。

一　坚持实体经济的主导性：夯实虚拟资本发展的根基

通过对虚拟资本同实体资本关系的阐释，可以得知，实体资本或实体经济的发展是虚拟资本或虚拟经济发展的根基。要推进虚拟资本的发展，首要必须始终坚持实体经济在发展中的主导性，推进实体经济高质量发展，以此奠定虚拟资本发展的根本基础。首先，坚持市场同政府在实体经济发展中的定位，加快实体经济领域体制机制的改革进程，提供实体经济快速发展的适宜空间和便利条件。市场在资源配置中起着决定性作用，要充分保证其对产业结构、供需结构等层面优化的绝对性，同时，要优化政府对实体经济发展的服务功能，深化推进政府"放管服"改革进程，持续降低经济发展中制度性、市场等交易成本，继续加大"营改增"等结构性减税力度，切实促使政府职能从微观干预向宏观指导转向，为实体经济的自由高效发展准备宽松的制度环境。其次，加快实体经济中产业结构的转型升级，确保产业结构的均衡可持续发展。当前，我国产业结构失衡以致发展承受着"双重挤压"，迫切要求以制造业为中心的实体经济加速从低端制造业向高端制造业转化，扭转我国制造业在国际产业分工中的不利局面；同时，这也是国内制造业供需结构性失衡的主要原因，要快速稳妥推进产业结构转型，深化供给侧结构性改革，着力实施去产能、去库存、降成本、补短板等政策，加快促使政策、投资等向高端制造业领域倾斜转向，为市场提供满足需求的高品质产品。再次，大力实施创新驱动发展战略，积极构建以企业为主体、市场为导向、产学研深度融合的技术创新体系，加速提升企业创新能力和水平。作为国家新发展理念的关键内涵，创新成为实体经济发展的主要驱动力，要加快推进制度创新、科技创新、金融创新，最重要也最根本的是推进人才创新。创新人才是创新驱动战略及创新体系实施和构建的核心，对其培育及重视不仅体现在创新人才的培育过程，比如加大创新人才培养投入、提供适宜的创新环境等，还在于对创新成果，即知识产权的得力保护，更关键的是将创新成果向生产实践的转化，使其加速转化为现实生产力。最后，加大推进战略性新兴产业发展的力度，充分发挥其对经济社会发展的引领作用。战略性新兴产业集高科技创新与关键产业于一身，是科技创新成果的集中体现，推进其发展的意义重大，其能够促进并壮大经济发展，持续增强发展的新动能，是关乎国家未来经济发展命脉的支柱性产业。战略性新兴产业是推进实体经济高质量发展的主导产业，要持续加大在高端制造、高品质服务等重点领域的支持力度，引领实体经济发展的方向，并注重在传统产业的转型升级过程中对新兴产业的推进，充分发挥彼此在交叉领域的互补效用。比如，依托大数据、云计算、人工智能等高科技手段以及先进管理经验能够激活并提升传统产业的市场活力及竞争力，而新兴产业则能够最大限度地降低获取市场需求及优质生产资源等的成本。① 同时，坚持实体经济的主导性，还需要加快金融改革进程，推进信贷结构不断完善，加快利率的市场化进程，提升金融机构服务经济的能力，降低实体经济融资成本，为实体经济发展提供优质金融环境。② 总之，实体经济的有序稳定发展是虚拟资本及虚拟经济乃至整体经济健康发展的根基，加强实体经济的发展投资是政府的重要举措，也是一国在金融全球化进程中始终占据有利地位的关键支撑。在全面深化改革的当前阶段，更要坚持实体经济的主导地位，"加快建设制造强国，加快发展

---

① 刘志彪：《强化实体经济　推动高质量发展》，《产业经济评论》2018年第2期。
② 王浩：《推进金融改革，防止我国经济"脱实向虚"》，《人民论坛》2019年第9期。

先进制造业，推动互联网、大数据、人工智能和实体经济深度融合"[1]，切实贯彻新发展理念，深度推进《中国制造2025》，持续将推动制造业的高质量、高品质、高效率发展作为实体经济发展的重点，在全面深化改革中不断巩固实体经济的主导地位。

二 推进虚拟资本的适度性：激发经济社会发展的活力

虚拟资本在经济发展中具有历史性，其运行为经济社会发展注入活力及动力；同时，虚拟资本的作用及对经济发展的推动性也存在限度，尤其当资本占据经济发展的主导地位时，虚拟资本的存在限度就必然被突破。换句话说，推进虚拟资本的发展，要把握其在经济社会中作用的适度性，使虚拟资本在"促进经济社会发展"与"突破自身发展界限"的范围内发挥作用，否则，要么虚拟资本发展不足造成资本资源的浪费，要么虚拟资本发展过度导致整体经济的衰退或停滞。可以说，虚拟资本的存在及运行态势不仅关乎经济的阶段性发展状态，同时影响整体经济的发展走向。因此，该过程主要体现为基于虚拟资本对经济发挥拉动作用（阶段性），并在不断完善虚实经济发展结构的前提下（整体性），充分激发虚拟资本的潜力，最大限度地提升经济发展的协调度。[2] 可以说，对虚拟资本发展中阶段性同整体性关系把控的适度性，成为检验虚拟资本发展合理与否的关键标准。可以从两方面来看这一过程。其一，虚拟资本在经济发展中发挥拉动整体经济发展、提供经济发展动力、激发经济发展潜力等作用，是就阶段性层面划定其历史存在的最低限度，也即资本形态虚拟化转向在经济社会中生成的客观意义。虚拟资本上升为经济协调发展的主要推动要素尚且需要在虚实经济整体协调运行的状态中体现。其二，虚拟经济同实体经济的良性互动为虚拟资本的发展在整体性上设置最高限度，也即虚拟资本存在及作用的最佳状态是最大程度促进经济的协调发展，该"最大程度"节点

---

[1] 习近平：《决胜全面建成小康社会　夺取新时代中国特色社会主义伟大胜利——在中国共产党第十九次全国代表大会上的报告》，人民出版社，2017，第30页。

[2] 虚拟资本对经济拉动作用在根本制度优势下，能够实现"阶段性"和"整体性"的统一。在资本逻辑主导经济发展的条件下，虚拟资本难以就整体上充分、持续、有效地发挥作用；在根本制度规约资本任性，并凌驾于资本逻辑之上时，虚拟资本在拉动经济发展的前提下，具备持续推进并提升经济协调程度的潜能和可能，从而实现虚拟资本对经济发展的"阶段性"与"整体性"作用的统一。

的设定趋近于经济衰退的临界值。对虚拟资本发展的管控范围就置于这两重限度之间，可以说，虚拟资本的发展就置于在其对经济发展动力作用基础上不断促进虚拟经济同实体经济协调运行的动态过程中，既要确保虚拟资本为实体经济乃至整体经济发展提供动力，又要促使虚拟资本的拉动作用在其同整体经济协调关系范围内充分发挥。

金融全球化趋向愈益凸显的当前，全球虚拟经济发展结构依旧不均衡，与发达资本主义国家相比较，我国虚拟资本及金融业的发展相对滞后，而且在发展中还存在系列问题，诸如金融体系不健全、金融经营方式粗放、金融市场监管不到位等，不过，这同时也为虚拟资本的发展提供了较大空间，我国虚拟资本的发展能够尽可能借鉴发达国家发展及治理经验，吸取域外国家虚拟资本发展的教训，并结合自身发展实际，推进我国虚拟资本的有序发展。首先，推进虚拟资本的发展，仍要积极解放思想，规避认识误区。虚拟资本的扩张能够催生经济泡沫和风险，但不能因此就否认虚拟资本发展对整体经济推进的正面作用，要正确认识和对待虚拟资本的投机性，从经济规律层面客观认识虚拟资本。其次，推进虚拟资本的发展，要积极强化金融创新。提高金融体系的运转效率，推进资本要素市场化配置①，增加金融交易和服务品种，为企业提供多种防范和转移风险的金融工具；还要加强对金融衍生工具在市场经济条件下的正确导向，预防金融衍生工具的避险功能向风险积累境地转向。最后，推进虚拟资本的发展，要主动培育和挖掘民间资本，积极为社会资本提供制度及政策支持，不断充实完善虚拟资本市场，发挥民间资本在推进虚拟经济乃至整体经济发展中的作用。民间资本是资本市场中的重要组成部分，对其合理监管及有效利用能够不断为市场提供资本资源，促进虚拟资本及经济的高效发展。总之，我国虚拟资本要在确保同实体经济发展相互促进的总体原则基础上，"深化

---

① 《中共中央国务院关于构建更加完善的要素市场化配置体制机制的意见》，《人民日报》2020年4月10日。注：该意见是对党的十九大及十九届二中、三中、四中全会关于经济体制改革精神的进一步落实，其中在论述"推进资本要素市场化配置"时，重点强调"完善股票市场基础制度""加快发展债券市场""增加有效金融服务供给""主动有序扩大金融业对外开放"等，更加注重资本要素"市场化""法制化"改革方向，并促使政府在全要素市场运行中将"放活"同"管好"有机结合。该意见将进一步为深化金融体制改革、推进利率市场化提供制度保障，"为建设高标准市场体系、推进高质量发展、建设现代化经济体系打下坚实制度基础"。

金融体制改革，增强金融服务实体经济能力，提高直接融资比重，促进多层次资本市场健康发展"[1]，提升金融经营管理水平，扭转金融发展方式，持续推进虚拟经济在发展中充分释放拉动经济转型升级的潜力。同时还要实施更加精准的产业政策，促进产业政策同财税支持、金融服务良性互动，确保虚拟资本在"整体性"同"阶段性"这一动态过程中得以充分发展。

三 完善金融领域宏观管理：提升虚拟资本运行的保障

虚拟资本对经济发展的拉动作用及对整体经济协调发展的促进，同时需要加大对金融领域的宏观管理，这也是推进虚拟资本适度发展的内在应有之义。要积极发挥政府对虚拟资本发展的引导作用，加强政府对金融发展事业的宏观管理和指导。首先，强化对政府宏观调控范围的明晰，加强对虚拟资本发展的有效监管[2]，在市场对资源配置发挥决定性作用的前提下，更好地把控政府的调控度，提升对境内外资本市场及资本运行态势的监管力度。其一，要积极推进国内优质企业上市融资，加快培育优质信贷资产的证券化进程，盘活资金存量[3]，在紧密结合我国金融市场发展现实的基础上，合理扬弃发达国家金融发展经验及管理模式，促进境内资本的跨境投资；其二，要逐步优化对境外资本的管理，有条件地降低市场准入门槛，"逐步放宽外资金融机构准入条件"[4]，提升对跨境资本或金融投资的风险辨识能力，提高对境外风险资本的管控水平，尤其要加强对国际游资在境内运行的监管，既要有效促使国际资本在境内发挥其对金融市场及经济发展的拉动作用，又要积极防范国际投资资本潜在的风险冲击。其次，持续推进规约虚拟资本发展的法律法规的及时出台及有效实施，构建并完善虚拟资本市场的监管运行体系，为促进公平良性的虚拟资本市场体系的构

① 习近平：《决胜全面建成小康社会 夺取新时代中国特色社会主义伟大胜利——在中国共产党第十九次全国代表大会上的报告》，人民出版社，2017，第 34 页。

② "有效监管"是对政府在金融监管中作用程度的合理把控，既要防止"监管不足"以致难以防范金融发展风险；又要避免"监管过度"导致金融发展效率低下。正如学者所指出的："监管的重点和难点……是监管效率的整体性提升和监管风险的系统性防范"。参见魏革军《新时代我国金融业监管改革的思考》，《学习论坛》2020 年第 1 期。

③ 刘志彪：《强化实体经济 推动高质量发展》，《产业经济评论》2018 年第 2 期。

④ 《中共中央国务院关于构建更加完善的要素市场化配置体制机制的意见》，《人民日报》2020 年 4 月 10 日。

筑提供制度保障；同时，伴随虚拟资本形态的多样化发展，要在完善规约不同虚拟资本形态或金融产品运行的法规的同时，促进各虚拟资本形态之间监管的协调性，确保多样虚拟资本形态在市场运行中能够各得其序。再次，切实关注虚拟资本形态或金融创新产品的发展动向及运作态势，始终立足虚拟资本或金融产品服务实体经济的宗旨，加速金融领域供给侧结构性改革，强化对市场投资的合理引导，积极支持虚拟资本更多向高端制造业领域倾斜；另外，要加快推进金融市场风险预警机制及早期干预机制的构建完善[1]，加大对虚拟资本市场投机行为的惩治力度，力避市场短期套利行为，为虚拟资本发展提供有利的投资环境。最后，加大对金融信息审计及披露的力度，将区块链等新技术引入金融发展的信息发布及运行监管等环节，及时有效地对金融投资、贷款等信息进行披露，确保金融信息的可靠性，并不断降低金融市场获取信息的成本，尽可能减少因信息不对称带来的风险及挑战。总之，金融领域宏观管理的强化及完善，是虚拟资本有序高效发展的保障，是在遵循市场客观经济规律的基础上、在充分发挥市场的决定性作用的前提下，对虚拟资本以及整体经济发展的合理调控，其最基本的作用在于"守住不发生系统性金融风险的底线"[2]，将虚拟资本及整体经济发展中的隐性风险及时扼杀在萌芽状态，为经济在虚拟资本的拉动作用及各要素的协调推进中高质量发展准备条件。

四 加快人民币国际化进程：降低我国金融发展的风险

不均衡的国际金融体系是加快推进人民币国际化的外在因素。国际金融体系经历了包括"布雷顿森林体系""7 国集团""20 国集团"等不同治理时期[3]，虽然该体系在组成形式上逐渐涵盖了中国、印度等新兴经济体国家，但发达资本主义国家始终占据着主导地位，国际金融体系依旧难以摆脱其在全球金融发展中的不均衡性。金融全球化背景下，我国要规避外汇风险，维护金融发展安全，推进金融有效治理，亟须加快国内市场的开发、

---

[1] 魏革军：《新时代我国金融业监管改革的思考》，《学习论坛》2020 年第 1 期。

[2] 习近平：《决胜全面建成小康社会 夺取新时代中国特色社会主义伟大胜利——在中国共产党第十九次全国代表大会上的报告》，人民出版社，2017，第 34 页。

[3] 程贵：《人民币国际化赋能全球金融治理改革的思考》，《兰州财经大学学报》2019 年第 6 期。

推进国内金融市场化体制机制构建及完善，并持续拓展国际市场，最关键的是要稳妥推进人民币的国际化。虽然人民币国际化对规避金融风险的效能需要借助对人民币在计价单位、交易媒介、价值储藏等方面的具体考察①，但就整体发展战略而言，该进程是国际金融治理体系发展完善的需求，也是中国应对国际金融风险的当务之急，要积极"通过让人民币成为贸易计价结算货币、金融交易货币和各国央行的官方储备货币，实现规避美元风险的目的"②。

我国经济发展实力逐渐增强是加快推进人民币国际化的内在动因。货币的国际化进程首先需要强大经济实力的根本支撑，中国作为最大的发展中国家，经过改革开放 40 多年的发展，实现了经济的高速增长，并已经取得了举世瞩目的伟大成就。截至 2019 年末，中国 GDP 总量达到 14.36 万亿美元，人均 GDP 总量已超过 1 万美元。③ 外贸进出口、对外直接投资及使用外资规模等都在持续提升，中国已成为世界第二大经济体及最大的货物贸易国与投资国。并且，针对经济深化发展中经济结构尤其是制造业领域面临的转型升级挑战，我国已加快推进产业结构的优化升级进程，促进提升制造业的研发能力及品牌销售水平，不断将发展红利从低端制造业的资源、成本等优势上向高端生产研发及销售转向。总之，中国经济等各领域在挑战中均向好发展，金融市场体制机制快速构建并逐步完善，对外贸易规模及贸易种类持续扩大与增多、贸易范围快速拓展，人民币在国际范围内的影响力也在逐渐提升。中国经济发展不断向好的态势在促进国内各领域蒸蒸日上的同时，也在持续追求在国际金融发展及国际金融规则合理制定上的话语权。可以说，加快推进人民币的国际化进程，不仅是应对风险挑战的当务之急，也是经济发展的大势所趋。

推进人民币国际化进程并非一蹴而就，要积极稳妥、循序渐进。2009年人民币的跨境贸易结算正式开启了人民币的国际化进程，成为该进程在

---

① 马德功、罗雨柯、张洋：《人民币国际化对中国金融风险的影响》，《金融论坛》2020 年第 3 期。

② 高惺惟：《中美贸易摩擦下人民币国际化战略研究》，《经济学家》2019 年第 5 期。

③ 数据源于国家统计局：《中国统计年鉴》，http：//www.stats.gov.cn/tjsj/ndsj/。截止到 2019 年末，GDP 总值达 99.0865 万亿人民币，人均 GDP 为 70892 万人民币，按照当时 100 美元兑换 689.85 人民币的汇价换算得来。

沿循"周边—区域—全球"的国际化推进路径的开端,当前,国内实施跨境贸易的人民币结算试点已在全国范围内展开;2013 年中国发起的"一带一路"倡议已经成为人民币国际化战略推进的重要渠道,其中"贸易畅通"及"货币流通"在加快沿线各国贸易及投资领域的合作进程、促进沿线各国基础设施构建完善的同时,为中国国内过剩产能的有效利用提供条件,有助于中国经济结构优化及产业结构的转型升级,并为人民币在沿线各国贸易中作为结算货币、储备货币等提供便利,有助于稳定沿线各国经济及金融发展,提升人民币在国际社会中的影响力,进一步促进人民币的国际化进程,这成为人民币国际化在区域内推进的重要契机。2016 年 10 月,人民币正式成为特别提款权(SDR)货币篮子中的第五种储备货币,权重达到 10.92%,成为国际货币基金组织(IMF)可选择的官方交易货币,借助"一带一路"倡议的广阔平台,人民币逐渐成为越来越多国家的"货币锚",进一步提升了人民币在国际货币体系中的地位。2018 年人民币跨境贸易结算额已突破 5(5.11)万亿元大关,占全年贸易额的 16.8%,在资本市场中,人民币的直接投资总量也达到了 2.66 万亿元(约合 3867 亿美元),[①]人民币的跨境交易额及在国际资本市场中的占比伴随国内经济的长足发展将持续提升。需要注意的是,推进人民币的国际化进程,能够促进我国乃至全球经济及金融的稳定发展,是有效防范和应对美元霸权所施加的发展威胁的重要举措,但该过程的推进并非一蹴而就,更非一帆风顺。比如,人民币的国际化要求人民币的全面可兑换,这对我国国际收支管理等制度提出考验,就我国当前经济及金融发展的国内外形势而言,强化资本管理及监管依然具有很大必要,要在继续深化金融改革的同时,谨慎开放资本账户,"稳步推进人民币国际化和人民币资本项目可兑换"[②],这是确保我国经济及金融发展、积极规避美元风险的关键。因此,要在积极强化我国金融体制机制改革,在夯实人民币国际化大幅推进的基础的同时,同域外国家通过贸易及资本等多层面的交往提升人民币的国际影响力及公信力,循序渐进、积极稳妥地推进人民币的国际化。

---

① 数据源于中国人民银行 2018 年金融数据统计报告。转引自马德功、罗雨柯、张洋《人民币国际化对中国金融风险的影响》,《金融论坛》2020 年第 3 期。

② 《中共中央国务院关于构建更加完善的要素市场化配置体制机制的意见》,《人民日报》2020 年 4 月 10 日。

第四节 新时代历史方位中我国虚拟资本发展的理论指引[*]

马克思虚拟资本理论对虚拟资本的内在运行机制及其同实体资本关系的相关论断和原则限定，为我国金融及虚拟资本发展提供了根本遵循。我国发展虚拟资本要坚持马克思虚拟资本理论的根本指导，在结合具体发展现实的基础上，不断丰富理论内涵，持续更新理论形态。前述得知，虚拟资本发展是金融发展的得力手段，金融发展为虚拟资本发展提供重要载体，两者关系密切，更为重要的是，虚拟资本主导下虚拟经济的主要代表性领域就是金融业[①]，且伴随虚拟资本在金融发展中地位及作用的凸显，彼此在发展中具有共通的理论遵循。鉴于此，在新时代的历史方位中，我国虚拟资本发展的理论指引能够在习近平总书记关于金融发展的重要理论及观点的论述中得以体现。

习近平总书记关于金融发展的重要论述源于马克思金融理论，其在充分总结党的执政规律及实践经验的基础上，又对西方金融发展思想进行了扬弃，其核心本质集中于对金融与实体经济关系的合理处理，关键在于对金融发展规律的深度把握，难点在于对金融发展程度的适度掌控，目的在于对金融发展指向的清晰认知。同时，该重要论述就认识论层面对金融观念与金融实践、政府与市场、金融发展与结构性改革、国内金融发展与世界金融发展等关系进行了阐释。总之，新时代条件下，推进中国特色社会主义金融事业及虚拟资本的发展，就要进一步明晰习近平总书记关于金融发展的重要论述的内在特性，并在其指引下持续推进金融治理能力发展，提升金融安全水平，切实维护国家金融安全发展。

一 本质论视角认识习近平总书记关于金融发展的重要论述的四维特性

习近平总书记关于金融发展的重要论述对金融本质及特性的阐释以马克思金融理论的一般性原理为圭臬，对金融服务于实体经济和人民需求的

---

* 靳永茂：《习近平金融发展观的内在探析》，《改革与战略》2019 年第 11 期。
① 欧阳优：《结构性失衡背景下实体经济的振兴方略》，《求索》2018 年第 1 期。

唯物性及人民性进行昭示，并借鉴马克思"资本同历史""对应映射关系"①论述中的辩证法方法论视域，考察金融存在及发展的辩证性，在对金融发展肯定理解的同时积极防范金融风险。同时立足金融重要性基点，为金融发展划定界限，守护金融安全底线。

（一）习近平总书记关于金融发展的重要论述对金融本质的揭示内含唯物性

马克思主义唯物论将世界本质统一于物质实践，强调后者在历史发展中的根本性及在事物演进中的决定意义。金融业同货币、信用等元素息息相关，是关涉货币经营业务（包括货币的流通、存贷及汇兑等）的经济活动，很大程度上可以将其作为金融发展的基础性因素。鉴于货币及信用等在经济活动中的历史性及对实体经济的依附性，金融根本源于实体经济。同时，信用作为金融发展的重要元素，定位于加速资本积累、促进经济发展，充分显现金融存在及发展的本质。习近平总书记强调："金融是实体经济的血脉，为实体经济服务是金融的天职，是金融的宗旨"②，推进金融发展不能离开其实体经济的"本源"，要始终将为实体经济有序稳定发展服务的根本要求作为金融发展的出发点和落脚点，扩大对经济发展重点领域及薄弱环节的金融资源配置规模。③金融发展归根结底要围绕实体经济的良性运行展开，要将对金融服务实体经济能力的提升作为改革成效的关键参照指标。习近平总书记进一步就战略层面从国家总体发展高度强调实体经济的重要性，他指出，国家发展实体经济是正确的战略选择，要持续提高工业现代化及制造业水平，切忌脱实向虚。④在2018年中共中央政治局第三次集体学习中，习近平总书记再次强调实体经济的战略价值，认为"实体经济是一国经济的立身之本，是财富创造的根本源泉，是国家强盛的重要支柱"⑤。因此，要积极推进实体经济的优先发展，"实实在在""心无旁

① 任平：《当代中国马克思主义研究》，北京师范大学出版社，2017，第210页。
② 《习近平谈治国理政》第2卷，外文出版社，2017，第279页。
③ 《习近平谈治国理政》第2卷，外文出版社，2017，第278~279页。
④ 习近平：《扎实推动经济社会持续健康发展 以优异成绩迎接党的十九大胜利召开》，《人民日报》2017年4月22日。
⑤ 习近平：《论把握新发展阶段、贯彻新发展理念、构建新发展格局》，中央文献出版社，2021，第239页。

骛"地发展好实体经济这一"本分"。① 而做强做优实体经济要在推进现代
装备制造业，发展新材料、生物医药、电子信息、节能环保等新兴产业及
发展现代服务业、军民融合产业的具体实践中实现。② 另外，金融的合理发
展对实体经济的良性推进具有反作用。"金融是国之重器，是国民经济的血
脉"③，"金融活，经济活；金融稳，经济稳。经济兴，金融兴；经济强，金
融强。经济是肌体，金融是血脉，两者共生共荣"。④ 习近平总书记关于金
融发展的重要论述在坚持唯物论的同时，深刻阐明了金融同实体经济在发
展中的双向互动。

（二） 习近平总书记关于金融发展的重要论述对金融存在及作用的论述昭示辩证性

　　金融在经济发展中扮演着重要角色，对经济发展具有关键的促进作用。
就战略层面考虑，金融发展干系国家兴盛，金融安全维系国家安全。习近
平总书记指出："金融是国家重要的核心竞争力，金融安全是国家安全的重
要组成部分。"⑤ 就历史视域而言，金融伴随实体经济的发展而存在，并反
作用于经济发展，两者相互促进、"共生共荣"，前者为后者发展提供关键
动力，后者为前者稳定奠定重要基础。另外，金融同实体经济存在对立关
系，这是金融同实体经济相互关系内涵的应有之义，也是金融本身存在的
作用使然。金融发源于实体经济，其本身具有相对独立性，而且伴随货币
资本化、资本虚拟化和经济金融化的演进态势，金融摆脱实体经济独立发
展逐渐成为现实。更为严重的是，作为实体经济发展的重要推动力，金融
在其任性扩张中异变，演化为发展的高风险点。习近平总书记多次在会议
中强调风险防范的重要性。他提出："正确把握金融本质，深化金融供给侧
结构性改革，平衡好稳增长和防风险的关系，精准有效处置重点领域风

---

① 张晓松、朱基钗、鞠鹏：《习近平：做实体经济要实实在在、心无旁骛做主业》，新华网，http://www.xinhuanet.com/politics/leaders/2019-03/10/c_1124216846.htm。
② 习近平：《扎实推动经济高质量发展 扎实推进脱贫攻坚》，《人民日报》2018年3月6日。
③ 习近平：《服务实体经济防控金融风险深化金融改革 促进经济和金融良性循环健康发展》，《人民日报》2017年7月16日。
④ 习近平：《论把握新发展阶段、贯彻新发展理念、构建新发展格局》，中央文献出版社，2021，第308页。
⑤ 《习近平谈治国理政》第2卷，外文出版社，2017，第278页。

险……坚决打好防范化解包括金融风险在内的重大风险攻坚战"。① 当然，危机具有生成性，这为危机防范准备了时空条件，也是在现实可能性层面，习近平总书记关于金融发展的重要论述强调防范金融风险、积极发展实体经济的意义所在。新时代推进金融发展意义重大，防范金融风险同样关键，这是金融发展的"一体双面"。换言之，经济发展需要金融动力，而金融发展存在危机风险。这对金融发展同风险防范关系的合理处理提出了要求，是对发展思维及执政能力的考验。习近平总书记指出："必须充分认识金融在经济发展和社会生活中的重要地位和作用，切实把维护金融安全作为治国理政的一件大事，扎扎实实把金融工作做好"②，其根本在于对实体经济的坚守，这是金融同实体经济之间否定之否定规律的展现。具体而言，经济发展为金融出场提供条件，金融在实体经济中的介入促进了经济结构转型，优化了经济资源配置，相较传统经济模式是质的提升，是对传统发展模式的"否定"；但金融内在风险性对发展的持久性构成潜在威胁，抑制威胁升级的有力方式即回归实体经济。必须指出，该回归并非单纯直线循环，而是内含金融动力的实体经济的回归，相较最初实体经济也是一种质的提升，以此完成对金融盲目发展的"否定"。习近平总书记对实体经济的重视充分体现了对金融发展的扬弃，他强调要"遵循金融发展规律，紧紧围绕服务实体经济、防控金融风险、深化金融改革三项任务"③，通过对金融调控机制、现代金融企业制度、现代金融市场体系、现代金融监管体制、金融发展方式等方面的发展完善，推进经济同金融协调发展、良性循环。这是在充分认识和掌握金融发展规律基础上，对实体经济发展的自觉强调，既革除了传统经济发展的弊端，又能够积极规避金融发展的高风险。

（三）习近平总书记关于金融发展的重要论述对金融安全的强调凸显底线性

唯物辩证法强调事物发展中"度"的重要性，将其作为事物"量"同"质"之间转换的核心参照系，认为当事物需要质变时，要创造条件促进

---

① 习近平：《论把握新发展阶段、贯彻新发展理念、构建新发展格局》，中央文献出版社，2021，第307页。
② 《习近平关于社会主义社会建设论述摘编》，中央文献出版社，2017，第187页。
③ 《习近平谈治国理政》第2卷，外文出版社，2017，第278页。

"度"的超越,而在事物性质需要保持不变时,则要防止"度"的突破。习近平总书记关于金融发展的重要论述中体现出的底线性同马克思主义哲学中"度"的原理异曲同工、一脉相承,都是对事物发展程度的规定或把控。"底线"是维持事物本质或根本的最后界限,对其的触碰关涉事物性质的改变。就金融发展而言,其底线突破将触及金融安全、经济安全乃至国家安全,金融安全也成为经济安全和国家安全的关键指标,对金融底线的固守及对金融安全的维护自然成为金融发展的重要目标。习近平总书记关于金融发展的重要论述非常注重对金融底线的守护,指出要借助金融改革力度的加大及金融监管水平的提升等有效手段,持续加强预防及应对金融风险挑战的能力建设,并持续"提高金融业竞争能力、抗风险能力、可持续发展能力,坚决守住不发生系统性金融风险底线"①。有效守住金融发展底线,最根本的途径在于推进实体经济的良性发展。正如习近平总书记所强调的:"防范化解金融风险特别是防止发生系统性金融风险,是金融工作的根本性任务。"② 其基础是实体经济的有序发展。

(四) 习近平总书记关于金融发展的重要论述对价值的追求彰显人民性

群众史观是马克思主义关于历史发展的主体性动力的根本观点,其人民性的根本立场及价值指向成为中国共产党人治国理政的基本遵循。习近平总书记关于金融发展的重要论述是治国理政的重要理论导向,其内在人民性的基本价值追求同马克思主义的群众观、人民性一脉相承。首先,就追求目的层面透视金融发展的人民指向。习近平总书记多次强调金融价值指向的人民性,要树立金融为实体、为人民服务的基本价值理念。在全国金融工作会议上,习近平总书记提出金融发展的重要原则,强调"金融要把为实体经济服务作为出发点和落脚点……更好满足人民群众和实体经济多样化的金融需求"③。对金融发展及其方向定位等问题也成为中共中央政治局集体学习的重要内容,2019 年在第十三次集体学习时,习近平总书记就指出,金融发展要"找准金融服务重点,以服务实体经济、服务人民

---

① 《习近平关于社会主义社会建设论述摘编》,中央文献出版社,2017,第 188 页。
② 习近平:《深化金融供给侧结构性改革 增强金融服务实体经济能力》,《人民日报》2019 年 2 月 24 日。
③ 《习近平谈治国理政》第 2 卷,外文出版社,2017,第 279 页。

生活为本"①。其次，就发展方式层面考察金融发展中的人民力量。中国梦的实现要依靠中国力量，而中国力量最深层动能或潜质蕴含于人民中。同样，金融发展的深层动能源于人民，发展金融事业要紧紧依靠人民，发掘好、利用好人民这一金融发展的力量之源。人民力量体现在现实具体行业及领域，内含于为金融事业及社会主义建设事业服务的无数个体上，是无数个体力量的汇聚。金融发展助推产业转型升级，离不开金融相关行业劳动者的付出，是人民力量汇集凝聚的现实表征，要特别注重培养"金融高端人才，努力建设一支宏大的德才兼备的高素质金融人才队伍"②。最后，就预期成果层面展望金融成就的人民共享。习近平总书记多次强调对普惠金融、绿色金融等惠民金融体系的构建，指出要"建设普惠金融体系，加强对小微企业、'三农'和偏远地区的金融服务，推进金融精准扶贫，鼓励发展绿色金融"③。这也是新发展理念同金融领域的具体对接，是对金融发展惠及全民价值诉求的现实回应，更是习近平总书记关于金融发展的重要论述人民性取向的现实呈现。

二　认识论层面领会习近平总书记关于金融发展的重要论述的四重关系

辩证唯物主义认识论的内核在于掌握认识规律，明晰认识同实践的关系，在合理认识世界的基础上有效改造世界。习近平总书记关于金融发展的重要论述中蕴含认识论原理，对金融发展规律的认知在逐渐深化，并在此基础上不断探索和梳理促进金融发展的具体举措，厘清金融发展中的几重关系，推进金融有序发展。

（一）习近平总书记关于金融发展的重要论述注重金融实践中思维观念的能动性

唯物辩证法指出了认识世界中理性认识的重要性及改造世界中理性认识转化的必要性，同时，还特别强调意志等非理性认知因素的积极作用。

---

① 习近平：《论把握新发展阶段、贯彻新发展理念、构建新发展格局》，中央文献出版社，2021，第308页。
② 《习近平谈治国理政》第2卷，外文出版社，2017，第281页。
③ 《习近平谈治国理政》第2卷，外文出版社，2017，第279~280页。

在金融领域，对金融发展的认知及金融实践的推进同样离不开认知观念的指引，在习近平总书记关于金融发展的重要论述中尤其凸显了金融发展中信心、创新及开放等观念的能动性。首先，信心对认知金融业发展规律及推进金融业发展实践具有关键的促进作用，能够激发市场主体投身于金融业的斗志及信念。同时，金融发展蕴含对市场波动及收益预判的主观因素，对市场及金融发展走向的合理剖判及坚定信心能够有效规避金融投资的盲目性。习近平总书记认为："历史经验表明，经济市场化、国际化程度越高，市场预期、市场信心等对经济运行的影响就越大，舆论引导就越重要……用好了舆论引导，舆论就可以成为经济发展的巨大助推器。"① 在金融全球化迅速扩展的当前，对金融发展形势的合理预判及对金融风险的防范，都离不开推进金融持续发展的坚定信心和信念。而金融资源的有效配置及产业结构的合理升级反过来又将改善金融市场预期，振奋实体经济增长的信心。其次，创新理念成为金融发展过程中的核心指引，这在促进金融自身创造力提升的同时，也为金融服务实体经济能力的增强提供动力。党的十八大以来，创新驱动尤其成为推进经济发展的战略性选择，并成为新发展理念中的核心组成部分。习近平总书记指出："着力振兴实体经济，深入实施质量战略，推动创新驱动发展，加快形成新的增长动力源"②，使创新在金融发展中成为激发经济增长的根本推力及推进产业结构转型升级的利器，进而成为金融同实体经济协调发展的均衡点。最后，"开放"同属新发展理念，不仅是发展经验的历史总结，也是现实形势的发展必然。当前，金融全球化趋势清晰显现，持续推进金融合理开放发展不仅是大势所趋，且势在必行。习近平总书记认为："扩大金融业对外开放是我国对外开放的重要方面"③，要加大金融改革力度，将金融开放发展作为拉动经济发展的重要推力。"放宽银行、证券、保险行业外资股比限制的重大措施要确保落地，同时要加大开放力度，加快保险行业开放进程，放宽外资金融机

---

① 《习近平关于社会主义经济建设论述摘编》，中央文献出版社，2017，第317页。
② 习近平：《扎实推动经济社会持续健康发展 以优异成绩迎接党的十九大胜利召开》，《人民日报》2017年4月22日。
③ 习近平：《营造稳定公平透明的营商环境 加快建设开放型经济新体制》，《人民日报》2017年7月18日。

构设立限制，扩大外资金融机构在华业务范围，拓宽中外金融市场合作领域"①。中国经济开放的大门持续敞开，开放发展的理念在新时代将指引金融向更高层次发展，相应地为实体经济注入源源不断的动力和活力。

（二）习近平总书记关于金融发展的重要论述明晰金融实践中市场同政府关系的统一性

市场同政府的关系是我国经济体制改革中的核心问题，随着对市场经济发展规律及社会主义建设规律认知的逐渐深化，市场与政府关系的认知问题也在发展中逐步厘清，市场对资源配置的决定作用同政府作用的更好发挥成为两者关系最新表述的核心内涵。这一关系的认定凸显认识发展规律，为金融发展奠定认识论基础。市场同政府在金融发展中呈"互补"关系，其作用发挥体现统一性，不能单纯立足一方去否定另一方②，两者相互促进、互为条件，是"有效市场"同"有为政府"的内在统一。习近平总书记关于金融发展的重要论述体现了对金融规律的尊重，同时凸显了对政府执政规律的深化。习近平总书记指出："要更加注意尊重市场规律、坚持精准支持，选择那些符合国家产业发展方向、主业相对集中于实体经济、技术先进、产品有市场、暂时遇到困难的民营企业重点支持。"③ 将对市场规律的尊重同政府有序调控作用有机统一，实现经济质量的提升。而习近平总书记强调的"深化对金融本质和规律的认识，立足中国实际，走出中国特色金融发展之路"④，蕴含了政府同市场合理作用的统一向度，这也是中国特色金融发展之路的核心内涵。市场对资源配置的决定性主要体现为对金融改革的关键导向，根本指向效率的提升，借助价格即利率对资源进行优化配置：资源在行业间流动的原动力存在于透过利率对行业边际资本回报率同市场利率差距的审视过程，并通过有效的供需关系实现资源调配。

---

① 习近平：《开放共创繁荣　创新引领未来：在博鳌亚洲论坛 2018 年年会开幕式上的主旨演讲》，《人民日报》2018 年 4 月 11 日。

② 习近平：《正确发挥市场作用和政府作用　推动经济社会持续健康发展》，《人民日报》2014 年 5 月 28 日。

③ 习近平：《论把握新发展阶段、贯彻新发展理念、构建新发展格局》，中央文献出版社，2021，第 309 页。

④ 习近平：《论把握新发展阶段、贯彻新发展理念、构建新发展格局》，中央文献出版社，2021，第 308 页。

而政府作用的更好发挥在于对市场导向中失灵状态及不适宜市场调节场合的及时补位。就此而言，市场同政府的统一性根本展现于促进经济高效有序的发展状态中，指向市场同政府"有机统一、相互补充、相互协调、相互促进"[①]格局的构筑。

（三）习近平总书记关于金融发展的重要论述统筹金融实践中深化改革同金融发展的整体性

唯物辩证法认为，世界的普遍联系构成事物整体发展的相互条件，事物整体存在及发展程度由各相联部分和各组成部分的存在及发展状态决定，这要求在事物发展过程中加强对其相联及组成部分的监管和完善。习近平总书记关于金融发展的重要论述充分展现金融实践的整体性。其一，金融改革的顺利推进需要相关领域的密切配合。党的十九大报告强调，要注重对财政、货币、产业及区域等经济政策协调机制的健全，抓住相关部门对金融改革推进的关键，进而对财政制度、税收机制等提出明确改革要求，强调要推进现代财政制度的构建，加快建立"权责清晰、财力协调、区域均衡"的垂直型财政关系，促使税收制度改革深化同地方税收体系完善相结合，完善"货币政策和宏观审慎政策双支柱"这一经济同金融协调推进的调控机制，推进利率及汇率的市场化改革进程。[②] 相关领域的发展完善为金融发展提供有力支撑，也为金融改革的顺利开展提供了充足条件，很大程度上为金融实践的推进奠定基础。其二，金融事业的有序发展离不开金融体系内部齐抓共管。我国金融市场及金融体制机制的发展尚存在较大空间，这提出了消除制约金融体系改革的内部因素的要求。习近平总书记关于金融发展的重要论述为此提供指引：构建多层次资本市场，健全各类市场融资功能，扭转直接融资滞后所导致的融资成本高的被动局面；完善银行金融机构的融资结构，挖掘民间资本经营中小银行及民营银行的融资潜力，在降低大型银行融资压力的同时，有效解决小型企业融资难问题；加快构建股权结构合理、内部运作有效、约束及激励机制齐全的现代公司制

---

① 《习近平谈治国理政》第 3 卷，外文出版社，2020，第 172 页。

② 习近平：《决胜全面建成小康社会 夺取新时代中国特色社会主义伟大胜利：在中国共产党第十九次全国代表大会上的报告》，人民出版社，2017，第 34 页。

度，消除金融企业运作痼疾；增强各层级金融监管意识，培育"恪尽职守、敢于监管、精于监管、严格问责"的监管精神，营造"有风险没有及时发现就是失职、发现风险没有及时提示和处置就是渎职"的监管氛围，加强对金融监管意识不强及能力不足等问题的改进力度。① 习近平总书记关于金融发展的重要论述在全面深化改革进程中凸显了发展的整体性，在其指引下，我国金融发展的具体举措相继出台，不断推进金融改革及金融发展。

（四） 习近平总书记关于金融发展的重要论述理顺金融实践中国内治理同全球治理的互促性

辩证唯物主义强调事物发展中内外因结合在推进事物发展中的重要性。金融全球化背景下，国内金融同世界金融的发展密切相连，形成了存续与共的全球格局，中国金融改革同世界金融发展相互依存，其在彼此推进及应对金融风险过程中凸显。首先，中国金融业的大力推进离不开对世界先进金融发展经验的积极汲取。中国金融发展相较西方发达国家还存在差距，要积极借鉴后者金融发展的有益经验。正如习近平总书记所强调的："发展金融业需要学习借鉴外国有益经验，但必须立足国情，从我国实际出发，准确把握我国金融发展特点和规律，不能照抄照搬。"② 新自由主义思潮下的金融自由化直接促使金融风险及危机产生，中国金融发展要对此提高警惕，这也是习近平总书记关于金融发展的重要论述"稳中求进"总基调的重要考量。其次，中国金融发展为世界金融发展贡献力量，后者发展离不开前者的推进。在 2015 年伦敦金融城市长晚宴上，习近平总书记指出："中国的发展得益于国际社会，也必将回馈国际大家庭。"③ "一带一路"倡议即为中国对世界发展突出贡献的表征，进一步为中国及世界金融事业增添动力，就像习近平总书记在"一带一路"国际合作高峰论坛上提到的："融资瓶颈是实现互联互通的突出挑战。中国同'一带一路'建设参与国和

---

① 《习近平谈治国理政》第 2 卷，外文出版社，2017，第 280 页。

② 习近平：《金融活经济活金融稳经济稳 做好金融工作维护金融安全》，《人民日报》2017 年 4 月 27 日。

③ 《习近平关于社会主义经济建设论述摘编》，中央文献出版社，2017，第 297 页。

组织开展了多种形式的金融合作"①，而在此框架下设立的金融机构将为世界金融事业及实体经济的发展提供重要的资金支持，其中，"亚洲基础设施投资银行已经为'一带一路'建设参与国的 9 个项目提供 17 亿美元贷款，'丝路基金'投资达 40 亿美元，中国同中东欧'16+1'金融控股公司正式成立。这些新型金融机制同世界银行等传统多边金融机构各有侧重、互为补充，形成层次清晰、初具规模的'一带一路'金融合作网络"②。最后，世界金融发展及风险应对需要各国加强合作，打造有效应对国际金融风险的"命运共同体"。习近平总书记强调："促进数字经济和实体经济融合发展，加快新旧发展动能接续转换，打造新产业新业态，是各国面临的共同任务。"③ 他在第二届"一带一路"国际合作高峰论坛上指出，各方要基于合作重点，强化全方位互联互通，聚焦基础设施互联互通，深化数字经济等前沿领域合作，构建多元融资体系及多层次融资市场，扩大惠及民生的项目合作的范围及规模。④ 同时，金融全球化尤其是 2008 年金融危机后，加强金融监管、积极消除金融危机的影响、有效防范金融危机再生成为时代发展的核心命题，也是各国发展面临的任务及挑战。因此，积极推进世界金融体系的改革进程，促使公正高效的全球金融治理格局的构筑，在完善全球治理机制的同时，维护世界经济的稳定发展大局。⑤

三　价值论向度理解习近平总书记关于金融发展的重要论述的三大意义

习近平总书记关于金融发展的重要论述是对中国特色社会主义市场经济建设经验及金融发展规律的理论总结，在金融全球化及国内深化金融改革的时代背景下，其不仅有助于丰富和充实马克思主义政治经济学及中国

---

① 习近平：《携手推进"一带一路"建设——在"一带一路"国际合作高峰论坛开幕式上的演讲》，人民出版社，2017，第 6 页。

② 习近平：《携手推进"一带一路"建设——在"一带一路"国际合作高峰论坛开幕式上的演讲》，人民出版社，2017，第 6~7 页。

③ 《习近平向首届中国国际智能产业博览会致贺信》，《人民日报》2018 年 8 月 24 日。

④ 孟祥麟、王昊男、赵成：《第二届"一带一路"国际合作高峰论坛举行圆桌峰会》，《人民日报》2019 年 4 月 28 日。

⑤ 吴绮敏、杜尚泽、王新萍：《习近平出席 2016 年二十国集团工商峰会开幕式并发表主旨演讲》，《人民日报》2016 年 9 月 4 日。

特色社会主义政治经济学的内涵，更有助于就实践层面推进中国金融事业的有序发展，促进全球金融治理，为世界金融风险及危机的防范应对提供中国方案，贡献中国智慧、中国力量。

（一）习近平总书记关于金融发展的重要论述的理论价值

习近平总书记关于金融发展的重要论述是对马克思主义政治经济学及金融发展理论揭示的根本内核的传承发展，继承了马克思对金融发展根源、本质及运行规律的一般原理，同时囿于当前时代发展的广度及深度，在金融发展过程中要结合历史语境在具体推进举措上实现对马克思金融理论的丰富和完善。习近平总书记关于金融发展的重要论述蕴含发展中国特色社会主义金融事业的应有之义，是立足中国特色社会主义市场经济基础对金融发展的实践总结与规律探索的理论表达，既有金融源于实体经济、金融服务实体经济和人民需求等对马克思经典作家理论内核的继承，也有社会主义条件下继续推进中国特色金融事业发展、创新金融服务实体经济形式等对马克思经典作家金融理论的发展超越；既有基于中国现实尤其是新时代金融发展实践的理论创新，又有在"扬弃"方法指引下对西方经济学关于金融发展理论的合理借鉴。同时，习近平总书记关于金融发展的重要论述还是中国共产党人关于金融发展论述的时代延续及创新，尤其当金融发展定格于新时代的历史方位，其对全面深化改革条件下中国市场经济及金融系统内在运行逻辑的系统梳理，探寻了适合中国特色社会主义发展现实的金融发展式样，提出了中国特色社会主义金融的践行路径，为中国特色社会主义政治经济学注入新内涵。

（二）习近平总书记关于金融发展的重要论述的实践价值

习近平总书记关于金融发展的重要论述指引金融实践持续为金融创新、实体经济发展及人民生活水平提升服务。其一，习近平总书记关于金融发展的重要论述深化了对金融发展规律的认识，对金融发展的运行机制、领导体制及工作方法进行了补充和完善。加深了对金融本质及限度的认知理解，进一步为金融创新准备条件；强化金融监督，为市场在金融资源配置中发挥决定性作用提供政策支持；切实为稳中求进的发展总基调在金融领域的体现开辟现实路径，持续推进金融发展，有效防范金融风险。其二，习近平总书记关于金融发展的重要论述强化了对金融发展核心目的的认识，多策并举发展实体经济。持续推进供给侧结构性改革，加快经济结构转型升级的步伐，深化企业"三去一降一补"策略，解放和发展社会生产力，积极发挥科技在金融创新中对实体经济发展的作用，有效释放金融资源在市场配置中促进产业结构升级的潜能，加快构筑囊括"新一代的信息技术、高端装备制造、数字经济、绿色低碳、海洋经济、生物医药以及新材料等战略性新兴产业"①的产业体系新支柱。其三，习近平总书记关于金融发展的重要论述深化了对金融发展根本目的的认识，将金融发展成果惠及全体人民。新时代条件下，人民对美好生活的迫切追求成为社会主要矛盾的重要方面，加快金融发展创新及其向生产力转换的速度，充分挖掘科技对金融发展的潜在动力，推进普惠金融、绿色金融发展，促使金融创新持续为满足人民美好生活需求发力，已经成为金融发展的迫切要求。当前尤其要通过提升金融服务的便捷度巩固脱贫成果，"要让农民、小微企业、城镇低收入人群、贫困人群和残疾人、老年人等及时获取价格合理、便捷安全的金融服务"②。

（三）习近平总书记关于金融发展的重要论述的世界价值

习近平总书记关于金融发展的重要论述具有理论深度及现实广度，内含深刻的理论阐释力及强烈的现实解释力，不仅指引中国经济有序发展，同时还为世界经济及金融发展提供新思路，很大程度上为世界金融发展范式的构建提供条件。众所周知，金融全球化相伴资本全球化而生，两者相互交织、密不可分，归根结底在于为资本在全球遍寻逐利空间。问题的关键在于，金融发展对资本逻辑的从属同客观经济发展规律相冲突，这成为金融界限突破的重要渊源，进而为金融危机的发生提供了条件。中国经济在全球经济深陷危机泥淖时很大程度避开了危机波及，成为全世界瞩目的焦点，其"奇迹"背后的金融发展理论成为世界经济发展无法忽视的对象。同时，"人类命运共同体"理念的提出，向

---

① 习近平：《发展是第一要务 人才是第一资源 创新是第一动力》，《新华每日电讯》2018 年 3 月 8 日。

② 石建勋、王盼盼：《以习近平新时代中国特色社会主义经济思想指导金融发展》，《经济纵横》2018 年第 10 期。

世界昭示了中国的博大胸襟及宏远视野，中国综合实力的迅猛提升也为"人类命运共同体"的构筑奠定了雄厚的物质基础。总之，习近平总书记关于金融发展的重要论述相较西方经济学在指引金融发展、防范金融风险及应对金融危机等方面具有优势，这不仅是对立足本国发展的经验检验，也是对马克思主义政治经济学一般原理当代价值的检验。

结　语

　　《资本论》对虚拟资本理论的分析显现虚拟资本生成的历史性。虚拟资本是资本在发展中的时代形变，是历史发展演进的客观过程的表征，该过程在资本逻辑主导下循序渐进。现代信用在资本主义生产方式中的介入大力推进资本形态的演进，并伴随货币虚拟化及资本虚拟化进程，演绎出虚拟资本的具体形态。马克思所处的时代，虚拟资本的具体表现形式局限于股票、债券等初级阶段，虚拟资本也并未取代实体资本占据经济社会发展的主导位置，社会经济结构依然由实体经济支配。虚拟资本的存在及发展，整体而言，是生产力发展催生的产物，同时也是资本逻辑作用的结果。虚拟资本理论是马克思资本理论的重要组成部分，是马克思关于资本存在规律的具体表现形式，马克思揭示资本存在的自我否定规律，资本的局限性将在持续发展中逐渐显现，而虚拟资本的出场及运行是对资本局限性特征的具体演绎。虽然虚拟资本在资本主义发展的阶段范围内充当发展危机的"救命稻草"，但改变不了其总体发展的局限性及存在的历史性。可以说，虚拟资本理论是马克思对资本主义发展规律揭示的关键素材。虚拟资本存在及发展的历史性内含于马克思对资本存在及发展规律的整体判定逻辑中，不过这同虚拟资本在资本主义发展进程中的具体发展形态、作用及存在状态并不相悖，而且虚拟资本存在及对资本样态的变更，反而成为马克思主义与时俱进特征的有力体现。虚拟资本的出现促使资本从私有向社会化的转向，这同时促使资本主义生产关系进行调整，有助于资本主义生产力的继续发展，但虚拟资本的积累方式及剥削范围也随着资本作用的扩大而社会化，继而成为资本主义生产关系的变更继续向前推进的一种历史征兆，换句话说，资本形态更替及发展在不断积累消灭其自身的条件。虚拟资本存在的历史性加速了资本存在的历史性的进程。

　　《资本论》对虚拟资本理论的分析凸显虚拟资本运行的独特性。资本形态向虚拟化的转向，同时致使资本积累方式相应变更。虚拟资本能够凭借其独特的价格决定机制攫取更多利益，更为重要的是，资本本性在虚拟资本运行及积累方式中体现得淋漓尽致。马克思曾揭示资本家对生产过程的参与仅仅是为赚取收益不得不做的"倒霉事"，在虚拟资本形态中，资本家借助发达的信用体系实现了用资本直接营利的"狂想"，也正是出于虚拟资本形态中其运行的该种独特性，资本拜物教在该形态中发展至顶峰。马恩经典作家在提到"交易所税"时，曾深刻批判虚拟资本在经济社会中的破坏性作用状态："再来谈谈交易所税，我们完全用不着去否定交易所的'不道德行为'和诈骗行为，我们甚至可以把它如实地描绘成资本主义赢利的顶峰，在那里所有权简直变成了盗窃；不过还应当作出进一步的结论：摧毁现代经济的这个表现得最清楚的顶峰，绝对不利于无产阶级，相反，应当让它充分地自由发展，以便使最蠢的人也能明白，现代经济会造成什么后果。"① 借助虚拟资本独特的盈利方式，整个社会资源纷纷向虚拟资本领域倾斜，不仅社会闲置资本或资源流向虚拟资本领域，甚至人才资源也纷纷"跟投"，"工业部门已经难以招聘到它所需要的工程师和财经人员，又面临着优秀的管理人员和青年毕业生纷纷流向银行或证券营业所"②。这对实体经济的影响是致命的，直接影响经济社会发展结构的平衡性，进而对经济社会的有序发展造成严重打击。众所周知，实体经济是虚拟资本存在及运行的根基，后者在资本逻辑中的任性扩张，无论对于其自身还是整体经济的发展，无异于釜底抽薪。通过对虚拟资本独特性的分析，可以探知，马克思对虚拟资本发展态势的预判至少内含如下依据：其一，虚拟资本积累方式是对资本逐利目的的高度迎合，资产阶级很难轻易放弃或减缓虚拟资本的扩张步伐；其二，较之实体经济投资成本高、运行周期长、利润回报低的客观现实，社会资本必将纷纷流向更具"比较优势"的虚拟资本领域；其三，虚拟资本及其主导中的虚拟经济逐渐超越实体经济，成为经济发展的主导，经济虚拟化发展态势愈演愈烈，当实体经济作用空间被深度挤占，以致难以有效产出利润、不能继续支撑虚拟经济的高度扩张时，客

---

① 《马克思恩格斯文集》第 10 卷，人民出版社，2009，第 498 页。
② 〔法〕米歇尔·阿尔贝尔：《资本主义反对资本主义》，杨祖功、杨齐、海鹰译，社会科学文献出版社，1999，第 51 页。

观经济规律将以特别手段强制恢复两者的相对均衡。

《资本论》对虚拟资本理论的分析昭示虚拟资本理论的时代发展性。马克思虚拟资本理论基于现实经济发展状况，以理论形式分析经济发展现实，并基于科学方法对经济发展态势及走向展开合理预判。时代发展与时俱进，理论呈现也与时俱进，马克思虚拟资本理论并没有穷尽对虚拟资本发展形态及状况的分析，它传承给我们的是分析及解决问题的科学方法、根本立场和基本观点。伴随时代的发展及经济发展形势的更替，虚拟资本理论必须也必然不断丰富完善。在马克思时代，鉴于时代发展局限，虚拟资本的存在及作用并没有成为经济发展的主流或主导形式，但虚拟资本的历史出场直接改变了资本逐利形式，为资本的快速发展及扩张提供了重要契机。马克思之后的马克思主义理论家，在马克思虚拟资本理论的语境中，结合虚拟资本的发展现实，逐渐丰富完善虚拟资本理论。拉法格以金融资本的出现为特征，表述了资本主义发展的新经济现象，希法亭全面论述了金融资本概念，列宁进一步修正完善了希法亭的金融资本理论，认为金融资本在经济社会中的主导，成就了金融垄断资本主义时代的到来。虚拟资本主导中虚拟经济发展速度及规模逐渐加快与增大，虚拟经济逐渐占据经济社会发展的重要地位，成为同实体经济"分庭抗礼"的一极存在，经济虚拟化态势趋向明显。伴随货币虚拟化进程的完成，经济虚拟化程度愈加深化，而金融创新为虚拟资本形态的高级演进提供技术支撑，虚拟资本逐渐主导经济社会发展，资本主义社会发展形态偏向虚拟资本主义。在虚拟资本疯狂扩张的过程中，虚拟经济逐渐脱离实体经济，进而成为诱导金融危机发生的直接因素，而危机背后最强劲的主导因素同虚拟资本息息相关。因此，马克思虚拟资本理论的时代发展性，不仅在于其理论根据经济现实的丰富完善，更重要的在于其揭示的虚拟资本发展规律以及对时代发展演进的科学预判，依然伴随时代发展彰显其对现实无可辩驳的根本指导性。

《资本论》对虚拟资本理论的分析彰显虚拟资本理论的现实价值性。马克思虚拟资本理论揭示了虚拟资本存在及发展规律，预判了在虚拟资本不断扩张的过程中经济社会的发展趋向，并指出在该资本形态推动中，危机存在的根由依旧没有越出资本主义基本矛盾的解释区间，资本向虚拟资本形态的演进，在某种程度上作为资本主义生产关系自我调节的表达，并没有扭转资本发展自我局限性的命运，金融危机是资本自身发展的否定性在经济虚拟化趋向中的呈现。虽然时代在发展，虚拟资本无论从表现形态、发展规模以及影响程度等方面，都远远不同于马克思所处时代，不能将一个半世纪之前对待及应对虚拟资本的具体态度及举措复制到当前虚拟资本的发展进程中来，更不能用马克思所处时代虚拟资本的具体发展状况来生搬硬套地界定和评判现代虚拟资本的发展。但是，正如马克思主义研究的学者们指出的，马克思虚拟资本理论"当作药方的价值可能在消失，但作为指南的价值始终存在"①。对金融危机的有效预防及合理应对依旧不能脱离马克思虚拟资本理论的根本指导，马克思虚拟资本理论所揭示的发展规律及发展原则，在当前处理虚拟经济同实体经济的关系中依旧适用。当前虚拟资本主导中资本主义的发展，依旧在资本逻辑宰制下为私利置全球空间为其赢利场，正如伊格尔顿揭示的："马克思主义之所以看起来不那么可信，并非因为资本主义已经改弦易辙。事实恰恰相反，实际上资本主义制度一如既往，甚至有过之而无不及。极具讽刺意味的是，那些挫败马克思主义的东西同时又证明了马克思主义的正确性。"② 资本的总体发展趋向依旧在反复以不同的表现样态诠释同样的事实，即资本发展的局限性。这归根结底在于资本主义的根本制度，正如马克思当年所强调的："资本主义生产的真正限制是资本自身，这就是说：资本及其自行增殖，表现为生产的起点和终点，表现为生产的动机和目的；生产只是为资本而生产，而不是反过来生产资料只是生产者社会的生活过程不断扩大的手段。以广大生产者群众的被剥夺和贫穷化为基础的资本价值的保存和增殖，只能在一定的限制以内运动，这些限制不断与资本为它自身的目的而必须使用的并旨在无限制地增加生产，为生产而生产，无条件地发展劳动社会生产力的生产方法相矛盾。手段——社会生产力的无条件的发展——不断地和现有资本的增殖这个有限的目的发生冲突。"③ 即使资本形态转向虚拟化，危机形式换作金融危机式样，但决定事物根本走向及命运的基本矛盾依旧如斯，只要资本主义的根本制度不改变，任其持续调整发展战略，只是对病态社会经济肌体的局部修复，终究难以"逆天改命"。伴随时代发展，"马克思所

---

① 谭顺：《〈资本论〉：历史、理论与现实》，厦门大学出版社，2017，第159页。
② 〔英〕特里·伊格尔顿：《马克思为什么是对的》，李杨、任文科、郑义译，重庆出版社，2017，第8页。
③ 《马克思恩格斯全集》第46卷，人民出版社，2003，第278~279页。

指出的任何掠夺性行为都没有消失，而且，在某些情况下，它们甚至已经被丰富到了一个在马克思本身所处的时代不能想象的程度"①。虚拟资本及虚拟经济在世界经济中的肆虐及引起的危机恐慌就是明证。

金融全球化的当前，世界各国交往日渐频繁、联系更加紧密，日益发展成为荣辱与共的命运共同体，这意味着某一国或某一地区不可能在金融危机等全球威胁的大环境中独善其身，要在不断发展自身的同时，为全球经济社会的稳定发展做出贡献。中国在始终坚持马克思主义基本理论同具体实践相结合的基础上，走出了属于自己的独特的发展道路，并经过改革开放 40 多年的不懈奋斗，取得了举世瞩目的发展成就。在新时代的历史发展方位中，中国将一如既往坚持中国特色社会主义发展道路，加快推进中国特色社会主义市场经济的发展，强化实体经济的主体地位，持续推进以高端制造业为核心的实体经济的快速发展，不断构建并完善虚拟资本市场体系及金融发展服务体系，积极有效地发展虚拟资本，更好地推进金融服务实体经济、服务人民群众。同时，在马克思《资本论》虚拟资本理论的根本指导下，在对新时代金融发展观的基本遵循中，积极探索有效预防及合理应对国际金融风险及危机的举措，为世界应对资本风险及金融危机提供可参考的中国方案。

总之，伴随时代的持续向前推进，发展问题在时代更迭中不断涌现，《资本论》等经典文本理论的阐释力也需要在对时代新问题剖析、解答的过程中持续强化，这是理论自身开放性的应有之义，更是时代发展对理论重释以得出指导时代发展的有效思路的必然要求。随着全球虚拟经济及经济虚拟化发展趋向的不断强化，马克思虚拟资本理论的时代再释，以及在此基础上不断丰富理论内涵、创新理论形态，推进中国特色社会主义政治经济学的发展，是理论及时代赋予的任务，也是理论研究持续推进的重要指向。

---

① 〔美〕大卫·哈维：《跟大卫·哈维读〈资本论〉》，刘英译，上海译文出版社，2013，第 331 页。

参考文献

一 著作类

马克思：《资本论》第 1~3 卷，人民出版社，2004。

《马克思恩格斯文集》第 2~10 卷，人民出版社，2009。

《马克思恩格斯全集》第 12 卷，人民出版社，1962。

《马克思恩格斯全集》第 12 卷，人民出版社，2001。

《马克思恩格斯全集》第 23 卷，人民出版社，1972。

《马克思恩格斯全集》第 25 卷，人民出版社，1974。

《马克思恩格斯全集》第 26 卷（第 3 册），人民出版社，1974。

《马克思恩格斯全集》第 30 卷，人民出版社，1995。

《马克思恩格斯全集》第 39 卷，人民出版社，1974。

《马克思恩格斯全集》第 42 卷，人民出版社，1979。

《马克思恩格斯全集》第 46 卷（上），人民出版社，1979。

《马克思恩格斯全集》第 46 卷（下），人民出版社，1980。

《马克思恩格斯全集》第 46 卷，人民出版社，2003。

《马克思恩格斯全集》第 49 卷，人民出版社，1982。

《共产党宣言》，人民出版社，2014。

《剩余价值理论》第 2 册，人民出版社，1975。

〔法〕拉法格：《拉法格文选》（下），人民出版社，1985。

列宁：《帝国主义是资本主义的最高阶段》，人民出版社，2014。

《列宁全集》第 27 卷，人民出版社，1990。

《列宁选集》第 2 卷，人民出版社，1972。

《列宁专题文集》（论资本主义），人民出版社，2009。

《邓小平文选》第 3 卷，人民出版社，1993。

《十八大以来重要文献选编》（中），中央文献出版社，2016。

《习近平关于社会主义经济建设论述摘编》，中央文献出版社，2017。

习近平：《决胜全面建成小康社会 夺取新时代中国特色社会主义伟大胜利——在中国共产党第十九次全国代表大会上的报告》，人民出版社，2017。

《习近平谈治国理政》第2卷，外文出版社，2017。

〔德〕鲁道夫·希法亭：《金融资本》，福民等译，商务印书馆，1994。

〔英〕亚当·斯密：《国富论》，程虹译，中国文联出版社，2016。

〔苏〕卢森贝：《〈资本论〉注释》第3卷，赵木斋、朱培兴译，三联书店，1963。

〔法〕弗朗索瓦·沙奈：《金融全球化》，齐建华、胡振良译，中央编译出版社，2001。

〔法〕弗朗索瓦·沙奈：《资本全球化》，齐建华译，中央编译出版社，2001。

〔法〕弗朗索瓦·沙奈等：《突破金融危机》，齐建华、胡振良译，中央编译出版社，2009。

〔美〕纳赛尔·萨博：《投机资本——全球金融业中看不见的手》，齐寅峰、古志辉译，机械工业出版社，2002。

〔美〕彼得·德鲁克：《管理的前沿》，许斌译，上海译文出版社，1999。

〔美〕罗伯特·J. 希勒：《非理性繁荣》，李心丹、陈莹、夏乐译，中国人民大学出版社，2008。

〔英〕戴维·赫尔德等：《全球大变革——全球化时代的政治、经济与文化》，杨雪冬等译，社会科学文献出版社，2001。

〔德〕伽达默尔：《诠释学Ⅰ：真理与方法》，洪汉鼎译，商务印书馆，2010。

〔美〕理查德·E. 帕尔默：《诠释学》，潘德荣译，商务印书馆，2012。

〔美〕大卫·哈维：《跟大卫·哈维读〈资本论〉》，刘英译，上海译文出版社，2014。

〔英〕大卫·哈维：《资本社会的 17 个矛盾》，许瑞宋译，中信出版集团，2017。

〔英〕大卫·哈维：《资本的限度》，张寅译，中信出版社，2017。

〔印〕阿玛蒂亚·森：《伦理学与经济学》，王宇、王文玉译，商务印书馆，2014。

〔美〕米尔顿·弗里德曼：《货币稳定方案》，宋宁、高光译，上海人民出版社，1991。

〔美〕乔治·考夫曼：《现代金融体系：货币、市场和金融机构》，陈平译，经济科学出版社，2001。

〔美〕哈西特：《泡沫学——关于股票市场的新学说》，席瑞雪译，中信出版社，2003。

〔美〕弗雷德里克·S. 米什金：《货币金融学》第 11 版，郑艳文、荆国勇译，中国人民大学出版社，2016。

〔秘鲁〕赫尔南多·所托：《资本的秘密》，于海生译，华夏出版社，2017。

〔德〕沃尔夫冈·施特雷克：《购买时间——资本主义民主国家如何拖延危机》，常咺译，社会科学文献出版社，2015。

〔法〕米歇尔·阿尔贝尔：《资本主义反对资本主义》，杨祖功、杨齐、海鹰译，社会科学文献出版社，1999。

〔英〕特里·伊格尔顿：《马克思为什么是对的》，李杨、任文科、郑义译，重庆出版社，2017。

〔美〕保罗·斯威齐：《资本主义发展论》，陈观烈、秦亚男译，商务印书馆，1962。

〔美〕爱德华·肖：《经济发展中的金融深化》，邵伏军等译，上海三联书店，1988。

〔美〕R. I. 麦金农：《经济发展中的货币与资本》，卢骢译，上海三联书店，1988。

〔英〕凯恩斯：《就业、利息和货币通论》，高鸿业译，商务印书馆，2009。

〔英〕凯恩斯：《货币论》（上卷），何瑞英译，商务印书馆，2009。

〔法〕皮凯蒂：《21 世纪资本论》，巴曙松等译，中信出版社，2014。

Friedrich August von Hayek. *Profits*，*Interest and Investment*，London，UK：Routledge And Kegan Paul Ltd.，1975.

David Harvey. *The Urbanization of Capital*，Oxford，UK：Basil Blackwell Ltd.，1985.

PhilipArestis，Malcolm Sawyer. *The Elgar Companion to Radical Political Economy*，Cheltenham，UK：Edward Elgar Publishing，1994.

Wray，L. R. *Understanding Modern Money-the Key to Full Employment and Price Stability*，Cheltenham，UK：Edward Elgar Publishing，1998.

Randall Dodd. *Derivatives Market*：*Sources of Vulnerability in US Financial Market*，*Financialization and the World Economy*，Cheltenham，UK：Edward Elgar Publishing，2005.

陈征：《〈资本论〉解说》第3卷，福建人民出版社，1985。

陈征、李建平、李建建、郭铁民：《〈资本论〉与当代中国经济》，福建人民出版社，2017。

张熏华：《〈资本论〉脉络》第2版，复旦大学出版社，1999。

曾康霖：《虚拟经济：经济活动新领域》，中国金融出版社，2003。

王爱俭：《金融创新与虚拟经济》，中国金融出版社，2003。

王爱俭：《金融创新与风险管理》，中国金融出版社，1996。

刘骏民：《从虚拟资本到虚拟经济》，山东人民出版社，1998。

张一兵：《回到马克思——经济学语境中的哲学话语》第3版，江苏人民出版社，2014。

马晓强：《产业发展动力论：基于虚拟资本与产业互动的视角》，中国经济出版社，2008。

徐璋勇：《虚拟资本积累与经济增长：理论分析及中国的实证研究》，中国经济出版社，2006。

马艳、严金强、霍艳斌：《虚拟价值理论与应用》，上海财经大学出版社，2014。

白钢：《回到〈资本论〉：21世纪的"政治经济学批判"》，人民出版社，2018。

朱炳元：《马克思主义虚拟资本理论与金融危机》，中央编译出版社，2014。

徐光春主编《马克思主义大辞典》，崇文书局，2018。

严明：《虚拟经济》，新华出版社，2005。

姚国庆：《经济虚拟化下的金融危机》，南开大学出版社，2005。

鄢一龙、白钢、吕德文、刘晨光、江宇、尹伊文：《天下为公 中国社会主义与漫长的21世纪》，中国人民大学出版社，2018。

高鑫：《虚拟经济视角下的金融危机研究》，人民出版社，2015。

中国战略思想库：《蜕变与抉择——虚拟资本主义时代与中国的复兴》，中国计划出版社，2015。

向松祚：《新资本论——全球金融资本主义的兴起、危机和救赎》，中信出版社，2015。

任平：《当代中国马克思主义研究》，北京师范大学出版社，2017。

徐爱田、白钦先：《金融虚拟性研究》，中国金融出版社，2008。

孙妍：《马克思虚拟资本理论研究》，知识产权出版社，2014。

戴相龙、黄达：《中华金融词库》，中国金融出版社，1998。

辞海编辑委员会、夏征农：《辞海》，上海辞书出版社，1989。

杨迈军：《金融衍生品市场的监管》，中国物价出版社，2001。

鲁品越：《鲜活的资本论——从〈资本论〉到中国道路》第2版，上海人民出版社，2016。

谭顺：《〈资本论〉：历史、理论与现实》，厦门大学出版社，2017。

刘鹤：《两次全球大危机的比较研究》，中国经济出版社，2013。

杨继国：《虚拟经济：马克思经济危机理论新释》，厦门大学出版社，2016。

唐旭昌：《大卫·哈维城市空间思想研究》，人民出版社，2014。

王小鲁：《改革之路——我们的四十年》，社会科学文献出版社，2019。

姚淑梅：《国际金融危机的演变与中国的应对》，人民出版社，2010。

张作云：《〈资本论〉与当代资本主义金融和经济危机研究》，中国社会科学出版社，2015。

刘琳：《资本现代性的伦理批判——马克思〈资本论〉及手稿的伦理思想研究》，人民出版社，2015。

王峰明：《马克思劳动价值论与当代社会发展》，社会科学文献出版社，2008。

赵准：《探究货币——马克思货币理论研究》，京华出版社，2000。

姚余栋、杨涛：《共享金融：金融新业态》，中信出版社，2016。

吴晶妹：《三维信用论》，当代中国出版社，2013。

李雪阳：《列宁"帝国主义论"与当代垄断资本主义》，广东人民出版社，2018。

二 期刊类

〔美〕迈克尔·赫德森：《虚拟经济论：金融资本与通往奴役之路——迈克尔·赫德森访谈》，嵇飞译，《国外理论动态》2009年第1期。

〔美〕迈克尔·赫德森：《从马克思到高盛：虚拟资本的幻想和产业的金融化》（上），曹浩瀚译，《国外理论动态》2010年第11期。

〔美〕杰弗里·斯克兰斯基：《金融危机时代的马克思主义——为什么传统经济学不能解释经济大衰退》，安桂芹译，《当代世界与社会主义》2012年第6期。

〔美〕洛仁·戈尔德纳：《虚拟资本与资本主义终结》，谷明淑、姜伟译，《国外理论动态》2008年第6期。

〔日〕三木谷良一：《日本泡沫经济的产生、崩溃与金融改革》，高圣智译，《金融研究》1998年第6期。

〔美〕大卫·科茨：《美国此次金融危机的根本原因是新自由主义的资本主义》，《红旗文稿》2008年第13期。

Greta R. Krippner, "The Financialization of the American Economy", *Socio-Economic Review*, 2005（3）.

张云、刘骏民：《关于马克思货币金融理论的探析》，《南京社会科学》2008年第7期。

张云、刘骏民：《经济虚拟化与金融危机、美元危机》，《世界经济研究》2009年第3期。

成思危：《虚拟经济探微》，《南开学报》（哲学社会科学版）2003年第2期。

成思危：《虚拟经济的基本理论及研究方法》，《管理评论》2009年第1期。

王爱俭：《虚拟经济与实体经济关系研究》，《现代财经》2003 年第 1 期。

洪银兴：《信用经济、虚拟资本和扩大内需》，《经济学家》2002 年第 4 期。

朱炳元：《用马克思虚拟资本理论剖析资本主义金融危机》，《高校理论战线》2009 年第 8 期。

朱炳元：《马克思主义视野下的国际金融危机》，《马克思主义研究》2010 年第 2 期。

郑千千、朱炳元：《马克思虚拟资本理论及其现实意义》，《苏州大学学报》（哲学社会科学版）2010 年第 4 期。

朱炳元、张兴亮：《基于马克思恩格斯共同文本的虚拟资本理论探源》，《马克思主义与现实》2013 年第 3 期。

杨静、朱炳元：《马克思虚拟资本理论对新常态下金融改革的现实意义》，《现代经济探讨》2015 年第 7 期。

朱炳元：《列宁金融资本论：理论来源、基本内涵与当代视野》，《毛泽东邓小平理论研究》2016 年第 8 期。

朱炳元、陈冶风：《〈资本论〉中的虚拟资本理论研究》，《马克思主义与现实》2019 年第 1 期。

陈文通：《马克思的虚拟资本理论仍有重要的现实意义》，《经济纵横》2009 年第 12 期。

范从来：《马克思的货币资本和现实资本理论与我国目前的信贷政策》，《当代经济研究》1999 年第 7 期。

李恒光：《虚拟资本的内涵、运行规律及经济影响探析》，《理论与改革》1998 年第 1 期。

叶祥松、晏宗新：《当代虚拟经济与实体经济的互动——基于国际产业转移的视角》，《中国社会科学》2012 年第 9 期。

叶祥松：《从马克思的虚拟资本理论到现代虚拟经济》，《学术研究》2013 年第 6 期。

许红梅、杨继国：《论马克思的虚拟资本理论及其现实意义》，《江汉论坛》2009 年第 9 期。

周虹：《浅谈虚拟资本推动经济增长的效应》，《当代经济研究》2003

年第 8 期。

李宝翼:《虚拟经济和虚拟财富的内涵——与刘骏民等学者商榷》,《南开经济研究》2005 年第 2 期。

徐茂魁、李宝翼:《马克思虚拟资本理论的现代阐释》,《教学与研究》2006 年第 4 期。

徐茂魁、陈丰、吴应宁:《次贷危机根源之探讨——基于马克思虚拟资本理论》,《经济经纬》2009 年第 4 期。

谢永添:《关于虚拟资本与虚拟经济研究的几个理论问题》,《经济科学》2003 年第 6 期。

杨凤娟:《马克思的虚拟资本理论与现代虚拟资本的特征》,《当代经济研究》2006 年第 5 页。

蒋岩桦、付华:《资产证券化的本质与风险——基于马克思主义经济危机视角的解读》,《当代经济研究》2017 年第 11 期。

陈永正:《论当代国际金融垄断资本与虚拟资本》,《经济学家》1999 年第 6 期。

张宗新、吕日:《试析虚拟经济认识上的五个误区》,《中国人民大学学报》2001 年第 2 期。

宋朝龙:《虚拟资本,还是金融资本?——关于美国金融危机分析工具的辨析》,《国外理论动态》2012 年第 1 期。

袁辉:《金融化条件下的金融资本积累及其后果》,《贵州师范大学学报》(社会科学版)2011 年第 4 期。

袁辉:《金融资本:从希法亭理论到经济金融化》,《当代经济研究》2014 年第 12 期。

康翟:《马克思的生息资本理论与当代资本主义金融化——基于虚拟资本积累视角的考察》,《哲学动态》2017 年第 2 期。

郗戈:《〈资本论〉的哲学主线:资本逻辑及其扬弃》,《华中科技大学学报》(社会科学版)2017 年第 3 期。

高德步:《虚拟经济的起源》,《南开经济研究》2002 年第 4 期。

王璐:《从马克思的虚拟资本到虚拟经济——兼论虚拟经济的起源与本质》,《南京社会科学》2003 年第 9 期。

邹晓青:《对虚拟经济几个重要问题的探讨》,《贵州社会科学》2005

年第 5 期。

黄瑞玲：《正确处理好虚拟经济与实体经济的关系——基于马克思〈资本论〉的分析》，《南京社会科学》2003 年第 S1 期。

何泽荣、徐艳、傅瑜：《中美贸易失衡的经济理论分析——以马克思的经济理论为基础》，《财经科学》2009 年第 10 期。

冯中圣：《虚拟资本的内涵与外延——关于虚拟经济的思考之一》，《宏观经济管理》2004 年第 7 期。

赵锦辉：《马克思论述虚拟资本的双重思路及其对界定虚拟经济的启示》，《当代经济研究》2006 年第 10 期。

王春娟：《马克思的虚拟资本理论与虚拟经济》，《财经问题研究》2004 年第 11 期。

刘璐、金素：《从虚拟经济看当代国际金融危机》，《商业研究》2010 年第 10 期。

季小立：《美国次贷危机的虚拟经济理论解读》，《经济纵横》2010 年第 1 期。

朱东波、任力：《"金融化"的马克思主义经济学研究》，《经济学家》2017 年第 12 期。

袁申国、刘兰凤：《金融开放与实体经济和虚拟经济产出非平衡增长》，《国际经贸探索》2019 年第 5 期。

周书俊、傅李琦：《马克思经济危机理论的当代意义——基于"金融-实体"经济危机理论的反思》，《理论学刊》2015 年第 12 期。

许平祥：《经济虚拟化与传统金融危机理论的困境——基于美国金融危机的启示》，《东岳论丛》2011 年第 7 期。

胡立法：《虚拟资本与美国金融危机：一个马克思主义经济学的视野》，《马克思主义与现实》2011 年第 2 期。

易培强：《马克思虚拟资本理论与国际金融危机》，《当代经济研究》2009 年第 1 期。

李楠迪、任新立：《次贷危机的源与流：基于马克思视角的分析》，《经济学家》2010 年第 2 期。

王岩：《马克思主义经济学视角下的国际金融危机原因剖析》，《经济学家》2009 年第 9 期。

郭兴芳：《马克思经济危机根源解》，《华南师范大学学报》（社会科学版）2015 年第 4 期。

王宇伟：《从马克思的〈资本论〉看美国的次贷危机》，《当代经济研究》2009 年第 3 期。

杨承训：《着力完善社会主义市场经济的"神经器官"——读恩格斯晚年关于"头足倒置"与金融危机的论述》，《马克思主义研究》2009 年第 5 期。

肖辉：《美国金融危机根源的马克思主义再认识》，《当代经济研究》2009 年第 10 期。

鲁品越：《资本逻辑与金融风暴》，《马克思主义研究》2009 年第 10 期。

张严：《从危机应对看资本逻辑的弹性及其限度》，《社会科学》2017 年第 10 期。

车玉玲、姚新立：《资本的当代变形与金融危机之根源——虚拟资本的产生及其历史限度》，《学习与探索》2013 年第 4 期。

单超：《资本主义的虚拟经济与经济危机》，《黑龙江社会科学》2015 年第 4 期。

杨娟：《虚拟资本拜物教批判的时代意义及其进路——马克思主义政治经济学批判的当代追问》，《内蒙古社会科学》（汉文版）2019 年第 1 期。

韩步江：《马克思创建政治经济学的三个维度述论》，《上海经济研究》2017 年第 6 期。

陈朝阳：《论虚拟资本理论与泡沫经济》，《当代经济研究》1996 年第 2 期。

徐充、张志元：《马克思虚拟资本理论的逻辑蕴涵与当代价值》，《学术论坛》2010 年第 5 期。

陈文通：《马克思的虚拟资本理论仍有重要的现实意义》，《经济纵横》2009 年第 12 期。

杨圣明、高文书：《论虚拟资本》，《中国社会科学院研究生院学报》2006 年第 1 期。

李连根、范悦：《基于马克思虚拟资本理论视阈的国际金融危机与现实启示》，《湖南科技大学学报》（社会科学版）2013 年第 6 期。

何自力：《马克思经济危机理论对中国特色社会主义政治经济学的借鉴价值》，《政治经济学评论》2017年第3期。

王守义：《经济金融化趋向及其对我国实体经济发展的启示——基于1973-2017年美国经济发展数据的分析》，《马克思主义研究》2018年第10期。

卢映西、陈乐毅：《经济脱实向虚倾向的根源、表现和矫正措施》，《当代经济研究》2018年第10期。

逄锦聚、吕楠：《热话题与冷思考——关于〈资本论〉及其当代价值的对话》，《当代世界与社会主义》2017年第3期。

张前程：《虚拟经济对实体经济的非线性影响："相生"抑或"相克"》，《上海经济研究》2018年第7期。

方敏：《政治经济学视角下的供给侧结构性改革》，《北京大学学报》（哲学社会科学版）2018年第1期。

蒋永穆、张晓磊、周宇晗：《积极探索和构建中国特色社会主义的经济发展理论》，《政治经济学评论》2017年第2期。

雷起荃：《虚拟资本、虚拟企业与虚拟国家之解读》，《经济学家》2001年第2期。

孙伯良：《〈政治经济学〉应沿用马克思的虚拟资本理论》，《当代经济研究》1999年第4期。

张方波：《中国货币资本化、虚拟资本化与收入分配差距——基于马克思金融发展理论的分析范式》，《毛泽东邓小平理论研究》2015年第4期。

任平：《资本创新逻辑的当代阐释》，《学习与探索》2013年第3期。

李红亮、杨奔：《论资本虚拟化下的财富分配与金融危机》，《统计与决策》2010年第24期。

李强：《货币虚拟化、资本虚拟化及泡沫经济》，《商业研究》2010年第6期。

武海宝：《论"货币资本的自治"——资本主义金融化的发展脉络探析》，《天津社会科学》2018年第6期。

王国刚：《马克思的货币理论及其实践价值》，《金融评论》2019年第1期。

杨慧玲：《金融不稳定性的逻辑：一个马克思主义的阐释》，《当代经济研究》2018 年第 1 期。

纪崴：《新中国金融大事记》，《中国金融》2014 年第 19 期。

孙峰：《"商品化"：资本主义的经济表象和生产方式——〈资本论〉"商品化"理论探析》，《理论月刊》2010 年第 2 期。

刘召峰：《马克思拜物教批判的三重指向与历史性自觉》，《马克思主义研究》2019 年第 4 期。

张俊山：《论虚拟经济中虚假价值的形成及运动规律》，《河北师范大学学报》（哲学社会科学版）2007 年第 6 期。

李翀：《马克思的劳动价值论与金融资产的虚拟价值》，《中国人民大学学报》2001 年第 4 期。

陈文旭、徐天意：《希法亭的金融资本理论及批判——纪念〈金融资本〉出版 110 周年》，《国外理论动态》2019 年第 6 期。

王金存：《当代资本主义的演化与当前国际金融危机》，《高校理论战线》2009 年第 7 期。

刘志彪：《实体经济与虚拟经济互动关系的再思考》，《学习与探索》2015 年第 9 期。

刘志彪：《强化实体经济 推动高质量发展》，《产业经济评论》2018 年第 2 期。

景玉琴：《从价值规律角度理解虚拟经济》，《天津师范大学学报》（社会科学版）2019 年第 1 期。

马拥军：《虚拟财富及其存在论解读》，《哲学研究》2014 年第 2 期。

何建华：《马克思对资本逻辑的批判及其当代价值》，《浙江社会科学》2018 年第 11 期。

黄正新：《货币虚拟化发展趋势及其功能变异》，《经济学家》2001 年第 5 期。

徐平祥、周鑫：《再工业化，还是再金融化——基于美国经济"二元化"的视角》，《宏观经济管理》2018 年第 6 期。

张新平、王展：《美国金融危机与新自由主义的破灭——新自由主义经济社会角度下的透视》，《世界经济与政治论坛》2009 年第 3 期。

吴易风、王晗霞：《克鲁格曼论金融危机、经济危机和自由市场原教旨主义》，《中国人民大学学报》2009 年第 5 期。

吴易风：《当前西方经济思潮若干新动向》，《人民论坛》2012 年第 6 期。

周宏：《从美国金融危机看加强金融监管的迫切性》，《求是》2009 年第 9 期。

简新华：《当前世界金融和经济危机的经济学反思与启示》，《中国经济问题》2009 年第 4 期。

顾钰民：《用马克思主义理论科学阐释金融危机》，《马克思主义研究》2009 年第 1 期。

顾钰民：《对当前金融危机原因的马克思主义阐释》，《晋阳学刊》2009 年第 2 期。

程恩富、杨斌：《国际金融危机对资本主义生存与发展的影响》，《红旗文稿》2010 年第 11 期。

王伟光、程恩富、胡乐明：《西方国家金融和经济危机与中国对策研究》（上），《马克思主义研究》2010 年第 7 期。

王伟光、程恩富、胡乐明：《西方国家金融和经济危机与中国对策研究》（下），《马克思主义研究》2010 年第 8 期。

赵硕刚：《特朗普政府频繁发起对华贸易争端的动因、影响及对策建议》，《国际贸易》2018 年第 5 期。

何德旭、郑联盛：《美国新一轮金融危机解析》，《理论前沿》2008 年第 23 期。

曹红辉：《美国信用危机：成因、风险传导与制度变革》，《经济学动态》2008 年第 10 期。

杨勉：《导致世界经济危机的根本问题仍未解决——虚拟经济异化危机需要"求解的 X"》，《宏观经济研究》2011 年第 9 期。

林金忠：《西方主流经济理论的一个致命尴尬：金融理论的缺失》，《学术月刊》2013 年第 12 期。

白暴力、梁泳梅：《当前世界金融-经济危机的原因与后果——资本主义经济基本矛盾的总爆发》，《经济学动态》2008 年第 12 期。

申唯正：《改革开放四十年金融观念的经济哲学反思》，《天津社会科学》2018 年第 4 期。

朱杨宝：《资本增殖性与社会性的当下观照——再读马克思的资本理

论》，《学术界》2013年第3期。

郭威、司孟慧：《新中国70年金融开放的逻辑机理与经验启示：兼论中美贸易摩擦下的开放取向》，《世界经济研究》2019年第10期。

费洪平：《新时代如何振兴实体经济 切实筑牢发展根基》，《北京交通大学学报》（社会科学版）2019年第3期。

白雪秋、余志利：《对资本主义私有制的批判和未来社会公有制的构想》，《经济纵横》2019年第4期。

邵彦敏、丁宁：《社会主义公有制占主体是实现共享发展的根本制度保障》，《当代经济研究》2019年第7期。

温涛、王汉杰、王小华、韩佳丽：《"一带一路"沿线国家的金融扶贫：模式比较、经验共享与中国选择》，《农业经济问题》2018年第5期。

乔海曙、田丰：《区块链技术下共享金融发展研究》，《经济与管理》2018年第5期。

崔学东、曹樱凡：《"共享经济"还是"零工经济"？——后工业与金融资本主义下的积累与雇佣劳动关系》，《政治经济学评论》2019年第1期。

孙艳春：《基于马克思剩余价值分配理论的中美贸易摩擦产生机制与应对策略分析》，《理论探讨》2018年第4期。

高惺惟：《中美贸易摩擦下人民币国际化战略研究》，《经济学家》2019年第5期。

石建勋、王盼盼：《以习近平新时代中国特色社会主义经济思想指导金融发展》，《经济纵横》2018年第10期。

胡为雄：《马克思上层建筑概念的另种喻指：信用与虚拟资本》，《哲学动态》2010年第10期。

赵峰、马慎萧、冯志轩：《金融化与资本主义危机：后凯恩斯主义金融化理论述评》，《当代经济研究》2013年第1期。

新华社：《全国金融工作会议召开》，《广西经济》2017年第8期。

马德功、罗雨柯、张洋：《人民币国际化对中国金融风险的影响》，《金融论坛》2020年第3期。

程贵：《人民币国际化赋能全球金融治理改革的思考》，《兰州财经大学学报》2019年第6期。

王浩：《推进金融改革，防止我国经济"脱实向虚"》，《人民论坛》

2019 年第 9 期。

李刚、周加来:《共享经济的学缘基础、生成路径与福利效应》,《中山大学学报》(社会科学版)2020 年第 2 期。

魏革军:《新时代我国金融监管改革的思考》,《学习论坛》2020 年第 1 期。

蔡万焕:《危机后资本主义金融化模式是否结束》,《当代经济研究》2011 年第 8 期。

冯小茫:《理性祛魅——货币的发展与演变》,《文史哲》2017 年第 3 期。

初浩楠、夏青云、郑晓晖:《零工经济中的劳动关系》,《哈尔滨师范大学社会科学学报》2019 年第 6 期。

王庆丰:《资本的界限——现代社会的合理性边界》,《求是学刊》2016 年第 1 期。

陈享光:《金融化与现代金融资本的积累》,《当代经济研究》2016 年第 1 期。

胡建雄:《本轮逆全球化和贸易保护主义兴起的经济逻辑研究》,《经济体制改革》2017 年第 6 期。

王维平、靳永茂:《基于虚拟经济与实体经济协调发展的四维度信用体系构建》,《理论探索》2018 年第 6 期。

王维平、靳永茂:《信用同资本逻辑的发展演绎与资本主义金融危机风险的再生性——〈资本论〉虚拟资本理论再探》,《内蒙古社会科学》2019 年第 3 期。

三 报纸类

习近平:《在纪念马克思诞辰 200 周年大会上的讲话》,《人民日报》2018 年 5 月 4 日。

习近平:《深刻认识马克思主义时代意义和现实意义 继续推进马克思主义中国化时代化大众化》,《人民日报》2017 年 9 月 30 日。

习近平:《在哲学社会科学工作座谈会上的讲话》,《人民日报》2016 年 5 月 19 日。

习近平:《深化金融供给侧结构性改革 增强金融服务实体经济能力》,

《人民日报》2019 年 2 月 24 日。

《中央经济工作会议在北京举行》，《人民日报》2019 年 12 月 13 日。

习近平：《发展是第一要务 人才是第一资源 创新是第一动力》，《新华每日电讯》2018 年 3 月 8 日。

习近平：《扎实推动经济社会持续健康发展 以优异成绩迎接党的十九大胜利召开》，《人民日报》2017 年 4 月 22 日。

习近平：《深刻认识建设现代化经济体系重要性 推动我国经济发展焕发新活力迈上新台阶》，《人民日报》2018 年 2 月 1 日。

习近平：《扎实推动经济高质量发展 扎实推进脱贫攻坚》，《人民日报》2018 年 3 月 6 日。

习近平：《服务实体经济防控金融风险深化金融改革 促进经济和金融良性循环健康发展》，《人民日报》2017 年 7 月 16 日。

习近平：《金融活经济活金融稳经济稳 做好金融工作维护金融安全》，《人民日报》2017 年 4 月 27 日。

习近平：《营造稳定公平透明的营商环境 加快建设开放型经济新体制》，《人民日报》2017 年 7 月 18 日。

习近平：《开放共创繁荣 创新引领未来：在博鳌亚洲论坛 2018 年年会开幕式上的主旨演讲》，《人民日报》2018 年 4 月 11 日。

习近平：《正确发挥市场作用和政府作用 推动经济社会持续健康发展》，《人民日报》2014 年 5 月 28 日。

杜尚泽、黄培昭：《习近平在伦敦金融城发表重要演讲》，《人民日报》2015 年 10 月 23 日。

朱竞若、杜尚泽、裴广江：《习近平出席"一带一路"国际合作高峰论坛开幕式并发表主旨演讲》，《人民日报》2017 年 5 月 15 日。

习近平：《习近平向首届中国国际智能产业博览会致贺信》，《人民日报》2018 年 8 月 24 日。

孟祥麟、王昊男、赵成：《第二届"一带一路"国际合作高峰论坛举行圆桌峰会》，《人民日报》2019 年 4 月 28 日。

吴绮敏、杜尚泽、王新萍：《习近平出席 2016 年二十国集团工商峰会开幕式并发表主旨演讲》，《人民日报》2016 年 9 月 4 日。

《中共十九届四中全会在京举行》，《人民日报》2019 年 11 月 1 日。

《中共中央国务院关于构建更加完善的要素市场化配置体制机制的意见》（2020年3月30日），《人民日报》2020年4月10日。

四　学位论文类

俞志：《马克思虚拟资本理论及其当代价值研究》，福建师范大学博士学位论文，2011。

许红梅：《虚拟经济与经济危机》，厦门大学博士学位论文，2009。

谢永添：《虚拟资本与资本市场——金融资本运行的理论与实证研究》，厦门大学博士学位论文，2004。

崔祥龙：《起源、演变及实现：虚拟经济研究》，西南财经大学博士学位论文，2014。

郑千千：《马克思虚拟资本理论及其当代价值》，苏州大学博士学位论文，2011。

后　记

本书稿是在我 2020 年的博士学位论文《〈资本论〉中的虚拟资本理论及其当代价值研究》基础上完成的。书稿除在主题及序言部分有所改动外，主体内容同我的博士学位论文并无二致。在此，依旧附上毕业论文所写的后记予以自勉。

母校内在的精气神在潜移默化中塑造着学子们为人求学的品质。母校教诲学子的既是一种认定目标矢志不移的勇气，也是一种面对困难迎面而上的斗志，更是一种为人处世良善踏实的品行。即使社会纷繁，也终身受用。感恩这所与众不同的大学。

马克思主义学院秉持的院训院风及教师们言传身教的家国情怀，营造了学子畅游学海的良好氛围、赋予了学子学术或人生的毕生追求。追随长者足痕、遵循师者教诲、传承学者精神是学子该有的执念及志向，也是学子们取得成绩的重要原因。感恩这些怀才抱德的教师。

师者，传道授业解惑。导师王维平教授学识渊博、待人平和、治学严谨，悉心指导学业，尽心引导研究，精心修改论文。导师不厌其烦的督促及孜孜不倦的教导，是我能够完成博士学业的关键。感恩这位博学多识的师长。

朋友相交纯洁如水。论文写作及最终完成，少不了过程中诸多朋友的坦诚相待，要特别感谢兰州大学马院姜英华老师、重庆大学马院王海龙老师在论文选题及论文结构等层面的大力支持和具体指导。无论师兄妹，亦或朋辈友人，都是自己能够按时完成论文的重要动力，更是此生值得珍惜的宝贵财富。感恩这群质朴无华的朋友。

此外，博士学位论文的写作是一个循序渐进的过程，其间需要自律意识的不断增强、内在惰性的持续战胜、写作执行力的逐步强化，最主要的是内在希望及渴求的始终在线，无此很难按时完稿。期望能够继续守候为人处世背后的那份初心。

同时，还要感谢外审及答辩中各位老师对论文提出的中肯意见及修改建议。

此外，本书的顺利出版，得到了学院和领导同志们的慷慨资助及大力支持。社会科学文献出版社的曹义恒、岳梦夏老师在书稿前期校对、排版及出版过程中也付出了诸多辛苦，在此一并感谢。

在对马克思恩格斯经典文本的阅读及研究上颇感兴趣，尤其在品读经典过程中徜徉真理海洋时的那种沉醉、那种满足、那种获得感，是日常生活中诸多事物难以替代的。同时，我也深知，兴趣所致同对经典内涵的全面准确理解存在差距，本书在论述《资本论》虚拟资本理论时尚存在较多需要完善之处，其论述的全面性、论证的严谨性、表述的深刻性等方面都有很大提升空间，诚恳希望读者对本书中的缺点、不足和错误批评指正。

靳永茂

2022 年 4 月

于新疆大学红湖校区桃李路 14 号公寓

图书在版编目（CIP）数据

《资本论》虚拟资本理论研究 / 靳永茂著. -- 北京：
社会科学文献出版社，2023.4

（新疆大学马克思主义理论学科建设与理论研究系列
丛书）

ISBN 978-7-5228-1602-9

Ⅰ.①资…　Ⅱ.①靳…　Ⅲ.①《资本论》-虚拟资本
-理论研究　Ⅳ.①A811.23

中国国家版本馆 CIP 数据核字（2023）第 053140 号

新疆大学马克思主义理论学科建设与理论研究系列丛书
《资本论》虚拟资本理论研究

著　　者 / 靳永茂

出 版 人 / 王利民
组稿编辑 / 曹义恒
责任编辑 / 岳梦夏
责任印制 / 王京美

出　　版 / 社会科学文献出版社 · 政法传媒分社（010）59367126
　　　　　　地址：北京市北三环中路甲 29 号院华龙大厦　邮编：100029
　　　　　　网址：www.ssap.com.cn
发　　行 / 社会科学文献出版社（010）59367028
印　　装 / 三河市龙林印务有限公司

规　　格 / 开　本：787mm × 1092mm　1/16
　　　　　　印　张：20　字　数：327 千字
版　　次 / 2023 年 4 月第 1 版　2023 年 4 月第 1 次印刷
书　　号 / ISBN 978-7-5228-1602-9
定　　价 / 128.00 元

读者服务电话：4008918866